新时代房地产探索与实践丛书

新时代的中国房地产业：
政策改革与市场方向

成立　彭燚　著

中国建筑工业出版社

图书在版编目（CIP）数据

新时代的中国房地产业：政策改革与市场方向／成立，彭燚著 . —北京：中国建筑工业出版社，2019.9
（新时代房地产探索与实践丛书）
ISBN 978-7-112-24072-2

Ⅰ.①新… Ⅱ.①成… ②彭… Ⅲ.①房地产业—经济发展—研究—中国 Ⅳ.①F299.233

中国版本图书馆CIP数据核字（2019）第161512号

中国特色社会主义进入了新时代，我国经济已经从高速增长转向高质量发展的新周期。在供给侧改革的大背景下，中国房地产业已经告别过去的"单一开发"，进入"市场细分＋专业运营"的发展新阶段。本书从房地产宏观调控、土地制度改革、新型城镇化、房地产市场转型方向和房地产市场改革路径五个层面对新时代下的中国房地产业发展的现状、问题和趋势作了深入了的总结和分析，是全面了解和掌握新形势下房地产业发展规律的宝贵资料。

责任编辑：周方圆
责任校对：张　颖

新时代房地产探索与实践丛书

新时代的中国房地产业：政策改革与市场方向
成立　彭燚　著

*

中国建筑工业出版社出版、发行（北京海淀三里河路9号）
各地新华书店、建筑书店经销
北京点击世代文化传媒有限公司制版
北京建筑工业印刷厂印刷

*

开本：787×1092毫米　1/16　印张：18　字数：411千字
2019年9月第一版　2019年9月第一次印刷
定价：**68.00** 元
ISBN 978-7-112-24072-2
（34568）

中国特色社会主义进入了新时代，我国经济也已经从高速增长转向高质量发展的新周期。大力破除无效供给，大力培育新动能，大力降低实体经济成本，是未来深化供给侧结构性改革的三大主要任务，也是实现中国经济转型升级的关键。在房地产领域，一方面，"房住不炒""住有所居""长效机制建设"是房地产市场调控的主旋律；另一方面，集体经营性建设用地入市试点、集体建设用地建设租赁住房试点、宅基地"三权分置"改革、多主体供地制度改革、多渠道保障租购并举住房制度改革等房地产供给侧改革持续深入推进。新的形势下，房地产业已经从过去的"单一开发"进入"市场细分＋专业运营"的发展新阶段。房地产企业如何正确理解和把握中央的政策精神，抓住知识经济新潮流，提升资本运作和资产运营的能力，合理规避风险，探索商业运营新模式，抢占市场制高点，昂首阔步新征程，就成为当前亟待研究和解决的问题。

一、供给侧结构性改革深入推进引领经济发展新旧动能转换

党的十九大报告提出，"深化供给侧结构性改革""把提高供给体系质量作为主攻方向"。过去，供给侧结构性改革的主要任务是"三去一降一补"，并已经取得了积极的成效。但在新时代的背景下，供给侧结构性改革的深入推进还包括了"加快发展先进制造业""培育新增长点、形成新动能""支持传统产业优化升级"等内容。其中，共享经济作为最活跃的新动能，集中体现了理念创新、技术创新、模式创新和制度创新的内在要求，有力地促进了经济的包容性增长。根据国家信息中心的初步估算，2017 年，共享经济融资规模约 2160 亿元，同比增长 25.7%。其中，交通出行、生活服务和知识技能领域共享经济的融资规模位居前三。中国的独角兽企业有 60 家，其中具有典型共享经济属性的中国企业 31 家，占中国独角兽企业总数的 51.7%。

二、"二次房改"启动，房地产业进入跨界转型多元化发展的新周期

1988 年我国全面推行住房分配货币化为主要工作的住房制度改革之后，迅速地提升了住房供应量，并将城镇居民几十年积累下来的财富在短时间内猛烈地释放出来，拉动了经济的增长。但住房保障工作的滞后和住房租赁市场的缺位导致多层次的城镇住房供应体系存在重大的结构性缺陷。与此同时，房价的飙升造成了财富分配的不公平，并由此激发了巨大的社会矛盾，威胁中国经济的可持续发展。2016 年底的中央经济工作会议上首次提出要"建立房地产长效机制"，"二次房改"初现端倪。2017 年 10

月党的十九大报告提出："坚持房子是用来住的、不是用来炒的定位,加快建立多主体供给、多渠道保障、租购并举的住房制度,让全体人民住有所居。""二次房改"的政策基调正式确立,房地产业依靠单一土地增值收益的传统价值链也由此被彻底打破。2010~2016年,房地产市场的细分业态(如商业地产、产业地产、旅游对产、养老地产等)发展迅猛,部分细分市场由于发展过快甚至还出现了泡沫化的问题。2017年之后,越来越多的房企,一方面推动原有地产开发业务向专业化、规模化、品牌化方向发展;另一方面则大力试水新业态,跨界新行业,力图实现多元化发展。房地产业已经进入了"产融结合"与相关产业协同发展转变的新周期。

三、"存量时代"下专业运营成为房地产企业的核心竞争力

当前我国城镇化已经进入减速提质的阶段,建设用地供应趋紧。虽然住房供给区域不均衡,但人均拥有住房面积饱和,地产开发已经逐渐从外延拓展向内部更新改造转变。根据公开的统计数据显示,一线城市的二手住宅成交已经超过新房,南京、哈尔滨、宁波、苏州等多个二线城市二手住宅成交量也达到新房交易量的八成以上。中国房地产正逐渐由增量市场进入存量市场。而在政策层面上,越来越多的土地"招拍挂"上设置开发商自持比例,政府推出住房租赁用地、共有产权住房等新措施完善住房市场结构,进一步推动了房地产市场"存量时代"的到来,也对房地产企业在资本运作、资产管理和物业运营等方面提出了更高的专业要求和挑战。

四、"房地产+知识经济"是未来发展的必然趋势

知识经济是社会生产领域的一场革命,它不仅改变着经济结构和总体格局,也改变着人类的生产、生活和思维方式。近年来兴起的互联网知识经济则是通过互联网平台将信息与知识的产业生态进行了新一轮的重构。以分答、得到为代表的互联网知识付费平台成功验证了知识变现的商业模式,也引领了知识共享经济的崛起。根据国家信息中心统计,2016年知识技能领域市场交易额约为610亿元,2017年则达到1382亿元,比2016年增长126.6%,企业融资额约为266亿元,资本市场对知识共享市场保持高度认可。在这新一波的知识经济潮流下,房地产业要实现突破性发展,就必须充分运用互联网技术手段,依靠科技进步,而不是继续依赖资源要素红利,通过强化知识、技术、人才与产业结合的纽带,营造知识生产、创新和应用的环境,以企业为主体建立起产、学、研相结合的综合体,最终实现传统产业的转型升级。

Contents **目录**

第七章 新时代的房地产市场改革路径抉择

第一章

房地产政策分析与研判

第一节　从十九大报告看房地产市场发展方向

让全体人民住有所居！

党的十九大报告既高屋建瓴又直击人心，对我国在新时代的历史方位、社会主要矛盾、中国特色社会主义思想和未来发展战略安排等都有新的界定，这必将对未来房地产市场的发展产生深刻的影响。

一、进入新时代，社会主要矛盾变化引导房地产政策转型

党的十九大报告指出："中国特色社会主义进入新时代，我国社会主要矛盾已经转化为人民日益增长的美好生活需要和不平衡不充分的发展之间的矛盾。"这意味着未来国家经济政策的出发点将发生根本性改变，围绕房地产及相关问题的解决将会有更多的"纠偏"政策出台。

1981年，党的十一届六中全会将我国社会主要矛盾界定为"人民日益增长的物质文化需要同落后的社会生产之间的矛盾"，党的十九大把我国社会主要矛盾定义为"人民日益增长的美好生活需要和不平衡不充分的发展之间的矛盾"。这是36年以来的首次变化，可谓意义非凡。最初表述中的"物质文化需要"更多的是从满足人对"物"的欲望角度出发，而最新表述中"美好生活需求"则不仅包含了满足人的物质欲望，更多地强调人的安康、幸福和尊严。在过去房地产市场大跃进式发展的黄金时代里，虽然房地产成为经济增长的重要动力，但是房价的过快增长造成了财富分配的不均衡，扭曲了社会的公平和正义，"房奴"这个词就是对此的最佳注解。因此，新表述中的"不平衡不充分"自然也包括房地产所引发的社会和经济问题。

二、深化改革，房地产退出国民经济支柱产业已成定局

党的十九大报告关于"深化供给侧结构性改革"明确指出："建设现代化经济体系，必须把发展经济的着力点放在实体经济上。"这意味着实体经济尤其制造业将成为政策扶持的核心。

党的十八大报告关于深化改革的表述是"牢牢把握发展实体经济这一坚实基础，实行更加有利于实体经济发展的政策措施。"党的十八大是将发展实体经济放在产业结构调整的框架内，因此施政方针是"更加有利于"实体经济发展。党的十九大则是将发展实体经济放在供给侧结构性改革的框架内，"着力点"一词不仅肯定了实体经济对于经济发展的基础性地位，更进一步明确了未来经济"脱虚向实"的总方向。实体经济尤其是制造业将成为政策扶持的核心。

2

同时，报告还要求"坚持去产能、去库存、去杠杆、降成本、补短板，优化存量资源配置，扩大优质增量供给，实现供需动态平衡"。"三去一降一补"是在2015年底中央经济工作会议上为应对产能过剩、楼市库存大、债务高企这三大问题所提出。仅就去库存而言，政策实施至今，成效显著。在总量上，2017年8月末全国的商品房待售面积62352万平方米，已经连续下降达到30个月最低水平；在结构上，一线城市的商品房库存消化周期均属于或靠近住房城乡建设部划定的12～18个月的正常区间，二线城市库存消化周期收窄，三四线城市正成为去库存的主力。"优化存量资源配置、扩大优质增量供给"的表述则很容易联想起2017年4月住房城乡建设部、国土部联合出台的供地与去库存挂钩的新政。未来城市建设将告别过去摊大饼造新城的发展模式，进入"内向增长"的新阶段，其中的旧城改造、棚户区改造等存量挖潜项目都将爆发出巨大的商机。

三、住有所居，房地产租赁市场大有可为

党的十九大报告指出："坚持房子是用来住的、不是用来炒的定位，加快建立多主体供给、多渠道保障、租购并举的住房制度，让全体人民住有所居。"这表明党中央更强调住房"生活必需品"的性质而非商品性质，并将住房视为人民"生存权"的重要内容。

党的十九大报告延续了2016年中央经济工作会议对房地产市场所作出的"房子是用来住的，不是用来炒的"定位。这充分说明了中央对房地产的这个方向是坚定的，将住房视为人民"生存权"的重要内容。不同的是，对2017年两次中央政治局会议中关于"房地产长效机制"的表述，党的十九大报告强调的是"住房制度"，体现了房地产长效机制的构建是一个系统工程，包含住房制度、土地制度、财税制度、户籍机制等。

关于"住房制度"，党的十九大报告提出三点：一是"多主体供给"。这意味着共有产权住房将成为未来住房保障的重点领域，因为原来的住房供给主要是依靠市场配置，部分由政府保障；二是"多渠道保障"。这是要求政府在保障城市居民的住房权利上要担负更多的责任；三是"租售并举"。实际含义是在稳定当前商品房销售市场的情况下，花大力气发展住房租赁市场，引导住房消费需求转为租赁需求，平衡住房市场结构，促进房地产市场的可持续发展。

党的十九大报告提出"让全体人民住有所居"，不仅是政府社会保障的目标，更是一个政治承诺。可以预期，2017年以来全国和地方实施的调控政策在未来相当长的时间段内都不会放松，房价也会有一个理性回调的过程。而住房租赁市场将成为房地产市场未来发展的重要组成部分。

四、城乡融合，土地制度改革推进趋于谨慎

党的十九大报告提出要"实施乡村振兴战略"，在措施上则要求"建立健全城乡融合发展体制机制和政策体系"。据此预计集体建设用地入市以及宅基地入市的制度改革进程将以稳妥推进为主。

党的十八大报告提出"推动城乡发展一体化"，并认为城乡发展一体化是解决"三农"问题的根本途径。党的十九大报告提出"城乡融合发展"，在社会所关注的土地制度改革上，党的十九大报告表述："深化农村土地制度改革"和"深化农村集体产权制度改革"；而党的十八大报告则明确指出要"依法维护农民土地承包经营权、宅基地使用权、集体收益分配权"和"改革征地制度"。再结合当前《土地管理法（修正案）》（征求意见稿）的内容分析，在城乡二元体制不变、集体土地产权界定不清的环境下，笔者据此认为，集体建设用地入市以及宅基地入市的制度改革进程将以稳妥推进为主，集体建设用地入市的整体步伐会放缓，其中集体经营性建设用地入市仍将是下一阶段土地制度改革经验摸索的重点领域。

第二节　宏观调控政策解读与研判

一、2014 年中央经济工作会议解读——为何不提房地产调控？

2014 年 12 月 11 日，一年一度的中央经济工作会议在北京闭幕，会议敲定了 2015 年经济工作的 5 项主要任务。其中，房地产调控连续两年没有出现在中央经济工作会议会后公报中。

笔者综合分析中央政治走向、宏观经济发展态势和房地产市场形势后认为，主要有以下四个原因：

（一）产业结构优化、挖掘经济增长成为经济政策重心

由于欧美等发达国家正快速向工业 4.0 迈进，国内外经济形势急剧变化，而我国过去数十年形成的依靠房地产等传统行业拉动经济增长的投资驱动型经济增长模式不可持续，当前中国潜在经济增长率也开始下降。此次，中央经济工作会议提出，要着力抓好化解产能过剩和实施创新驱动发展，大力发展战略性新兴产业，加快传统产业优化升级。这意味着未来中国经济发展的重心将真正转移到调整优化产业结构，战略性新兴产业和升级版工业将逐渐取代房地产等传统行业成为推动经济发展的主动力。

（二）未雨绸缪着力防控地方债务风险

土地财政与地方债务一直以来都是相伴相随。在大力推进城镇化政策实施以来，地方债务急剧膨胀。2013 年底，审计署公布全国政府性债务审计结果，截至 2013 年 6 月底，全国政府性债务超 20.6 万亿元，债务率 113.41%。与 2012 年年底相比，全国政府负有偿还责任的债务上升 8.57%，其中地方部分上升 13.06% 至 108859.17 亿元，中央部分上升 3.98% 至 98129.48 亿元。其中，地方政府性债务对土地出让收入的依赖程度较高。截至 2012 年年底，11 个省级、316 个市级、1396 个县级政府承诺以土地出让收入偿还的债务余额 34865.24 亿元，占省市县三级政府负有偿还责任债务余额 93 642.66 亿元的 37.23%。2013 年中央经济工作会议第二次将地方债单列作为主要经济

任务之一，并明确提出"要把控制和化解地方政府性债务风险作为经济工作的重要任务"。由于土地出让金直接牵涉地方政府的财政收入和债务平台，中央政府引导地方政府尽快转变发展方式，控制财务风险。

（三）不提房地产调控并不意味着没有房地产调控，反而说明中央正在从双轨制调控向长效机制迈进

从 2011～2013 年的中央经济工作会议公告来看，2011 年坚持调控不动摇，促使房价合理回归。2012 年继续坚持房地产调控政策不动摇。2013 年则只提住房保障。2013 年 12 月，住房和城乡建设部副部长齐骥明确了"商品房归市场、保障房归政府"的双轨制调控思路。2013 年 10 月，住房和城乡建设部新闻发言人倪虹表示，用市场的手段调控房地产市场将是下一步调控的主要方向和手段。中央采取以市场调节为主的双轨制调控思路，政府角色在房地产市场的全面淡出，可以判断未来房地产行业将以长效稳定的机制建设为主线，短期的类似"限购令"的政策将一去不复返。

（四）以保民生、促改革来稳房价

过去房地产的黄金 10 年，也是房价飞涨、民怨沸腾的 10 年。在中央以反腐为突破口，全力推进政治体制、财税制度、金融机制、土地政策等多方面改革的攻坚期。任何一个房地产调控政策讯号的出台，可能导致房地产市场的波动，进而影响民众对未来生活的预期。2015 年是前期改革政策措施落地和剩余领域部署的关键之年，中央有效地引导市场注意力，稳定民众的预期，进而促进市场平稳发展，再辅之以教育、就业、收入分配、社会保障等一系列保障和改善民生的政策措施，就为改革的深化奠定了坚实的民心基础。

二、2015 年《政府工作报告》解读——总理不让"任性"房地产该去哪？

2015 年 3 月 5 日上午，国务院总理李克强在第十二届全国人大三次会议上做《政府工作报告》（以下简称《报告》）。《报告》基于稳增长、提效率、促改革的出发点对2015 年的政府工作作出了总体部署，其中，"大道至简、有权不可任性"的表述尤其令人耳目一新。在市场所关注的房地产方面，《报告》也有诸多亮点。

（一）四年来首次下调经济增长目标：房地产业从"超高增长"转入"稳态增长"大局已定。

《报告》将 2015 年 GDP 增长的目标由 2014 年的 7.5% 下调到 7% 左右，失业率由2014 年的 4.6% 下调到 4.5%，但城镇新增就业 1000 万人的目标没变。其中透露出三点信息：第一，2012～2014 年中央对 GDP 的增长目标均为 7.5%，2015 年首次主动下调 0.5 个百分点，意味着政府正逐渐淡化经济增长的速度，而更加注重经济增长的质量和效益。第二，GDP 预期目标是 7% 左右，而不是先前外界预测的 7%，这显示出政府要力阻从之前过度"唯 GDP 化"转为过度"去 GDP 化"的倾向。第三，GDP增长目标下调，但对就业目标却稳中有升，说明政府在对经济下行容忍度提高的同时，也充分考虑就业和增长的需要，力图保证宏观经济不出现系统性风险。由于房地产业与宏观经济发展是相依相存的关系，而中央在 2011～2015 年来首次主动下调经济增长目标意味着经济发展方向正式由"速度"转向"内涵"，未来"稳态增长"将成为房地产业不得不接受的"新常态"。

（二）再次强调城镇化的地位与作用：房地产在其中依然有发展空间

《报告》提出："城镇化是解决城乡差距的根本途径，也是最大的内需所在。要坚持以人为核心，以解决'三个1亿人'问题为着力点，发挥好城镇化对现代化的支撑作用。"根据国家统计局的数据，2014年中国的城镇化率已经达到了54.77%，但相对于发达国家80%左右的城镇化水平，我国的城镇化发展依然有巨大的发展空间。"以人为本、产业兴城"的新型城镇化发展路径，其中住房和基建依然是城镇化建设中的重要组成部分。2015年的《报告》再次强调了城镇化的重要地位和作用，意味着在下一阶段新型城镇化的推进过程中，围绕更好地满足人的居住和生活的房地产需求依然存在，未来房地产也将从中获得理性的增长空间。

《报告》再继续强调城镇化的地位和作用的同时，也对城市群的发展规划指明了方向："控制超大城市人口规模，提升地级市、县城和中心镇产业和人口承载能力，方便农民就近城镇化。"这意味着未来一线城市全面放开限购的可能性较小，而三四线城市将获得更多的政策惠顾和资金支持。未来随着国家城镇化战略向三四线城市的倾斜，部分城市的高库存现状有望得到缓解，而实力和眼光兼具的开发商甚至很有可能在农民市民化、旧城改造、基础设施建设等城市发展机遇中掘出宝贵的"黄金"。

（三）房地产由"调控"转"支持"：2015年市场有望止跌企稳并温和回升

2015年的《报告》中明确提出："稳定住房消费""坚持分类指导，因地施策，落实地方政府主体责任，支持居民自住和改善住房需求，促进房地产市场平稳健康发展"。根据国家统计局的数据，2014年，全国房地产开发投资95036亿元，比2013年增长10.5%，增速比2013年回落9.3个百分点，这一增速也是自2000年14年来的最低值。房地产开发投资的下滑拉低了经济的增长，2014年GDP的增速仅为7.4%，创下了24年的新低。而进入2015年后，1月份房地产下行的态势依然在持续，70个大中城市中，新建商品房价格同比下降的有69个，上涨的城市仅有1个。从企业来看，包括万科、恒大、保利、中海在内的十大房企1月的销售金额环比下降58.4%，销售面积环比下降51.1%。坚持市场调节的前提下，放松政策刺激房地产市场的空间，促进房地产市场的止跌回稳，保证2015年的经济增长。由此可以判断，两会以后，无论地方政府还是金融机构都会出台对房地产利好的政策，2015年房地产市场不仅有望止跌回稳，还很有能在温和回升。

（四）创新保障房供给：消化目前巨大库存所积压的房地产泡沫风险

2014年底，住房城乡建设部就已经开始推广地方政府回购商品房用于保障房的新模式。在2015年的《报告》中又明确提出："住房保障逐步实行实物保障与货币补贴并举，把一些存量房转为公租房和安置房。"而这一举措提出的背景，是楼市庞大的库存积压所导致的泡沫风险在房地产市场下行周期内难以化解，从而对处于转型期的宏观经济造成威胁。根据国家统计局的数据显示，2014年，全国商品房销售额为76292亿元，较2013年下降6.3%，这一增速比2013年则大幅回落了32.6个百分点。在商品房销售萎靡的同时，库存却大幅增加。2014年末，商品房待售面积62169万平方米，比 2013 年末增加 12874 万 m²，增幅达 26.12%。通过政府回购商品房用于保障房，一方面，可以解决保障性住房供给不足的问题；另一方面，政府回购既缓解了开发商的资金回笼危机，消化楼市库存，对稳定住房消费也有积极作用。同时，《报告》还提出要"加大城镇棚户区和城乡危房改造力度"，这对于房地产企业未来的城市战略布局和业务模式选择也具有指引意义。

（五）审慎开展农村土改试点：未来农地入市的改革步伐将有所减速

与 2014 年"慎重稳妥进行农村土地制度改革试点"的简短提法相比，2015 年《报告》提出："要做好土地确权登记颁证工作，审慎开展农村土地征收、集体经营性建设用地入市、宅基地制度、集体产权制度等改革试点。"这一表述更为明确和具体，但"审慎"二字较 2014 年的"慎重"则更多了几分严格与严谨。同时，2015 年《报告》在城镇化战略部署中也要求："坚持节约集约用地，稳妥建立城乡统一的建设用地市场，完善和拓展城乡建设用地增减挂钩试点。"其中，"稳妥建立城乡统一建设用地市场"与"审慎"开展农村土地改革相互呼应，而国务院在北京大兴区在内的 33 个农村土地制度改革试点已经在 2 月 25 日获得全国人大常委会授权并启动，在农村集体建设用地进入市用于住宅建设上国家依然持谨慎态度，未来在农地入市方面的改革步伐预计将有所减速。

三、2017 年中央政治局会议解读——长效机制渐成，房地产市场走向何处？

2017 年 4 月 25 日，中共中央政治局召开会议，分析研究当前经济形势和经济工作，从供给侧结构性改革、经济结构战略调整、防范金融风险和稳定楼市发展等方面确立未来发展基调，明确提出"要加快形成促进房地产市场稳定发展的长效机制"。此前，2016 年 12 月中央经济工作会议的表述是"加快研究建立符合国情、适应市场规律的基础性制度和长效机制，既抑制房地产泡沫，又防止出现大起大落"；2017 年《政府工作报告》提出"加快建立和完善促进房地产市场平稳健康发展的长效机制"。

从"加快研究"到"加快建立和完善"，再到如今的"加快形成"，房地产长效机制正在从思路转化为现实。

（一）多重因素驱动下的"必选题"

加快建立和完善房地产长效机制的背后，有城镇化减速提质、房地产深层次矛盾显露和宏观经济企稳回升等多重因素在驱动。

1. 城镇化处于减速提质新阶段。根据国际上普遍认同的"纳瑟姆曲线"，城镇化率处于 30%～70% 时是城镇化加速发展阶段。2016 年，我国的城镇化率已经达到 57.35%，可能不到 2030 年就会达到纳瑟姆曲线第二个拐点（城镇化率达到 70%）。在这一过程中，经济发展势头将逐渐进入平缓的成熟阶段。

城镇化从"数量增长和规模扩张"为主，向"质量提高、效益提升和功能完善"转变，各级城市，尤其是中小城市本质上需要的是以可持续的优质产业而不是可炒作的房地产吸引人口流入。为此，《中华人民共和国国民经济和社会发展第十三个五年规划纲要》提出"加快农业转移人口市民化"和"加快发展中小城市和特色镇"，各地以培育产业为核心的特色小镇建设已经铺开。"以人为本""产城融合"的新型城镇化道路，需要一套维护房地产市场健康稳定发展的长效机制予以配合。

2. 房地产深层次矛盾显露。表面上看，房地产行业的突出问题是房价增长过快，超过普通居民的可承受能力。而深层次的原因是住房供应结构的不合理和公共服务资源分配的不均衡。

一方面，我国最初的住房制度改革起于拉动内需应对亚洲金融危机，忽视了保障性住房的供应，住房供应结构与城市居民收入结构错位。尽管近年来在着力补上这块短板，历史的欠账却难以在短期内抹平。

另一方面，长期以行政资源引导公共服务资源配置，优质教育资源、医疗资源和基础设施在大城市高度集中，再加上户籍制度的约束、社会保障制度不完善、投资渠道的匮乏，对商品房所有权的追逐成为绝大多数家庭对冲未来不确定性预期的主要方式。

在这种情形下，限购、限售等行政性的调控措施虽有助于房地产市场短期降温，终究只是治标之策。如果不适时推出促进房地产平稳健康发展的长效机制，在根本上有效削弱房地产对市场流动性的虹吸效应，房地产市场一旦再起高热，对我国经济新旧动能接续转换和经济结构转型升级都将产生不利影响。

3. 宏观经济企稳回升，构建房地产长效机制的机会窗口显现。房地产行业产业链长、关联效应范围广，在经济下行周期里大幅度改革的掣肘较多。随着2016年积极的财政政策和稳健的货币政策持续发力，供给侧改革成效逐渐显现，2017年以来，我国宏观经济整体呈现企稳回升势头。第一季度，全国GDP同比增长6.9%，实现自2015年第四季度以来的最高季度增速，也高于6.5%左右的2017年全年经济增长目标；全国规模以上工业增加值同比实际增长6.8%，同比增长1.0个百分点，比2016年全年加快0.8个百分点；社会消费品零售总额85823亿元，同比增长10.0%，消费对经济增长贡献达到77.2%；全国商品房待售面积6.88亿 m^2，比2月末减少1745万 m^2。

总体来看，宏观经济正在从长达6年的低落走向小周期复苏，这就为我们在金融、土地、财税、投资、立法等方面全面探索和构建房地产长效调控机制提供了机会窗口。

（二）以供给侧改革实现理性稳态增长

在房地产长效机制的构建过程中，房地产市场将呈现出一些新动向。

1. 限购、限贷等行政调控措施将在房地产长效机制形成前长期持续。在过去10多年里，基于稳增长和控房价的目标，我国用货币、信贷、税费、土地等多种政策工具对房地产市场进行过调控。其中，限购、限贷等行政直接干预的措施效果在短期内更为明显。然而，每轮限制性的措施解除后，都会有一波房价反弹。一方面是因为城镇化快速推进、房地产整体处于上升周期；另一方面，以"一刀切"的宏观政策工具影响微观市场变量，以期促使市场机制自我修复，效果是有限的。

2016年9月～2017年4月，全国近50个城市出台了版本不同的限购政策，其中十余个城市出台了比北京、上海还严厉的限售政策。以往数轮房地产调控主要是自上而下的施政，此次却是自下而上地推动，范围逐步扩大，力度逐步升级。2017年4月，国土资源部联合住房城乡建设部出台了《关于加强近期住房及用地供应管理和调控有关工作的通知》（建房〔2017〕80 号），要求将住宅用地供应计划与城市库存消化周期联系起来，库存高企的供地要减少，反之则加大供地力度。可见，本轮房地产调控的态度是上下统一而且十分坚决的，在房地产长效机制建立的过程中，"因城施策"的调控政策将持续下去。

2. 房地产市场将正式进入理性增长和差异化发展的新常态。2015 年、2016 年，在"稳增长"和"去库存"的政策诉求下，前期积压的刚性需求和改善性需求得以释放，投资和投机性需求也随之再度潜入市场。2017 年，随着经济企稳回升、商品房库存逐渐消减，政策重心也随之从"稳增长"转到了"控风险"和"促改革"，房地产政策也呈现全面收紧态势。

从市场层面来看，2017 年 1 ～ 4 月全国房地产开发投资同比增长 9.3%，比 1 ～ 3 月提高 0.2 个百分点；商品房销售面积和销售额的增速相对于 1 ～ 3 月则分别回落了 3.8 个百分点和 5 个百分点。这说明在上轮刺激政策下，刚性需求和改善性需求已经充分释放，而投资和投机性需求则被大幅压缩，市场上的需求已全线收缩。再加上土地供给"因城施策"政策的出台和对房地产长效机制的预期渐趋明朗，房地产高速增长的时代将过去，转而长期处于平稳理性增长和差异化发展的新常态。

3. 从供给端入手优化供应结构，增加有效供给。以往短期的房地产调控，主要用抑制需求的方式来压制房价，而房地产调控长效机制则要求从供给端入手，进一步推动土地市场化改革，从而适度放松房地产的供给约束；加快收入分配制度和户籍制度改革，解除房地产的供给抑制；最终通过供给侧的一系列制度改革和市场调整，实现房地产市场的理性稳态增长。

未来房地产供给侧改革的重心，可能将放在优化房地产结构和增加有效供给上。其中，长期缺位的住房租赁市场将成为发展的重点。2016 年 6 月，《国务院办公厅关于加快培育和发展住房租赁市场的若干意见》（国办发〔2016〕39 号）提出的发展目标是"到 2020 年，基本形成供应主体多元、经营服务规范、租赁关系稳定的住房租赁市场体系"。2017 年以来，湖北、广西、福建等地陆续出台关于加快培育和发展住房租赁市场的具体细则。在国家和各级地方政府的政策利好下，随着房地产市场的转型和开发商角色的调整，预计住房租赁市场将很快显现出巨大的增长潜力。

四、2018 年《政府工作报告》解读——把握改革新动向、透视地产新机遇

"改革"一词在 2018 年政府工作报告全文当中出现了 97 次，凸显了党和政府在新时期全面推进改革开放、激发市场活力和着力改善民生的决心和信心。在社会所关注的房地产方面，从 2018 年政府工作报告里可以看出有一些变化。

（一）房地产税从立法到落地仍需较长时日

2018 年政府工作报告提出要"健全地方税体系，稳妥推进房地产税立法。"2013 年十八届三中全会将"加快房地产税立法并适时推进改革"列入改革任务之一，标志着我国的房地产税立法正式起步。2015 年 8 月，房地产税立法被列入十二届全国人大常委会立法规划。2016 年 3 月，"十三五"规划纲要的表述是"完善地方税体系，推

进房地产税立法"。2017 年 12 月,财政部部长肖捷提出要"按照'立法先行、充分授权、分步推进'的原则,推进房地产税立法和实施"。从政策表述的变化来看,房地产税立法从"加快"到"推进"到"分步推进",再到 2018 年提出"稳妥推进",说明房地产税改革仍然是我国财税体制改革所坚持的方向,事关"以人为本"的发展道路,须同时平衡科学性、民主性、稳定性和可操作性,工作难度较大。因此,房地产税从立法到落地实施还将经历较长的一段时间,短期内并不会对房地产市场造成实质性影响。

（二）以差别化调控方式满足住房民生需求

在住房问题上,2018 年政府工作报告除了延续"房住不炒"和住房制度改革的表述外,还特别指出要"支持居民自住购房需求,培育住房租赁市场,发展共有产权住房"。"支持居民自住购房需求"实际上就是满足商品房刚需,"培育住房租赁市场"主要是针对购房困难的中低收入人群,"发展共有产权住房"则主要是解决夹心层人群的购房需求。总体来看,这三种方式本质都是通过差别化调控来满足最基本的住房民生需求。2018 年政府工作报告再次明确支持居民刚需购房,充分表明了对群众安居问题的重视。在金融政策上,2018 年政府工作报告强调"强化金融监管统筹协调,健全对影子银行、互联网金融、金融控股公司等监管,进一步完善金融监管。"一方面支持刚需购房,另一方却加强金融监管,这说明中央对于住房的改善性需求和投资投机性需求仍持严控态度。

（三）市场化改革将释放更多土地制度红利

关于土地制度改革,2018 年政府工作报告提出要"加快技术、土地等要素价格市场化改革"和"探索宅基地所有权、资格权、使用权分置改革"。2018 年全国国土资源工作会议提出我国将研究制定权属不变、符合规划条件下,非房地产企业依法取得使用权的土地作为住宅用地的办法。这对加快土地价格市场化改革将起到重要作用。土地供应主体多元化,土地市场的充分竞争有利于降低土地交易成本,进而降低地价和房价。这对于当前正在进行的多主体供应、多渠道保障、租购并举的住房制度改革具有基础性的支撑作用。通过宅基地"三权分置"的政策改革,将盘活农村闲置的宅基地资源,推动农村土地资本化的进程,增加农民财产性收入和推动人口城镇化进程,也将有力助推城市的工商业资本下乡,为乡村振兴提供产业支撑。

（四）城中村和棚户区改造带来地产新机遇

2018 年政府工作报告在提高新型城镇化质量方面提出,有序推进"城中村"、老旧小区改造,完善配套设施,鼓励有条件的加装电梯;在解决群众住房问题方面提出,启动新的三年棚改攻坚计划,2018 年开工 580 万套。2016 年和 2017 年《政府工作报告》中棚户区改造的任务都是 600 万套,2018 年与前两年基本持平。城中村和棚户区改造的持续推进不仅可以释放相当体量的住房购置需求,而且同步建设的配套设施也将带来巨大的商业物业开发机会。在当下金融去杠杆和监管从紧的政策环境下,房企参与城中村和棚户区改造可以享受政府财政投入、信贷支持和税收优惠的相关政策,缓解一定资金压力。但是,无论城中村还是棚户区改造,都存在拆迁成本高、项目周期长、投资回报慢的问题,房企需要具有较高的综合运行实力,才能实现营利性、公益性和长效性三要素有机结合。

五、2018 年中央经济工作会议解读——"房住不炒"落点在优化供给体系

2018 年中央经济工作会议提出——要构建房地产市场健康发展长效机制，坚持房子是用来住的、不是用来炒的定位，因城施策、分类指导，夯实城市政府主体责任，完善住房市场体系和住房保障体系。

12 月 21 日闭幕的中央经济工作会议在形势判断、政策协同、任务部署等多个方面都提出了新的表述，为 2019 年的经济社会发展描绘了新图景，也给未来一段时间的房地产市场释放出明确的政策信号。

（一）宏观政策取向"稳"字当先，逆周期调节至关重要

2018 年的中央经济工作会议强调，2019 年是新中国成立 70 周年，是全面建成小康社会关键之年，做好经济工作至关重要。这一定调，明确要求明年的经济工作不容有失，对稳增长的重视程度显著升级。

本次会议对经济工作的规律性认识，强调了 5 个"必须"：必须坚持党中央集中统一领导；必须从长期大势认识当前形势；必须精准把握宏观调控的度；必须及时回应社会关切；必须充分调动各方面积极性。其中，"必须精准把握宏观调控的度，主动预调微调、强化政策协同"，意味着未来的宏观调控会更加注重政策制定的科学性、稳健性和协调性。

会议再次强调"六稳"，即"稳就业、稳金融、稳外贸、稳外资、稳投资、稳预期"，这是今年 7 月、10 月、12 月的 3 次中央政治局会议后第 4 次强调"六稳"。这显示在内外发展环境日趋严峻的形势下，"稳增长"实质已经成为 2019 年施政的核心目标。

会议认为，"我国经济运行主要矛盾仍然是供给侧结构性的"，同时强调"经济运行稳中有变、变中有忧，外部环境复杂严峻，经济面临下行压力"。事实上，有效需求不足已经是现阶段我国经济运行中的主要矛盾。本次会议将"强化逆周期调节"置于"供给侧结构性性改革"之前，这说明现阶段平衡短期需求管理优先于长期结构性改革，2019 年将选择通过"实施积极的财政政策和稳健的货币政策"来熨平短期经济波动。

在供给侧结构性改革上，本次会议强调使用"巩固、增强、提升、畅通"4 种方式，意味着深层次、动筋骨的体制机制改革在时间上会相对滞后。在"稳"字当先的宏观政策取向下，预计 2019 年的房地产调控会基本维持现状——在调控中既不会再加码太多行政手段，也不会出台成规模的刺激性政策。

（二）"房住不炒"总基调不动摇，短期调控重在稳预期

2016 年 9 月至今，在中央确立的"分类调控，因城施策"方针下，本轮房地产调控周期已持续两年有余。与过去相比，无论是范围、时间，还是力度、强度，这一轮调控都呈现出空前收紧的态势。而 2018 年 7 月中央政治局会议首次提出"六稳"之后，是否放松房地产调控的讨论间或可见。

这次中央经济工作会议延续了党的十九大确立的"坚持房子是用来住的、不是用来炒的"定位，且对房地产调控的政策表述也依然放在"加强保障和改善民生"一节中，这说明未来"房住不炒"、注重民生属性的房地产调控总基调不会改变。

这次会议将"因城施策"的表述前置，"分类调控"改成"分类指导"，显示房地产调控思路正在由过去的"自上而下"进一步向"因地制宜"转向，未来的房地产调控会更加注重通过城市政府的区域性政策调节市场，而不是全国强制性的"一刀切"。但为了防止地方政府借机放松调控，会议同时强调"夯实城市政府主体责任"：如果政策调整后房价控制不力，就要追究城市政府相关责任人的责任。这意味着即使地方政府要对政策进行微调，也必须在"房住不炒"的原则下行事，以稳地价、稳房价、稳预期为出发点，保持房地产调控政策的持续性和稳定性，而不能回归过去"涨了调、降了松"的老路。

（三）房地产长效机制建设提速，住房供给体系优化成施政重点

回看历年中央经济工作会议释放的房地产政策信号，2016年首次提出"加快研究建立符合国情、适应市场规律的基础性制度和长效机制"；2017年提出"完善促进房地产市场平稳健康发展的长效机制"；2018年再次提出要"构建房地产市场健康发展长效机制"，并将其置于"房住不炒"之前。从"加快研究建立"到"完善"再到"构建"，说明房地产长效机制的构建不仅在提速，而且逐渐成为未来出台相关房地产调控政策的框架指导。

2018年的中央经济工作会议强调要"完善住房市场体系和住房保障体系"。在逻辑上，住房市场体系和住房保障体系都是房地产长效机制的重要组成部分。"完善住房市场体系"意味着未来将进一步优化住房供给结构，平衡商品房市场和住房租赁市场，避免局部市场因资本逐利而发展过热；"完善住房保障体系"则意味着未来政府会进一步加大对保障性住房建设的投入支持力度，尤其是提高公共租赁房的有效供给。

六、2019年《政府工作报告》解读——"房住不炒"仍然是主基调

2019年3月5日，十三届全国人大二次会议开幕，国务院总理李克强作政府工作报告。2019年的报告紧扣建国70周年的历史节点，"上接天线，下接地气"地对2019年的政府工作作了统筹安排。在房地产方面，2019年的《政府工作报告》也有一些新的表述。笔者将从经济环境、城镇化、房地产调控和房产税立法四个方面对2019年的政府工作报告进行深入解读。

（一）经济增长目标虽再次下调，但仍有望实现稳中有进

2019年的《政府工作报告》将GDP的增长目标设定为6%～6.5%，这是自2012年GDP增长目标首次"破八"之后的第三次下调经济增长目标，也自2016年之后第二次使用区间设定经济增长目标。一方面在经济转型升级过程中，GDP增速下调符合经济发展规律和实际情况，说明中央为推动经济高质量增长对经济增速放缓的容忍度在不断提高；另一方面说明当前的经济形势确实非常严峻，经济在下行压力下不确定性增加，用区间设定增长目标更为科学合理。

从国家统计局数据来看，2017年和2018年的GDP增速都超过了年初6.5%的预期目标，而且2019年明确提出要"继续实施积极的财政政策和稳健的货币政策"。与市场上普遍相对悲观的预期不同，笔者认为通过充分发挥宏观政策逆周期调节作用，

2019 年经济基本面仍有望实现稳中有进的发展目标，而这也将为房地产市场的企稳创造有利环境。

（二）凸显中心城市在城市群的带动作用，推动城镇化高质量发展

城市群是高度同城化和高度一体化的城市群体，是工业化和城市化发展到高级阶段的产物。我国在 2014 年出台的《国家新型城镇化规划(2014—2020)》中提出了"5+9+6"城市群空间结构布局规划。十九大提出"要以城市群为主体构建大中小城市和小城镇协调发展的城镇格局"。2019 年的《政府工作报告》提出"坚持以中心城市引领城市群发展。抓好农业转移人口落户，推动城镇基本公共服务覆盖常住人口。"2018 年，我国的城镇化率为 59.58%。根据美国地理学家诺瑟姆提出的城市化 S 曲线理论，我国的城镇化已经处于加速阶段的后半程，未来城镇化发展的规模和速度会逐渐下降。通过实施"以中心城市引领城市群发展"的城镇化路线，有利于提升中心城市在城市群中的辐射带动作用，促进中心城市与周边城市形成相互影响、相互依存的良性互动关系，实现人口在城市群中的均衡分布，缓解住房消费需求过度集中造成的房价上涨压力。推动农业转移人口落户和扩大城镇公共服务覆盖范围则有利于进一步消除城乡之间的制度壁垒，加快外来人口市民化，促进土地、人口等要素的规模集聚和高效利用，进而推动城镇化高质量发展。

（三）房地产调控基调未变，依旧以"稳"为主线

2019 年以来，海口、南京、合肥等多个城市在中央经济工作会议所确立的"因城施策"原则下在人才落户、房贷利率上浮比例、土地出让条件、商品房销售规则等方面进行了微调，也被外界很多人误读为政策宽松的前兆。实际上，无论是中央还是地方在房地产调控政策的主基调仍然是"房住不炒"，部分城市的政策微调只是对之前"一刀切"式调控所造成的负面影响的纠正，各地限购、限贷等核心调控政策仍在持续。

1. 在资金端，2019 年的《政府工作报告》明确提出"引导金融机构扩大信贷投放、降低贷款成本，精准有效支持实体经济，不能让资金空转或脱实向虚"。由此预期房企融资难、融资贵的问题仍将持续较长的时间，而维护自身资金链安全也将减缓房企拿地和开发的步伐。

2. 在市场端，2019 年的《政府工作报告》基本延续了 2018 年 12 月底中央经济工作会议对于房地产调控的政策表述，再次强调"落实城市主体责任，改革完善住房市场体系和保障体系"，其中，住房市场体系中的住房租赁市场仍将是政策支持的重点，预计增供给和控房租则将是住房租赁政策中的重点。2019 年的调控目标与全国住房和城乡建设工作会议所确立的"三稳"工作目标一致，即"促进房地产市场平稳健康发展"。

3. 在需求端，一方面，2019 年的《政府工作报告》提出"深入推进城镇化""更好解决群众住房问题"。由于我国人口基数大，持续推进的城镇化即使速度放缓也仍将释放出相当规模的住房刚性需求。随着经济发展和人民生活水平提高，在消费升级的带动下，还有一定规模的改善性需求也会逐渐释放出来。另一方面，2019 年的《政府工作报告》提出要"继续推进保障性住房建设和城镇棚户区改造，保障困难群体基本居住需求。"2018 年 10 月的国务院常务会议上提出，"因地制宜调整完善棚改货币化安置政策。"尽管棚改未来会从货币化安置逐渐转向实物安置，但此时明确提出继续推进棚改将有利于稳定三四线城市的住房消费需求和未来预期。

（四）房地产税立法尚处于起步阶段，短期内对房地产市场影响有限

2019 年的《政府工作报告》提出"健全地方税体系，稳步推进房地产税立法。"这也是自 2013 年十八届三中全会首次提出"加快房地产税立法"以后，《政府工作报告》中第三次提到"房产税立法"。2018 年的《政府工作报告》的表述是"稳妥推进房地产税立法"。从"稳妥"到"稳步"说明中央对房地产税的态度由迟疑走向明确。但从立法程序上来看，房地产税立法至少需要经过草案、公开征求意见、提交、审议、再公开征求意见、表决、付诸实施七个步骤。全国人大常务委员会委员长栗战书在 2019 年人大二次会议上提及要集中力量落实好党中央确立的重大立法事项，包括房地产税法等多项立法调研、起草。由此可见，房地产税当前还处于草案起草和完善阶段，尽管中央在推进房地产税立法的工作在加快，但距离出台和实施还有相当长的时间和距离，短期内不会对当前的房地产市场造成影响。

第三节　部分城市调控政策分析

一、武汉：城市经营与地产开发互联互动，市场总体稳定可控

武汉作为中部地区的核心城市，2016 年以来，在宽松政策刺激、人口持续净流入和基础设施不断完善等多重利好因素影响下，其房地产市场也持续升温。根据武汉房地产市场信息网的统计数据显示，2016 年上半年武汉楼市新建商品房成交 16.99 万套，同比上涨 65%；平均价格为 9084.30 元 / 平方米，同比上涨 12.47%。商品房市场的快速升温也带动了土地市场的全面爆发。根据中指数据库的统计数据显示，2016 年 1 ～ 8 月，武汉共拍出了 15 宗"地王"（统计口径为单宗土地成交金额超 5 亿元、溢价率超 40%）。其中，楼面地价最高的汉阳滨江大道与拦江路交叉口西南角 P(2016)064 号地块，高达 20017 元 / 平方米；而溢价率最高的则是东湖新技术开发区民族大道以东、南湖大道以南的 P（2016）059 地块，高达 442.15%。未来，随着武汉城市经济和产业发展基础的进一步发展和巩固，武汉的地产市场仍有很大的增长潜力和空间。

（一）楼市升温带动土地市场转暖

1. 住宅用地供需两旺，溢价率大幅提升。根据中指数据库的统计显示，2016 年 1 ～ 8 月，武汉共推出 59 宗住宅用地，同比增长 5.36%；成交 57 宗，成交率高达 96.61%，较 2015 年上升 3.75 个百分点；成交土地均价为 15536.16 元 / 平方米，同比增长 28.67%；平均溢价率为 60.44%，是 2015 年同期水平（25.69%）的 2.4 倍。

2. 商业用地成交活跃，但市场趋于理性。根据中指数据库的统计显示，2016 年 1 ～ 8 月，武汉共推出了 46 宗商业用地，同比增长 35.29%；成交 45 宗，成交率为 97.83%，较 2015 年提升了 15.47 个百分点；成交土地均价为 7199.16 元 / 平方米，同比上升

49.89%；平均溢价率为 1.38%，较 2015 年下降 0.83 个百分点。

3. 高价地块大多位于中心城区，大多落入民企囊中。前 8 个月，武汉共拍出了 15 宗高价地，平均楼面地价为 9139.6 元 / 平方米，平均溢价率为 227.32%。其中，中心城区有 10 宗，远郊城区有 5 宗。区域分布来看，东湖新技术开发区最多，有 4 宗；其次是汉阳区，有 3 宗；第三是东西湖区和黄陂区，各有 2 宗；江汉区、洪山区、青山区和江夏区各有 1 宗。从规划用途来看，15 宗地王中有 9 宗是纯住宅用地，5 宗为商住混合用地，1 宗为住宅与公服混合用地。从拿地的开发商的性质来看，民企有 8 家，而且溢价率最高的前三位"地王"均在民企囊中；国企有 6 家；央企 1 家。

（二）宽松政策释放城镇化潜力

房地产市场和土地市场双双回暖，是宽松政策刺激、人口持续净流入和基础设施不断完善等多重利好因素的综合作用。

1. 中央和地方的双重宽松政策护航。从 2015 年底到 2016 年上半年，中央在土地、信贷、财税等多方面出台了一系列的宽松刺激政策，武汉作为非限购城市在 2016 年 2 月也将首套房贷款首付比例降至两成。同时为了稳定市场对政策调整的信心，湖北省副省长曹广晶在 6 月 15 日的《湖北日报》专门撰文指出："调控的目标，是保持房地产市场的平稳、有序、可持续发展；必须坚持的原则，是因城施策，一城一策。"而且，"武汉市房地产调控有别于省内其他城市，主要任务还不是去库存。"在中央和地方双重政策护航下，武汉住房市场的刚需、改善性需求和投资需求集中释放，造就了 2016 年地产市场的一波小高潮。

2. 人口持续净流入，城镇化发展潜力大。根据武汉市统计局的数据显示，2015年，武汉市的常住人口为 1060.77 万人，在中部六省的省会城市中位居第一。从2006 ~ 2015 年 10 年间，武汉市的常住人口都是正增长，年均增长率为 2.18%。武汉城市对外来人口的持续强劲吸引力是其房地产市场得以持续快速增长的有力支撑。2015 年武汉市的城镇化率为 67.72%，在中部六省中位居第五，仅高于南昌。但在GDP 的总量上，武汉以超万亿的规模远远领先中部六省其他省会城市。这说明武汉市的经济基础扎实，具备较大的城镇化发展空间和潜力。

3. 大规模城市基础设施投资奠定物质基础。2012 年，武汉市政府常务会通过《武汉市"城建攻坚"五年行动计划》，提出"5 年投入 4217.66 亿元，实施 24 项工程进行城市建设，构建武汉现代化高品质'骨架'"。2015 年，城市基础设施建设投资达 1515亿元，2016 年《武汉市政府工作报告》又提出了 1750 亿元城市基础建设投资目标。持续大规模的城市基础设施投资改善了城市的硬件环境，提升了人流、物流和信息流的运转效率，促进人民生活水平的提高，也为地产市场的腾飞奠定了坚实的基础。

（三）武汉房地产市场展望

尽管当前武汉高地价地块频出，房地产市场持续升温，但这主要是武汉持续多年在城市经营上大手笔投入后，2016 年在政策、市场、环境等多重利好因素作用下，土地红利开始集中释放的结果。

无论是对比中部六省的省会城市，还是放眼 2016 年房地产市场表现抢眼的"新四小龙"，武汉的房地产市场都仍处于稳定可控的范围内。未来随着武汉新型城镇化的继续推进和产业结构的优化升级，武汉的房地产市场仍有相当大的发展空间和升值潜力。但与此同时，武汉市政府也需要谨慎把握城市经营与房地产开发之间的推进节奏和协调程度。

二、武汉：增加租赁供给 发展长租公寓

2017年11月14日，武汉市培育和发展住房租赁试点工作领导小组在现有政策的基础上，印发了《武汉市培育和发展住房租赁市场试点工作扶持政策（试行）》（以下简称《扶持政策》）。《扶持政策》在土地政策、住房保障政策、公共服务政策，金融支持政策、生活配套服务政策和其他支持政策五大方面有所创新，进一步加大住房租赁试点工作的支持力度。

（一）盘活闲置住房，增加有效供给

流动人口是住房租赁市场的主要需求群体，但当前武汉市的住房租赁需求与有效供给之间的缺口巨大。根据全国流动人口租赁需求的平均水平（70%）计算，武汉市约会产生170万租赁人口。而根据湖北永信行对武汉最大的房地产信息平台的数据统计显示，全市整租和合租挂牌房源合计约为4万间，仅能满足2%的市场租赁需求。对此，《扶持政策》通过规划、土地政策支持、工商、税费优惠和金融支持等政策手段，降低了企业建设运营租赁住房的资金成本，提高企业供应租赁住房的积极性。同时，允许个人按制度规范改造住宅后出租，并给予优惠的税收政策。这对于盘活空置住房、增加有效供给也将到积极的促进作用。

《扶持政策》在规划、土地政策上的创新主要有五点：一是明确新建租赁住房项目招拍挂条件中应设置自持出租年限。二是明确了竞拍方式。对于新建商品房住房项目，探索配建一定比例租赁住房作为土地出让条件；对于新建租赁住房项目，则通过招拍挂方式出让土地。三是允许企业通过"招拍挂"方式获取的商品住宅用地上建设一定比例的租赁住房。四是允许出租人按照国家和地方的住宅设计规范改造住房后出租，其中"具备直接采光和自然通风条件、功能相对独立"的客厅，可以出租。五是明确严格集体土地租赁住房监管，建设的租赁住房不得以租代售和转租。

（二）用地政策扶持，发展长租公寓

长租公寓主要指由机构管理的出租型住宅，租期通常在半年及以上，在居住时长和服务上区别于酒店商旅住宿，通过提供长周期、标准化的租赁服务解决租赁过程中产生的一系列问题。过去由于缺乏相应的制度规范和约束，无论是住房租赁机构还是个人房东，都将租金与房价挂钩，导致租金增长较快、租期较短且不稳定。根据易居研究院的数据显示，2017年6月武汉的人均住房租金为1060元，房租收入比为32%，在12个试点城市中属于住房租金相对过高范围。

《扶持政策》允许企业利用集体建设用地、自有商品住房用地以及竞拍配建等多种方式建设租赁住房，在增加有效供给的同时也将有助于平抑租金。同时，明确新建租赁住房项目招拍挂条件中应设置自持出租年限，要求配建租赁住房在一定年限内不得分割转让、改建的租赁住房不得分割产权出售、集体建设用地上建设的住房不得以

租代售等政策措施都将增强租赁市场的稳定性，为长租公寓的发展提供了良好的政策环境。

（三）规范租赁市场，推动房企转型

在中央"房住不炒""住有所居"的住房政策引导下，商品房销售市场在现阶段被政府严格管控，而住房租赁市场则成为未来发展的重点。根据公开数据显示，当前中国的房屋交易总额约为 15 万亿元，租赁交易额约为 1.1 万亿元，仅占房屋总交易额的 7%；而美国房屋租赁的交易额站到市场总额的 50%。可见，住房租赁市场的发展潜力巨大。在《扶持政策》出台前，包括万科、碧桂园、保利、龙湖、卓尔等多家房企及冠寓、魔方、红璞等长租公寓品牌均已参与武汉市住房租赁市场试点工作，预计未来还会有更多的企业投身其中。

武汉市出台的《扶持政策》降低了企业开发建设和制度性交易成本，可以有效地促进租房租赁市场的供给。

一方面，《扶持政策》进一步拓宽了企业的融资渠道，加大了对个人的金融持力度。支持住房租赁企业发行企业债券、公司债券、非金融企业债务融资工具等公司信用类债券及资产支持证券；为企业提供住房租赁支持贷款；对个人的住房租赁交易，提供差别化、快速便捷的嵌入式的贷款融资服务，对自持经营租赁住房的开发企业，比照保障房建设或棚户区改造贷款优惠条件发放长期低息贷款；鼓励符合条件的住房租赁企业或经营住房租赁业务的企业通过 IPO、不动产证券化产品等方式融资。

另一方面，《扶持政策》进一步完善了住房租赁项目的物业管理制度。政府建立住房租赁服务绿色通道，并要求武汉房地产经纪行业协会住房租赁专业委员会提供专业培训服务，提升从业人员素质和服务水平。同时，鼓励物业服务企业设立子公司，开展住房租赁业务。经营规模超过 100 套的，住房租赁子公司可享受住房租赁试点企业优惠政策。此外，明确租赁合同备案证明可以作为居住证办理、工商注册、社会保障等公共服务的房屋使用依据，并建立房地产住房租赁纠纷便捷调解机制。

（四）降低居住成本，保障人才安居

武汉市着力建设大学毕业生保障性住房和完善住房租赁制度，以此来降低人才的居住成本，进而提升城市的人才吸引力。2017 年 10 月武汉市发布的《关于加强大学毕业生安居保障的实施意见（试行）》（武办发〔2017〕25 号）中明确提出"未来五年，建设和筹集 250 万平方米以上大学毕业生保障性住房"，同时，"让大学毕业生以低于市场价 20% 买到安居房，以低于市场价 20% 租到租赁房"。

为了降低大学生租赁和购置住房的成本，《扶持政策》将 2017 年 7 月武汉市出台的《关于加强大学毕业生安居保障的实施意见（试行）》中的两条规定也吸收了进来：明确在大学生集中就业区域，开发配套完善、宜居宜创的供大学毕业生租住的建设项目，在地铁站点及沿线、"三旧"改造的商品住房开发项目，根据项目规模和大学毕业生需求，按适当比例配建大学毕业生保障性住房。

《扶持政策》还根据大学生租住生活习惯的特点，结合《关于加强大学毕业生安居保障的实施意见（试行）》的相关政策内容，创新性地提出 2 条政策：鼓励规划布局和建设集聚居住、消费、文娱等生活要素，融合社交、分享、创业等服务功能的大学生主题社区，完善配套服务设施。同时，鼓励住房租赁企业创新推行共享模式，如共享厨房、共享洗衣房、共享客厅等，满足大学毕业生基本生活和社交需求。

此外，基于保障租购同权的理念，《扶持政策》进一步放宽了户籍政策，提出承租人按照武汉市积分入户有关规定，可申请办理落户，并享受义务教育、基本公共就业服务、基本公共卫生服务和计划生育服务、法律援助和其他法律服务等国家规定的基本公共服务。

三、深圳："二次房改"重构供给格局

2018年6月5日，深圳市发布《关于深化住房制度改革加快建立多主体供给多渠道保障租购并举的住房供应与保障体系的意见（征求意见稿）》（深府规〔2018〕13号）（以下简称《意见》），提出未来18年住房供给和保障体系的总体设计，即"八大供给主体、六类保障渠道、三类（四种）住房、三类补贴"，引发舆论持续关注，有媒体称之为深圳"二次房改"。

《意见》对深圳未来住房市场供应重新划定了比例，商品房仅占40%，而人才房、安居房和公共租赁房占比60%。从房地产供给侧改革的视角来看，《意见》总体上在长效机制建设、多层次满足住房需求和因地制宜调整供应结构等方面的创新具有一定借鉴意义，不过在制度设计上还有进一步完善的空间。

（一）"房住不炒"定位下的地方性探索

2017年党的十九大报告提出："坚持房子是用来住的、不是用来炒的定位，加快建立多主体供给、多渠道保障、租购并举的住房制度，让全体人民住有所居。""房住不炒"将住房的属性定位为"准公共物品"；"住有所居"将住房纳入了保障民生的发展体系；"多主体供给、多渠道保障、租购并举"指向了多层次住房供应格局，也是对1998年房改中住房过度商品化的政策纠偏。

根据《意见》，深圳未来18年内将新增170万套住房供应量，可以满足400万～500万人的居住需求，覆盖深圳常住人口的1/3左右。为了达到这一目标，《意见》的确是在"房住不炒"定位下，在住房制度改革框架内作出的地方性探索：

长周期计划稳定住房消费市场预期。《意见》的规划周期长达18年，并分为**近期（2018～2020年）、中期（2021～2025年）和远期（2026～2035年）**三个阶段实施。比起常见的五年住房计划，长周期的住房发展计划更有利于稳定消费预期，也有利于政府和市场在长期明确的规划下安心各就其位。

多层次、差异化、全覆盖满足住房需求。《意见》提出由**房地产开发企业、住房租赁经营机构、市区政府、人才住房专营机构、社区股份合作公司和原村民、企事业单位、金融机构和社会组织**八大主体提供多层次、差异化的住房产品，全覆盖地满足住房需求。城中村问题一直是深圳城市化进程中的难题，《意见》提出"支持社区股份合作公司和原村民，通过城中村综合整治和改造，提供各类符合规定的租赁住房。"《意见》对企事业单位自建房表示支持，但将供给范围限定在人才住房、安居型商品房和公共租赁住房三类，此举可以分流一部分商品房消费需求。此外，为了进一步吸引中高端人才，

深圳打算设立人才住房专营机构。

在渠道保障上，《意见》提出通过**增加建设用地、盘活存量用地、配建、盘活存量用房、公共设施综合开发、城际合作**六种方式保障住房供给。其中，"**城市基础设施和公共配套设施等综合开发建设保障性住房**"的政策，将公共设施规划与居住规划相结合，体现了以人为本的发展理念，有助于提升新开发区域的经济发展活力。"**都市圈城际住房合作机制**"是粤港澳大湾区城际合作的一部分，深圳将结合轨道交通和产业布局，在临深片区开发建设人才住房、安居型商品房和公共租赁住房，以缓解深圳房价高企、用地紧张引发的人才吸引力不足问题。

因地制宜调整住房供应结构。《意见》对深圳住房供应结构的进行了重大调整，**将保障性住房（政策性支持住房和公共租赁住房）与市场商品住房的比例设定为 6∶4。**这是进入高度城市化阶段后，在发展空间日趋紧张的局面下，地方政府发挥宏观调控和公共服务职能作出的理性选择，是对 1998 年房改"重市场、轻保障"倾向的纠偏，有利于进一步平衡住房市场供需结构，稳定房价，进而为深圳市人才、资本、技术等经济要素的聚集提供更好的发展空间和环境。

（二）政策性住房应进一步封堵套现空间

在补齐保障短板、做大政策性住房"蛋糕"的总体思路下，《意见》的问题集中体现在如何完善管理细则，封堵各类政策性住房的套现空间上。

例如：《意见》提出"**人才住房和安居型商品房在一定年限内封闭流转**"；同时又**允许购房人在符合规定的情况下转让或向市场流转。**前期享受了政策优惠，一定年限后还能转化为完全的产权，给予了未来进行市场套现的空间，不符合现阶段保障性住房发展方向，也不利于健康的住房供给格局形成。

而尚缺乏管理细则的单位自建房制度，也存在同样的问题。《意见》提出"支持企事业单位利用符合规定的自有用地或自有用房，建设筹集人才住房、安居型商品房和公共租赁住房。"企事业单位的自有土地很多是无偿取得的划拨地，部分还处于城市核心地段，如果其自建的人才住房等政策性住房销售或租赁价格远低于同一区位的商品房，又没有及时堵住套现的路径，这类住房投入市场就很容易打破区域市场平衡，形成新的不公平。

（三）坚持市场化总体方向，注重住房发展民生属性

在笔者看来，深圳"二次房改"，乃至其他城市构建租购并举住房制度的种种新举措，不应是单一的住房制度改革，而是以推动产业转型升级为目标，加快金融制度、财税制度和户籍制度改革，并采取稳定商品房消费市场、大力发展住房租赁市场、完善住房保障体系、推动房地产业与其他产业融合发展等政策措施来优化房地产供给结构、提升房地产供给效率，最终将资产规模庞大的房地产市场转化为实现居民安居乐业和推动经济社会进步的重要力量。对此，笔者建议如下：

1. 坚持房地产市场化的总体方向，逐步建立住房分层供应体系。在"房住不炒"定位下的地方性探索，在建立住房分层供应体系的过程中，应坚持房改 20 年来的市场化方向，同时更加注重住房发展的民生属性。从微观层面上，地域性是房地产的基本属性之一。不同城市的土地市场供需、人口聚集规模、产业发展阶段千差万别，这决定了城市政府需要因地制宜、因时制宜地制定相应的房地产调控政策，平衡商品房、租赁房和保障房的供应结构，逐步建立起"高端归市场、中端有支持、低端靠保障"的住房分层供应体系。

2. 制定差别化的人才住房政策，完善企事业单位自建房管理制度。人才住房除了保障人才安居的功能，还应有吸引和留住人才、激发人才创新动力的作用。地方政府应根据人才的类别制定差别化的人才住房政策：面向基础性人才供应的住房应采取只租不售或共有产权的方式，并限定只能向符合人才住房供应标准的对象转让或由政府回购；对于特需人才，可采用免租金租住或产权奖励的方式供给相应标准的人才住房。对于企事业单位自建房，应制定更为细致的用地类型、建设标准和分配规则并明确相应的监管制度；禁止单位自建房向市场流转，仅允许自建房在本单位职工之间流转；对于企事业单位利用划拨用地自建房的，可仿效集体建设用地入市建立相应的土地增值收益调节金制度。

3. 配套制度改革须跟上，逐步实现"租购同权"。当前，包括深圳在内的部分一二线城市新房和二手房价格倒挂，原因在于以遏制需求为核心的行政调控作用下，房地产市场供需失衡，而供给结构错配的问题仅靠单一的住房制度改革是难以解决的。这次深圳推出的房改新政还需要金融、户籍、财税、公共服务等配套制度改革跟上，推进基本公共服务资源均等化配置，让住房的功能真正回归到居住上。

四、"深四条"限住了谁？

深圳于 2018 年 7 月 31 日发布的《**关于进一步加强房地产调控促进房地产市场平稳健康发展的通知**》（深府办规〔2018〕9 号）（业界称之为"深四条"），在短期内进一步加大限售、限购力度的同时，对前期政策进行补漏，目的是挤出房地产市场中的泡沫，维护当前市场平稳态势。8 月 3 日，该市又出台《**关于深化住房制度改革加快建立多主体供给多渠道保障租购并举的住房供应与保障体系的意见**》（以下简称《**意见**》），在长周期内明确住房供应总量与时序，调整住房供应结构，稳定住房消费预期。如此长短政策调控结合，有望促进深圳房地产市场平稳健康发展。

（一）企事业单位限购：将更多购房机会留给刚需家庭

"深四条"规定，停止办理企事业单位、社会组织等法人单位购买新建商品住房和二手住房网签手续，通知发布之日前已办理网签的，可继续完成交易。对比已经限制企事业单位购房的西安、长沙、杭州和上海，在**限购范围**上，深圳与上海类似，都是全市范围内限购，而西安、长沙和杭州则将政策实施范围限定在已有的住房限购区域范围内；在**限购主体**上，只有上海留有条件，企业购房需满足设立年限已满 5 年、累计缴纳税款金额已达 100 万元等条件，其他 4 个城市均为"一刀切"暂停企业购房。综合来看，在出台同类政策的城市中，深圳的政策力度是较大的。

根据深圳市房地产研究中心披露的数据，新政出台前，深圳部分热点项目以公司名义购房的数量占房源总套数的 20% 以上。对企事业单位购房按下暂停键，及时封堵了个人通过注册公司购房绕开限购的政策漏洞，将更多购房计划留给刚需家庭。

（二）商务公寓限售：有利于增加租赁住房房源

"深四条"规定，各类新供应用地（含招拍挂、城市更新、征地返还用地等）上建设的商务公寓一律只租不售且不得改变用途；企业整体持有年限与土地出让年限应当一致，对外出租单次租期原则上不超过 10 年；个人、企事业单位或社会组织等法人单位新购买的商务公寓，自取得不动产权证书之日起 5 年内禁止转让。

一线城市中，深圳是最后一个出台商务公寓限制政策的。虽然商务公寓的土地使用权一般只有 40 年，流通性也远不如住宅，但是不受住房限购政策限制，而且不少公寓实际上是按住宅标准建设的，在以往的楼市调控期吸引了大量投资投机需求。根据深圳市房地产研究中心的数据，近 5 年，深圳成交再转手的商务公寓占总成交规模的 70% 左右；近一年半，企业购买一手商务公寓占总成交规模的 16.9%。

深圳首次将商务公寓纳入调控范围，是该市规划和国土资源委员会 2017 年 5 月出台的《关于进一步加强商业办公研发用房建筑设计管理工作的通知》（深规土规〔2017〕1 号）要求"商业、办公、研发用房建筑平面布局不得采用住宅套型式设计"。这次楼市新政规定商务公寓"只租不售"且"租期不超过 10 年"，封堵了"商转住"的套利空间，且有利于增加租赁住房房源；"5 年限售"将在短期内锁定相当一部分流动资金，鉴于商务公寓的贷款成本和转让税费成本均高于住宅，限售政策将大大增加其购房成本，从而遏制相关投机行为。

（三）居民购房限售：精准打击短线炒房需求

"深四条"规定，居民家庭新购买商品住房的（不含人才住房、安居型商品房），自取得不动产权利证书之日起 3 年内禁止转让。通知发布之日前已办理网签但尚未取得不动产权利证书的新建商品住房和二手住房，不在禁止转让之列。限售主要是针对短期炒房的投资者，通过行政强制延迟住房交易的时间，降低房产交易的频率，避免房地产市场过热。2017 年至今，全国已有 50 多个城市出台了新一轮住房限售政策，**限售年限主要为 2 年、3 年或 5 年**。不同的限售时间对市场的影响有所不同。**限售时间过短达不到政策效果，过长又会引起市场动荡**。深圳市房地产研究中心的数据显示，2017 年深圳住房产权两次转移时间不满 3 年的住房占二手房总成交量的 46%。3 年限售，精准打击短线炒房需求的同时，给已网签但未办证的交易予以放行，政策力度拿捏恰当，有望熨平市场波动。

（四）差别化信贷限制"假离婚"：年限更长有助于精准打击

"深四条"规定，对购房人离婚 2 年内申请住房商业贷款或公积金贷款的，各商业银行、市公积金中心按贷款首付款比例不低于 70% 执行；若无房贷记录且能提供离婚前家庭无住房证明的按贷款首付款比例不低于 30% 执行；若能提供离婚前家庭仅有 1 套住房证明的按贷款首付款比例不低于 50% 执行。

过去为规避限购限贷政策，不少居民通过"假离婚"获取首套房购房资格和贷款优惠。根据民政部的数据，第一季度深圳"离婚占结婚比例"达 36.25%，全国排名第三。"离结比"排名第一名和第四名的北京和广州，2018 年就出台了抑制离婚炒房政策。对比来看，北京和广州设定的年限都是 1 年，而深圳设定为 2 年，更有助于厘清真实的离婚诉求。在信贷条件上，深圳主要是根据房贷记录和住房证明设定了差别化的首付比例，北京和广州除了首付比例的规定外，还有利率上浮的条件，政策力度更大。

（五）后市影响几何：土地市场继续降温，住房租赁前景可期

2018 年上半年，受金融去杠杆和房地产调控影响，深圳土地市场较 2017 年同期降温明显。中国指数研究院的数据显示，该市上半年成交 23 宗土地，较 2017 同期年的 27 宗略有下降；成交土地均价 为 9830.19 元 / 平方米，同比下降 38.03%。尽管存在大幅增加工业用地供应拉低成交均价的因素，但土地成交的整体下行态势仍是清晰的。同期，深圳住宅用地成交 7 宗，楼面均价约 3.04 万元 / 平方米，同比下降 73.45%；商业用地成交 3 宗，流拍 1 宗，成交均价为 2.45 万元 / 平方米，同比下降 78.66%。

随着调控新政效果显现，再加上《意见》落地，打通更多住房用地供给渠道，预计 2018 年下半年住宅用地市场热度将继续呈现稳中有降的趋势。受商务公寓限售影响，商业用地市场有进一步下滑的可能。

2016 年，深圳出台"深八条"调控政策后，新房价格连续 21 个月下降，二手房市场乱象得到初步治理，又出现了新房和二手房价格倒挂现象的新问题。在 2018 年 3 月"三价合一"（房屋成交价、银行贷款评估价和网签价统一）政策出台后，深圳部分二手房需求转向新房市场，住房市场整体处于量升价跌的态势中；但受人口持续净流入、粤港澳大湾区政策利好、新增土地供应有限、投资投机资本活跃等因素影响，深圳房地产市场仍有一定上涨动力。根据该市住建局网签数据，上半年深圳新房成交 129 万平方米，同比上升 22.4%；成交均价 54160 元 / 平方米，同比下降 0.9%。"深四条"落地后，企业购房限售和差别化信贷"限离"，将挤出部分投资投机需求；居民购房限售可锁定二手房市场部分流动资金，持有成本的提高也将影响新房消费人群的决策，避免在当前供应有限的情况下过多需求盲目入市；商务公寓限售，将促使大量存量公寓房源向租赁市场释放，租赁房源增多有助于平抑租金增长，还能分流部分购房需求。

总体看来，随着调控政策一并发力，下半年深圳楼市成交量和价格都将有一定幅度回调，但在刚需托底和政策留余的作用下，新房市场将保持相对平稳；随着需求减少和持有成本增加，二手房市场将出现较大幅度降幅；中央和地方双重政策利好下，随着更多机构和投资者进场，住房租赁市场将出现一波发展小高潮。

第二章

土地制度改革：问题与方向

第一节　我国土地使用权续期问题剖析与政策建议

在我国土地出让制度确立 20 多年后，部分早期出让的建设用地使用权已经出现了到期的问题，"温州困境"就是其中的典型代表。早在 2011 年，青岛就有两个小区由于历史原因出现土地使用权续期无解的问题，此后，深圳、新疆克拉玛依、四川、重庆、等地也相继出现了类似的问题。由于温州采取按市场评估价格重新征收土地出让金的续期做法争议过大，引起了中央对这一问题的重视。国土资源部和浙江省国土资源厅已经对温州市住宅土地使用权 20 年到期的延长问题开展了专项调研。土地使用权的期限问题与广大民众的切身利益息息相关。尽管当前出现续期问题的只是个别城市，但政府应在相关法律法规和政策制度的设计上未雨绸缪，充分考虑民生的需求，平衡各方利益，选择合适的时机自上而下妥善地解决这一问题。

一、土地使用权期限的由来

我国《宪法》第十条规定："城市的土地属于国家所有。"这条法律奠定了我国城市土地所有权归国家的法律基础。在改革开放以前，我国的土地在计划经济体制下实行完全的行政划拨制度，土地使用者既没有土地所有权也没有土地使用权。在我国转入市场经济体制后，为了提高土地资源配置的效率，我国开始以土地使用权作为招商引资的条件兴办中外合资企业。1987 年 11 月国务院批准了国家土地管理局等部门的报告，确定在深圳、上海、天津、广州、厦门、福州进行土地使用改革试点。核心是在土地所有权和使用权分离的原则下，将土地使用权设定一定的年限进行市场化的出让。此后，国家对《宪法》和《土地管理法》的相关规定进行了修订，确立了国有土地有偿出让的法律基础。1990 年，国务院发布了《中华人民共和国城镇国有土地使用权出让和转让暂行条例》（以下简称《暂行条例》），其中明确，土地使用权出让最高年限按用途确定：居住用地 70 年；工业用地 50 年；商业旅游娱乐用地 40 年；其他或综合用地 50 年。1994 年，全国人大常务委员会通过了《城市房地产管理法》，进一步肯定了《暂行条例》中所规定的国有土地有偿、有限期使用制度，同时还建立了房地产开发和交易的基本制度。2007 年，《物权法》在第三编"用益物权"中对土地使用权作了系统性的规定。

自 2011 年以来，我国部分城市陆续出现的土地使用权到期问题主要是由于在土地制度改革初期这些城市自行划定土地出让年限的结果。青岛是我国最早的 14 个经济开发区之一，由于当时《暂行条例》还未出台，青岛在土地使用权先行先试的过程中出让了一批 20 年期限的建设用地。2011 年土地使用权到期的青岛阿里山小区就是其中的典型例子。深圳出现土地使用权到期问题的主要是最早一批通过行政划拨方式取得的 20 年期限的商业用地。早在 1982 年，深圳出台了《深圳经济特区土地管理暂行规定》，率先推出了国有土地使用权有偿使用制度。其中规定通过行政划拨方式供应经营性用地，并且规定了相应用途的土地使用年期，如工业用地 30 年，商业用地 20 年，商品住宅用地 50 年等。以 1980 年开始建设的深圳国际商业大厦为例，国商大厦是全国第一栋商用写字楼，根据《深圳经济特区土地管理暂行规定》，国际商业大厦的土地使用权只有 20 年，到 2001 年 12 月 31 日截止。与青岛和深圳不同，温州 20 年产权的住房是政府灵活施政的产物。20 世纪 90 年代初期，为了顺利推进国有土地使用权出让工作，同时考虑到居民的经济承受能力，温州将土地使用权按 20 年～70 年分档，由受让方自行选择办理出让手续，并交纳相应的土地出让金额。而从 2015 年开始，20 年期限的这批住宅土地使用权相继到期、或即将面临到期。而从这三个城市对土地使用权到期问题的处理情况来看，几乎无一例外地都采取了有偿续期的方式。其中温州采取了市场评估重新征收土地出让金的方式对土地使用权人的负担最重，由此造成的争议也最大（表 2-1）。

四个典型城市土地使用权续期政策及评价　　　　　表 2-1

城市	土地使用权到期案例	土地使用权年限	土地使用权续期政策	政策要点	政策评价
青岛	阿里山小区、紫金山小区	20	既没有开展续期工作，也无正式政策文件	青岛拟以区域过去 1 年的平均地价为计算标准，以基准地价的 60% 补交土地出让金	地方性政策，有偿续期，但无政府明确态度，前景不明
深圳	国商大厦	20	《深圳市到期房地产续期若干规定》（深府〔2004〕73 号）	深府〔2004〕73 号文件主要针对行政划拨用地。其中明确：在国家规定的最长土地使用年期减去已使用年期的剩余年期范围内约定年期内，补交地价数额为相应用途公告基准地价的 35%	地方性政策，有偿续期，仅针对行政划拨用地，未对商品房用地的土地使用权续期问题提出解决方案
温州	鹿城区内 600 余宗（套）	20	续期工作已开展，但无正式政策文件	参照国有土地出让的做法，先由第三方评估机构评估土地价格，根据单位地价或折算出楼面地价，算出总的土地出让金，重新签订国有土地使用权出让合同	地方性政策，有偿续期，居民续期负担较重
克拉玛依	20 多宗商业用地	20	依据国家《房地产管理法》等相关法律规定，同时结合《克拉玛依市城镇土地基准地价》	重新签订土地有偿使用合同，土地出让金则是根据 2015 年 7 月 1 日起施行的《克拉玛依市城镇土地基准地价》标准收取，按照不同的土地级别和用途土地定土地的基准价格，最高是 1507 元/m²	商业用地续期有国家相关法律的依据，有偿续期，尚未对商品房用地续期问题提出地方性的解决方案

二、土地使用权续期问题难解的原因

（一）法律制度本身存在问题

1990 年颁布的《城镇国有土地使用权出让和转让暂行条例》最早对土地使用权期

满后的处理作出了规定：土地使用者可以申请有偿续期，不续期的由国家无偿取得地上附着物的所有权。1995 年出台的《城市房地产管理法》依然坚持有偿续期的规定，同时对《暂行条例》进行了一定的修正：一是明确了续期申请的程序。土地使用者需要继续使用土地的，应当至迟于届满前一年申请续期。二是明确了只有因为社会公共利益需要才能不予批准续期申请。三是明确了国家无偿收回土地的做法只能在未进行续期申请或未批准续期申请两种情形下。《城市房地产管理法》相对于《暂行条例》在土地使用权续期问题上有了明显的进步，但仍然存在三大问题：一是我国住房数量庞大，行政审批式的续期申请对政府来说工作量太大，对居民来说也过于麻烦；二是公共利益没有明确的解释和限定，不利于私权的保护；三是对国家无偿收回土地后地上附作物的所有权归属未进行规定。2007 年出台的《物权法》首次将建设用地使用权从土地使用权中分离出来作为独立的用益物权，并且将建设用地使用权的续期问题划分为住宅建设用地使用权和非住宅建设用地使用权两类。其中规定："住宅建设用地使用权期限届满后，自动续期。"这一规定使得土地使用权的有限性和房屋所有权的无限性合而为一，从而保障了公民的私有财产。但《物权法》却并未对续期的期限、方式、费用等问题进行规定，"自动续期"四个字简单明了却又模糊不清，建设用地使用权续期依然缺乏可操作性。未来土地使用权的问题终究还是需要在法律层面上进行清晰的界定，否则就是立法的缺位了。

（二）一次性解决土地使用权续期问题的条件不成熟

当前中国经济处于前所未有的困难时期，外有世界经济复苏缓慢、严重制约外需增长，内有"三期叠加"带来的产能过剩、严重库存，制约投资的增长，让中国经济处在旧动力降速、新动力尚在积蓄能量的转换阶段。根据国家统计局公布的数据显示，2015 年，我国 GDP 增速仅为 6.9%，为了稳定经济增长，国家从 2015 年以来在土地供应、信贷、税收等方面出台了多项化解房地产库存、促进房地产市场健康发展的政策，并取得了一定的成效。由于土地使用权的期限问题与土地和房产的价值密切相关，在当下"去库存、稳增长"的关键时期任何涉及土地使用权的政策出台都有可能导致房地产市场的大幅波动，进而危及整个经济的稳定性。当务之急应该是尽快解决 20 年土地使用权的续期问题，笔者认为，合理补交土地出让金是有效的办法，至于具体补交的金额则可以在综合考虑市场和民意前提下尽量做到合情合理。而且，从全国的情况来看，出现土地使用权期满问题的只是个别城市，全国绝大部分城市和地区的建设用地出让还是在《暂行条例》出台之后，距离 70 年还有很长一段时间，我国的政府和学界应对这一问题开展深入而全面的研究，并选择合适的时期推出能令老百姓满意的政策方案。

三、建立我国土地使用权续期制度的建议

（一）土地公有制既是原则更是底线，住宅建设用地使用权理应有偿续期

国内学者在住宅建设用地使用权续期究竟应当是有偿还是无偿这一问题存在分歧。从法律角度来看，《物权法》提出是"自动续期"，文意理解偏向于无偿续期。但从法理来说，建设用地使用权属于用益物权，用益物权通常有时间限制，而且用益物权人

无权处分物本身。建设用地使用权到期后所进行的续期行为从根本上来说是对新建设用地使用权的取得。因此，建设用地使用权人应该按照法律规定支付相应的费用。此外，住宅建设用地使用权的续期问题不仅是个法律问题，更是一个重大的政治问题、经济问题和社会问题。如果允许无偿续期，只会百害而无一利。第一，有违社会公平。对于仅有一套刚需房甚至无房户与拥有多套房乃至豪宅的家庭相比，无偿续期的不平等显而易见。第二，有违社会正义。无偿续期会使得原本由经济发展和社会投入所带来的城市土地增值流向既得利益群体，这样既不正当、又不道义。所以，从西方进步学者到孙中山先生都极力主张涨价归公。第三，潜伏经济风险。无偿续期必然进一步推动房地产投资和投机行为，经济增长对房地产的依赖度越深，其经济金融风险就越大。第四，影响可持续发展。无偿续期会加剧城市土地资源利用效率低下和土地资稀缺性之间的矛盾，影响未来城市建设和公共服务资金来源的稳定性。第五，阻碍社会进步。有恒产者有恒心只能在一两代人之间有正面激励，再长了会滋生不劳而获、坐享其成心理，于个人乃至整个国家、民族的自立自强并无好处。无偿续期易推动贫富差距进一步扩大，威胁社会稳定。

从更深的层次来说，在我国坚持土地公有制既原则更是底线，土地使用权物无偿无限期续期就相当于个人对土地占有的永久化，本质上就是土地私有化。而土地公有制是中国特色社会主义的制度基础和基本标志。因此，笔者在综合考虑我国的政治、法律、经济和社会因素后认为，我国的住宅建设用地使用权理应有偿续期。同时考虑到公平和效率的平衡，在有偿续期的制度安排上建议通过依法减免或货币补贴的方式减轻普通居民家庭住房的负担问题。

（二）以建筑物剩余寿命作为土地使用权续期的期限

当前在土地使用权续期期限上主要有三种观点：第一种观点是认为自动续期就是原期限的延长，主张有偿续期的学者普遍主张续期的年限不宜过长，续期次数不宜超过一次；第二种观点是认为自动续期是无时间限制的，即住宅建设用地使用权可以无限次延期；第三种观点是以建筑物剩余寿命为标准确定住宅建设用地使用权续期期间。笔者认为，第三种观点不仅合乎法理而且也符合社会公平的原则，最为合情合理。但以建筑物剩余使用寿命作为土地使用权续期期限的最大问题在于如何合理地确定建筑物的剩余寿命。笔者建议由政府成立专门有资质的评估机构，由住宅建设用地使用权人向政府提出房屋续期评估申请，政府评估机构收到申请后开展房屋寿命评估并作出结论，政府根据评估结论确定土地使用权续期期限及相关费用。其中涉及的评估成本应由申请房屋寿命评估的土地使用权人承担。

（三）土地使用权续期费用应低于土地重置成本

中国内地的土地出让制度在很大程度上借鉴了香港的土地批租制度。在对土地续期问题的处理上，香港制定《政府租契条例》《新世界土地契约（续期）条例》等条例规定，土地自动续期，仅需每年缴纳新地税，标准为年度差饷的3%。按照香港的法律，差饷为房产年度总租金的5%，依此换算，续期土地业主的年应缴纳地税为房产年租金的1.5%、市场地价的0.1%。如果按照年地租理论，每年缴纳的地租是市场地价还原转化而来的，年地租标准要远远高于新地税标准。所以，香港土地续期按年度缴纳的新地税在很大程度上仅具象征意义。从我国房地产开发的实际情况来看，续期的土地无需政府再投入开发费用，而且基于房地产估价的原理，其上他人拥有所有权建筑物的续期土地地价必然低于同等条件的新低地价，因此土地使用权续期支付的费用应低于土地重置成本。在缴费方式上可以借鉴香港的经验，续期期限较短的可以一次性或分年缴付，续期期限较长的则应要求一次性缴付，以此来鼓励短期续期，便于满足社会快速发展的需要和人们多样化的需求。同时，缴费标准上可以按住房面积和套数进行区间分档，这样既能保障居民基本的住房需求，抑制房地产的投机和投资行为，还能为城市建设提供源源不断的资金来源。

（四）厘清房产税和土地使用权续期费用的关系

我国的土地制度在对土地产权的界定上长期处于模糊的状态，这种回避的态度在80年代绕开了"土地私有化"意识形态的争论，并在此后的很长一段时间里盘活了土地资源，促进了中国城镇化的快速发展。近年来随着土地制度改革的不断推进，土地产权明晰化已经成为社会的共识，政府也在积极开展立法的准备。香港在土地续期费用的征收上采取了税收的方式，我国也有不少专家建议将土地使用权续费费用作为房产税的替代方案。但这里面存在三大问题：第一，我国《物权法》明确规定："建设用地使用权人应当依照法律规定以及合同约定支付出让金等费用。"土地使用权续期的本质是对建设用地使用权的重新获取，以行政税收制度替代土地出让金缺乏法律基础；第二，房产税属于财产税，征税对象只能是房屋，而土地使用权续期的对象是土地而非房屋，两者不可混为一谈；第三，从目前来看，我国房地产税收体系的顶层设计还未完成，土地财政依然是地方政府重要的资金来源渠道，房产税与土地出让金的关系尚未理顺，当前以房产税替代土地出让金不具有现实可行性。因此，在土地使用权续期费用的征收上一定要与房产税厘清关系，切忌土地使用权续期费用与房产税同时征收，导致房地产市场出现剧烈震荡。

第二节 《土地管理法》修订的背景、问题与方向

2017年5月23日，国土资源部发布了《土地管理法（修正案）》（征求意见稿），在征收、集体建设用地、宅基地等方面均有较大调整；综合社会各界262人次、累计840条修改意见之后，7月27日向国务院上报了《土地管理法（修正案）》（送审稿），供国务院审议。2018年4月，《土地管理法》修改被列入《全国人大常委会2018年立法工作计划》。9月，全国人大环资委副主任委员王洪尧带领调研组在湖南省人大召开《土地管理法》调研座谈会并听取了《土地管理法》修改的意见建议。本次修正是《土地管理法》继1988年第一次修正、1998年全面修正和2004年第三次修正之后的第四次修正。由于土地制度是国家的基础性制度，《土地管理法》的修订不仅牵涉面广、影响大，而且需要与其他法律相协调，所以中央对本次《土地管理法》的修订极为重视。

一、《土地管理法》修订的背景

（一）现行《土地管理法》不能满足中国经济转型升级的发展需要

我国现行《土地管理法》自 2004 年经过第三次修正后实施至今，已经 14 年未进行修改。2004 年的修订是在城乡二元制基础上为满足城镇化和工业化的用地需求进行的。如今我国经济已经进入了城乡一体化和产业转型升级的新阶段。十九大报告提出，深化供给侧改革，把提高供给体系质量作为主攻方向，显著增强我国经济质量优势。《土地管理法》也应当与时俱进地调整以适应这一新形势。

（二）现行《土地管理法》限制农民地权与城镇化下农民土地财产意识的觉醒相冲突

我国现行《土地管理法》限制农民集体土地的自由流转，农村集体土地进入城市必须经过政府征收或征用，农民的土地发展权被严格限制。但随着近年来城镇化的高速发展，城市土地、房产等资产价格持续快速增长，农民的土地财产意识也日益强烈，要求按市场机制补偿和集体土地直接入市的呼声不断，而因为征地补偿所引发的利益纠纷和矛盾冲突也日趋显现，不仅制约了我国新型城镇化的推进，而且已经成了一个巨大的社会问题。

（三）现行《土地管理法》以利用为中心的土地用途管制不利于生态环境保护

现行《土地管理法》是将土地管理定位为资源管理，在立法思想中没有将环境保护和生态文明纳入其中。国家编制土地利用总体规划，规定土地用途，严格保护耕地。但在计划管制和审批管理的制度思想下，出现了违法用地、违章建设、耕地流失等一系列问题，不仅影响到经济的可持续发展，而且对生态环境的保护造成了极大的威胁。

二、《土地管理法（修正案）》存在的主要问题

从目前已经公布的《土地管理法（修正案）》（征求意见稿）来看，虽然在"三块地"的改革上有明显的进步，但该法律目前仍存在诸多问题需要改进。

（一）农地征收方面

第一，《土地管理法（修正案）》（征求意见稿）第四十四条将公共利益的范围明确界定为国防和外交、基础设施、公共事业、保障性住房建设、实施城市规划的相关建设和其他六项内容。公共利益的范围仍然较为宽泛，尤其是最后两项。第五款"政府为实施城市规划而进行开发建设的需要"，而城市规划几乎可以包括所有在国有建设用地上的项目；第六款"法律、行政法规规定的其他公共利益的需要"，我国行政法规的制定机关国务院并非立法机关。第二，《土地管理法（修正案）》（征求意见稿）进一步规范了征地程序，要求地方政府在征地前先与农民签订土地补偿安置协议，落实补偿安置资金，同时完善征地补偿制度，要求综合评估确定区片综合地价，给予公平合理补偿。可问题是，片区综合地价相对于过去按土地年产值倍数补偿确实进步不少，但仍然不是市场等价补偿，而且计算十分复杂，存在极大的不确定性，地方上的可操作

性并不强；"公平合理补偿"更像是一个理念而非强制性的法律规定，而且公平合理的判定方也不清楚。

（二）集体经营性建设用地方面

《土地管理法（修正案）》（征求意见稿）消除了农村集体经营性建设用地进入市场的法律障碍。第六十三条明确符合土地利用总体规划的集体经营性建设用地，土地所有权人可以采取出让、租赁、作价出资或者入股等方式由单位或者个人使用。集体经营性建设用地使用权可以转让、出租、抵押。但这里的"符合土地利用总体规划"指的是现有规划下的存量集体经营性建设用地，还是未来新增纳入规划范围内的集体经营性建设用地，并未明确。

（三）宅基地方面

《土地管理法（修正案）》（征求意见稿）进一步完善了农村宅基地制度。第六十四条规定农村村民一户只能拥有一处宅基地，县级政府要保障农村居民实现户有所居的权利，鼓励进城居住的农村村民依法自愿有偿转让宅基地使用权，腾退出的宅基地可以由本集体经济组织与宅基地使用权人协商回购，主要用于满足本集体内部的宅基地再分配，或者根据国家有关规定整理利用。

第一，在当前农村人口大量向城市迁徙的情况下仍然实行按农村户籍一户一宅会造成严重的土地资源低效利用；第二，在建设用地指标紧缺的情况下农村完全实行一户一宅也是不现实的；第三，将宅基地流转的原因限定在"进城居住"，并也不合理；第四，宅基地的流转方式是"协商回购"而非"市场公平交易"，流转范围限定在"集体内部"或"国家有关规定整理利用"，否定了农户对宅基地的用益物权，与2018年中央一号文件所提出的宅基地"三权分置"的精神相背离。

三、《土地管理法》修订的方向与建议

（一）进一步明确公共利益的内涵和范围，完善相关制度保障

从判定标准和程序保障两方面对公共利益进行尽可能的具象化：在判定标准上：用枚举法列出属于公共利益的法定情形；明确公共利益必须是不特定的大多数人的利益；公共利益必须是最终能增进全体社会成员的福利。在程序保障上：明确为公共利益征收的主体必须是国家，同时规定征收政府的权力层级；征收前必须举办包含政府、征收利益关联方和相关专家的听证会；要建立合理的损失评估和补偿制度；建成后的用途和使用主体要向公众进行公示。

（二）允许集体经营性建设用地直接入市，建立城乡统一的建设用地市场

在2018年年初的全国国土资源工作会议曾提出多主体供地的改革方案，并要求深化利用农村集体经营性建设用地建设租赁住房试点。由于农村集体经营性建设用地本身在农村建设用地中的比重就较低，而且从入市试点地区的情况来看，只有近城区的集体经营性建设用地的资产效益比较明显。因此，本次修法在集体经营性建设用地上可以从建设城乡统一建设用地市场的角度出发，让农村集体经营性建设用地被允许直接进入城市依法进行出让、转让或者出租。

（三）明确宅基地"三权"的权利内涵，放宽宅基地使用权流转范围

首先，要在《物权法》中对宅基地所有权、资格权和使用权的权利内涵以及相互关系作明确的界定，《土地管理法》应与《物权法》相一致；其次，宅基地的分配应从原来"一刀切"的一户一宅，改为在村集体范围内公平合理分配的"户有所居"；再次，修改《物权法》《担保法》等法律规定，允许宅基使用权的抵押、担保和转让；最后，在合法、合规、自愿、有偿的情况下，允许宅基地使用权在不同集体经济组织成员之间流转，条件合适的时候也可以放开城乡之间宅基地的流转。

第三节 我国土地二级市场制度分析

党的十九大报告明确，要"以城市群为主体构建大中小城市和小城镇协调发展的城镇格局"。这意味着能充分发挥产业集聚效应的大城市群将是城镇化格局的发展方向，未来土地利用和城镇布局也将更为集约和紧凑。因此，在城镇化转型提质的新阶段，提供"增量"资源的土地一级市场的作用将逐渐减弱，而"存量"优化调整的土地二级市场的作用将日益突出。

从土地供应数量上看，根据国土资源部的数据，2013～2016年，国有建设用地的供应总量持续下降。其中，房地产用地供应规模的降幅最大，接近一半。《国土资源"十三五"规划纲要》提出，要"逐步减少新增建设用地计划，控制单位国内生产总值建设用地强度。"国有建设用地供应趋于减量供给意味着土地一级市场的交易量将逐步下降，土地利用强度要求的提高则意味着城市存量土地的挖潜工作将成为未来国土工作的重心，而土地二级市场是激发存量土地再利用潜力的重要平台。而且随着房地产行业竞争的加剧和企业战略的调整，土地二级市场的并购交易也将更加活跃。

一、当前土地二级市场存在的主要问题

自中央对房地产市场作出"房子是用来住的，不是用来炒的"定位以来，很多地方政府都进一步加强了房地产市场的调控力度。其中，海南出台文件，暂停办理土地二级市场转让交易有关用地手续，虽然其目的在于打击违法违规炒买炒卖土地行为，但从另一个层面也反映出当前我国土地二级市场管理不规范、制度建设缺位的突出问题。

（一）缺乏专门的法律法规支撑，配套制度不健全

相对于政府完全垄断的土地一级市场，土地二级市场上的交易主体多元化，交易方式和内容也呈现多样化的特征。土地二级市场上的交易主体既有各种类型的企业和个人，也有集体经济组织；交易方式有转让、抵押、租赁等多种形式；交易内容上既有纯土地交易，也有连房带地的交易，还有在建工程的交易。土地二级市场上纷繁复杂

的交易关系导致其产权、法律和增值分配收益关系也十分复杂，使其对于制度规范的需求更高。然而，当前在国家层面上仅有《城镇国有土地使用权出让和转让暂行条例》和《城市房地产管理法》两部法律作为指导，且总体较为宽泛，缺乏具体性和可操作性，使各地在土地二级市场的管理也缺乏统一的标准。再加上相关配套制度不健全所导致违法行为的成本较低，在房地产市场高收益的前景诱惑下，势必造成土地二级市场违法交易频发。

（二）违规交易较多、政府监管难度大

由于土地一二级市场衔接不协调，相关制度不健全，缺乏有力的监管措施，导致土地二级市场上的违规交易问题突出。首先，划拨的国有建设用地未经审批及履行相关手续擅自进入市场交易。《城市房地产管理法》第39条规定，"以划拨方式取得土地使用权的，转让房地产时，应当按照国务院规定，报有批准权的人民政府审批。有批准权的人民政府准予转让的，应当由受让方办理土地使用权出让手续，并依照国家有关规定缴纳土地使用权出让金。"在市场利益的诱惑下，很多地方的企业在通过优惠的政策条件获取划拨地后，又通过土地入股、私下抵押、对外租赁等多种形式进行交易，造成了国家土地收益的流失；其次，出让的国有建设用地未达到法定条件，擅自进行土地交易。上述法律规定，"以出让方式取得土地使用权的，转让房地产时，应当符合下列条件：（一）按照出让合同约定已经支付全部土地使用权出让金，并取得土地使用权证书；（二）按照出让合同约定进行投资开发，属于房屋建设工程的，完成开发投资总额的25%以上，属于成片开发土地的，形成工业用地或者其他建设用地条件。"但由于"开发投资额的25%"和"形成工业用地或其他建设条件"两个法律要件缺乏明确的管理规定，致使不少企业未达到法定条件或弄虚作假擅自转让土地，不仅增加了市场交易风险，而且容易引发"囤地""炒地"等问题。再次，交易后不经合法程序，擅自改变土地用途。《城市房地产管理法》第44条规定，"以出让方式取得土地使用权的，转让房地产后，受让人改变原土地使用权出让合同约定的土地用途的，必须取得原出让方和市、县人民政府城市规划行政主管部门的同意，签订土地使用权出让合同变更协议或者重新签订土地使用权出让合同，相应调整土地使用权出让金。"但一些企业在完成土地交易后，在经济利益的驱使下擅自改变土地用途，扰乱了土地市场秩序，损害了国家利益。

（三）缺乏公开透明的交易平台，隐形交易问题突出

在土地一级市场，一方面国家通过土地征收制度、土地储备制度和土地招拍挂制度建立起了国有建设用地公开出让的市场交易平台；另一方面为保障公共物品供应和促进相关产业发展仍然保留了划拨、协议、定向等非公开供应土地的方式，土地一级市场显现"双轨制"。同时，土地二级市场没有建立起公开透明的交易平台，土地的交易信息、交易价格、交易方式只能通过私下的民间沟通协商或者第三方市场平台的连接来解决，交易主体不主动向政府部门申请登记审查，政府无法掌握实际交易情况，由此导致土地二级市场隐形交易问题突出。从表面上看，土地交易主体通过隐形交易获得了私利，但在信息严重不对称的情况下，反而推高了交易成本。从长远看，隐形市场会使土地价格严重偏离价值，进而制约土地资源的配置效率。

（四）体制机制不顺畅、多头管理难以协调

土地二级市场的交易一般会涉及政府行政部门、法院和拍卖公司三方主体。首先，国土和住房城乡建设部门职能交叉，存在管理的多头性。土地使用权的转让归国土部门管理，但土地二级市场上的交易一般都会与地上附着物相关，而这些附着物的转让归属住房城乡建设部门管理。一旦地上附着物的产权或法律关系出现问题，土地使用权的转让交易也就无法及时完成。其次，现在法院裁决利用土地使用权清偿债务的现象十分普遍，但法院在判决时往往并未征询国土或住房城乡建设部门的意见，也不清楚被处置土地的产权是否明晰和是否符合土地二级市场的交易条件，强制性的司法裁定有时会为不符合转让条件的土地交易提供合法的途径。再次，部分拍卖公司在未经国土部门同意和授权的情况下，擅自开展土地使用权的拍卖。由于土地二级市场上严重的信息不对称，一些不符合法律转让规定的土地也通过公开的拍卖流入了市场，扰乱了土地二级市场的交易秩序。

二、完善土地二级市场的制度建议

（一）加强土地二级市场立法，完善相关配套制度

加强法律和制度建设是促进土地二级市场健康发展的关键。一方面，在土地一级市场上，进一步完善土地出让制度、改革土地储备制度、健全土地监管制度，做好制度的顶层设计。另一方面，在土地二级市场上，从国家层面制定出台相应的法律法规，建立和完善相关的配套管理制度，统一交易标准、明确交易范围、规范交易行为、细化交易规则，为土地二级市场的健康发展提供法律和制度支撑。建议地方政府在国家层面的法律制度指导下，结合地方发展的特点，在对土地一、二市场进行有机整合的基础上，对土地二级市场的交易平台、人员编制、管理规范、监管措施等制定统一的制度规范。

（二）加强土地一二级市场的有机衔接，严格规范土地交易行为

改革和完善当前的一级市场上土地供应的"双轨制"，尤其是规范土地划拨制度，明确划拨用地的转让必须经过国土管理部门审批，未经批准不得私下交易；同时完善划拨用地的交易制度，明确交易方式、程序和监管措施；还要建立划拨用地转让的增值收益分配制度，可规定政府从中收取一定比例的调节金；如果转让的价格明显低于市场价格，可规定政府拥有优先回购权。对于通过出让方式取得土地使用权再交易的，政府要制定更为细致的土地使用权交易管理制度，明确各类土地使用权交易主体的权利义务、交易条件、收益分配等。对于在土地二级市场交易时需要改变土地用途的，必须严格依照法律规定的条件和程序。同时加大监管力度，凡是涉及闲置用地和违法用地的，一律不得转让。

（三）建立公开交易的统一平台，完善中介服务体系建设

建议建立公开、透明、有形的土地二级市场交易平台。平台首先要对土地交易的市场主体身份进行合法性审查，明确交易土地的产权；然后为参与交易的市场主体提供充分的市场供求信息、宗地交易信息、政策法规信息和咨询服务信息等，以保障市

场的充分竞争性，降低交易成本，提高土地资源的配置效率。此外，由于土地二级市场所涉及的产权关系、法律关系和增值收益关系纷繁复杂，交易行为又存在极大的分散性和自发性，而中介服务机构在土地产权调查、土地价值评估和撮合交易等方面发挥着重要作用，因此，政府要加强对中介机构的制度管理，完善中介服务体系建设，促使中介服务机构的服务水平和业务素质不断提高。

（四）改革相关体制机制，加强相关部门的沟通协调

进一步理顺土地二级市场中的各政府部门之间的相互关系，明确各自的职责和管理范围，同时加强部门之间的沟通协调。短期内，建议首先建立国土与住房城乡建设系统在这方面的沟通协调机制，最大限度地提高交易标的的信息透明度，简化交易程序，提高交易效率。同时，法院应加强与国土和住房城乡建设部门的合作，在涉及土地资产的司法处置前，先与两部门交换意见，以避免判决实施后出现不必要的纠纷。对于二级市场上一般性的土地交易和产权信息，国土部门和法院应定期向社会公布，以保障市场机构参与的合法性、合规性。远期建议可以参照不动产统一登记的模式，改革相关体制机制，将相关部门和机构根据土地二级市场的需要进行科学整合、统一管理。

第四节　以宅基地制度改革为抓手推动乡村振兴

党的十九大首次提出"乡村振兴战略"并将其列为决胜全面建成小康社会需要坚定实施的七大战略之一。2018 年中央一号文件《中共中央国务院关于实施乡村振兴战略的意见》中在"深化农村土地制度改革"一节中对宅基地"三权分置"的改革思路作了系统阐述。9 月 26 日，中共中央国务院印发《乡村振兴战略规划(2018 – 2022 年)》基本延续了中央一号文件中关于宅基地改革的政策规定，同时明确提出要"维护进城落户农民土地承包权、宅基地使用权、集体收益分配权，不得以退出'三权'作为农民进城落户的条件"。11 月 19 日，国家发展改革委印发《关于总结推广第二批国家新型城镇化综合试点阶段性成果的通知》（发改办规划〔2018〕1453 号），在宅基地"三权分置"改革基础上提出"适度放活宅基地和农民房屋使用权，鼓励盘活利用闲置宅基地和房屋。"12 月 21 日，2018 中央经济工作会议提出："要总结好农村土地制度改革三项试点经验，巩固改革成果，继续深化农村土地制度改革"。

处理好农民和土地的关系一直都是我国深化农村土地制度改革的主线。宅基地作为农村集体建设用地的主体，宅基地制度的改革和完善不仅直接关系到农村土地资源的优化配置和农村土地资产红利的释放，而且将对未来城乡融合发展起到重要的推动作用。可以说，宅基地制度改革是实现乡村振兴战略"产业兴旺、生态宜居、乡风文明、治理有效、生活富裕"总目标的强有力抓手。

一、宅基地制度改革对于乡村振兴的重要意义

（一）宅基地制度改革有利于农村招商引资和产业落地

《乡村振兴战略规划（2018—2022 年）》中明确提出，"乡村振兴，产业是关键"。当前农村的现实情况是，一边是农村发展亟待产业导入，另一边却是农村集体经营性建设用地供应不足，农村宅基地大量闲置或低效使用，乡村振兴与建设用地紧缺的矛盾突出。根据国土资源部的数据，农村宅基地面积约占农村集体建设用地面积的70%，其中有 3000 万亩处于闲置不用的状态。通过宅基地制度改革，大量闲置的宅基地流转出来形成集中连片的产业用地，将为村集体的招商引资和产业落地提供重要支撑和保障。

（二）宅基地制度改革有利于改善农村居住环境、提升生活质量

过去，由于宅基地是村集体成员免费申请获得，缺乏统一规划和有效监管，导致宅地基布局混乱无序，公共基础设施难以覆盖，而宅基地上的农房参差不齐，杂乱无章，不少还存在私搭乱建和破坏生态环境的情形。通过宅基地制度的改革，土地确权和拆违重建，释放增量建设空间；宅基地的退出和流转，可以推动农民集中居住；同时对农村居民点进行科学规划，合理配置公共基础设施，优化居住环境，有效提升农民的居住品质和生活质量。

（三）宅地基制度改革有利于提升村集体的治理能力

尽管从法律层面上村集体拥有农村土地的所有权，但实际上在土地承包和确权到户的管理制度下，村集体的土地所有权基本被虚置，大部分的村集体经济难以承担乡村治理的任务。据统计，全国行政村共计 58 万多个，而无经营性收入的村集体有 34 万多个；收入达到 10 万～ 50 万的有 8 万个；收入达到 50 万以上的只有 3 万个。通过宅基地制度改革，可以有效盘活宅基地资源，壮大村集体经济组织的经济实力，从而为提升村集体的治理能力奠定经济基础。

（四）宅基地制度改革有利于增加农民财产性收入，促进城乡融合

在城镇化发展初期，城乡割裂的二元体制虽然为城市的发展提供了大量土地级差收益，但城乡之间的矛盾和冲突却日益加剧。当前，我国的城镇化已经进入了减速提质的转型发展阶段。通过宅基地制度的改革，实现宅基地与国有建设用地同等入市、同权同价，构建城乡统一的土地要素市场，不仅可以有效增加农民的财产性收入，而且将极大地推动城乡一体化的进程。

二、当前宅基地制度改革存在的主要问题

（一）与宅基地改革相冲突的多部法律制度调整尚未到位

首先，中央一号文件中将宅基地的权利划分为所有权、资格权和使用权三项，但《物权法》中仅规定了宅基的所有权和使用权，并无资格权的任何规定；其次，我国《土地管理法》明确规定"农民集体所有的土地的使用权不得出让、转让或者出租用于非

农业建设"。2018 年公布的《土地管理法（修正案）》（征求意见稿）虽然鼓励宅基流转，但在流转范围限定在"集体内部"或"国家有关规定整理利用"。《担保法》则规定宅基地不得抵押。当前宅基地改革试点地区普遍在探索宅基地使用权出租、转让和抵押等多种方式，虽然有试点政策开口，但一旦在宅基地流转过程中出现纠纷，相关权利人的利益很难从法律途径得到保障。第三，1999 年国务院办公厅出台的《关于加强土地转让管理严禁炒卖土地的通知》中明确规定，农民的住宅不得向城市居民出售，也不得批准城市居民占用农民集体土地建住宅，有关部门不得为违法建造和购买的住宅发放土地使用证和房产证。2004 年 11 月国土资源部出台的《关于加强农村宅基地管理的意见》再次强调"严禁城镇居民在农村购置宅基地"。2018 年的中央一号文件仅对农村宅基地建设别墅大院和私人会馆两种情况做了禁止性规定，江西、浙江等试点地区已经开始为宅基地发放资格权和使用权证。政策存在冲突的情况。

（二）与宅基地改革相配套的新管理体制机制尚未建立

第一，当前的乡村建设规划仍是建立在城乡二元制基础上开展的，而按现在宅基地"三权分置"和"自由流转"的改革方向，流转后宅基地使用权的年限是多长？不同用途宅基地使用权的年限有无区别？容积率如何确定？等问题尚没有一个统一的规划原则或政策标准。第二，如果允许宅基地在不同集体经济组织成员之间流转，那就需要构建一个农村宅基地交易市场或平台，并制定相应的交易规则和监管制度；如果直接放开城乡之间的宅基地流转，那就等于打破了地方政府对于土地一级市场的垄断，需要从城乡一体化的层面重新调整完善土地市场交易规则和秩序。第三，农民、集体经济组织、社会资本在宅基地流转过程中的合作形式与收益分配方式尚无明确的政策规定，容易造成"下乡资本"与地方政府和村集体形成"合谋"，大肆圈地、破坏环境，最终侵害农民的利益。

三、乡村振兴视角下推进宅基地制度改革的建议

（一）加快调整完善与宅基地相关的法律和政策

根据乡村振兴战略对宅基地制度改革的方向要求，加快《物权法》《土地管理法》《担保法》等相关法律的修改，划定所有权、资格权、使用权的权利边界，同时通过"立、改、废"的方式调整完善相关配套的法律制度。可以考虑参考《农村土地承包法》，对宅基地的产权关系、取得退出、监督管理等制定体系化的法律规定，适时出台全国统一的《农村宅基地及农民住宅法》。

（二）科学编制乡村建设规划，优化宅基地利用

从城乡一体化的角度出发，结合城镇总体规划，科学编制乡级土地利用总体规划和建设总体规划，确定农村居民点用地布局和规模。基层政府要统筹协调资源，科学规划村庄布局、公共设施建设、产业发展和环境美化，通过统一规划安排和合理政策引导，促进宅基地的有偿退出和有序流转，优化宅基地的开发和利用。

（三）建立健全宅基地管理新体制机制

第一，建立多主体供地制度。要建立城乡统一的土地交易平台以及包含国有建设

用地、集体经营性建设用地和宅基地在内的统一建设用地出让制度，真正实现农村土地与国有土地的同权同价。第二，加快推进宅基地的确权登记颁证工作。对于农民自己开发经营的宅基地，资格权与使用权合二为一，只需给农民颁发宅基地使用权证；对于农民转让给社会资本开发经营的宅基地，则需要给农民颁发资格权证书，并在证书上标明资格权的权能、年限和监督等内容。第三，明确宅基地使用权的年限。乡村振兴战略规划中对宅基地流转的主要用途是商业和旅游，可以参照国有建设用地出让制度中商业、旅游、娱乐用地40年的规定，将宅基地使用权的年限定为40年。第四，建立宅基地流转的收益分配机制。政府可以根据宅基地流转后的用途制定不同比例的土地增值税，并明确该税收主要用于乡村的公益设施建设；将既能保证农民现实收入有增长，又能保障农民长远生活有保障作为村集体参与宅基地流转的收益分配原则。第五，完善农民的社会保障制度、宅基地流转的信息公开制度和交易监管制度，严惩违法违规占用农民宅基地的行为。

第五节　土地制度改革的主要问题与政策建议

土地是房地产的核心生产要素，土地制度的管制效率不仅直接影响土地资产的价格，而且会对住房供给的规模和效率以及房价产生重要影响。

一、当前土地制度存在的主要问题

（一）城乡土地二元制同时损害效率与公平，集体建设用地入市改革相对滞后

城乡土地二元分割是我国现行土地制度的核心症结。在城镇化发展的初期，政府通过"征收—出让"的行政配置方式使得土地这一沉淀资产在变现过程中的资本增值可以迅速地投入城市化的建设，极大地提升了基础设施建设的水平，推动了城镇化的快速发展。但在城镇化发展到一定阶段后，行政替代市场的资源配置方式使得土地价格无法正确地反映土地资产的价值，再加上地方政府对于土地财政的依赖，使得住宅用地供应长期偏紧，而工商业用地粗放供应，并由此产生了城市扩张过快、土地利用效率低下、房价持续高涨等诸多问题。被征地农民在获得原用途的倍数补偿后就丧失了土地未来增值收益的分享权，而政府对土地一级市场的垄断使得其能获得土地用途转换的增值收益，还以税收的形式获取了城镇化发展过程中土地的增值收益，从而造成了巨大的土地利益分配不公平。

虽然我国已经在2015启动了集体经营性建设用地入市的试点，2017年又推出了集体经营性建设用地建设租赁房的试点方案，但由于集体经营性建设用地在农村建设用地中的比重较小，集体经营性建设用地入市的改革对增加房地产供给的效果有限。2018年的中央一号文件提出了宅基地"三权分置"的改革政策。这对于促进宅地基有

偿流转、激活农村土地资产价值、增加农民财产收入具有重大意义。但在试点地区的落实过程中，由于缺乏相关法律法规支撑、配套政策不健全、城市近郊区宅基地有偿退出不如"拆迁"、远郊区和山区宅基地有偿退出又不如扶农惠农政策等实际问题的制约，宅基地改革的深化和推广面临巨大的阻碍。

（二）国有建设用地供应减少、结构失衡，住宅用地区域供需错配

近年来房地产市场火热的背后，国有建设用地供应总量供应不足、结构失衡、区域错配所导致的热点城市地价高涨，是推高房价的重要原因。第一，国有建设用地供应总量缩减。根据国土资源部的数据显示，在总量上，国有建设用地从2008年的23.5万公顷持续增长到2013年的75.08万公顷，年均增幅高达27.22%。2014年以后，在新型城镇化和集约节约利用土地的政策指引下，国有建设用地供应总量持续减少，2017年虽有所增加，但也只有60.32万公顷，较2013年下降了近1/5（图2-1）。其中，住宅用地从2008年的6.2万公顷持续增长至2013年的14.2万公顷，2014~2016年持续减少，2017年供应了8.43万公顷，较2013年的最高值下降了40.63%。第二，住宅用地占比持续下降，基础设施用地占比持续增长。2010年，住宅用地占国有建设用地的比重达到了最高值26.85%，此后持续下降。2017年，住宅用地占比仅为13.98%，较2010年已经下降了近13个百分点。而基础设施用地占国有建设用地的比重则从22.55%持续增长至2017年的60.54%（图2-2）。第三，住宅用地区域供需错配。在十九大之前，在"严格控制大城市规模，合理发展中小城市"的城镇化发展方针指引下，大量的国有建设用地指标分配给了产业基础薄弱、人口净流出的三四线城市，而住房消费需求集中的一二线城市反而建设用地指标供应不足，由此造成了热点城市房价高烧不退和三四线城市库存高企的问题。尽管十九大报告将"城市群"作为未来推进区域协调发展的主要方向之一，国土、住房城乡建设和发展改革委等相关部门也陆续出台了有关"人地挂钩"的政策，但过去数年来积累的巨大区域分化差异需要相当长的时间才能得以平复。

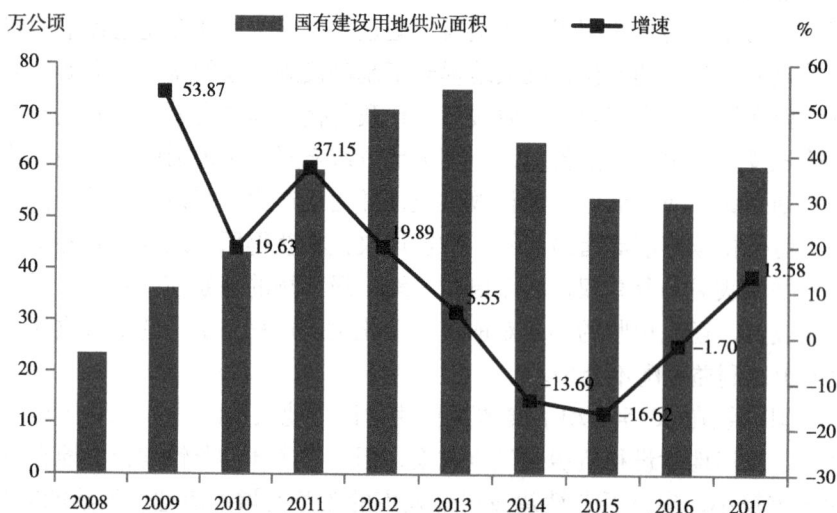

图2-1　2008~2017年全国国有建设用地供应面积及增速变化情况

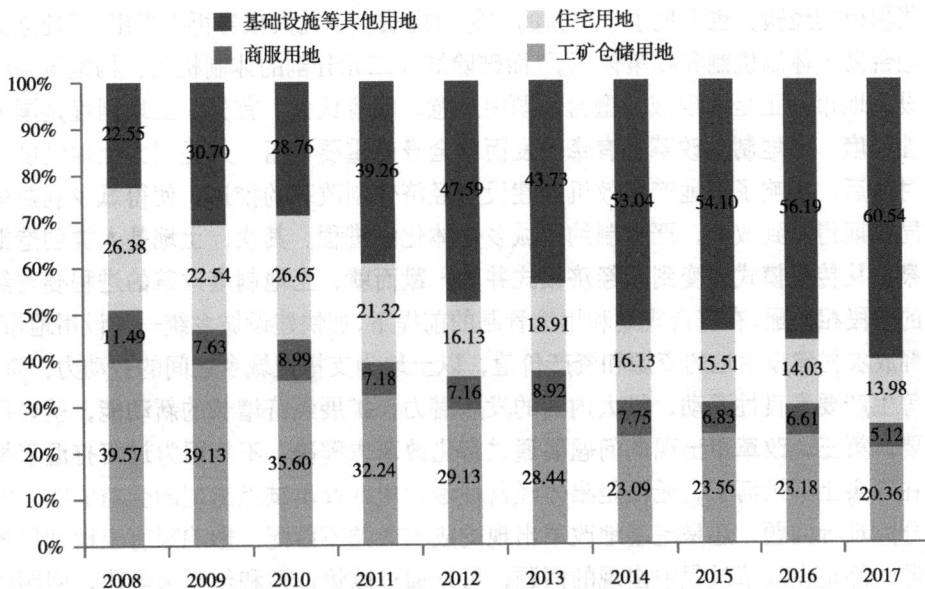

图 2-2 2008～2017 年全国各类型国有建设用地供应结构分布情况

（三）土地二级市场发育程度较低，相关制度不健全

土地二级市场是我国城乡统一建设用地市场的重要组成部分，也是判断土地市场发育程度的重要标志。土地二级市场对于优化配置土地资源、繁荣土地市场具有积极的促进作用。过去，在土地一级市场巨大的财政效益下，我国的土地二级市场一直没有得到应有的重视，致使进入新型城镇化的发展阶段后，发育程度较低的土地二级市场严重制约了存量土地的盘活和土地资源配置效率的提高。根据有关部门对包括上海在内的四个一线城市的统计情况看，二级市场转让宗数仅为一级市场成交宗数的 40% 左右，转让面积仅为一级市场成交面积的 10% 左右。

土地二级市场的交易主体、交易方式和交易内容都呈现多元化的特征，导致其产权、法律和增值收益关系更加复杂。但在国家层面上仅有《城镇国有土地使用权出让和转让暂行条例》和《城市房地产管理法》两部法律作为指导，且总体较为宽泛，缺乏具体性和可操作性的法律法规支撑，使得各地方在土地二级市场的管理也缺乏统一的标准。再加上土地一、二级市场衔接不协调，相关制度不健全，缺乏有力的监管措施，导致土地二级市场上的违规交易问题突出，扰乱了土地市场的秩序。在当前建设用地集约节约利用、减量供给的形势下，土地二级市场不仅未能充分发挥调剂土地资源供需的作用，而且影响了城市存量土地的挖潜和城市更新的推进。

二、未来土地制度改革的政策建议

（一）加快推进城乡统一建设用地市场的建立，构建多元化土地供应的新体系

2013 年，十八届三中全会的决定中就提出，"建立城乡统一的建设用地市场"。此后，我国陆续开展了集体经营性建设用地入市和宅地基"三权分置"的改革试点，探索出

了一些积极的经验，也出现了一些新的问题和挑战。十九大报告再次提出，"建立健全城乡融合发展体制机制和政策体系。"而破除城乡二元分割的体制机制、构建城乡统一的建设用地市场正是实现城乡融合的题中之意。笔者认为，**首先，土地制度是国家的基础性制度，土地制度改革具有牵一发而动全身的重要作用**。正是因为土地制度改革的相对滞后，影响了房地产长效机制建设和经济体制改革的推进，使得城乡利益失衡的格局长期得不到改变，严重制约了城乡一体化的进程。**其次，土地是人类创造财富的源泉，从传统模式转变到新经济模式并非一蹴而就，土地制度改革的进程要与经济发展的阶段相匹配**。在符合规划和用途管制的前提下，加快建设城乡统一建设用地市场，充分释放农村建设用地的资源和资产价值，以土地为支撑使城乡之间的劳动力、资本、技术等生产要素良性互动，扩大内需的发展潜力，扩展经济增长的新动能，就显得尤为重要。**第三，改革中出现的问题要通过深化改革去解决，不能因为过河打湿了裤角就坐在石头上不过河了**。无论是集体经营性建设用地改革试点出现的受益面窄、增值收益分配难等问题，还是宅基地改革出现的成本效益不匹配、影响现有土地利用规划等问题，都是在改革过程中出现的问题，可以通过政策调整和创新来解决，问题的根源还是在于市场分割所造成的土地资源无法优化配置。**最后，政府应退出城市土地一级市场的垄断经营，构建多元化、自由竞争的土地供应新体系**。地方政府对城市土地一级市场的垄断经营所形成的土地高杠杆是金融风险的重要来源之一。去土地杠杆就必须要加快土地储备制度改革，剥离土地储备中心的城市经营职能，将土地储备限制在公益性用地范围内。同时，在科学规划、法律保障、严格监管的基础上，构建包括原国有土地使用权人、农村集体组织、非房地产企业等多元化主体共同参与的公平公开、自由竞争的土地市场供应体系，打破政府对土地市场的垄断地位，并合理运用税收手段优化土地增值收益的分配。从供给端降低土地利用成本、拓展城市用地的空间、保障收益分配公平、提高土地利用效率，在释放土地要素新动能的同时，从根本上解决地价房价的理性增长机制问题。

（二）完善和落实"人地挂钩"政策，合理增加住宅用地的有效供给

长期以来，我国的土地城镇化高于人口城镇化，土地利用效率低下。其原因在于以发展中小城市为主的城镇化战略下，建设用地供应与人口流动的趋势向背离。为了改变这一状况，更好地促进农业转移人口市民化，保障新型城镇化的用地需求，2016年9月国土部、国家发展改革委等四部门联合发布《关于建立城镇建设用地增加规模同吸纳农业转移人口落户数量挂钩机制的实施意见》，明确规定城镇建设用地与落户人口数量挂钩、允许进城落户人员有偿转让宅基地。2017年4月，住房城乡建设部和国土部联合发布《关于加强近期住房及用地供应管理和调控有关工作的通知》（建房〔2017〕80号），将建设用地供应与库存消化周期挂钩。未来，应进一步完善和落实"人地挂钩"政策，根据人口流动的趋势制定科学合理的土地供应计划，力争达到"以人定地、人地和谐"的效果。**首先，构建一套动态监控的人口流动监测体制**。通过监测平台对人口流动的规模、方向、趋势进行准确的统计和预测，从而为土地供应计划的制定提供可靠的数据支撑。**其次，改革和完善户籍制度，以及与之相关的配套制度**。城乡分裂的户籍制度是农村流动人口融入城市的主要制度性障碍。只有解决好进城农民的户口问题，完善与户口相关的教育、医疗、住房、保险、社会福利等配套制度，才能真正实现"人随地走"。**第三，制定差别化的用地标准，科学测算和合理安排城市新增建设用地规模。**根据十九大所确立的"以城市群为主体构建大中小城市和小城镇协调发展的城镇格局"的要求，对不同区位、不同发展规模的城市制定差别化的用地标准，同时充分考虑到各个地方经济社会发展的水平和人口流动的实际情况，对进城落户人口新增建设用地标准进行适度调整。**第四，对于房价过高的热点城市，要合理增加住宅用地的有效供给。**要统计这些城市过去供地计划的完成情况，对于缺口较大的要在新的年度的追加供应；对于超额完成的则要根据市场供需情况适当增加土地供应。

（三）加强土地二级市场的制度建设，实现一、二级市场的有效衔接

在新型城镇化已经进入转型提质的阶段，提供"增量"资源的土地一级市场的作用将逐渐减弱，而"存量"优化调整的土地二级市场的作用将日益突出。2017年1月，为解决当前土地二级市场出现的一些突出问题，国土资源部印发《关于完善建设用地使用权转让、出租、抵押二级市场的试点方案》，从交易机制、运行模式、服务体系、监测监管和部门协作五个方面提出了完善建设用地二级市场的政策措施。未来应在总结试点地区经验的基础上，着重推进以下工作：**首先，强化土地二级市场的立法与相关制度建设。**根据二级市场的特点，从国家层面制定出台相应的法律法规，建立和完善相关的配套管理制度；各地方政府在国家政策的指导下，因地制宜地对区域内土地二级市场的交易平台、人员编制、管理规范、监管措施等制定相应的制度规范。**其次，及时提炼和复制推广试点地区的改革成果。**全面梳理不同试点地区在完善土地二级市场上的政策亮点和制度创新，总结提炼不同交易类型的典型案例，提炼出一批可复制推广的改革成果。**第三，完善土地宏观管理，实现一、二级市场的有效衔接。**在土地一级市场上打破政府的垄断地位，对不同类型的土地供应主体要制定相应的监督管理制度，防范非法交易；在土地二级市场上要严格限制政府参与的权力和范围，建立公开透明的土地二级市场交易平台，充分运用信息化的手段进行全过程监管，同时改革相关的体制机制，将各相关政府部门根据土地二级市场的需要进行科学整合、统一管理。

第三章

新型城镇化与房地产市场转型

第一节　新时代下我国新型城镇化发展的新态势

改革开放 40 年来，我国推进城镇化上取得了举世瞩目的成就。城镇化率从 1978 年的 17.9% 提高到 2018 年的 59.58%，城镇常住人口从 1978 年的 1.72 亿增长到 2018 年的 8.31 亿。我国实际上已经提前一年完成《国家新型城镇化规划（2014—2020 年）》中提出的"2020 年要实现常住人口城镇化率达到 60% 左右"这一目标。与此同时，发展的阶段性和改革的渐进性决定了我国城镇化的道路伴随着各种问题和挑战。其中，城乡生产要素流动不顺畅、公共资源配置不合理、经济社会发展失衡成为我国在转型升级的新时代推进新型城镇化战略所面临的突出问题。十九大报告首次提出要"建立健全城乡融合发展体制机制和政策体系"，标志着中国特色社会主义城乡关系进入新时代。2019 年 5 月 5 日，中共中央、国务院出台了《关于建立健全城乡融合发展体制机制和政策体系的意见》，为新时代的城乡融合发展描绘了路线图、确立了时间表。6 月 17 日，国家发展改革委在推进新型城镇化年度重点工作电视电话会议上将提升农业转移人口市民化质量、促进大中小城市协调发展、增强城市可持续发展能力和提升城乡融合水平作为今年新型城镇化推进的重点工作。由此可见，新时代下城乡融合发展改革对新型城镇化战略的推进确立了新的定位、界定了新的内涵，也明确了新的方向。

一、新定位：从全国"铺摊子"到聚焦中心城市和城市群发展

城镇化本来是人口和产业随着经济的发展向城镇聚集，并进一步提高生产效率和生活水平的历史过程。但过去由于我国过于注重城镇化对经济的带动作用，而忽视了土地、户籍、公共服务等相关制度的改革，地方政府在追求土地财政和政绩工程的利益驱动下，城镇化逐渐演变成了全国"铺摊子"的房地产化，不少缺乏人口和产业支撑的中小城市出现了"有城无市、有场无市"的现象。十九大提出"要以城市群为主体构建大中小城市和小城镇协调发展的城镇格局"；2019 年《政府工作报告》强调要"坚持以中心城市引领城市群发展"；《关于建立健全城乡融合发展体制和政策体系的意见》提出"以城市群为主体形态促进大中小城市和小城镇协调发展，增强中小城市人口承载力和吸引力。"根据美国地理学家诺瑟姆提出的城市化 S 曲线理论，当前我国的城镇化已经处于加速阶段的后半程，未来城镇化发展的规模和速度会逐渐下降。通过实施"以城市群为主体形态、以中心城市引领城市群发展"的城镇化路线，可以有效地引导人口、资本、技术等生产要素向中心城市集中，进一步提升中心城市在城市群中的辐射带动作用，促进中心城市与周边城市形成相互影响、相互依存的良性互动关系，实现经济资源在城市群中的均衡分布，提高整体的

经济效益，避免资源浪费。

二、新内涵：从冒进式的土地城镇化到以人为本、符合国情、有质量的城镇化

在过去很长一个时期，广泛流行的观点认为我国的城镇化严重滞后于工业化发展，中国应顺应世界城镇化潮流加快实施全域城镇化。尤其是 2008 年金融危机之后，城镇化被当作实现拉动内需、促进经济增长、解决三农问题的"千金方"。此后城镇化发展盲目攀比西方发达国家、脱离中国国情和客观规律，逐渐形成了土地城镇化远高于人口城镇化的粗放冒进式发展模式，并引发了人口半城镇化、土地资源利用效率低、资源环境破坏和文化传承缺失等一系列经济问题和社会风险。党的十八届三中全会确立"以人为本"作为新型城镇化的核心，十九大提出"加快农业转移人口市民化"，2019 年《政府工作报告》强调"抓好农业转移人口落户，推动城镇基本公共服务覆盖常住人口。"6 月 17 日，国家发展改革委在推进新型城镇化年度重点工作电视电话会议上强调今年要"加快实施以促进人的城镇化为核心、提高质量为导向的新型城镇化战略"。我国的城镇化正在从粗放扩张的冒进式城镇化向立足于中国国情，以人为核心，更加注重提高户籍人口城镇化率、城乡基本公共服务均等化、环境宜居和历史文脉传承、提升人民群众获得感和幸福感的有质量的新型城镇化发展模式转变。

三、新方向：从单向城镇化到建立城乡融合发展体制机制

城镇化并非仅是城镇单方面的实现现代化，而是城镇文明不断拓展加深并辐射带动农村的过程。但由于我国城乡二元的管理体制、长期实行的工业优先发展战略、城乡改革不同步和公共服务资源配置城乡不均衡等原因导致农村资源大量流入城市，尽管城镇化发展迅猛，但同时也造成了城乡发展差距不断扩大。从经济规律来看，当城镇化的规模效益扩张达到人口和经济聚集的临界值后，总体效益将不增反降。因此，单向发展的城镇化不可持续。"十三五"规划中提出，"努力缩小城乡发展差距，推进城乡发展一体化"。《关于建立健全城乡融合发展体制机制和政策体系的意见》明确提出"以协调推进乡村振兴战略和新型城镇化战略为抓手，以缩小城乡发展差距和居民生活水平差距为目标"，"加快形成工农互促、城乡互补、全面融合、共同繁荣的新型工农城乡关系，加快推进农业农村现代化"。从单向城镇化到由新型城镇化和乡村振兴双轮驱动的城乡融合发展，既是以人为本的内在要求，也是破解新时期社会主要矛盾的必然选择，有利于推动"四化"协调发展，将在新时代为我国经济增长和社会进步拓展发展新空间。

第二节　我国城市开发边界设定与管理的思考

近年来，我国高速发展的城镇化进程在推动经济增长、调整产业结构、稳定就业岗位等方面起到了重要作用。高速城镇化的外延式扩张模式带来一系列经济社会问题，突出表现为地价房价高企、"土地财政"依赖过重、城乡二元结构加剧、城市空间无序蔓延等。传统的城镇化模式不可持续，实施以人为本的新型城镇化是下一阶段我国实现现代化的必由之路。2013 年 12 月召开的中央城镇化工作会议提出了包括优化城镇布局形态、加强镇化管理在内的新型城镇化六大任务，要求城市规划要由扩张性规划逐步转向限制城市边界、优化空间结构的规划，要划定特大城市开发边界，限制城市无序蔓延和低效扩张。城市开发边界由美国于 20 世纪 50 年代首先提出，在城市规划学界多使用"城市增长边界"（Urban Growth Boundary）的名称。在下一阶段新型城镇化逐步推动中，城市开发边界将发挥重要的空间管制和引导作用。

一、城市开发边界划定对城市发展的影响

（一）城市开发边界的形成背景

20 世纪中后期，美国城市空间发展出现城市蔓延（Urban Sprawl）的问题。主要是在城市就业核心区以外的一种低密度、"蛙跳式"的空间发展模式。这种模式将居住与就业、购物、娱乐及教育等分离，因而要求通过小汽车实现空间移动。就社会经济可持续发展的角度而言，城市蔓延是一种不负责任的城市发展模式，因为它会带走内城社区的税基、破坏农地和空地、增加城市成本（交通和环境），加剧美国的社会收入阶层和种族隔离情况。针对城市蔓延问题，西方城市规划学界提出新城市主义和精明增长理论，要求划定城市增长边界、倡导城市紧凑式开发、社区单元合理划分、发展公交导向的交通布局模式（TOD 模式）。可以说，城市开发边界的最初提出，是以解决城市蔓延问题为主要目的。

（二）城市开发边界引导城市紧凑发展

城市开发边界作为城市规划实践领域的技术工具，通过设定城市的合理规模，来保护农地、林地、湿地等自然生态空间免受城市蔓延的侵蚀，限制城市无序扩张，提高边界内土地利用、公共服务、基础设施的投入和运行效率。城市开发边界不仅仅是图面上一条闭合曲线，更是带有管理和调控性质的政策手段，其设定需要配套一揽子政策办法来实现其政策效果。城市开发边界一经设定，将显著区分"城内"与"城外"，边界线以内的土地价值对应提高，对城市规划建设将实现精细化引导，有利于城市内部集约紧凑发展，提升城市建设质量。本质上，城市开发边界通过动态化管理，实现城乡空间从单一发展、控制发展到综合性、协调性发展的过渡，综合性和协调性发展体现在既维护生态空间的相对完好，又最大化挖掘城市空间内在价值。

（三）手段滞后是边界发挥效用的潜在障碍

在管理刚性的前提下，边界线的设定将分化界线两侧区域的基础设施建设水平与投资环境，某些情况下将加剧城乡差异、降低边界线以外的公共服务水平，从而引致城市开发跨越边界、在邻近区域进行"蛙跳式"发展。在缺乏对应政策管理工具情形下，城市开发边界确然提高了边界内部的紧凑度和土地价值，但边界以外的乡村地区的低密度开发可能更严重，并加剧用地的破碎和孤立程度，这也是城市开发边界在国外几十年的管理实践中仍然存在争论的重要原因。因此在国外城市开发边界设定的管理实践中，依据城市人口、就业、基础设施、产业发展等多维空间进行相对精准的城市规模预测，是科学设定城市开发边界的必要方法；创新一系列与之匹配的政策管理手段，是城市开发边界得以有效实施的必要保障。

（四）美国波特兰城市开发边界划定实践

波特兰市位于俄勒冈州，其州法规定在城市总体规划中应该划定城市增长边界；土地利用规划中的功能分区应该保证未来城市化和经济发展所需要的土地需求公共供给。城市增长边界内的土地供给应该保证未来20年城市发展所需的土地需求，并且城市开发边界每5年需要评估一次，以此决定城市开发边界调整和新增可开发土地量等。根据州的规划法规，城市开发边界应该：①在空间上区分城市用地与非城市用地；②每5年评估一次；③根据过去5年的发展速度来调整。而实际上，自首次划定以来，城市开发边界已经经历了30多次调整，大多数调整都微不足道，增加的土地不到20英亩（约8hm^2）。

二、我国城市开发边界设定与管理的现状

（一）管理手段滞后，界线严肃性不足

一是城市开发边界在当前我国的城市建设与管理中具有多种形式。2006年新版的《城市规划编制办法》明确提出在城市总体规划纲要及中心城区规划中要"研究城市增长边界"，用以限制城市的发展规模和划定城市的建设范围。但目前国内各大城市的规划中，实际上没有完全引入"城市增长边界"的概念，有的只是限建区方面的研究。如香港在《香港2030年规划远景与策略》中提出"我们会划出一些发展禁区"。实际的城市规划方案中，中心城区的规划范围、研究范围具备城市开发边界的空间形态特征，但缺乏政策限制手段。真正起到强制性作用的，是规划划定的"四线三区"，用以限定建设用地的具体规模和范围。由于缺乏技术和管理上的弹性机制，实际中因为建设项目规模及选址的不确定性而调整规划地块边线的情形频频发生，导致规划权威性不够、刚性体现不足。

（二）新增建设无序扩张，低密度开发普遍

由于城市开发边界设定模糊，加之近年来工业园区大上快上的跨越式发展思路，城市贴边发展严重，新增建设用地呈现井喷式增长，且工矿用地占比较高。根据2006～2012年《中国国土资源公报》，2006～2010年全国批准建设用地228.98万公顷，其中占用耕地110.93万公顷，已经超出《全国土地利用总体规划纲要（2006～2020）》

下达的 100 万公顷新增建设占用耕地指标（2006～2010 年）。2006～2010 年全国投放市场的增量、存量建设用地共 167.8 万公顷，其中工矿用地 68.5 万公顷，占到建设用地供应总量的 40% 以上。而实际上这些工矿用地多位于地方政府设立的各类工业园区内，产业低端、厂房空置、低密度开发等现象普遍存在，城市规划区的范围边线形同虚设，生态开放空间破坏严重。

（三）边界类型多样，但引导开发作用较弱

当前大部分城市总体规划中可以体现城市开发边界限制作用的"四线三区"，其本质是基于生态安全底线的防御性措施。限建区、禁建区多包含相对或绝对不可占用的基本农田、生态林带、自然保护区、水源地等区域，规划设定的蓝线、绿线、紫线实际具有城市开发边界的强制性功能。然而城市开发边界的设定，应综合考虑城市未来空间增长的形态、人口与就业的发展趋势、基础设施的扩展格局来确定，是对城市合理规模的科学预测，仅仅依靠限制性的"四线三区"，不足以体现城市开发边界对城市范围内开发活动的精细谋划，也无从实现城市内部的紧凑式、集约式发展。

（四）规划体系多元，边界范围设定不一

作为我国最重要的两个执行性的法定空间规划，土地利用总体规划与城市规划关于中心城区规划范围的定义不一致，增加了地方政府实施规划过程中的各项行政协调成本。截至 2012 年底，全国各地区的市、县、乡级土地利用总体规划基本完成报批。本轮土地利用总体规划的编制办法要求，地市级土地利用总体规划应划定中心城区规划控制范围，即中心城区的蓝线范围。纳入中心城区规划控制范围的建设项目，需报原批准规划的一级人民政府审批；中心城区规划控制范围以外的建设项目，可由原批准规划部门的下一级人民政府审批。这在客观上将蓝线范围内的开发行为置于更高层级的监管体系之下，加强了上级政府对下级政府城市开发活动的限制和引导，但同时也增加了行政成本。根据国土资源部《市级土地利用总体规划编制技术规程》，中心城区规划控制范围以乡镇为单元划定，位于蓝线范围以外 2000 米以内的集中连片建设用地需纳入蓝线范围。对于大部分城市而言，由于城市贴边发展，这一规定使得"摊大饼"式的城市外围空间产生连锁反应，只要没有明显生态阻隔的集中建设区域均纳入中心城区的蓝线控制范围，最终划定的蓝线范围远大于城市总体规划的中心城区规划范围。本轮土地利用总体规划编制审批过程，充分体现了地方政府与上一级政府、中央政府关于城市开发权限的博弈。

三、我国设定城市开发边界需要明确的几个前提

（一）明确城市开发边界与其他界线的关系

如前文所述，我国当前城市规划编制与实施、土地利用规划编制与实施过程中对于城市的空间增长边界、空间开发边界均有涉及，且类型不同、范围不同、管理方式不同。2006 年出台的《城市规划编制办法》中出现了几个空间地域概念：中心城区、空间增长边界、城市规划区、建设用地范围。业内至今对这几个概念仍看法不一。

在本书中，讨论以下几种与城市开发边界相关的界线：城市行政辖区、城市建设

用地范围、城市规划区、中心城区、土地利用规划中的中心城区规划控制范围。

第一，城市开发边界必然不等同于城市行政辖区。否则，城市开发边界的存在将失去其应有的政策作用。但是，在区域统筹发展的导向下，城市开发边界不一定小于城市行政辖区，可以考虑两个相邻城市划归同一个城市开发边界。

第二，城市开发边界不能简单地认同为是城市建设用地范围。城市建设用地范围内只有建设用地，随着建设需求的改变，城市区域的控制性详细规划将在总体规划基础上改变地块规模、形状、范围，在现有的规划管理体制下，城市建设用地范围调整长官意志强，科学决策弱，更难以体现城市开发边界的强制性。而且西方规划界的实践经验表明，城市开发边界能需要包含农用地和非农用地，以保证城市区域的生态开放空间供给充足。

第三，城市开发边界与城市规划区的关系。在当前实施的《城乡规划法》中，"规划区法定"是一个重要概念，明确了城乡规划管理的权力空间范围和责任范围，即城乡规划的权力范围是"规划区"，规划区以内的建设活动必须符合规划，规划区以外的任何建设活动不被允许。一个城市的总体规划，其规划区是市域，但真正对建成区以及近期发展起到空间范围划定作用的是中心城区。由于规划区法定，中心城区之外且不位于乡、村庄规划区内的建设活动也不被允许，因此中心城区在空间范围上起到城市开发边界的作用。在土地利用总体规划中，地级市的中心城区规划控制范围与城市规划的中心城区概念同质、范围同质，但最大的问题是范围界线不一致。

结合上述论述，笔者认为，城市开发边界与中心城区（城市规划）、中心城区规划控制范围（土地利用规划）具有空间范围的同质性。但城市开发边界需要附着许多配套管理措施，如边界内外的强制性开发限制规定、生态空间保护规定、边界调整的规定等，因此在实践中，城市开发边界的设定存在两种情形：

一是将城市规划区即中心城区等同于城市开发边界的情形。这需要赋予城市规划区更多的附加政策条件，甚至是法律层次的支持，并且要协调与土地利用总体规划的边界关系。

二是单独划定城市开发边界的情形。这就需要明确城市开发边界与城市规划区的范围包含关系或交叉关系，以及与土地利用总体规划中心城区规划控制范围的同类关系。而且作为限制性和引导性边界，城市开发边界需要赋予更高层次的法律地位，方能有效协调"两规"，使其符合城市开发边界的管理意图。

（二）识别新型城镇化的战略导向

结合 2013 年 12 月中央城镇化工作会议的要求，在新型城镇化背景下，对城市开发边界的设定与管理应遵从以下导向：

一是促外延式扩张向理性增长转变。新型城镇化导向下的城市理性增长，就要"精于算计"，充分利用好每一寸城市土地。变增量扩张为增量控制，设定城市开发边界限制规模无序蔓延；变低效利用为集约高效，优化存量土地资产，加强基础设施建设投入，提升土地价值；变结构单一为科学规划，精细利用城市土地及地上地下空间，发挥最大城市功能。

二是促破坏性开发向保护性建设转变。新型城镇化导向下，城市开发建设的核心目的是形成良好的生产、生活、生态空间结构,提升人居环境质量。因此要严控生态红线、延续城市历史文脉。城市开发建设活动必须有刚性底线,开发建设以坚守各类红线为基,以提升综合质量为本。理性的开发建设与生态空间、历史文化保护不应是矛盾的,而应是相辅相成的,是不断改善城市环境的两个方面。

三是促城乡一样化向城乡一体化转变。新型城镇化中城乡发展统筹考虑的思路,其内涵不是城乡建设趋同,应是破除流转壁垒,给予和发挥农民、农地应有的权利与价值。城市开发边界是对城市空间的有效控制和引导,不应对居民身份、土地权属进行管制。因此,城市开发边界的设定,应警惕"农民"与"市民"的符号化、极化,相反地,应在有效限制和引导城市空间增长前提下,弱化居民身份管制、消除边界内外土地的流转和置换壁垒。

（三）城市开发边界在我国推广的社会和制度条件

根据西方城市增长边界的理论和实践经验,我国城市开发边界推广应用需要以下有利条件：一是强势的地方政府。波特兰市政府统一规划城市发展是避免城市发展地方竞争的前提之一。二是自上而下的土地管理模式有利于统一规划城市发展。三是高效的地理信息服务。中国有的城市数字化程度比较高,通过近几年的发展,许多数据库都已建立起来,许多数据也都纳入地理信息系统。四是人才和科学储备。例如,城市交通模型和城市交通需求分析都有一定的基础,城市开发边界的划定才有足够的技术支撑。

四、科学设定城市开发边界的几点建议

（一）科学研判城市特点，区分城市发展模式

发挥城市开发边界效能涉及两个关键要素：一是规模,即决定发展容量；二是形状,即决定发展区位。基于增长导向的发展模式和基于生态保护的发展模式,体现了截然不同的两种发展理念,因此划定结果也是明显不同的。城市空间增长的合理规模及形态,受城市所处区位、地形、产业布局、人口结构影响,并非所有的城市开发边界均适用一种统一标准,"不是每个城市都要成长为巨人"。城市的边界形式,具有来自经济、政策、环境的推动力,同时也存在对应约束,因此,划定城市开发边界,要预测城市增长规模,分析城市发展的空间阻力,识别城市发展的空间动力源。

平原城市的自然增长过程必然产生摊大饼式的贴边发展,需要严格设定城市开发边界,形成生态空间阻隔带。山地城市受地形影响,空间形态多呈单向发展或跳跃式发展,需要在严控生态红线基础上,突出城市开发边界的空间引导作用。已形成或基本形成一体化格局的连片城市群或城市带,如珠三角、长三角城市群,开发边界的设定需要考虑城际经济产业联络方向,在区域一体化的培育和优化过程中也要防止城际空间的低效填充。特大型城市由于增量空间极为有限,城市开发边界设定思路应以严控增量、盘活存量、提升质量为主,在极限规模边界基础上,按设定条件进行微调,对城市内部空间进行优化调整,对城市开发效率进行精细化管控。中小城镇的开发边界设定,应以科学精准预测城市规模为前提,分阶段设定开发边界,合理安排发展时序,

以稳定的节奏提升增量空间开发质量。

（二）刚性弹性有机结合，保持规划效力连续

城市开发边界一经设定，应具有强制性效力，不得随意修改，这体现规划的刚性。但实际上，根据当前情形、使用当前的思路方法对未来 10 年甚至 20 年的发展状况进行预测，由于信息不可能完备而精确，其结果总会存在不确定性。

划定"刚性"城市增长边界的意义在于将城市的发展更好地与周边区域的发展协调起来，保护耕地及城市周边自然生态环境，试图缓解城市给所在区域的土地、环境及社会等方面带来的压力，是城市发展所能达到的最终合理规模 [9]。但是，过于刚性管理机制一旦出现对经济社会发展的不适应性，将带来规划方案的频繁调整，反而破坏了规划连续性。

因此，城市开发边界的设定应充分识别不同的管理目的和类型，需要严控的部分应适用严格刚性的办法；存在模糊边界或不可预期的部分，应设定弹性的解决方案。目前可结合城市规划中"四线三区"的限制性办法和土地利用总体规划中"有条件建设区"的办法，设定城市开发的刚性边界与弹性边界。即：需要严格保护的自然生态空间，可作为城市开发的刚性边界；同时根据多元化的预测结果设定弹性边界，并为弹性边界附加各种情形的变更条件。土地利用总体规划的"有条件建设区"本质上是建设用地指标的空间位移，弹性边界可借鉴类似思路，在满足一系列变更条件时可以调整。这些条件可以是时间驱动，如每满 5 年可进行边界的评估调整；可以是事件驱动，如满足一定要求的独立选址项目或基础设施项目需要调整弹性边界的；可以是条件驱动，如在城市开发边界内用地总规模不变的前提下，某一弹性边界的扩张需对应另一弹性边界的收缩。

（三）理顺空间规划关系，统筹区域发展格局

出于城市自身的考虑，地方政府在城市开发建设过程中往往只重视本城市的发展，结果是城市功能重复、园区遍地开花、产业集聚偏弱。理顺空间规划关系，包括部门间规划的横向关联关系、上下位规划的纵向指导关系。部门规划的横向衔接，体现在主体功能区划的开发导向、城镇体系规划的城市定位与功能分解、土地利用总体规划的城市用地规模三者之间应互相匹配；上下位规划的纵向指导，体现在下级城镇政府在设定城市开发边界时应服从上位规划的要求和安排，同时也对上位规划提出了统筹区域发展格局、设定区域内各级城镇空间开发方向的管理要求。这也顺应了城镇化工作会议提出的"建立空间规划体系，推进规划体制改革"任务。

（四）构建政策保障体系，切实加大执行力度

2006 年新版的《城市规划编制办法》提出"研究城市增长边界"，并未将其列入规划强制性内容。新型城镇化导向下，应落实城市开发边界的划定任务，使之由浮于形态研究的技术手段实现空间增长管理的政策功能。一方面要有相对完备的顶层设计，保障有效制度供应；另一方面要创新一系列配套政策工具，有效释放城市开发边界的限制和引导效应。

1. 研究城市开发边界设定管理的立法工作。选择有条件的城市或区域，试点推出地方法规、管理条例，使之具备法律层级的强制性效力，统领各项规划、开发、建设活动。

2. 创新税收调节手段。 如调节城市开发边界内外税率，加大边界外部的开发成本，以经济手段限制边界外部的城市开发、农地占用，将高效的开发活动引导至边界内部。

3. 创新城市市政基础设施投资运营市场化模式。 通过特许经营等手段，在具有竞争性的城市公用事业引入市场化机制，扩大市政基础设施覆盖面、提高服务质量，改善城市环境，提升边界内土地价值。

4. 强化开发权管理。 通过开发权的购买、转移，控制特定地区内土地的开发时序，或是引导城市开发建设活动从被保护地区转移至适建地区，以权利流转实现对自然生态空间的保护、对城市土地价值的最大化利用。

5. 将城市开发边界落实工作纳入地方考核体系。 经济增速为导向的考核机制，使得地方政府倾向于将城市开发边界向外围扩张。因此要基于边界内外土地的差异性，考察地方在注重核心区域城市发展的同时是否对边界外的限制空间保护得力，促使地方政府对城市开发边界的有效落实。

第三节　房地产市场转型与经济稳增长的逻辑关系

我国住房供给总体供过于求的局面已经形成，从房地产周期的理论来看，中国的房地产市场已经全面进入了下行调整周期。但由于房地产兼具多重属性且产业关联度高，在经济增长的新旧动力转换完成之前，房地产作为经济"稳定器"的作用不可忽视。未来建议通过深化土地制度改革、建立房地产长效调控机制、从供给侧着手去库存和推动房地产细分市场发展等措施积极推动房地产市场转型，为我国经济稳定增长和产业结构优化升级奠定坚实的基础。

一、当前我国房地产市场已经进入全面调整周期

房地产的周期性波动是指房地产业在发展过程中受到宏观经济、政府政策、社会文化等多种因素影响而随时间变化出现的扩张和收缩交替循环的过程。从 OECD 国家房地产市场发展的平均情况来看，繁荣上行周期通常持续 22 个季度，衰退下行周期通常持续 18 个季度，一般来说，这些国家每隔 10 年会出现一轮周期性的房地产市场调整（巴曙松等，2012）。我国从 1998 年住房市场化改革启动到 2008 年金融危机发生的 10 年间，尽管中央进行了多次的房地产调控干预，但在供求关系和投机炒作的作用下，房地产市场整体保持了高速增长，处于持续上行周期。2008 年在外部因素冲击下市场有所下行，但在 2009 年的刺激性政策作用房地产市场迅速回升，并将增长势头一致延续到 2013 年。至此，中国的房地产上行周期已经持续了 15 年。进入 2014 年后，在供求关系逆转和经济结构转型的大环境下，房地产市场才开始进入下行周期。从房地产周期的国际经验来看，这是由于我国不完善的市场经济体制和政府的过度干预所造成

的迟到的周期性调整。

2015 年，尽管国家从土地、金融、财税等多个方面进行了一系列的政策调整，力图保持房地产市场的稳定发展，但由于过去长期的"住宅囤积"和"需求透支"，房地产市场已经从波动下行进入全面调整周期。中国社会科学院财经战略研究院发布的《中国住房报告（2015—2016）》指出，2015 年中国商品住房过剩总库存高达 21 亿平方米，其中仅现房库存去化就需 23 ～ 24 个月。与此同时，根据国务院发展研究中心市场经济研究所的课题研究成果显示，2012 年全国城镇家庭户的住房户均套数是 0.98 套／户，预计"十二五"末户均套数将达到 1.08 套／户。由此可见，我国住房市场长期供过于求的局面已经形成。再加上人口老龄化加剧、适婚人口绝对量减少等因素的影响，高速增长的"黄金时代"已经彻底成为过去时，当前中国房地产市场已经进入了全面调整的周期。

二、房地产作为经济增长的"稳定器"的作用不容忽视

（一）中国经济"去房地产化"是一个伪命题

在外需疲软、内需持续回落和产业结构调整的综合作用下，我国的宏观经济在经历了数十年的高速增长后进入了中低速增长的新常态，并且面临持续下行探底的巨大压力。而房地产开发投资的持续回落使其成为拖累中国经济稳增长的重要因素之一，"去房地产化"的论调也由此甚嚣尘上。从现代经济的角度来看，房地产不仅是经济活动的重要组成部分，同时也是人类社会和生活文明的标志之一。2011 年，中国房地产增加值占 GDP 的比重为 5.55%；而美国和日本分别是 12.58% 和 12.11%，是中国的两倍多。房地产在美日两个发达国家中的地位和作用可见一斑。从城镇化发展的进程来看，2014 年我国的城镇化率达到了 54.77%，但与美日接近或超过 80% 的城镇化水平相比仍有相当一段距离，未来房地产仍将在推动我国城镇化进程中发挥重要的作用。

（二）在新旧增长动力完成转换之前，房地产对经济增长的支撑作用不可或缺

近年来，在全面深化改革的推动下，以移动互联网、大数据、云计算等新一代信息技术为代表的信息化与工业化、农业现代化、城镇化加速融合，产生了一批新产业、新业态、新主体。最新公布的"十三五"规划建议中明确提出要"培育发展新动力"，"推动新技术、新产业、新业态蓬勃发展，加快实现发展动力转换"。从现实情况来看，一方面，新动力的规模和能量还较小，难以在短期迅速成长为推动经济增长的有力引擎；另一方面，投资和出口等旧增长动力对经济的拉动作用在逐渐减弱。根据国家统计局的数据显示，我国固定资产投资完成额同比增速已经从 2009 年的 29.95% 连续 6 年下滑至 2015 年 9.8%；我国出口总额的同比增速则从 2010 年的 30.47% 大幅下跌到 2015 年的 -1.83%，而且在 2012 ～ 2014 年 3 年间我国的出口增速都在个位徘徊。尽管未来随着中国经济发展方式逐渐从投资和要素驱动转向创新驱动、产业结构优化升级，房地产业在国民经济中的地位和作用会逐渐减弱。但在中国经济新旧动力转换的真空期，房地产对投资和消费的双向拉动作用却是支撑经济运行向新常态平稳过渡所必不可少的。

（三）房地产兼具资产和资本属性，房地产市场与金融市场相辅相成

房地产是家庭重要的消费品和生产要素，具有实物资产的特性；同时，房地产的持久性和固定性又使其成为重要的财富储蓄工具，具有了虚拟资本的特性。从房地产实物资产的角度来看，1998 的住房商品化改革使得城镇居民的住房需求得以充分释放，但由于我国人口城镇化的快速推进和土地资源的稀缺性，导致住房供给在相当长的一段时间内处于供不应求的状况，并由此造成了房价的快速上涨，住房消费成为拉动经济增长的重要动力。从房地产虚拟资本的特性来看，随着居民财富的积累和经济发展水平的提高，房地产良好的保值增值性使其成为重要的投资工具和投资方式。根据中国人民银行的统计，2015 年末，人民币房地产贷款余额 21.01 万亿元，占金融机构人民币各项贷款余额的 22.36%。同时，房地产贷款可以通过乘数效应发挥信贷创造的功能，扩大银行的信贷规模。此外，房地产还是银行贷款时收取的重要的抵押品，房地产价格的变动与抵押品的价值直接相关，房地产价格的波动会通过"金融加速器"效应影响经济的增长。在房地产市场发展所引发的资金循环中，居民向金融机构负债购买房地产、企业出售房地产回笼资金、政府出让土地筹集基础设施建设资金，政府和企业通过房地产获得资金后开展再投资，从而拉动市场需求增长。但一旦房地产价格持续下跌，房地产的市场价值下降，整个资金循环就会破裂，这种金融风险所带来的负向冲击会在经济下行周期进一步的扩大，进而威胁整个经济体系的稳定性。

（四）房地产是劳动密集型产业，对城市就业和社会稳定影响深远

房地产业不仅是资金密集型产业，同时也是劳动密集型产业。尤其是其中的商业地产、养老地产、旅游地产等细分市场中，服务业都占据了很高的比重，可以吸纳大量的人口就业。房地产投资的增长不仅能直接增加房地产业的就业岗位，还能为与房地产业紧密相关的建材、冶金、化工、机械等上游产业和装饰、装修、家具、园林等下游产业创造更多的就业机会。我国的经济增速从 2010 年以后持续回落，但城镇的就业情况却保持了相对稳定，其中房地产的持续扩张创造了大量就业岗位是一个重要的原因。根据国际货币基金组织（IMF，2014）的一份研究报告显示，中国的房地产业为约 9000 万城镇劳动力提供了工作，相当于城镇就业总人数的 14%。

三、积极推动房地产市场转型、巩固中国经济改革的基础

（一）深化土地制度改革、创新推进集体建设用地入市

我国城乡二元的土地制度导致土地这种房地产最重要的生产要素无法实现自由流通，提高了房地产开发的成本，进而抑制了房地产市场的有效供给。构建城乡统一的土地市场是深化土地制度改革的重要内容之一，核心就是要打破长期以来地方政府高度垄断的征地供给模式，赋予农民完全的土地处置权、抵押权和转让权，允许农村集体建设用地和国有建设用地平等地进入市场流通，这样不仅有利于提高土地资源配置的效率，还可以大幅增加农民的财产性收入。2015 年 2 月，全国人大常委会通过了《关于授权国务院在北京市大兴区等 33 个试点县（市、区）行政区域暂时调整实施有关法

律规定的决定》,标志着农村集体建设用地入市进行实质性实施阶段。此后、浙江、江苏、四川、北京等地陆续出现了集体建设用地入市的成功案例。但从目前开展的情况来看,入市的都是经营性建设用地,而占农村存量建设用地 70% 的宅基地却被限制在改革试点范围之外。如果能允许宅基地也进入市场自由流转,不仅可以为宅基地复垦创造条件,促进农业的产业化和规模化经营;而且宅基地资本化后增加农民的收入,弱化土地对农民的社会保障功能,减轻进城农民的后顾之忧,使入城农民后可以更好地融入城市生活,从而助推新型城镇化的进程。

（二）充分尊重市场机制的作用,建立房地产长效调控机制

从价值规律的视角来看,在房地产市场下行调整没有出现"硬着陆"风险的情况下,政府应充分尊重市场机制的自发调节,让这只"看不见的手"通过周期性的调整挤出过去多年积压的房地产市场泡沫,重新回归理性增长的轨道。李克强总理在 2016 年《政府工作报告》中也提出要"基本建成法治政府,使市场在资源配置中起决定性作用和更好发挥政府作用,加快形成引领经济发展新常态的体制机制和发展方式"。同时,政府应更加注重政策系统的系统性、稳定性和可预期性,统筹协调土地、住房、财税、金融、信贷、社会保障等一系列政策工具,建立起适应房地产市场新常态的宏观调控长效机制,保障房地产市场的持续平稳健康发展。

（三）房地产去库存应从优化供给结构、提升供给效率着手

我国的房地产市场在总量上虽然已经供过于求,但在结构上却存在三大问题:一是区域供应不平衡——住房供应结构性过剩与结构性短缺并存。在人口持续净流入的一线城市和部分二线城市,由于投机、投资性需求挤占了大量的增量住房供给,再加中小户型商品房供应不足,导致这些城市住房供需矛盾突出,房价持续高位增长;在人口持续净流出的三四线城市住房消费需求不足、消费能力也有限,导致住房供应阶段性过剩,库存大量积压,房价下滑。二是住房销售和住房出租供应比例严重失调。财政部原副部长王保安（2013）曾指出:"住房自有率美国为 60%,德国为 40%,我国则高达 85%"。我国住房销售市场过度发展,而住房租赁市场发展却严重滞后,不仅会导致房价畸高,而且不利于住房保障体系的良性发展。三是商品房与保障性住房供应不协调。根据测算,2013 年,我国城镇保障性住房覆盖率仅为 4.22%,总体水平偏低（刘颖春等,2014）。

从新供给主义理论的视角来看,房地产去库存并不是简单地消化存量住房,更重要的是优化房地产的供给结构,提升房地产的供给效率。首先,针对不同区域、不同城市采取差别化的调节机制。对于供需矛盾突出的一二线重点城市应通过科学制定城市规划、适度增加普通商品住房用地供给、吸引民间资本参建自住型商品房等措施来扩大市场供应;而对于库存压力较大的二三四线城市则应通过合理控制住宅用地供应、夯实城市产业基础、提高城市公共服务和社会保障水平等措施来促进人口城镇化的发展,增加住房消费需求。其次,要建立租售并举的住房制度,大力发展住房租赁市场,推动住房租赁向专业化、规模化和标准化方向发展,提高住房租赁在市场供给中的比例。同时要加大宣传教育的力度,引导社会心理从"居者有其屋"向"住有所居"转变。第三,要建立"低端有保障、中端有支持、高端有市场"的住房供应体系。针对城市低收入家庭的住房困难问题，可以通过加快建立共有产权住房制度和加大公共租赁房和各项保障性住房供给力度来解决；对于已经"有房住"又追求"住好房"的城市居民住房需求，政府可以通过信贷和税收政策加以合理地引导和适当地满足；而对于高端市场，尤其是顶级豪宅和别墅市场，考虑到我国人多地少以及贫富差距扩大的现实国情，政府应在土地供给管制和税收调节来影响其供给。

（四）大力推动商业地产、养老地产、旅游地产等房地产细分市场发展

从市场发展的规律来看，当一个行业发展到一定阶段，专业化、细分化是其必然的发展趋势。我国的房地产市场在经过了数十年的"野蛮生长"之后逐渐回归理性，下一个阶段将主要依靠"以人为本"的新型城镇化和新产业、新业态等新的发展模式所驱动，住宅地产的发展规模和速度将大为减缓，而与城镇化发展的质量、人民生活水平的提高以及生态环境可持续发展精密相关的商业地产、养老地产、旅游地产等房地产细分市场的价值则将不断凸显出来。与"互联网+"的原理类似，这些房地产细分市场属于"房地产+其他产业"，是一种以地产为载体、以产业为依托、实现产业价值链的一体化的地产发展形势。由于我国的房地产细分市场才刚刚起步，还处于发展的初级阶段，政府应避免重蹈住宅地产调控的覆辙，尽量减少对房地产细分市场发展的干预，而应通过科学制定商业、养老服务业、旅游业等房地产细分市场关联产业的发展规划，在土地、金融、财税等方面给予政策倾斜，构建房地产与相关产业的协调发展体系等措施推动房地产细分市场的发展，促进房地产业的转型升级，为我国经济增长和产业结构调整提供坚实的基础。

第四节　房地产市场调控与长效机制建设

一、房地产市场发展的现状分析

2018年，在中央"房住不炒"和"住有所居"的政策基调下，地方严格贯彻"分类调控，因城施策"的调控精神，按照"坚决遏制房价上涨"的要求，运用多层次、差异化的调控手段精准遏制了房地产市场的投机行为，通过强执行、抓落实的市场监管有效规范了房地产市场的秩序，房地产市场过度乐观的预期得到有效扭转，地价、房价、销售、库存等市场信号均呈现理性回调态势，2018年的房地产市场整体保持了平稳增长。2019年在中央坚定推进经济转型发展、加快房地产长效机制建设和稳地价、稳房价、稳预期的调控思路下，房地产调控的政策环境将与2018年保持总体一致，房地产市场稳中有降是大概率事件，但须处理好中央与地方、房地产与产业转型之间的关系，实现经济的高质量稳定增长。

（一）三大过度乐观的房地产市场预期得到有效扭转

1.房价只涨不跌的预期被扭转

过去尽管国家多次对房地产市场进行干预和调控，但一方面由于整体处于经济快速增长和城镇化的上升周期，而住房市场过度市场化导致供求结构错配，房价上涨有强大的底部需求支撑；另一方面，对房地产的国民经济支柱定位和土地财政的利益博弈导致房地产调控政策多次反复摇摆，不仅没有起到引导房价理性增长的作用，反而强化了房价"只涨不跌"的错误预期，并由此导致社会资金向房地产的高度集聚，政府与市场"两只手"则双双失灵。根据国家统计局数据，从2000年到2017年，除2008年略有下跌外，住宅商品房的平均销售价格从1948元/平方米持续增长到7614元/平方米，18年间房价的平均增速高达7.55%。

从2016年9月新一轮房地产调控启动至今，本轮调控已持续了两年多。相较于过去平均8～11个月一紧一松的潮汐式调控，本轮房地产调控以十九大所确立的"房住不炒"和"住有所居"为定位，回归住房的民生属性，强调调控政策的持续性和稳定性，持续两年多仍对房地产市场保持高压态势，并明确提出"构建房地产长效机制"，使得市场投机心理逐渐消减。地方政府因地制宜地出台了大范围、高密度、针对性的调控政策，并有效遏制了住房消费需求的过度膨胀，多个热点城市房价涨幅大幅回落，部分城市还出现了负增长，房价只涨不跌的预期得到有效扭转。以深圳为例，根据国家信息中心的数据，从2016年10月到2018年12月，除2018年7月有0.09%的增长外，其余26个月均为负增长，深圳的商品住宅成交均价已经从61600元/平方米的高位跌至54060元/平方米，跌幅达到了12.24%。房价泡沫正在行政强制调控下逐渐出清，并向价值规律回归。

2.房地产高收益无风险的预期被扭转

土地的稀缺性和不可再生性使得住房在长周期视角下具有抵御通货膨胀和保值增值的功能。但从短期视角来看，住房受多种因素的影响其收益率并不一定为正。但我国由于"一次房改"过于强调住房的商品属性，历史惯性形成的看涨预期持续推高房价，使得房地产在相当短的时间内实现的房价增值远远高于实体经济，对市场流动性形成了虹吸效应，延缓了产业变革和经济转型的步伐。根据国家信息中心的数据，1998年北京的商品住宅销售均价仅为4769元/平方米，2016年则为34117.09元/平方米，20年间房价涨幅高达615.39%。新一轮房地产调控启动后，中央通过坚决地去杠杆、收紧流动性，抑制资产泡沫，在强监管和资金成骤升的压力下，银行普遍大幅提高首付比例并上浮贷款利率10%～20%，购房成本明显提升。同时，严调控下看涨预期被打破，房价趋于平稳，购房的收益空间进一步压缩，而资金占用的机会成本和区域分化的市场风险则进一步加大，由此扭转了房地产高收益无风险的预期，有利于社会资金向实体经济的回流。

3.依靠房地产拉动经济的预期被扭转

在改革开放初期，通过住房商品化的改革，释放内需潜力，带动相关产业发展，促进经济增长，房地产业逐渐成长为国民经济的支柱产业，并形成了房地产业拉动经济增长的思维惯性。尤其是2008年金融危机爆发后，在路径依赖下国家改调控为刺激，虽然在短时间内使中国经济走出了下行的危机，但却进一步强化了房地产拉动经济增长的预期。2015 年中国进入经济新常态后，为了稳增长而推出的"去库存"政策没有充分考虑地方差异，导致库存去化后房价持续攀升，不仅房地产调控再度功亏一篑，而且累积的金融风险不断扩大，迫使中央在 2016 年不得不从去库存转向去杠杆。在汲取了过去的经验后，十九大将房地产从经济板块移到了民生板块，经济政策着重强调"把发展经济的着力点放在实体经济上"，明确了未来经济"脱虚向实"的总方向。2018 年受中美贸易冲突的影响，加上国内政策调整不够及时到位，整体经济明显承压，房地产的"夜壶论"再次甚嚣尘上。年底的中央经济工作会议在综合分析国内外形势后，以"六稳"和"逆周期调节"应对下行压力，并坚持继续深化供给侧结构性改革，明确提出要通过 5G 商用、人工智能、互联网等新型基础设施和科技创新扩大内需，驱动新经济发展，而没有重走过去依靠房地产和"铁公基"拉动经济增长的老路。房地产龙头企业也纷纷响应政策导向开拓新能源、机器人、物联网等新业务，表明房地产拉动经济的传统预期已被扭转。

（二）六大房地产市场信号呈现理性回调态势

从 2018 年房地产市场的交易数据来看，上半年，尽管受到去杠杆和调控政策的影响，但在市场看涨房价惯性预期和对政策宽松抱有幻想的共同作用下，整体仍有小幅增长。但在 7 月 31 日中央政治局会议提出"下决心解决好房地产市场问题，坚决遏制房价上涨"之后，市场对于房地产调控宽松的预期落空，再加上"金九银十"遇冷，开发商对未来市场预期转向谨慎，并逐渐减缓拿地和开发节奏，由此导致四季度房地产市场出现小幅回调态势。

1. 土地价格增速回调

根据中国国土勘测规划院发布的 2018 年全国主要城市地价监测数据显示，四季度，全国主要监测城市综合、商服、住宅、工业同比增速依次是 6.17%、4.82%、8.55%、3.53%，较上一季度分别下降 0.90、0.39、1.60、0.23 个百分点（表 3-1）。其中，住宅增速仍明显快于其他用途，但放缓的幅度也相对较大。从季度变化来看，一季度各用途地价同比持续上升；二季度综合、工业地价同比持续上升，住宅地价微幅下降，商服地价持平；三季度综合、商服、住宅地价同比增速下降，工业略有上升。总的来看，2018 年我国地价总体温和上涨，增速从 3 季度开始逐渐回调，其中住宅地价的回调幅度更为明显。

2018 年全国主要城市分用途地价同比增速变化情况（单位：%）   表 3-1

用途\季度	一季度		二季度		三季度		四季度	
	同比增速	涨/跌幅	同比增速	涨/跌幅	同比增速	涨/跌幅	同比增速	涨/跌幅
综合	7.13	0.42	7.23	0.10	7.07	−0.16	6.17	−0.90
商服	5.13	0.81	5.33	0	5.21	−0.12	4.82	−0.39
住宅	10.43	0.22	10.42	−0.01	10.15	−0.27	8.55	−1.60
工业	3.44	0.42	3.74	0.30	3.76	0.02	3.53	−0.23

2. 土地出让金增速回调

从土地出让情况来看，根据国家统计局数据，2018 年，房地产开发企业土地购置面积 29142 万平方米，同比增长 14.2%，增幅回落 1.6 个百分点。地价和购置面积的增速双回调必然导致土地出让金的增幅收窄。根据财政部发布的 2018 年财政收支数据显示，2018 年全国土地使用权出让收入 65096 亿元，同比增长 25%，自 2015 年来连续 3 年正增长。但与 2017 年 39% 的增速相比，2018 年的土地出让金增幅下跌了 14 个百分点（图 3-1、图 3-2）。

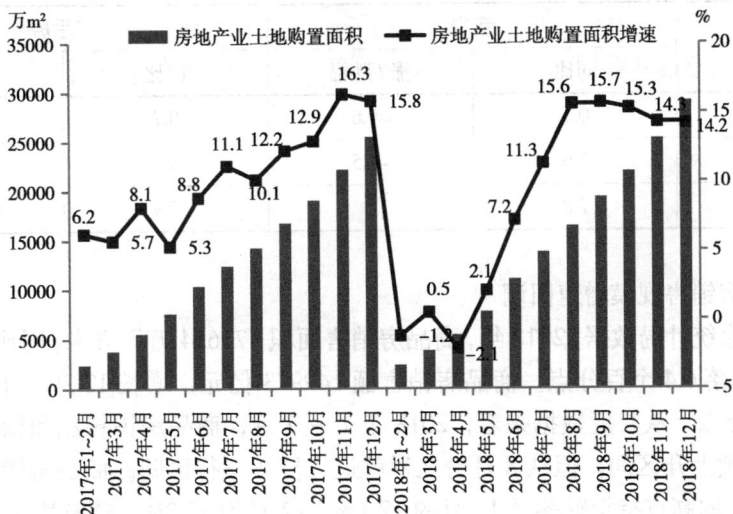

图 3-1 2017 年 1 月～2018 年 12 月全国房地产业土地购置面积和增速情况

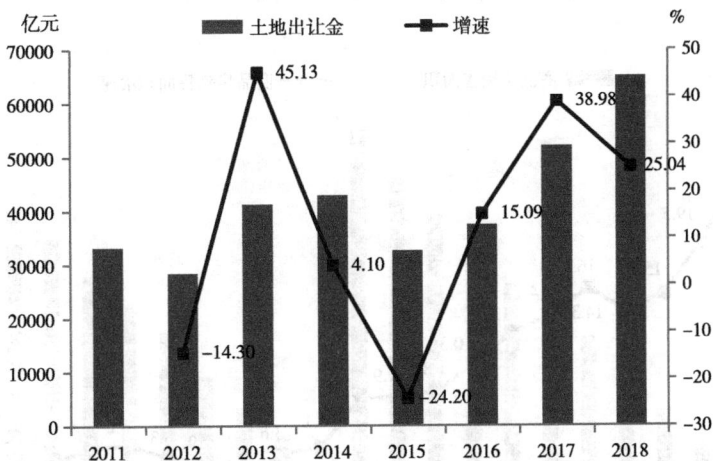

图 3-2 2011～2018 年全国土地出让金及增速变化情况

3. 商品住宅销售价格涨幅回调

根据国家统计局对 70 个大中城市商品住宅销售价格变动情况统计数据显示，2018 年 1～12 月，在新建商品住宅销售平均价格上，一线城市同比上涨 0.5%，涨幅比

2017 年同期回落 9.6 个百分点；二三线城市同比分别上涨 7.6% 和 7.8%，其中二线城市涨幅比 2017 年同期回落 1.5 个百分点，三线城市涨幅与 2017 年同期相同。在二手房销售平均价格上，一线城市同比上涨 0.7%，涨幅比 2017 年同期回落 11.3 个百分点；二三线城市同比分别上涨 5.8% 和 5.9%，其中二线城市涨幅比 2017 年同期回落 2.1 个百分点，三线城市涨幅比 2017 年同期扩大 0.5 个百分点。总的来看，一线城市商品房价格降幅明显，二线城市有所下降，三线城市基本持平，整体房价呈现增速回调态势（表 3-2）。

2018 年 1 ～ 12 月一二三线城市商品住宅平均销售价格变动情况　　表 3-2

分类	新房		二手房	
	同比	涨 / 跌幅	同比	涨 / 跌幅
一线城市	0.5	-9.6	0.7	-11.3
二线城市	7.6	-1.5	5.8	-2.1
三线城市	7.8	0	5.9	0.5

4. 商品房销售规模增速回调

根据国家统计局数据，2018 年，商品房销售面积 171654 万平方米，同比增长 1.3%，比 2017 年回落 6.4 个百分点。商品房销售额 149973 亿元，增长 12.2%，比 2017 年回落 1.5 个百分点。从月度数据来看，2018 年 1 ～ 7 月，商品房销售额和销售额的增速总体处于持续上升区间，但从 8 月份之后就进入持续下行区间。商品房销售额增速从 8 月份 14.5% 的高点持续跌落至 11 月的 12.1%，12 月为 12.2%，略有增长，8 ～ 12 月的回调幅度为 2.3 个百分点；商品房销售面积增速从 7 月份 4.2% 的高点持续下滑至 12 月的 1.3%，回调幅度达到 2.9 个百分点（图 3-3、图 3-4）。

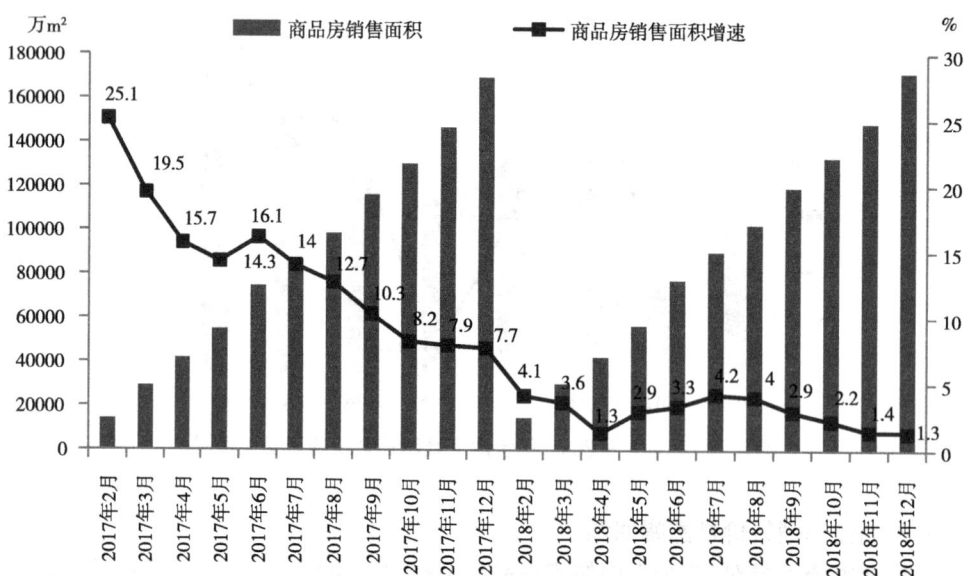

图 3-3　2017 年 1 月 ～ 2018 年 12 月全国商品房销售面积及增速情况

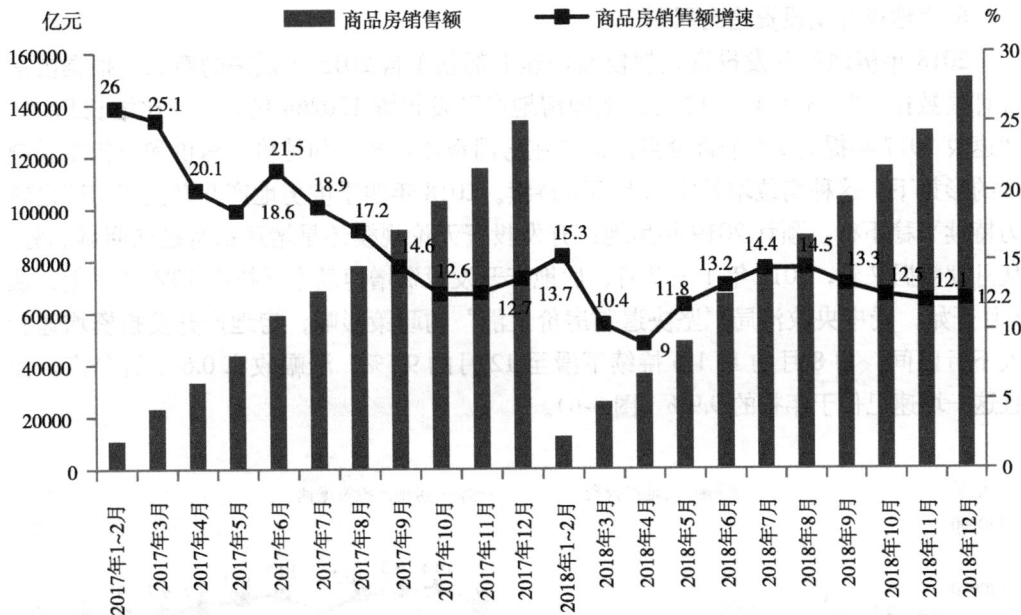

图 3-4 2017 年 1 月～2018 年 12 月全国商品房销售额及增速情况

5. 商品房库存规模持续回调

自 2015 年中央经济工作会议确定去库存的工作任务后,从 2016 年到 2018 年,商品房库存规模连续 3 年回调。根据国家统计局数据,2016 年末,商品待售面积为 69539 万平方米,同比下降 3.2%;2017 年末,商品房待售面积为 58923 万平方米,同比下降 15.3%;2018 年末,商品房待售面积 52414 万平方米,同比下降 11%。相比于 2015 年末高达 71853 万平方米的商品房待售面积,3 年来共减少了 1.94 亿平方米的商品房库存,去库存效果显著。从 2018 年的月度数据来看,在经历了 2016 年和 2017 年两年大规模商品房去库存后,2018 年商品房库存的月度同比降幅持续小幅收窄,但整体规模仍处于持续下降通道(图 3-5)。

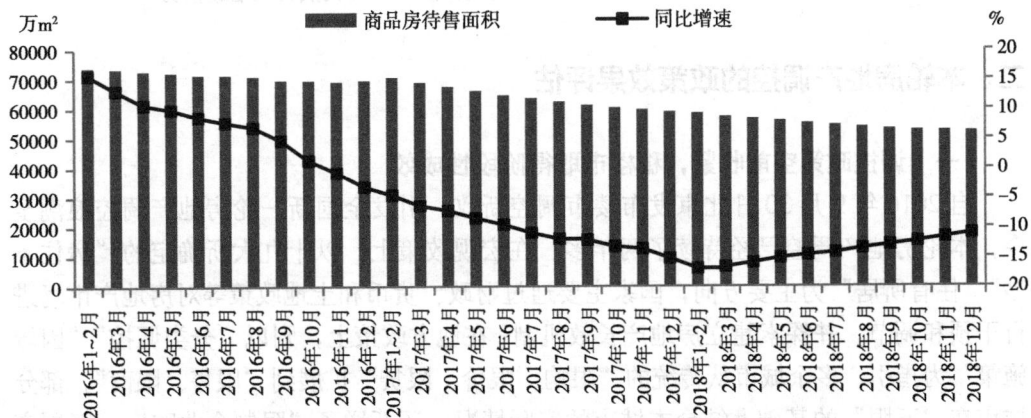

图 3-5 2016 年 1 月～2018 年 12 月全国商品房待售面积及增速情况

6. 房地产开发投资趋向回调

2018年房地产开发投资在规模和增速上都创下自2015年以来的新高。根据国家统计局数据，2018年1～12月，全国房地产开发投资120264亿元，同比增长9.5%，增速较2017年提高2.5个百分点。但在住房消费预期扭转和地价、房价和销售增长减缓的形势下，这种高位增长实际上不可持续。2018年四季度房地产开发投资增速已转为持续平稳下行，预计2019年房地产开发投资无论规模还是增速都将趋向回调态势。从月度数据来看，2018年1～7月，房地产开发投资增速基本保持在10%或以上，从8月开始，受中央政治局"坚决遏制房价上涨"的政策影响，房地产开发投资增速转入下行区间，由8月的10.1%持续下滑至12月的9.5%，涨幅收窄0.6个百分点，而且这一增速已低于年初的9.9%（图3-6）。

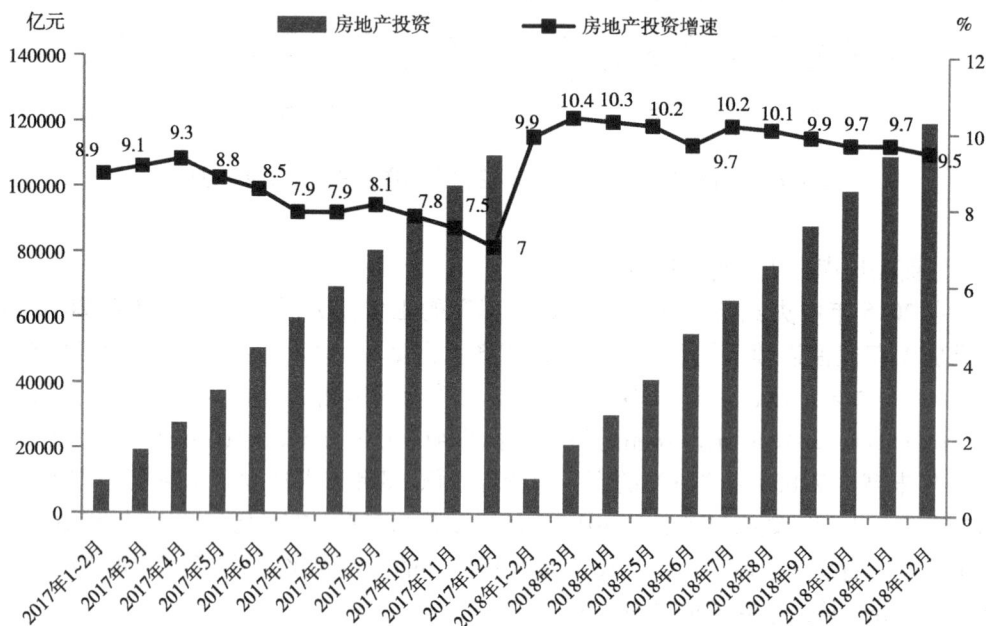

图3-6　2017年1月～2018年12月全国房地产开发投资及增速情况

二、本轮房地产调控的政策效果评估

（一）调控政策空前收紧，稳楼市取得阶段性成效

自2016年9月30日北京发布楼市调控新政，引发全国新一轮房地产调控浪潮至今，本轮房地产调控已经持续了两年多。在宏观政策上，以十九大所确定的"房住不炒""住有所居"为主要方向，国家主要通过财政、货币和土地政策等对房地产市场进行干预和调节，并探索建立房地产长效机制；在地方政策上，则以"分类调控""因城施策"为指引，多个城市从传统的"限购、限价、限贷"扩展到"限售、限商"，部分城市在"五限"的基础上结合本城市的实际情况，还新增了"限制企业购房、限制离婚购房、限制公积金购房"等内容。与过去相比，本轮房地产调控无论是范围、时间，

还是力度、强度，都堪称空前收紧。

从调控的实施效果来看，房价快速上涨的势头得到有效遏制，商品房销售规模涨幅明显回调，而房地产投资平稳增长，全国房地产市场的整体形势趋于稳定，本轮房地产调控取得了阶段性的成效。根据国家统计局数据对 70 个大中城市商品住房销售价格变动情况统计数据显示，2018 年 1 ~ 12 月，一线城市新建商品住宅销售平均价格同比上涨 0.5%，涨幅比 2017 年同期回落 9.6 个百分点；二手住宅销售平均价格同比上涨 0.7%，涨幅比 2017 年同期回落 11.3 个百分点。二线城市新建商品住宅和二手住宅的销售平均价格虽同比上涨，但涨幅较 2017 年同期均有所回落。三线城市新建商品住宅销售平均价格涨幅与 2017 年持平，而二手住宅销售平均价格略有上涨。在房地产销售和投资上，根据国家统计局数据显示，2018 年，全国商品房销售面积 171654 万平方米，同比增长 1.3%，比 2017 年回落 6.4 个百分点；全国房地产开发投资 120264 亿元，同比增长 9.5%，增速较 2017 年提高 2.5 个百分点。

（二）房地产深层次矛盾悬而未决，过度倚靠行政调控暗藏风险

在中央控房价的目标责任制下，地方政府动用各种行政手段抑制购房需求。虽然在短期内在一定程度上达到了遏制房价上涨的目标，但这只是将住房消费需求暂时压制或延后满足而已。根据国家统计局数据，2018 年 1 ~ 12 月，商品住宅销售面积住宅销售面积增长 2.2%；商品住宅销售额增长 14.7%；商品房待售面积 52414 万平方米，同比下降 11%。在如此严厉的政策调控下，商品住宅销售面积和销售额的持续增长以及商品房库存的持续减少说明住房消费需求的动力依然十分强劲。

行政调控作为一种干预市场的短期手段，在购房预期没有根本扭转的情况下，其调控效力必然将呈现边际递减的趋势。部分地方政府为保持调控成效在调控手段上层层加码，扭曲了市场机制的作用，长期持续必将造成房地产市场的混乱。近期出现的西安某开发商举报北京某高端楼盘深陷"质量门"等事件就是政策异化的产物。而土地制度和住房制度改革滞后、房地产市场结构失衡、保障性住房供给长期不足等深层次矛盾决定了一旦行政调控放松，则极有可能再次面临房价报复性反弹的风险。要突破当前房地产调控进退维谷的尴尬局面，就必须从构建房地产长效机制入手，通过大力度的制度改革，在发展中解决房地产市场的根本问题，而不是一味以控房价为目标压制房地产市场的发展。

三、房地产长效机制的内涵界定

1998 年，在亚洲金融危机的背景下，为解决国内需求不足的问题，我国启动了以住房商品化为主要内容的住房制度改革。这次房改成功实现了住房供给从计划福利分配到市场货币配置的转变，推动了商品房供给规模的大幅提升，改善了城镇居民的居住条件，提高了房地产市场的运行效率，房地产业也成为中国经济增长的支柱产业。但由于在住房属性的认识上过渡偏向"商品化"，忽视了住房"公共物品"的属性，保障性住房和住房租赁市场在"一次房改"的制度设计中严重缺失。随着分税制改革深入，土地财政将地方政府、开发商和银行的利益绑定，城镇化战略的推进加快了房地产资产价格的上升。受先天制度缺陷、外部环境冲击、产业发展周期、区域寡头垄断等多种因素的影响，房地产调控政策屡屡失效，贫富两极分化加剧，社会矛盾日益激化。

为打破房地产市场屡调屡涨的怪圈，促进房地产市场的健康发展，"长效机制"建设逐渐受到中央的重视。2013 年 3 月，国务院办公厅发布的《关于继续做好房地产市场调控工作的通知》（国办发〔2013〕17 号）首次提出要"加快建立和完善引导房地产市场健康发展的长效机制"。2014 年 3 月发布的《国家新型城镇化规划（2014—2020 年）》提出，"调整完善住房、土地、财税、金融等方面政策，共同构建房地产市场调控长效机制。"这是中央文件中首次系统性地阐述"长效机制"的内容。2015 年 4 月中央政治局会议再次强调"建立房地产健康发展的长效机制"。从 2016 年底的中央经济工作会议提出，"综合运用金融、土地、财税、投资、立法等手段，加快研究建立符合国情、适应市场规律的基础性制度和长效机制"。房地产长效机制建设的五大手段得以明确。从 2017 年 3 月的《政府工作报告》、2017 年 4 月中央政治局工作会议到 2018 年 12 月中央经济工作会议，关于"房地产长效机制"的措辞由"加快建立和完善"到"加快形成"再到"构建"，说明中央正在努力推动房地产长效机制从思路向现实转化。

党的十九大报告提出，"坚持房子是用来住的、不是用来炒的定位，加快建立多主体供给、多渠道保障、租购并举的住房制度，让全体人民住有所居。"基于十九大所确立的改革精神，再结合之前相关政策文件的表述，可以看出：房地产长效机制的**政策基调**是"房住不炒"，**发展目标**是"房地产市场稳定健康发展"和"全体人民住有所居"，**政策构建的内容**主要是"住房、土地、财税和金融"四大方面，**政策手段**主要是"金融、土地、财税、投资和立法"五大工具。目前虽然没有对房地产长效机制的官方定义，但是根据中央政策文件的精神，**笔者认为**，相较于之前通过需求端抑制来调控房价的政策路径，房地产长效机制建设的实质是房地产供给侧改革在顶层设计上的表现形式。其内涵可以界定为：**坚持房子是用来住的、不是用来炒的定位，遵循房地产市场发展的基本规律，更加重视住房的民生属性，充分运用金融、土地、财税、投资、立法等手段，建立起住房、土地、财税、金融等一系列基础性制度和调节机制，不断优化房地产的供给结构，提升房地产供给效率，在保持房价平稳波动的同时充分满足居民合理的住房消费需求，持续提升居住品质，促进房地产市场平稳健康发展，使房地产业成为实现居民安居乐业和推动经济增长和社会进步的重要力量。**

四、新形势下构建房地产长效机制要平衡好两大关系

（一）要平衡好中央与地方在房地产调控上的方式和力度

过去的房地产调控是自上而下对住房需求"一刀切式"的行政控制，但在土地财政的利益诱惑下，中央政策在地方执行上往往大打折扣。本轮房地产调控采取了"分类调控、因城施策"的方针，并通过设置房价控制目标和落实主体责任对地方政府加以约束，三大预期扭转和六大市场信号回调证明了这一调控方式的显著成效。但在土地制度和住房制度改革滞后、房地产市场结构失衡、保障性住房供给长期不足等深层次矛盾并未取得改革突破的情况下，长时间高压式行政调控对市场机制造成的扭曲和

破坏有从量变向质变转化的风险。可以在保持宏观调控政策环境总体稳定的前提下，一是改革优化房地产税体系而非简单加征房产税，通过财税制度改革替换土地财政；二是加快租赁住房市场供应体系和保障性住房政府供应体系的建设，平衡住房消费的时序、空间和结构需求；三是加快收入分配制度改革，努力提高城镇居民收入，缩小房价收入比；四是稳慎推进城乡一体化的土地制度改革。对于地方的因城施策，建议能否由中央出台相应的指导文件，地方根据本地的经济发展水平和居民收入水平科学测算并制定合理的房价调控区间，上报批准后向社会定期公布，避免因预期不稳出现市场的大幅波动。

（二）要平衡好房地产业发展与经济转型升级之间的关系

在外部环境复杂严峻、经济面临下行压力的新形势下，房地产业与经济转型升级需要处理三个方面的关系：第一，发展实体经济和高科技产业需要长期大规模的资本投入，而高增长、高房价的房地产必然会形成对社会资本的虹吸效应。所以巩固当前的调控成果，逐步降低房地产业的发展速度和收益率，同时对实体经济减税降费，降低运营成本，提高收益，促进资金向实体经济回流，就是必然之举；第二，房地产业综合性强、产业关联度大、资金和劳动力密集，经过 20 年的快速发展已经成为国民经济的重要组成部分。未来随着新型城镇化和户籍制度改革的持续推进，房地产业在满足农民市民化的居住需求和城市居民向品质生活的住房消费升级需求满足上仍将起到重要作用；第三，"把发展经济的着力点放在实体经济上"并不意味着要舍弃房地产业，而是在保持房地产的平稳发展的同时积极培育新的经济增长点，形成新动能，降低经济对房地产业的依赖度，实现高质量的稳定增长。

第四章

房地产市场转型方向之——商业地产

第一节　商业地产概述

一、商业地产的定义与特点

（一）商业与商业业态

1. 商业（Commerce/ Business）

商业是以货币为媒介进行交换从而实现商品流通的经济活动。简单地讲，就是以获益为目的商品交易行为。比较优势是交易产生的原因，而规模经济与聚集经济是交易规模扩大和交易活动聚集的原因。

2. 商业业态（Commercial Activities）

商业业态是商业经营的状态与形式。它是针对某一目标市场，体现经营者意向与决策的商店，其内容包括商业设施、商品经营结构、店铺的区位与规模、价格政策、销售方式、销售服务、商品配送等。

根据商务部的分类方法，我国的实体商业业态（区别于虚拟的商业业态如网上商城、电视购物等）包括：食杂店、便利店、折扣店、超市、大型综合超市、仓储会员店、百货店、专业点、专卖店、家居建材商店、购物中心和厂家直销中心。尽管目前虚拟的商业业态已逐渐普及（如淘宝、京东等网上购物），但总体上来说，商业地产仍然是商业业态的主要承载方式。本书不考虑虚拟的商业业态，基于此，可以将商业业态与商业地产视为不可分割的整体，商业业态的演变对应了商业地产形式与经营方式的演变。

（二）商业地产的定义

通俗地讲，用于商业用途的地产就是商业地产（Commercial Real Estate）。关于商业地产的界定，国内外有不同的认识。国外学者认为，商业地产的目的，是通过投资与租赁获得盈利，故而认为，其主要用途是投资与租赁的可出租或可经营的地产都可以被划为商业地产[1]。因此，主要的商业地产包括六类[2]：

（1）休闲娱乐类（Leisure），包括酒店、餐饮、体育场馆等；

（2）零售类（Retail），即各类零售商店、超市、百货店、购物中心等；

（3）办公类（Office），即写字楼；

（4）工业类（Industrial），即工业厂房、仓库、配送中心等；

（4）医疗设施（Healthcare），即私营医院、诊所等医疗机构；

（6）公寓（Multifamily Apartments），如酒店式公寓等。

---

[1] David M. Geltner, Norman G. Miller, Jim Clayton & Piet Eichholtz. Commercial Real Estate Analysis & Investments（2 edition），copyright @ 2007, 2001, USA, Cengage Learning, P.4

[2] 维基百科：http://en.wikipedia.org/wiki/Commercial_property

但是，由于我国的房地产市场情况与国外市场有很大区别，如医疗设施基本不会被视为商业地产，也极少有针对经营性公寓进行统计的机构。故我国学者根据中国的具体情况对商业地产的内涵重新进行了界定，将以上的界定方式视作广义的商业地产，而将狭义的商业地产界定为：主要用于经营用途的房地产形式，包括各种零售、餐饮、娱乐、健身服务、休闲、旅游等地产形式，不包括公寓、写字楼，并将工业类地产单列为一大类。

本章采用狭义的商业地产概念，也是最为常用的概念与内容界定。

（三）商业地产的分类

因此，从商业业态角度来看，商业地产作为商业业态的主要承载体，也包含了所有商业业态的实体店铺形式。从建筑形态上看，商业地产包括了独立的商业建筑、商业裙楼、底商、商业街等类型。

实际上，随着商业地产的发展，城市内部的商业地产逐步从原始的零散商铺，逐渐形成聚集的商业群落，百货商店、商业街、购物中心等就是典型的实例。同时，随着城市功能区的整合，商业地产与住宅、办公楼等的联系越来越紧密，大型住宅项目的开发通常都会配套大面积的商业店铺，而城市综合体开发的盛行，更是将大型的商业地产项目与住宅、商务办公楼群等结合到一起，进行综合规划与开发。所以，商业地产往往不是独立分割的个体，而是与社区、与城市紧密地结合在一起。

（四）商业地产发展的内容

从企业开发经营的角度看，商业地产的发展包括投融资模式、开发模式和经营管理模式的变化。从空间分布的角度看，商业地产发展还包括商业地产项目的在城市中的位置分布变化和商业网点等级体系的变化。

但是，本章旨在从宏观的角度研究商业地产发展与城镇化的相互关系和互动机制，因此，不考虑以上的微观因素，重点关注商业地产作为市场整体的特征变化。在后文的研究分析中，商业地产发展的内容主要包括三个方面：

（1）商业地产数量的增加：可用投资建设量、施工面积、竣工面积、销售面积、销售总额、商业用地供应量等进行衡量；

（2）商业地产价值的增长：可用商业物业的销售价格、租金，商业用地的出让价格、转让价格等进行衡量；

（3）商业地产形态与功能的更新与升级：指商业地产市场上存在的主要商业地产形态及其相应功能，由传统、单一的形态与功能向现代化、专业化、综合化的形态与混合功能的演变，以更好地满足消费者的需求和商业企业的要求。

二、商业地产与城镇化的互动关系

（一）商业地产与城镇化的相互影响与作用

1.城镇化对商业地产的影响

从城市经济学的角度来看，商业地产作为城市经济体系中的重要组成部分，其发展必然会受到整个城市变化的影响。城镇化对商业地产的影响主要是通过宏观经济的变化、人口城镇化的进程、产业结构的变化和政府治理的情况等因素，对商业地产的供给量、规模和业态定位、需求、结构和布局等方面的变化产生一定的作用。

1）城市总体经济的发展是商业地产的物质基础

一个城市在宏观上投资和消费保持持续增长，可以拉动整体经济的增长，增加城镇家庭和居民的数量和收入，进而带动居民消费的增长和升级。而商业地产作为商品流通和服务消费的空间载体，对其的投资需求也会相应扩张；反之，一个城市的经济不景气，信贷紧缩，城镇家庭和居民的收入持续减少，人口聚集效应减弱，会导致商业地产的投资和消费需求减少，商业市场萎缩，招商困难，商业物业空置率上升，商业用地流拍等一系列现象出现。而当城市宏观经济迈出低迷的增长陷阱，逐步进入复苏阶段时，商业用地的价格开始回升，商业物业的租金上涨，空置率会下降，投资开发量上升等。

欧美专家学者在对商业地产的发展历程和业态变化进行追踪研究后发现，商业地产的发展与变化和该国家或地区的经济环境关系密切，城市总体经济的发展会不断促进商业地产的变化和升级（表4-1）。

城市经济发展与商业地产形态 ❶   表 4-1

人均GDP	城市化率	商业地产形态	商业地产特点
≤ 1100 美元	≤ 25%	地摊、商铺、集贸市场等	农业时代的原始商业形态
1100～2000 美元	25%～45%	商业街、批发市场、百货市场等	工业时代的传统商业形态
2000～4400 美元	45%～70%	精品店、专卖店、大型超市、购物中心等	专业化、规模化、多样化的现代商业形态
≥ 4400 美元	≥ 70%	广义商业地产：旅游地产、养老地产、物流地产、城市综合体等	城市综合竞争力的表现

2）城镇化的进程影响商业地产的规模和业态

诺贝尔经济学奖得主、美国哥伦比亚大学经济学教授斯蒂格利茨曾断言，21世纪对世界影响最大的有两大事件：一件是美国高科技产业的发展，另一件就是中国的城镇化。城镇化是人类社会不断发展进步的结果，是历史发展的必然。城镇化最主要的表现形式是大量农村人口转变为城镇人口、城镇建设加速、城镇用地扩张。而随着人口向城镇的不断聚集，其对商品和服务的消费需求也加速增长，进而拉动商业地产的投资增长和规模扩张。当城镇化从规模扩张转为质量提升阶段时，城镇居民的消费需求和消费结构也会相应变化和升级，这就需要商业地产不仅在规模上跟随城镇化发展的步伐，更要在业态结构和服务配置上满足品质化、多元化和国际化的要求。在我国沿海一些发达城市，不少购物中心内的餐饮、娱乐和休闲业态的商铺不断增加，零售商铺不断减少，影院、游乐园、KTV等业态类型甚至成为一些购物中心的主流消费场所。反映的就是城镇化质量提升后带动消费升级，进而推动商业地产的业态调整。此外，

---

❶ 郝猛. 中小城市商业地产投资环境研究 [D]. 重庆：重庆大学，2014：24.

近年来随着住房市场逐渐进入"买方市场",一个住宅项目销售业绩不仅取决于项目本身的区位和品质,但取决于能否为社区业主提供便利和舒适的生活消费环境。而社区商业地产就是提升住宅小区生活品质所必不可少的配套设施。

3)城市产业结构变化影响商业地产的需求

城市产业结构的转型和升级无论是对投资需求还是消费需求都会产生重大的影响。随着近年来由于国内外错综复杂的经济形势,导致中国经济面临严峻的下行压力。通过产业结构调整,优化经济发展的结构和质量,寻找中国经济新的增长点和动力成为中央高层的共识。而以提振和扩大内需为主要内容的第三产业无疑是产业结构调整和优化的重点。在国务院于 2015 年 11 月发布的《关于积极发挥新消费引领作用加快培育形成新供给新动力的指导意见》(国发〔2015〕66 号)中,明确提出了消费升级重点领域和方向,信息消费、服务消费、时尚消费、绿色消费、品质消费和农村消费均在消费升级的范围当中。在未来的中国,无论是生产性还是生活性服务业将有巨大的提升空间,并将对经济增长产生巨大贡献。当城市的产业结构逐渐向第三产业转移时,作为服务业重要支撑的商业地产也将迎来新的发展机遇。如图 4-1 所示,2004～2014年,我国的社会消费品零售总额与商业营业用房销售面积几乎保持同步增长态势。

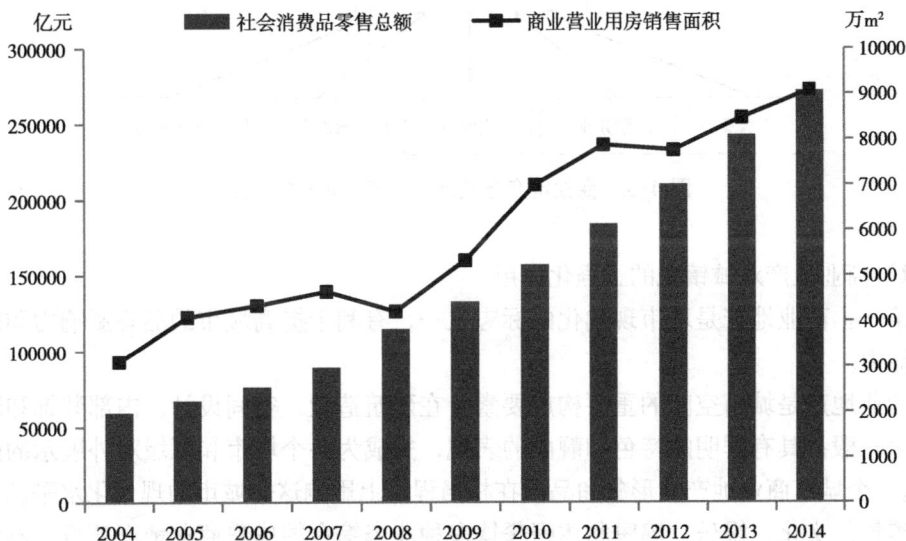

图 4-1　2004～2014 年我国社会消费品零售总额与商业地产销售面积变化情况

4)城市治理情况影响商业地产的结构和布局

商业地产的发展不仅需要城市宏观经济的支撑,还需要城市软件、硬件等多方面的配套设施。不同规模、不同层次、不同业态的商业地产对城市治理的要求也不一样。第一,一个城市宽松的信贷政策、优惠的招商引资条件等是商业地产开发投资落地的重要基础;第二,在一个城市范围,不同城市功能区有相应的主导产业,区域范围内的产业规划和管理政策会极大地影响商业地产的类型和结构。例如在制造业为主导的城市功能区内,基础社区商业就可以满足其需求;对于商贸发达的核心商圈区域而言,商业氛围浓厚，人群密集，就可以配置购物中心或城市综合体一类的高端商业物业。第三，城市基础设施也是影响商业地产的重要因素。发达的交通网络，便利的信息服务、完善的社会保障都是支撑商业地产持续快速发展的重要影响要素。

2. 商业地产对城镇化的作用

作为城市经济的重要组成部分，商业地产是一个产业关联度极高的产业，与商业、服务业、旅游业、房地产业、金融业、文化产业都有着紧密的联系。处于良好发展态势的商业地产会极大地促进城市经济和社会的持续、快速发展，反之，发展滞后或同质化过剩的商业地产也会在一定程度上限制或阻碍城市的健康发展，由此可见，商业地产对城市发展既有正强化作用也有负强化作用（图4-2）。

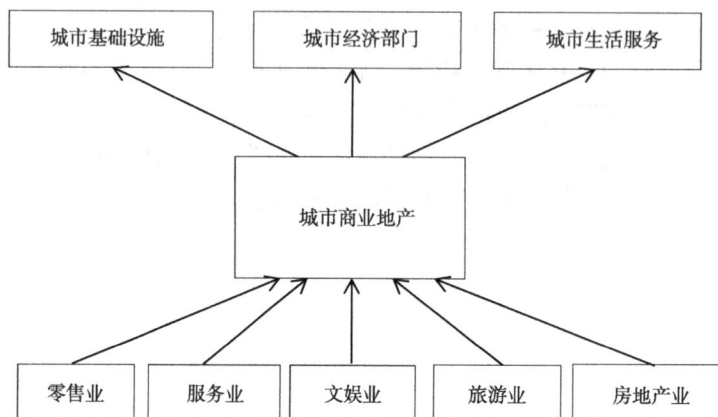

图4-2　商业地产与城市相关产业之间的关系

1）商业地产对城镇化的正强化作用

第一，商业地产是城市现代化的标志之一，有利于提高城市的品牌影响力和区域辐射能力。

商业地产是城市空间的重要构成要素，在建筑造型、空间设计、内部装饰和环境打造上一般都具有鲜明的特色和靓丽的表现，并成为各个城市和区域对外展示的鲜活名片。一个城市商业地产的形象和品质在相当程度上影响这个城市的现代化水平。同时，拥有零售、文化、娱乐、健康和休闲餐饮多种业态综合的成熟商业地产项目，不经可以扩大内需、拉动消费、完善城市功能，还能吸引周边城市的消费，对于增强城市的区域集聚辐射能力将起到极大的推动作用。

第二，商业地产有利于吸引关联产业的投资，促进城市经济的增长。

投资、消费和出口是拉动中国城市经济增长的"三驾马车"，而商业地产作为商品消费和流动的主要载体，其发展与投资和消费两大经济推动力都密切相关。首先，商业地产是房地产业的组成部分，而房地产开发投资是推动国民经济稳健发展的重要动力。尽管住宅市场在近年来受宏观调控影响较大，但商业地产的快速发展一方面弥补了住宅投资缩减所带来的经济推动力不足的问题；另一方面还优化了房地产业自身的产业结构，有利于房地产多元化的健康发展。其次，商业地产与零售业、服务业、旅游业、文化娱乐业等都具有紧密的关联关系，商业地产的发展可以带动这些关联产业的投资和消费，进一步增强城市经济的综合实力。

第三，商业地产有利于提升居民的生活品质、吸引高端人才。

现代化的商业地产可以吸引众多的高品质、多元化、国际化的商业品牌投资入驻，不仅提高了城市整体的商业规模和消费档次，而且其舒适便利的购物环境和科学人性化的服务设施，可以极大地提升城市居民的生活环境。而随着城市居民生活水平的提高，人们的消费需求和消费结构也随之发生巨大的变化，对品质商品和购物、休闲环境的要求与日俱增，尤其是高端人才，亟需与其收入、身份相匹配的商业环境和消费空间，拥有高质量商业地产的城市将对这些高端人才产生极大的吸引力。

2）商业地产对城镇化的负强化作用

第一，商业地产发展滞后将拖累其他产业发展，影响城市经济增长。

由于商业地产投资规模大、产业关联度高，如果一个城市因政策制约、环境限制等因素影响导致商业地产的发展滞后于城市的发展，就会导致城市居民的消费需求无法得到满足，城市的人口集聚能力下降，旅游、文化、娱乐、休闲等产业也将难以获得持续的推动力，进而拖累城市整体的经济增长。

第二，商业地产发展过快容易加剧地产泡沫，威胁城市整体稳定。

尽管商业地产是推动城市发展的重要动力，但如果发展过快，也会对城市的稳定构成威胁。一般来说，一个区域内的商业地产项目发展良好会拉动区域内地价和房价的上涨。但如果一个城市在短时期内商业地产开发投资过快增长，则有可能加剧房地产市场的不平衡，加大房地产泡沫的扩张，进而不利于城市的持续健康发展。据国际咨询公司世邦魏理仕调查发现，中国不少城市的人均商业面积已经高达 2 平方米，而从国际经验来看，已经远远超过城市人均商业面积 1.2 平方米的合理水平。商业地产的泡沫会影响城市经济和社会的良性发展，要避免这种负面效应，城市政府应从宏观上对整个城市的商业用地供应和商业网点规划作出科学合理的安排和严密的监管。

（二）城镇化与商业地产互动关系的四象限模型分析

1. 迪帕斯奎尔—惠顿四象限模型

四象限模型是美国学者丹尼斯·迪帕斯奎尔（Denise Dipasquale）教授和威廉·C·惠顿（william C. W heaton）教授在《城市经济学与房地产市场》中提出的，广泛地应用于分析房地产市场的长期均衡和相关的影响因素。在惠顿的四象限模型中，存量物业市场和新建住房市场的资产市场是构成房地产市场的两大部分。其中，物业市场包括租金和存量水平，资产市场包括住宅的价格和新建开发量，两者各用两个象限表示，并通过租金和新建开发量联系起来。

四象限模型有以下四个假定条件：

一是在房地产市场中仅仅只考虑物业市场和资产市场两个子市场；

二是资产市场决定了物业市场的存量水平。具体含义是指：资本化率 i 是由外生因素所决定，而资产价格 P 是由供求关系所决定，由公式 $P=R/i$，物业的租金 R 在资本化率 i 和资产价格 P 一定的时候也随之确定。因为物业租金 R 和物业存量水平 S 是确定性的函数关系，所以资产市场决定了物业的存量水平；

三是资本化率 i 是外生变量，它反映的是投资者愿意持有房地产的当前收益率，它是根据利率以及资本市场各种资产的风险和投资回报率等多种因素综合确定；

四是可持续的存在住房的新建开发量。具体含义是指：存在均衡发展的过程使得物业市场的存量变化 $\sum \Delta S = 0$（图 4-3）。

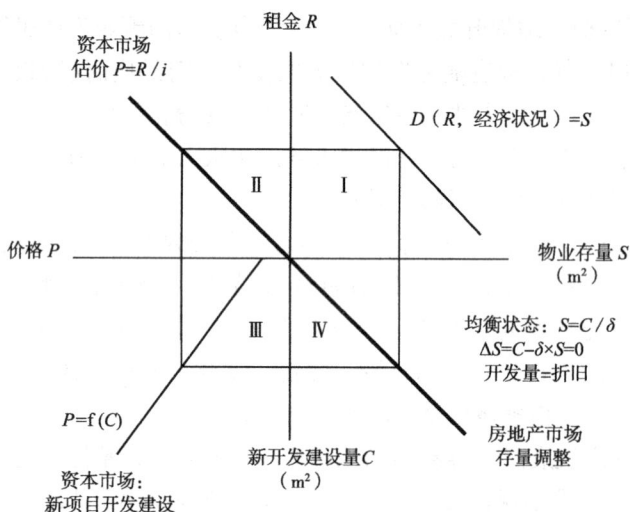

图 4-3　房地产物业市场与资本市场关系

商业地产市场的四象限模型

与房地产市场相似，商业地产市场也包括存量物业市场和增量资本市场。在图 4-4 中，商业地产物业市场由右侧的两个象限（Ⅰ、Ⅳ）表示，商业地产资产市场由左侧的两个象限（Ⅱ、Ⅲ）表示。

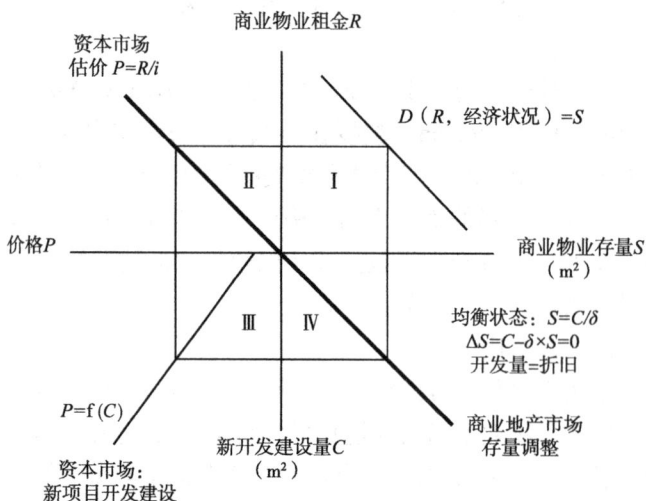

图 4-4　商业地产物业市场与资本市场关系

第一象限（Ⅰ）表示的是商业地产的租金和租赁市场，纵坐标为商业地产租金 R，横坐标为商业地产物业存量 S，租赁需求曲线 D。只有当租金水平 R 得到适当的确定，商业地产的物业存量 S 和物业需求 D 才能实现平衡，即使市场存量等于市场需求量。商业物业需求是商业地产的租金和经济状况的函数：

$$D（商业地产租金 R，经济状况）=S$$

第二象限（Ⅱ）表示的是商业地产的租金和资产价格，其中，横坐标 P 表示的是商业地产的资产价格，资本化率 i 等于以原点为起点的射线的斜率。在一般情况下，政府对商业地产市场的税收政策、经济生活的长期利率、租金变动的市场风险、预期租金的上涨率这四大方面的因素决定了资本化率的水平。商业地产的资产价格 P 在第一象限的预期资本化率 i 和商业物业租金 R 给定时也随之确定：

$$P=R/i$$

第三象限（Ⅲ）表示的是新建商业地产供给是如何确定的。商业地产的重置成本由图中的曲线 $f(C)$ 表示。该曲线呈现向左下方倾斜的原因是假设商业地产开发活动 (C) 和新项目的开发建设重置成本成正比。该斜线在横坐标上的截距是指保持一定规模的商业地产新建开发量所需的最低单位价格。商业地产的资产价格 P 等于由新建商业地产的开发量所决定的商业地产开发重置成本 $f(C)$，即：

$$P=f(C)$$

假如商业地产的新建开发量高于该均衡数量，那么商业地产的开发商将亏损；反之，商业地产开发商将会获得超额的利润。

第四象限（Ⅳ）表示的是商业地产的新建开发量 C 是怎样向物业市场的存量 S 转化。用 δ 代表折旧率，商业物业存量在一定时期内的变化 ΔS 是由新建商业地产的规模扣除折旧或者拆毁所导致的存量损失所得，即：

$$\Delta S = C - \delta \times S$$

商业地产的存量与流量的关系是由从原点向外的这条射线所表示：该射线上的任意一点代表着商业地产的折旧量正好等于新建开发量，所以存量可以保持不变，即：

$$\Delta S=0，S = C/\delta$$

商业地产四象限模型的基本形态就是如上所述。商业地产的资产市场和物业市场在一定的条件下，商业地产的租金、价格、物业存量和新建开发量四者是均衡发展的。

但当某个存量值被确定，商业物业的租金也随之明确，而且通过资产市场额交易，商业物业的租金转变成了商业地产的资产价格。商业地产的开发商看到市场信号时会被吸引进入该市场，开发建设更多的商业地产项目，这些商业地产的新建开发量会随着时间的推移逐渐形成新的存量，这就到了商业地产的物业市场。商业地产的物业市场和资产市场只有在存量的结束水平与开始水平相同时才会实现均衡状态。一旦两者出现偏差，就会使得商业地产四象限模型中商业地产的租金、价格、物业存量和新建开发量四个变量也偏离完全的均衡状态。以商业地产的存量规模的开始水平低于结束水平为例，商业地产四象限模型的均衡只当商业地产的租金、价格、物业存量和新建开发量四者同时减少时才会实现，反之亦然。

2. 城市经济增长与商业地产

当一个城市的经济持续增长时，居民的收入水平和消费水平都会随之上升，从而使得第 I 象限的需求曲线向右上方移动。商业物业的租金价格会随着市场需求的提高而增长，商业地产的资产价格进而也随之升高。由此吸引更多的开发商进入商业地产市场，第 III 象限中商业地产新建开发量提高，随着时间的推移，新建开发量逐渐变成存量，第 IV 象限中商业物业存量也随之增长。经过无数次的动态调整后，当 $D_t=D_{t-1}$，$S_t=S_{t-1}$ 时，模型达到均衡状态。

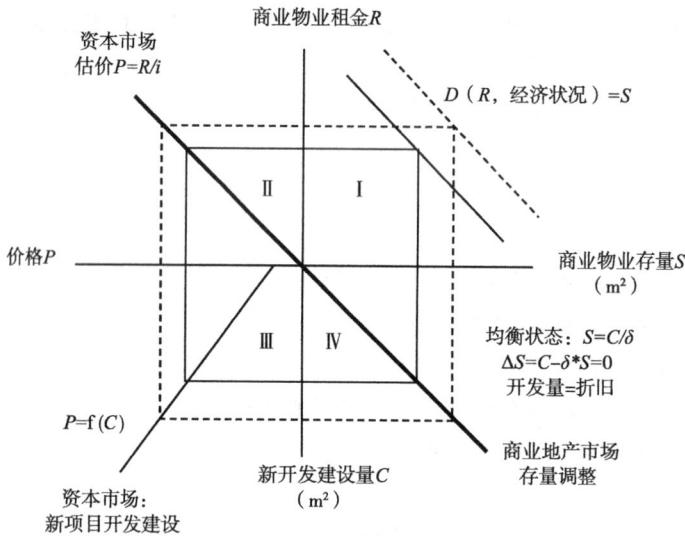

图 4-5　商业地产市场与资本市场关系：经济增长

城市经济增长会使得商业地产的所有变量增长，但经济衰退则会导致所有变量减少。在经济衰退期，假设其他条件不变，第 I 象限的需求曲线会向左下方移动，结果是：商业物业空置率上升→租金 R 下降→物业价格 P 下降→新开发建设量 C 下降→物业存量 S 下降→需求得到满足。

3. 人口城镇化与商业地产

人口城市化是我国城镇化发展的重要内容之一。随着城镇化的不断推进，城市的人口规模和建设用地面积也随之不断扩张。一个城市经济的发达程度实际上也可以由这个城市的人口集聚能力和用地效率来反映。从理论上来说，当人口持续向城市聚集时，会增加对该城市在商品、服务等的需求，进而要求城市提供更多的商业物业以满足不断增长的消费需求并拉动城市整体经济的增长。因此，从商业地产四象限模型的分析来看，城镇化对其扰动效应与居民消费水平增加、城市经济增长是类似的：假设该城市目前的商业物业规模保持不变，当城镇化推进吸引更多的人口进入时，商业物业的市场需求随之增长，需求的增长会拉动商业物业租金的增长，而这种增长的租金又超出了市场预期，从而吸引更多的开发商进入，第Ⅱ象限内中商业物业资产的价格也就水涨船高，商业物业的新建开发量随之增长并逐渐转化为市场存量，最后，第Ⅳ象限内中的商业地产物业存量提高，整个城市的商业地产市场在总量和空间上的规模都持续扩张。

4.公共政策与商业地产

1）信贷政策

从2008年以来，国家多次通过调整房地产按揭贷款利率、个人住房首付比例、房企贷款门槛等措施抑制房地产市场的过快增长。当长期利率上升，商业地产投资的预期风险增高，从而提升了投资者对商业物业租金的收益要求，商业地产的资本化率也随之提高，这样，原来的市场平衡局面就被打破了：第Ⅱ象限中的射线在资本化率提高后会以顺时针的方向旋转到虚线的位置，根据 $P=R/i$，商业地产的资产价格在商业物业租金不变的情况下会下降，市场中的开发商便逐渐退出商业地产开发，并由此导致第Ⅲ象限内商业地产新开发建设量的下降。当新建商业地产减少时，再加上折旧的因素，市场上的商业物业存量也会逐渐下降，达到一定程度后，在供求关系的影响下，商业物业的租金开始升高并达到新市场均衡。此时商业地产四象限模型整体向原点收缩，并且与初始均衡状态相比，新的均衡矩形图的位置整体上移。

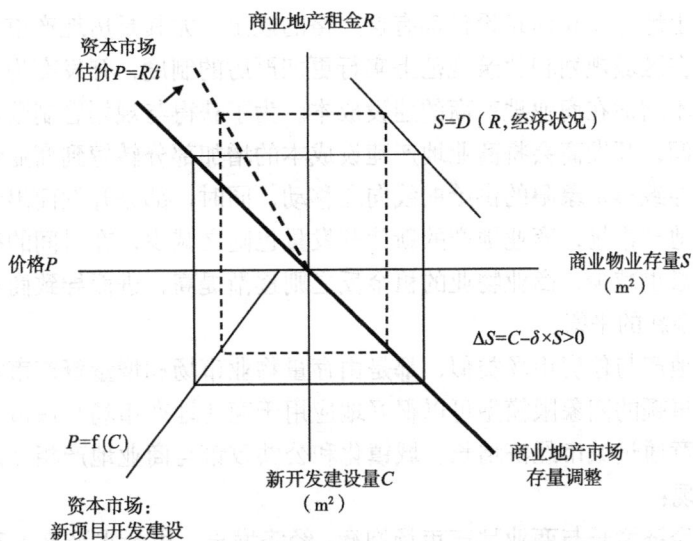

图4-6 商业地产物业与资本市场：信贷政策变化

2）限购政策

从 2010 年延续至今的住房限购政策,一方面极大地抑制了住房的投机和投资需求,另一方面也迫使更多的开发商和投资者转移到城市的商业地产市场,进而导致商业地产投资需求上升和商业地产资本化率 i 的下降,如果商业地产物业的租金 R 不变,由于 $P=R/i$,会使得商业地产的资产价格上升,进而吸引更多的开发商跟进,商业地产的新建开发量不断提高,商业物业的存量 S 随着时间的流逝也不断增长,最后,商业物业租金 R 的下降,整个模型实现了新的均衡。

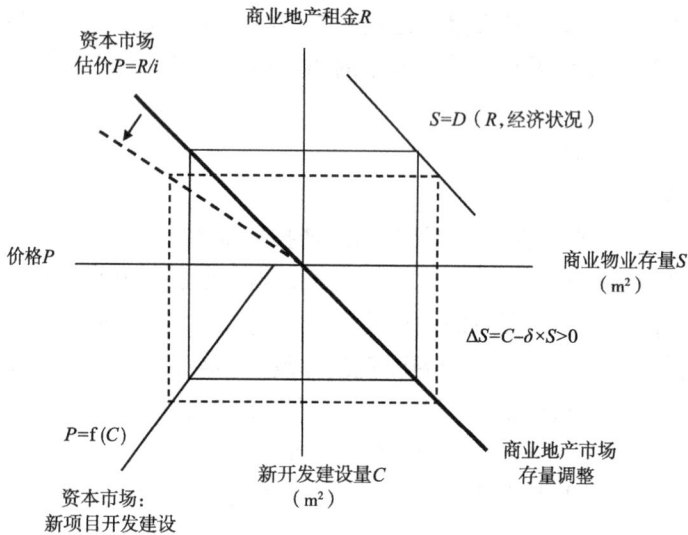

图 4-7 商业地产物业与资本市场：限购政策影响

3）开发管制政策

政府对于土地开发和建筑设计都有这严格的规定,尤其是房地产市场发展过快的城市,往往会在区域规划和建筑规范上实行更加严厉的制度,开发商为了满足政府的规划条件不得不增加在商业地产商的建设成本。为了获得与规划管制政策出台前相同甚至更高的利润,开发商会将商业地产建设成本的增加部分转嫁到商业地产的资产价格上,由此会导致第Ⅲ象限的供给曲线向左移动,同时,部分开发商出于成本利润考虑退出了商业地产市场,商业地产的新建开发量也随之减少,在时间的推移下新建开发量转化为存量也减少,商业物业的租金反之则逐渐提高,进而导致商业地产的价格增长,从而实现新的平衡。

由于商业地产与住房市场类似,都是由存量物业市场和增量资产市场构成,因此迪帕斯奎尔—惠顿的四象限模型可以很好地应用于商业地产市场与城市发展的互动机制分析上。本章通过城市经济增长、城镇化和公共政策与商业地产相互影响和作用机制的分析后发现：

（1）城市经济增长与商业地产市场均衡：经济增长、租金水平 R 上升→商业物业价格 P 上升→新开发建设量 C 上升→商业物业存量 S 上升→需求得到满足。

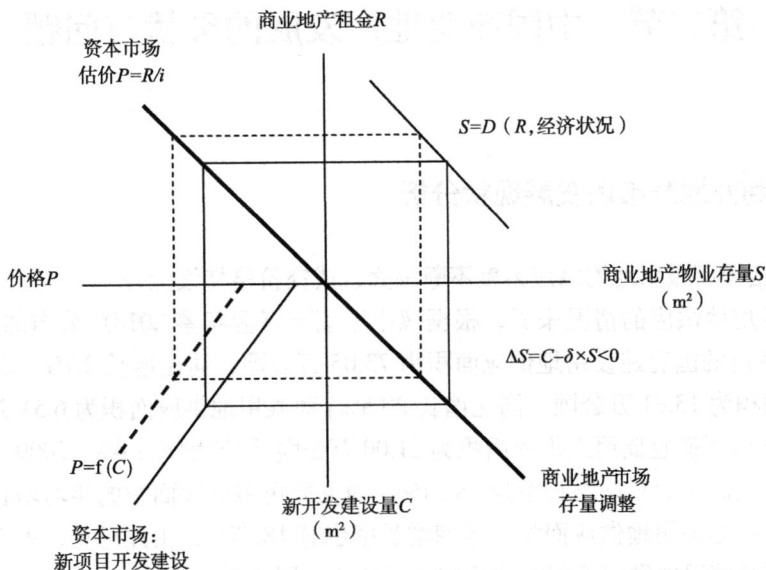

图 4-8　商业地产物业与资本市场：开发成本变化

（2）人口城镇化与商业地产市场均衡：人口集聚引致需求增长、租金水平 R 上升 →商业物业价格 P 上升→新开发建设量 C 上升→商业物业存量 S 上升→需求得到满足。

（3）信贷政策与商业地产市场均衡：信贷紧缩利率上升、资本化率 i 提高→商业地产资产价格 P 下降→新开发建设量 C 减少→市场存量 S（供给）减少→租金上升，需求减少→实现均衡。

（4）限购政策与商业地产市场均衡：商业地产资本化率 i 降低→商业地产资产价格 P 上升→新开发建设量 C 增大→市场存量 S（供给）增加→租金下降，需求上升→实现均衡。

（5）开发管制政策与商业地产市场均衡：开发成本上升，价格成本曲线外移→新开发建设量下降→商业物业存量下降→物业供给下降→租金上升→拉动商业地产资产价格上升→实现均衡。

以上都是只考虑单因素影响下城市发展与商业地产市场的互动机制，但由于城市经济运行是一个非常复杂的过程，例如在城市采取房地产调控措施的时候，往往是上调贷款利率、限购和控制规划等政策同时实施，这时就需要定量地对商业地产四象限模型的各个变量进行实证分析，最终综合计算其变动程度和均衡状态。但该研究内容已超出本书范围，故不在此赘述。

第二节　中国商业地产发展的现状与问题

一、中国商业地产市场发展现状分析

（一）全国商服用地的供应力度不断加大、成交价格持续上升

从建设用地供应的情况来看，根据《中国国土资源年鉴 2014》公布的数据显示，2013 年，我国的国有建设用地供应面积为 73.05 万公顷，同比增长 2.7%。其中，住宅用地供应面积为 13.81 万公顷，同比增长 20.5%；商服用地供应面积为 6.51 万公顷，同比增长 27.9%；工矿仓储用地供应面积为 21.00 万公顷，同比增长 1.4%。2009 ~ 2013 年，住宅用地供应面积的年均增长率为 18.74%，而商服用地供应面积的年均增长率达到了 20.01%，工矿仓储用地供应面积的年均增长率也有 18.97%，由此可见，近 5 年来商服用地和工矿仓储用地供应面积的增速均高于住宅（图 4-9）。

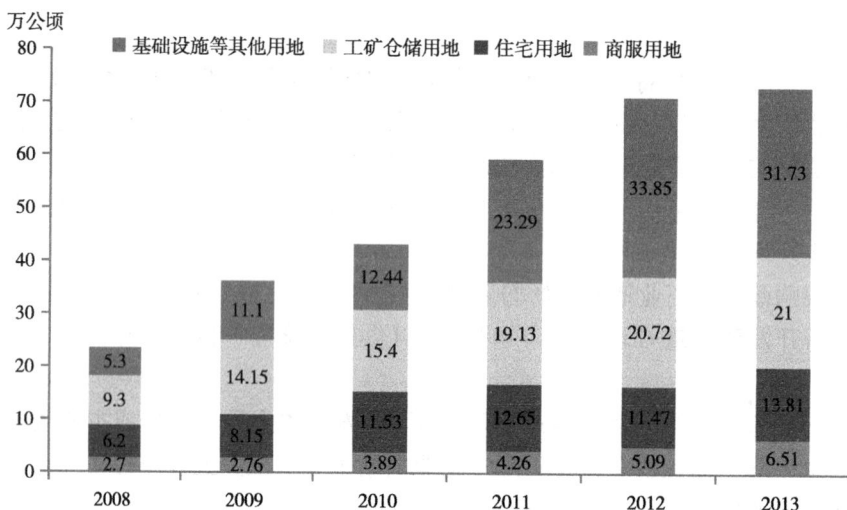

图 4-9　2008 ~ 2013 年国有建设用地供应结构变化情况

从建设用地的成交价格来看，无论是住宅用地、还是商服和工业用地，地价都呈现出上涨的态势。根据国土资源部公布的地价数据显示，2015 年 4 季度，各类型建设用地的地价保持增长态势，但增速有所放缓。其中，住宅用地环比增长 1.14%，较上季度下降 0.02 个百分点；商服用地环比增长 0.57%，较上季度下降 0.12 个百分点；工业用地环比增长 0.29%，较上季度下降 0.38 个百分点。从季度变化情况来看，住宅用地的价格波动幅度较大，其增幅自 2011 年 4 季度跌入谷底后开始持续上扬，一直持续到 2013 年 4 季度，进入 2014 年后，住宅用地的价格增幅连续 3 个季度回落，但从 4 季度至 2015 年 4 季度，在中央大力的托市政策影响下，住宅用地的价格增长呈现出积极的复苏迹象；商服用地的价格则呈现出波动上升趋势，其增幅从 2013 年 4 季度持续

回落直至 2015 年开始略有抬头，进入 2015 年下半年后，增速又略有下滑，整体增长趋势相对平稳；工业用地的价格增速呈现下降态势，但整体价格仍处于相对平稳增长（图 4-10）。

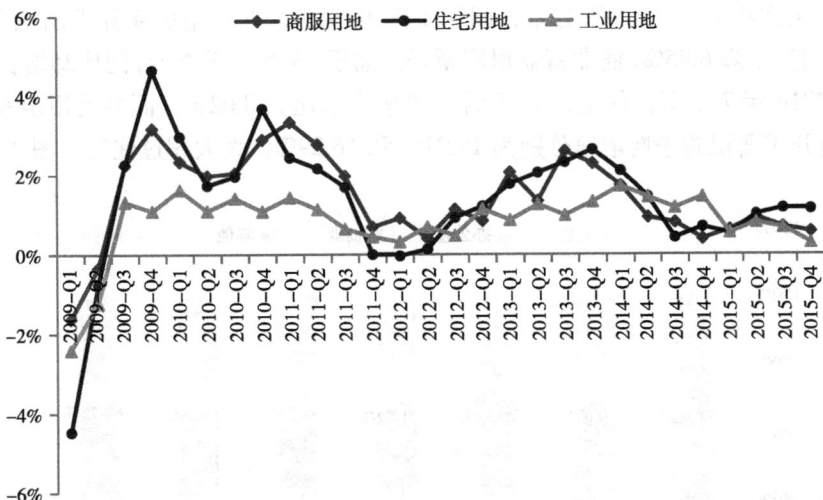

图 4-10 2009 ～ 2015 年全国土地价格环比增速变化情况

（二）全国房地产开发投资持续向商业和办公领域倾斜

受制于严厉的住宅调控政策，不少房地产企业转变投资方向，持续加大在商业、办公领域的投资份额，导致全国商业及办公地产开发投资的存量和增量较前期都有明显上升。根据国家统计局的数据显示，2014 年，全国房地产开发投资为 95036 亿元，较 2013 年增长了 10.5%。其中，住宅的开发投资完成额为 64352 亿元，较 2013 年提高了 9.2%，住宅投资占房地产开发投资的比重为 67.71%，较 2013 年下降了 0.82%，这是住宅投资比重自 2012 年连续第 3 年下跌；办公楼投资 5641 亿元，增长 21.3%，同时办公楼投资占房地产开发投资的比重为 5.94%，较 2013 年增长 0.53%，这是办公楼投资比重从 2011 年开始连续第 4 年增长；商业营业用房投资 14346 亿元，增长 20.1%，并且商业营业用房开发投资占房地产开发投资的比重增长更为显著，2014 年商业营业用房开发投资比重达到了 15.10%，较 2013 年增长 1.21%，这也是自 2008 年以来连续第 6 年比重增加（图 4-11）。

（三）全国商业和办公用房的新开工面积增长超过住宅

自 2008 年房地产调控以来，商业和办公用房的新开工面积增长速度持续超过住宅，仅在 2010 年住宅新开工面积增速超过了办公用房，但仍低于商业用房的新开工面积增速，此后，由于前 3 年的商业和办公用房的投资过快导致市场出现了一定的泡沫，而中央房地产市场调控的决心和力度在不断加大，为规避风险房地产企业纷纷减缓了开发节奏，以至于住宅、商业和办公的新开工面积增速都开始逐渐下滑。根据国家统计局的数据显示，2013 年，尽管国家出台了"新国五条"，但并未能遏制房地产升温的速度。2013 年，房屋新开工面积 201207.84 万平方米，增长 13.46%。进入 2014 以后，号称"史上最严厉的房地产调控政策"并未有任何松动,房地产市场的预期也转向悲观,整体市场终于开始由局部地区调整向全国蔓延,房价下降趋势也不断的从三四线城市扩展到一二线城市,相应的房屋新开工面积也大幅下降。根据国家统计局的数据显示,2014年,全国房屋新开工面积为179592万平方米,比2013年降低了10.7%。其中,住宅新开工面积124877万平方米,同比下降14.38%,办公用房新开工面积25048万平方米,同比下降6.85%,商业营业用房新开工面积7395万平方米,同比却增长6.85%。2008～2014年7年间,住宅新开工面积的平均增速为8.02%,而办公用房和商业营业用房新开工面积的平均增速分别为19.91%和16.29%,大大超过住宅(图4-12)。

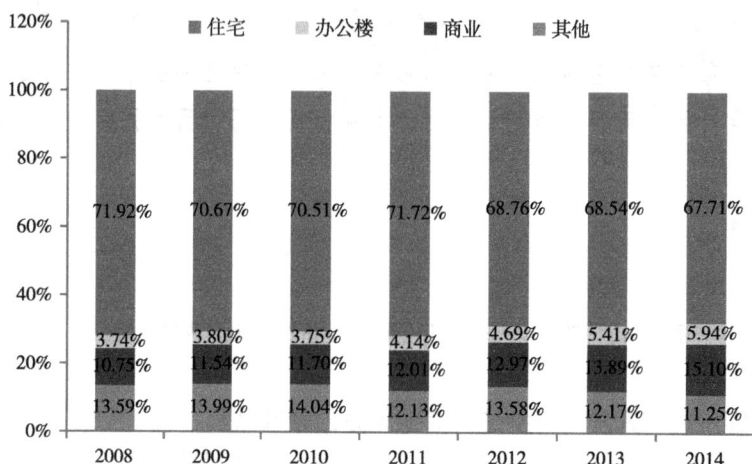

图4-11　2008～2014年全国房地产开发投资结构变化情况

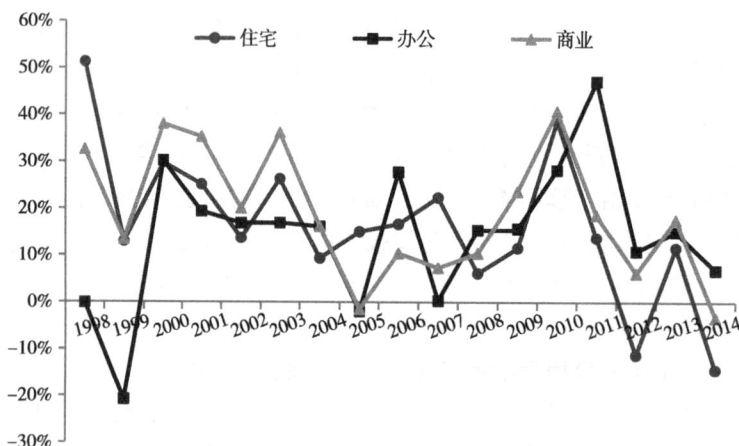

图4-12　1998～2013年全国住宅、办公和商业用房新开工面积增速变化情况

(四)全国商业营业用房销售面积持续增长,但增幅有所回落

在中国目前的房地产市场结构中,住宅地产依然是房地产销售的主力,但从2008年以后,商业地产一方面在政策调控下受到众多开发商的关注和投资,另一方面商业

地产的销售受中国经济转型升级和消费需求持续增长的拉动也快速提升。根据国家统计局的数据显示，2008 年受国家房地产调控政策的影响，住宅、办公和商业地产的销售均为负增长，但从 2009 年政策由抑制改为刺激后，房地产市场重新启动高增长。2009 ~ 2011 年，住宅地产销售面积的平均增速为 19.4%，而办公楼和商业营业用房销售面积的平均增速分别为 20.65% 和 23.48%，均高于住宅。商业地产在经历了 3 年的高速增长后，不少城市出现了一定的供给过剩问题，商业营业用房的销售面积开始逐渐回调，2012 年出现了自 2008 年以来的第二次负增长，但在 2013 年整体房地产市场回暖的大形势下，商业地产摆脱了负增长的阴霾，出现了 9.15% 的增幅。2014 年，中国经济进入新常态后，住宅市场由卖方市场转为买方市场，住宅销售面积也同比大幅下滑 9.1%，办公楼的销售面积也下降了 13.11%，而商业营业用房却实现了 120648.54 万平方米的销售面积，较 2013 年增长 7.18%，虽然增幅略低于 2013 年，但在住宅和办公楼销售面积均大幅下降的形势下商业营业用房却逆势上涨，充分说明了商业地产迎合了中国经济转型和消费升级的大趋势（图 4-13）。

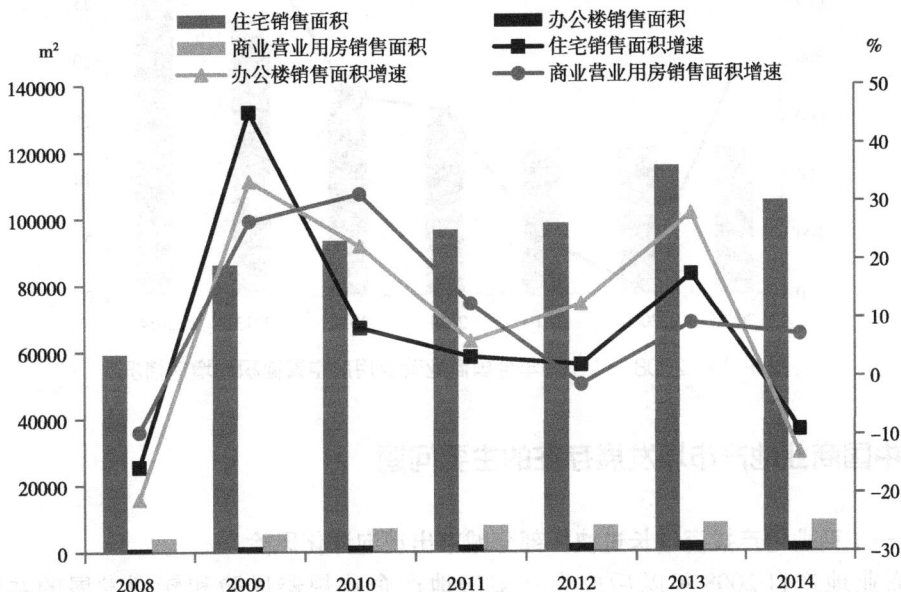

图 4-13　2008 ~ 2014 年全国住宅、办公和商业用房销售面积和增速变化情况

（五）全国商业营业用房空置面积高位增长，供过于求的风险显现

在商业地产投资和开发高速增长的同时，很多地方政府在土地财政和政绩影响下，不加限制的引进了大量同质化程度较高的商业地产项目，在商业用地的供应商缺乏相应的监管和控制，从而使得整个城市的商业地产市场在短时间内出现爆发式的增长，经过一段时间的积累在市场形势出现变化后反映出的问题就是区域供应过剩和商业物业空置面积大幅增长。根据 CREIS 的统计数据显示，2008 年全国的商业营业用房空置面积为 4999.60 万平方米，而 2014 年全国的商业营业用房空制面积为 11773.45 万平方米，是 2008 年的两倍多。而在 2008 年金融危机以后，由于国家出台了商品住宅的

刺激政策，住房市场迅速回暖，商业地产也逐渐进入开发商的视野，从 2008 ～ 2010年商业营业用房的空置面积都相对平稳，增速也较低。但从 2011 年国家出台了以限制住房刚需和投资性需求为核心的"新国八条"之后，住房开发商开始大量涌入商业地产市场，由此造成商业地产投资高涨和空置面积持续高升。2011 ～ 2013 年，全国商业营业用房空置面积从 6094.81 万平方米增长到了 9345.39 万平方米，年均增速高达21.25%。2014 年在整个房地产市场步入调整周期后，商业地产也开始降温，但商业地产空置面积仍处于高位增长，只是增速有所下降。而由上文可知，目前的商业营业用房的新开工面积仍在持续快速增长，由此造成的商业地产供过于求的风险不断集聚和显现，亟需国家从宏观层面加以调控，防止商业地产热的过度蔓延（图 4-14）。

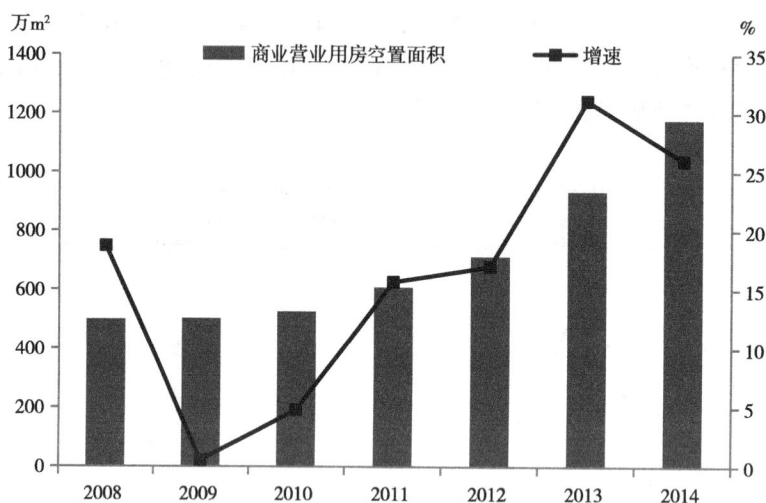

图 4-14　2008 ～ 2014 年全国商业营业用房空置面积和增速情况

二、中国商业地产市场发展存在的主要问题

（一）商业地产投资增长过快，部分城市出现泡沫化风险

商业地产自 2008 年以后成为众多房地产企业规避风险和转型发展的共同选择，并由此导致了中国商业地产连续多年的持续高增长。根据国家统计局的数据，2009 ～ 2014 年，中国商业地产的开发投资增速均高于房地产整体开发投资增速。与住宅相比，中国商业地产开发投资 6 年间的年均增速高达 27.5%，而住宅仅为 19.53%，商业地产的投资增速比住宅高出近 8 个百分点（图 4-15）。

尽管商业地产是城镇化和经济转型升级发展的重要内容，但商业地产在短时间内集中爆发式的供应，而且项目的同质化严重，容易造成区域泡沫化风险。根据同策咨询的研究显示，2014 年，我国 35 个大中城市中，有 19 个城市人均商业面积已经面临饱和或过剩的状态，占半数以上。其中，南京、成都、大连、天津、重庆、杭州、厦门、宁波、青岛、合肥、哈尔滨、贵阳、长沙、长春、南宁、昆明等 16 个城市的人均商业面积超过 1.5 平方米,沈阳、银川和呼和浩特 3 个城市的人均商业面积则超过了 4 平方米。

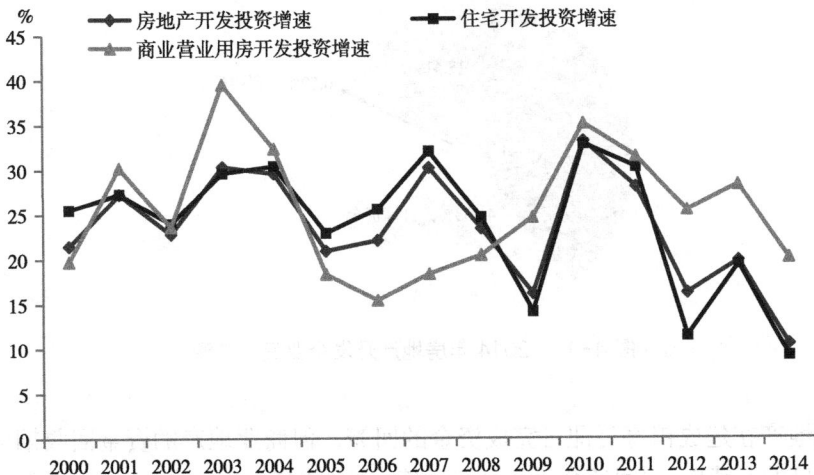

图 4-15　2000 ~ 2014 年中国房地产开发投资完成额（按用途分）增速情况

而从国际经验来看，一个城市的人均商业面积一旦超过了 1.5 平方米就意味着出现了供应过剩的危险。一旦商业地产在一个城市的发展出现泡沫风险，会对整个城市的经济发展造成巨大的负面影响。

（二）城市商业规划不合理导致同质化严重

城市商业网点规划是根据城市规划和商业发展的内在需求，在充分尊重商业发展规律的基础上，对城市商业网点的空间分布和规模大小所作出的科学合理的统筹安排。城市商业网点的规划需要政府在准确估计经济发展、人口增长、消费趋势等的基础上，从道路、建筑、功能、布局等多方面综合考虑并进行合理规划。但由于商业地产可以有效地提升地方政府的税收、就业和城市形象，同时大的商业地产项目还有助于带动和打造有升值潜力的商圈，提升周边地价。因此，部分地方政府会忽视商业发展规律，在商业用地的供应上缺少严格管控，导致商业地产的开发经常超出规划强度。而一些开发商采取快速开发快速销售的高周转模式，也容易导致商业地产项目在前期的市场调查不足和后期的项目定位和规划不合理，进而造成城市热点商圈同类项目扎堆入市，重复建设、同质化严重并造成恶性竞争，影响城市整体商业经济的健康发展。

（三）商业地产融资渠道狭窄、融资成本高昂

由于商业地产在规划设计上的要求高，建筑结构复杂且多采用新材料和新工艺，在开发投资上对资金的需求量较大，而且投资回收期较长，因此，融资方式和融资成本是商业地产开发经营的关键。从国外来看，发达国家的商业地产融资渠道非常丰富，银行、PE（私募股权基金）、REITs（房地产投资信托）、CMBS（商业地产抵押担保证券）等多元化的融资渠道为商业地产市场的发展提供了有力的资金支撑。但我国的金融体系不完善，房地产市场又处于粗放发展阶段，由此产生的高风险也使得不少机构投资者望而却步。从现实情况来看，自筹资金、国内贷款和销售回款是商业地产企业主要的 3 个的资金来源渠道。根据国家统计局的数据显示，2014 年，在我国房地产企业的开发资金来源中，比例最高的是自筹资金，占比 41.33%；其次是国内贷款，占比 17.41%（图 4-16）。

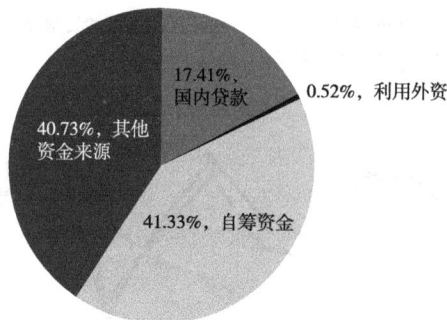

图 4-16 2014 年房地产开发企业资金来源

住宅地产在建成销售后即可完成资金的回笼，但商业地产的资金回收期可以延续到整个项目的存续期，中间还会受到经济环境、政府政策、交通、人流等诸多因素的影响。因此，银行、基金等金融机构在向商业地产提供贷款时为保障资金安全并获得高收益，往往会要求较高的投资收益率，从而给商业地产企业带来融资成本压力。以宝龙商业地产为例，根据宝龙 2014 年年报显示，截至 2014 年年底，宝龙的借款总额达到 185 亿元。其中银行及其他借款及融资租赁协议的借款约为 147 亿元，优先票据约为 38 亿元。通常而言，3 ～ 5 年的银行中长期开发贷款利率通常不超过 7%。而宝龙地产年报显示，上述优先票据的融资成本仅有一笔为 9.5%，其他均在 10% 以上。狭窄的融资渠道和高昂的融资成本制约了商业地产企业的扩张和创新发展。

（四）商业地产专业人才发展滞后于行业发展

运营能力是决定商业地产项目成功与否的关键，而商业地产运营能力的高低则是由企业的人才素质所决定的。从欧美的发展历程来看，当前我国的商业地产市场发展还处于初级阶段，而且随着我国新型城镇化的不断推进和居民消费能力的持续提升，零售行业稳步快速增长，将为我国商业地产的持续发展提供推动力，预计未来 5 ～ 10 年我国商业地产的开发投资仍将保持快速增长的势头。与此同时，商业地产专业人才的供求却严重失衡。一方面，我国的高等教育体系内所培养的房地产专业人才偏重于土地和住宅开发，在课程设置上缺乏商业地产的专业内容，难以直接为商业地产市场供应人才；另一方面，商业地产偏重运营和招商，而这两块的知识和经验不仅需要市场实践积累，还需要公司的梯队培养。一般来说，一个专业的商业地产人才至少需要 5 年左右的市场培养周期。但是，我国目前商业地产项目激增的速度远远超过了商业地产人才的培养速度。人才的奇缺使得"猎头"在商业地产领域大行其道，不仅加剧了行业的人员流动性，拉升了行业的平均工资，也给影响了商业地产的企业在人才储备和培养的稳定性。这一问题所造成的人才供求锚段在中国商业地产市场未来进一步扩张和升级的过程中还会被不断激化。

第三节　商业地产市场专题分析
——见微以知萌，见端以知末

一、金隅·万科广场的"三大亮点"与"四大问题"

房地产业的龙头老大万科在 2013 年 11 月 27 日高调宣布旗下万科广场系列的首个项目——北京昌平金隅·万科广场正式对外试营业，标志着这家传统的住宅开发商正式迈出了向"城市综合服务配套商"转型的第一步。项目开张首日，在 H&M、优衣库、首都影院、眉州东坡等主力店都没有开张营业的情况下，"6 万多客流量，营业额 218 万元，周末客流日均将近 10 万"的成绩单给京城的商业地产圈带来不小的震动。万科虽然进军商业地产领域的时间较晚，但其"后发优势"着实不容小觑。本节通过对金隅·万科广场相关资料的研究，并结合现场实地调研，总结出了金隅·万科广场不同于京城其他购物中心的"三大亮点"，同时也针对其目前的经营状况和未来发展，提出了万科目前亟待解决的"四大问题"，力图通过对金隅·万科广场这个新生商业地产项目的深入透视和全面分析，为其他商业地产开发商提供经验参考与借鉴。

（一）金隅·万科广场的"三大亮点"

亮点一：选址避开"红海竞争"，区政府支持下进行探索和创新

不同于万达、华润、凯德等老牌商业地产商的开发模式，万科的首个商业地产项目"金隅·万科广场"刻意选择北京的卫星城——昌平老城区的核心区，一方面可以避开市中心激烈的"红海竞争"，依托老城区庞大的社区居民消费力有效地化解首个项目的经营风险；另一方面也配合了昌平区城镇化的发展战略，赢得了区政府对该项目的重视与支持。

亮点二：一流的项目规划与设计，兼顾流行时尚与人性化

金隅·万科广场的规划与设计都是由与万科有多年合作的国际一流的规划设计机构操刀，从技术层面上保证了项目的品质。项目规划是由万科的境外设计协作单位——美国 EEK 建筑师事务所负责，该事务所是美国知名的建筑事务所，擅长规划设计大型城市交通枢纽、城市综合用地等，在美国以及欧洲多地均承揽了多个旧城开发规划和城市综合用地的规划、建筑设计业务，获得了专业领域和当地的普遍认可。而项目的建筑设计工作则是通过招标交给了伍兹贝格建筑师事务所，该事务所同样也是万科的境外设计协作单位，已经有超过 140 年的历史，曾在 2009 年在伦敦国际建筑事务所 AJ100 大奖。除上述两家世界一流的规划建筑设计机构外，金隅·万科广场在机电、幕墙、交通灯环节，也都引入了世界一流水平的专业服务商。

金隅·万科广场由三栋塔楼组成，两栋 7 层，一栋 8 层，由 5 层高的"商街"串联在一起，属于村落式商业业态。毛大庆在谈及设计思路时说："我觉得三里屯那种模式比逛大 mall 要舒服，更自由。"金隅·万科广场的外观设计借鉴了日本表参道的设计思想，以"珠宝盒子"为建筑理念，建筑立面晶莹剔透，点缀以璀璨的灯光，在方正大气的建筑群结构衬托下，给人以精致、奢华和便利之感。在内部结构的设计上，首创"天地双街"设计理念，在以 1～5 层室内构建一条主街，6～8 层的室外平台则打造成集休闲、娱乐、餐饮于一体的融合空间。不仅充分考虑到了顾客逛街体验的各类实际需求，同时也利用空间设计埋下了"总能吸引人逛下去"的动心元素。尤其是广场顶层空中花园的设计，突破了北京商业地产传统的设计思路，将商业业态与自然环境完美融合，使顾客在购物之余还能与建筑、环境互动，从而营造出新鲜的情景体验。

亮点三：业态配置多元化、强调顾客的"体验式消费"

金隅·万科广场以当代购物中心"一站式满足"的全新理念为指导思想，13.8 万平方米的总体量范围内，涵盖了时尚百货、生活超市、品牌院线、娱乐餐饮等多种业态，将辐射金隅万科城及周边地区的品牌消费需求。根据现场实地调研总结的情况来看，在品牌店构成上，金隅·万科广场共有 183 个品牌店，其中服装品牌最多，占比 27.87%；其次是餐饮，占比 18.03%；第三是鞋 / 箱包，占比 13.66%。这与世联地产在 2014 年所发布的《中国购物中心品牌发展报告》中的研究结果略有不同：世联地产对中国 102 家购物中心的数据进行统计分析后发现，业态占比排前两位的是服装（41%）和餐饮（14%），鞋 / 箱包与钟表 / 珠宝 / 饰品并列第三（9%），而金隅·万科广场虽然仍以服装和餐饮为主，但其服装比例远低于国内平均水平，而餐饮则高于国内平均水平。排第三位的鞋 / 箱包业态比例也大幅超过国内平均水平。此外，金隅·万科广场在儿童 / 玩具业态的比例高达 8.74%，也高于国内平均水平（5%）。在面积构成上，金隅·万科广场内第一位的依然是服装，达到 27.67%；排第二位的则是休闲娱乐，占比 23.30%，与服装相差无几；而餐饮只排到了第三位，占比 20.16%。由此可见，金隅·万科广场是在保持零售主业的同时，更多地强调了餐饮、儿童、休闲娱乐等顾客体验消费的特色。

除了购物中心基本的业态配置外，金隅·万科广场将天洋万科·北戴河小镇的售楼部也放到了 5 层，并设置了两个各 100 平方米的展厅，一个展示万科广场的成长史，另一个用于艺术展览。这也是京城商业地产中的首创，虽然短期内牺牲了部分租金收入，但却在给消费者艺术享受的同时也潜移默化地宣传了万科商业地产的品牌，对提升消费者的购物体验、增强其对万科商业地产的认同度、促进企业的长远可持续发展具有战略意义。

（二）金隅·万科广场发展面临的"四大问题"

问题一：项目定位与实际情况存在偏差

万科金隅广场的定位是都心型购物中心，目标客户群是本地中高收入家庭、商务消费人群、学生等年轻时尚消费人群。从目前的经营状况和笔者现场调研的情况来看，项目的总体定位还是较为成功的，但仍存在一定的偏差。首先，项目周边分布着金隅万科城小区、创新园小区、南环里小区等 12 个住宅小区，大部分都是中低档小区，房屋均价在 2 万 / 平方米左右，居民的收入水平也并不高，而非万科金隅广场所定位的中高收入家庭和商务消费群体。其次，该项目确实吸引了大批的学生，这主要是因为项目周边环聚着中国石油大学、中国政法大学、北京化工大学三所高校，以及昌平四中、昌平五中、昌平六中、东关小学等多所学校，而学生对追逐时尚和潮流有着极高的热情。第三，尽管万科金隅广场号称"都心型"，但实际消费群体来看，绝大部分都是项目周边小区的居民，也就是说，该项目的辐射范围主要是项目周边社区，而非整个城区。

问题二：业态配置结构不尽合理

金隅·万科广场目前的业态配置是以服饰、餐饮和休闲娱乐为主，尽管服装业态无论品牌占比还是面积占比均在万科金隅广场的业态构成中占第一位，但从笔者现场调研的情况来看，大部分的消费者都集中在餐饮和娱乐业态下，购买服装的人寥寥无几。根据对购物中心内消费者的访谈中了解到，金隅·万科广场内的服装品牌价格都较高，超出了普通工薪阶层的购买力。而在餐饮业态上，到晚高峰和周末，几乎所有的餐饮门店都需要排队等候，部分热门餐饮如一宽小厨、一麻一辣等需排队等候一两个小时方可用餐。这一方面反映出顾客对金隅·万科广场餐饮业态的高度认可，另一方面也说明该项目在初期规划和招商中对餐饮业态规模的估计不足，无法完全满足顾客的消费需求。当然，购物中心的业态配置一般都有 3 ~ 5 年的调整期，刚开业时候的业态受位置、招商、租户、租金等多方面因素的影响，供需之间一般都会有一定的错位，因此，开业前的招商和开业后的租户调整，将是考验万科商业地产团队的关键。

问题三：项目周边交通拥堵较为严重

金隅·万科广场紧邻南环路和创新路，虽然有 919 支 3 快、326、昌 1 路等多条公交线路均可直达，但由于路面较窄且是交通要道，过往车辆较多极易拥堵。而且，根据实际调研的情况，项目周边的正规出租车极少，"黑车"横行，并且在项目周边乱停乱放，不仅对消费者的人身安全造成威胁，也影响到了附近道路的正常通行。尽管这些影响交通的负面因素目前并没有对项目的运营产生大的反作用，但如果长期得不到解决会限制项目对更远地区的商业辐射能力和辐射效果。

问题四：管理团队资产化运营管理经验不足

万科在商业地产领域主要做的还是"五菜一汤"的社区商业，在金隅·万科广场之前并有实际操刀大型商业地产项目的经验，而万科对商业地产版块与住宅版块的发展思路是"分开运作、独立考核"，这意味着万科的商业地产运营团队只能依靠自身力量实现项目盈利，这已经是一个巨大的挑战。现在万科集团执行副总裁、北京万科总经理毛大庆则对未来发展抱有更高的期望和要求："我们现在的目标是能够开一个就资本化一个。资本化和卖掉并不是一个概念，资本化之后持续运营，将来得到将不只是出售资产的收益。"万科能否通过金隅·万科广场项目磨合好整个商业地产运营团队，并找到适合万科特色的资本化运营模式，将是未来万科商业地产飞跃发展的核心与关键。

金隅·万科广场作为万科组建商用地产管理部后推出的第一个商业地产项目，选在非核心区的居民聚集区，以服务社区为主的商业定位，以区域购物中心的体量做社区商业的设计，以购物中心资本化为发展的理念，为商业地产界带来了新风，但能否以此为标杆成功完成"万科广场系列"商业地产产品线的打造，并影响商业地产界的发展格局，还需要时间检验。

二、移动互联风潮下"社区O2O"商业模式解析

在移动互联汹涌而至的时代，传统电商在转型路径上艰难摸索，饱受冲击的实体商业也四处寻觅商机。近年来被炒得火热的"O2O"商业模式现在依然吸引着各路商家的眼光，淘点点、比邻店等各种创新的"O2O"模式层出不穷，大家都希望通过实体与移动互联的结合挖掘新的利润点。尤其是最近，以小区知道、叮咚小区为代表的"社区O2O"模式在市场上崭露头角，并得到了多家VC递上的橄榄枝，社区商业这个老话题也迅速升级成市场上的讨论焦点。

（一）案例分析——叮咚小区、小区知道

1. 叮咚小区

1）发展现状

叮咚社区由丫丫网总裁梁昌霖发起创立，在2013年12月底立项，2014年3月21日上线，目前已引入1亿元天使投资，估值4亿元。目前已经建成了网站和移动APP。至2014年4月底，叮咚小区在上海激活的小区已超过90个，其中，用户量在千人以上的小区超过10个。现在已经进入北京市场，正处于扩张阶段。

2）发展特色

梁昌霖认为，在社区场景下，任何生活中的任何交易、活动都是社交，也即，中国邻里间的社交关系本来是存在的，只是今天变弱了，叮咚小区希望建造新型的邻里关系。

叮咚小区自称是"超赞的小区生活便利服务站"的APP，"社交""O2O""生活的链接"是其创始人梁昌霖为它贴的三个标签。其中，"O2O平台"是梁昌霖为叮咚小区设定的最终定位，它最终要同时为用户和商家创造价值。

3）服务内容

在叮咚小区的APP里，以北京的小南庄小区为例，主要分为两个栏目：我的小区和小区周边。我的小区栏目内设有服务站、号码通、论坛、邻居、对话和邀请6个子栏目；小区周边栏目内则有二手市场、拼车、宠物、家政和家教5个子栏目。栏目并不固定，叮咚小区为不同小区的用户提供的功能和服务都各有差别。在上海玉兰香苑，它具备"拼车"功能，而且大受欢迎。但在高端小区，这个功能可能会被替换成汽车保养、会所等（图4-17）。

要细化这些服务，需要时间和精力。叮咚小区的做法是，先开放最活跃的小区，当一个小区的用户量达到100人时，才会将小区激活，这也为他们准备数据和功能开发提供了缓冲时间。不过，叮咚小区本身并不提供具体的服务。它有一支队伍负责拉动物业、商户等机构上线，为C端的用户服务，目前，叮咚小区对上线机构完全免费。

4）发展历程

（1）开始用最"笨"的方法摸索

2014年1月，在没有知名度的情况下，叮咚小区选择派地推人员到上海玉兰香苑、张江汤臣豪园等几个小区，以赠送小礼物等办法吸引居民现场安装App。但由于大多数普通居民心怀戒备，叮咚小区App的用户量增长极为缓慢，叮咚小区的团队也曾苦

思冥想，考虑把关系做好，通过周边的人拉动更多人上线。但梁昌霖发现这是错的，"关键是把生活做好、做透，社交是自然而然的事"。

图 4-17　叮咚小区 APP 小南庄页面

（2）初期搜集数据、分析用户需求

2014 年春节，梁昌霖和几个高管都留在了上海，他们几乎整个春节假期都在做"小区普查"，他们先从第三方网站查找有关上海小区的数据，再亲自到小区摸底，核实门牌号、房价、住户数等信息，然后再在叮咚小区的数据库里对小区进行分类。

在已激活的小区周边，他们还设立了线下服务站，并派驻地推人员，一方面要为小区居民提供各种服务；另一方面，他们负责了解小区的特点，发现居民最需要的一些服务，并反馈给研发和商务团队做相应的配合。

（3）中期巨额资金投入营销、唯快不破的高速扩张

叮咚目前在上海一个月的广告投放为 1200 万元，上海地铁、室外基本都能看到叮咚的广告。4～6 月是叮咚小区在上海的"攻城期"，它计划投入 5200 万元，除了广告，急速扩张的团队也是主要成本之一。目前，叮咚小区在北京的扩展已启动。梁昌霖称，在北京的花费同样不会少。在梁昌霖眼中，尽管叮咚小区的前期摸索积累了大量的用户发展经验，但快速拓展用户规模、抢占市场份额才是制胜的王道。"一定要快，先让用户知道战场是我们的，再慢慢改造产品"，他认为，做社交，用户是最重要的，而且难攻易守，一旦占领阵地，就可以构建越来越宽的护城河，在未来的竞争中保持先发优势。

这种快速扩展发展模式成效明显。梁昌霖直言："为了满足速度，我们最初的物业、商家信息基本都是从网上扒取，简单验证就直接上线；业主的获取则通过我们 100 多人的线下地推团队，将上海划作片区，5 人负责一个片区，到人流量密集的商场、写字楼做活动。这种模式使得我们从 1 月份上线到现在，在上海已经拿到 141 个激活小区，小区注册人数只有达到 100 人以上才被激活，最大的小区人数达到 6000 多人。"

2. 小区知道

1）发展现状

与叮咚小区以移动 APP 为依托的发展模式不同，小区知道是依托于微信平台发展，没有独立开发 APP。目前，小区知道有从 001 ~ 019 共 19 个微信公众订阅号，并有北京和天津 2 个微信服务号。同时，小区知道也创建了自己的网站。从小区知道的官网上看，小区知道的微信平台已经覆盖了北京市多个小区，在天津也有形成了一定的规模（图 4-18）。

图 4-18　小区知道在北京所覆盖的小区分布图

2）服务内容

在小区知道的微信服务号内，有生活圈、商业圈和粉丝圈 3 个栏目，每个栏目下都按区域划分为朝阳区、海淀区、东城区、通州区和其他区 5 个子栏目。

在小区知道的微信订阅号内，有的订阅号是以互动式的方式提供服务内容，有的则以微官网的形式提供服务内容。

以小区知道——首创—万达—华贸—经贸微信订阅号为例，关注该订阅号后会弹出 1 条消息，显示该订阅号可提供中国好邻居、订餐外卖、居民必备、超市百货、生活服务、优惠信息、休闲养生和母婴早教 8 个服务栏目。

回复相应的数字后，会自动弹出相应的服务信息。以休闲养生为例，在休闲养生栏目下还设有咖啡 / 茶社 / 书屋、美容 / 美甲 / 瘦身、健身 / 瑜伽和中医 / 推拿 / 理疗 / 修脚四个栏目，里面都是各个商家的具体信息，包括商家特色、产品介绍、地址和电话等。

以小区知道—八里庄—姚家园微信订阅号为例，该订阅号采取的是推送小区知道微官网的形式来提供服务内容,在栏目设置和栏目内容上与小区知道——首创—万达—华贸—经贸微信订阅号是一样的,只是呈现形式不同而已。详见图4-19。

图4-19　小区知道微信订阅号内容页面

3）发展特色

从小区知道微信平台的服务内容来看,小区知道的微信服务号主要作用是"社交"和"互动",激发平台后用户的积极性;小区知道的微信订阅号则主要是联系商家和用户的信息宣传平台,主要作用是"推广"和"宣传"。

总的来看,由于受限于微信平台的技术瓶颈,小区知道目前只是简单地将线下的商业搬到了线上,并没有很多创新的形式和内容,在社交、生活、互动方面远不及叮咚小区的移动 APP,更像是一个社区广告平台而非真正意义上的"O2O"商务平台（表4-2）。

叮咚小区与小区知道的情况对比　　　　　　　　表 4-2

	叮咚小区	小区知道
技术平台	APP	微信
定位	O2O 平台	—
服务内容	服务站、号码通、论坛、邻居、对话、邀请、二手市场、拼车、宠物、家政、家教	中国好邻居、订餐外卖、居民必备、超市百货、生活服务、优惠信息、休闲养生、母婴早教
覆盖市场	上海、北京	北京、天津
推广渠道	户外广告、物业合作	户外广告
融资规模	1 亿元天使投资	—
公司背景	上海丫丫信息科技有限公司	北京四海欢腾广告有限公司

（二）"社区O2O"模式的主要问题

1. 前期资金投入巨大，经营风险较高

"社区O2O"模式是以实体社区为基础，通过线上构建电子商务平台，连接线下商家和社区居民，从而构建一个社区商务生态圈的模式。这种模式不仅要求有庞大的线下推广和营销队伍，还要有电子商务平台的发展经验。而这两方面都需要巨大的资金投入。从叮咚小区的发展历程来看，仅在在上海1个月的广告投放就达到了1200万元，再加上人力成本和其他支出，1个月的资本投入不会少于2000万元。小区知道尽管目前还没公布其成本投入，但从目前的发展规模和发展速度来看，其资金投入应该也不是小数目。但对于移动互联时代下的电子商务而言，前期巨大的资金投入也并不能保证项目的成功。从公开资料来看，无论是已经连接了1600余家社区便利店的比邻店，还是覆盖上海、北京多个社区的叮咚小区，目前都还处于亏本积累用户的阶段，其他诸如小区管家、小区助手、小区无忧、小区问问等社区平台也都未能找到合适的盈利点，未来叮咚小区、小区知道所代表的两种社区商业模式能否取得成功也都是未知数。

2. 线上小区平台与小区实体物业存在一定程度的冲突

对于目前线上社区平台所提供的如生活服务、社区公告、商家优惠等服务内容，其实很多小区的物业部门都有这类功能，而且物业服务比较完善的住宅小区基本都能做到电话随叫随到。

3. "社区O2O"模式与小区居民的生活习惯不一致

尽管小区居民对于日常的购物消费和基本的生活服务有很强的刚需和黏性，但不同小区的居民的文化素质和生活习惯是不同的。因此，如何针对不同住宅小区的特点个性化的设计相应的服务内容和信息供应方式，将是这些平台未来发展需要解决的难题。

（三）"社区O2O"模式未来的发展路径

1. 在线上基于社区居民大数据的分析设计相应的商业模式、业务形态、产品形态，实现精准营销

在这个互联网思维积极改造传统商业的时代，用户数据是最有价值的资源。与城市中心商业圈相比，社区商业在规模大小、商品种类、服务范围上要略逊一筹。但它自有优势：贴近社区，客户群体固定，有较高的重复购买率和客户忠诚度。通过对一个社区进行大数据的收集和整理，容易分析出当地消费者的个性化需求、阶段性的消费总量。基于此，可以设计出相应的商业模式商业模式、业务形态和产品形式，进而实现精准营销。

2. 在线下基于便民、利民、惠民的服务理念提供标准化、个性化、社交化的服务内容，改造社区生活模式

国外社区商业发展已经比较成熟，开发大都在政府的统一规划下进行，诸如英国、新加坡等国家。而在中国，由于缺乏统一管理，社区商业的开发还存在诸多不足，且与居民需求脱节。未来发展"社区O2O"不仅需要在线上下功夫，还需要在线下基于便民、利民、惠民的服务理念对周边生活服务、社区广告、社区电商、物业增值服务、邻里社交等方面的服务内容进行标准化、个性化、社交化的改造和升级，最大限度满

足社区居民多元、便捷、舒适的消费需求，进而改造传统社区的生活模式，为将来开发更广阔的市场空间奠定基础。

三、新型城镇化背景下中国城市综合体的发展之道

城市综合体（又称 HOPSCA）是将商业、办公、居住、旅店、展览、餐饮、会议、文娱和交通等城市生活空间的各项功能融合在一起，并使各功能能在一个空间范围内相互补充、相互依存，形成放大效应的有机系统。有记载的城市综合体最先诞生于 1986 年巴黎的拉德方斯，是一个集酒店、办公楼、生态公园、购物、会所、高端住宅于一体的城市综合体。从诞生年代与诞生地域来看，良性发展的城市综合体需要极好的城市经济基础与人文环境。城市综合体的基本特点即规模大、功能复杂、基础设施，尤其是交通设施发达，很多城市综合体是作为城市地标的作用出现的，是一个城市绝对典型的代表。也正是由于城市综合体本身具备的特点，配合近年来中国全面推进的城镇化，具有中国特色的城市综合体发展历程正式被推上了历史舞台。

（一）中国城市综合体的发展现状及特点

中国城市综合体的发展以 2003 年为分界线，2003 年开始基本上以购物中心为核心的综合体项目逐渐进入了快速增长阶段，一直到 2013 年，城市综合体基本已经成为各城市的形象代言。在如此短时间内拔地而起如此多的综合体项目，实际是中国当前投资拉动型经济增长模式的直接表现。具体到地方政府，保增长的压力迫使其加大项目投资，而城市综合体由于其功能复合性及土地利用均衡性，成为多数城市尤其是二、三线城市的首选。既可以增加地方投资，又能做成"城市名片"，在这种双重利益驱动下，城市综合体的发展在各城市迅速铺开。中国当前城市综合体的特点主要表现在如下几方面。

1. 城市综合体开发成为地方政府间横向竞争的一项重要指标

地标性建筑的落成，体现城市商业规模的综合体建设，很大程度上是地方得以对外招商引资的"招牌"，也是当前市场化充分发展后城市名片的一个具体体现。这种横向竞争实际使综合体项目的落成脱离了供需关系，造成了非市场选择下的资源、资产浪费。

2. 投资拉动的地方经济发展模式催生了城市综合体的大发展

除了城市间的横向竞争外，投资拉动型的经济增长模式也是催生城市综合体大发展、大繁荣的重要原因。与国外发达经济体的消费增长模式不同，中国人口基数大，虽然近年来的经济增长速度可观，但其增长基本依靠投资拉动，尤其以政府主导的基础设施建设、园区、新区开发为代表。城镇化快速推进后，城市综合体的开发建设也成为地方政府，尤其是二三线城市政府催动投资增长的"利器"，从而引发了城市综合体"遍地开花"的发展态势。

3. 房地产市场的非理性增长为城市综合体的大规模开发提供了市场基础

上述两点既是城市综合体发展的原因，也是其发展过程中的一个典型特点。从市场基础来看，各城市政府不遗余力的开发城市综合体的一个前提是近十多年来城市房

地产市场的非理性增长。价格的不断攀升，市场容量的不断扩张，使开发商具备了撬动城市综合体等大型项目的资金实力，加之地方政府的投资冲动，在政策导向与市场力量的双重作用下，城市综合体的大规模开发建设成为必然。

（二）中国当前城市综合体存在的主要问题

1.城市综合体呈现简单复制特点，缺乏个性规划

中国城市综合体当前存在的一个主要问题是城市间、项目间简单复制，缺乏个性规划，犹如各城市对外定位中频繁出现的"国际城市""金融中心"等概念一样，缺乏特色的彰显。城市综合体本质上是对区域内城市特色的集中反映，将一个城市最优质的资源、区位特点向外界进行展示，而不注重前期规划，千篇一律的重复恰恰是忽视了城市综合体超脱于物质实体的品牌打造效应。

2.城市综合体开发规模缺乏合理的边界测算且定位不清

综合体项目应是在衡量区域商业性、人口承载力的基础上确定规模及发展边界，但是现实来看，没有精准定位追求大而全是各城市发展综合体项目的普遍特点，这种现象一方面导致一些二三线城市的综合体项目招租不力，出现"空城""鬼城"；另一方面也对区域资源资产造成了浪费。

3.城市综合体人文特色体现不明确、产能支撑不够有悖于新型城镇化的总体目标

一方面，城市综合体发展存在的盲目、贪大求全问题，导致各个项目简单复制，从而其本身应该反映的城市人文特色不足。另一方面，地方城市政府将城市综合体的发展当成形象工程去推进，忽略了综合体发展所需的产业支撑，直接导致城市的产能基础不充足，最终影响了综合体项目的健康、良性发展。这种发展思路也与当前推崇的新型城镇化提倡人文特色、提倡产业转型发展的总体目标相悖。

（三）对于新型城镇化背景下城市综合体发展的建议

1.重视科学定位与合理规划，切实围绕城市综合体体现城市特点，打造"城市名片"

合理发展城市综合体要以科学定位与合理规划为前提，这里的科学定位主要是指项目的整体发展要与城市特点相契合，近年来中国城市综合体多以借鉴国外案例为主，忽视了城市自身的人文、自然特色，直接导致了缺乏个性、千篇一律的发展。

2.以需求定供给，综合体项目应该是城镇化发展到一定阶段自然出现的，并非是提高地方城镇化水平的硬性指标

发展城市综合体应该从需求出发确定供给，在合理衡量当地人口基础、消费力及城市总体商业性的基础之上确定合理的项目规模。以经济发展水平、产业结构、人口消费力支撑综合体项目的良性发展，反过来综合体项目的科学运营为城市带来增量流动性及有效投资，必须杜绝现状下以开发城市综合体作为地方城镇化水平硬性指标的逆向思维。

3.增强城市产业基础，为综合体项目的良性发展提供产业支撑

地方政府在发展城市综合体前要首先衡量城市自身的产业基础，明确产业主打方向，培育优势产业，特别是有效协调二三产业的产业平衡，在合理的产业发展规划基础上推进综合体项目落地，实现综合体对产业发展的引导及产业发展对综合体支撑的"双赢"局面。

　　城市综合体是城镇化发展到一定阶段必然出现的产物，是城市功能与特色的浓缩和精华。很大程度上，它应该体现的是城市发展的软实力，恰如新型城镇化对人文要素的重视，当前将综合体项目作用"硬化"为城镇化率的错误思维须尽快扭转，以规模、特色定项目标准，要将城市综合体真正打造成城市的品牌，将单个项目的效应提升到整体城市发展层面上来。

第四节　商业地产区域市场深度分析——以北京市为例

　　北京的商业地产市场集聚了全国最有实力和经验的商业地产开发商，发展时间较长，整个市场无论是在规模还是成熟度都处于全国领先，其商业地产的发展和变化对全国都具有风向标式的意义。近年来，中国的商业地产市场在住宅调控政策的影响下逆市生长，各地方新的商业项目不断涌现，与此同时，在电子商务和消费习惯转变的冲击下，中国的商业地产也出现诸多变化，一些创新业态和独特项目在市场上崭露头角。在新形势下深入研究北京商业地产市场的特点、变化和规律，对于把握中国商业地产市场的发展趋势，研判未来商业地产的发展路径具有参考意义。

　　因此，笔者有针对性地选择了北京市19个不同区域、不同商圈、不同类型的购物中心进行实地调研，获取了54万平方米（调研品牌门店总面积）、3764家门店、2299个品牌的相关数据和资料，力图描绘出北京商业地产市场的发展概貌，为行业参与者提供有益的启发。

一、北京重点商圈购物中心概况

　　笔者有针对性地选取了北京市19个购物中心，其中，朝阳区选取了10个，西城区选取了2个，东城区选取了1个，海淀区选取了4个，石景山区选取了1个，昌平区选取了1个。在商圈分布上，CBD商圈有4个，中关村商圈有3个，太阳宫商圈有2个，传统的亚奥商圈、朝青商圈、双井商圈、安贞商圈、西单商圈、西直门商圈、东直门商圈、公主坟商圈各1个，在石景山和昌平两个郊区的新商圈也各有1个。具体情况如表4-3所示。

北京购物中心调研项目一览表　　　　表4-3

编号	项目名称	所属商圈	总体定位	总体量（m²）	商业体量（m²）	开业时间	位置
1	北京石景山万达广场	石景山新商圈	填补石景山区域内的商业空白，不断向周边区域辐射，石景山区乃至北京西部地区新的商业航母	480635	282300	2008年12月	石景山区

续表

编号	项目名称	所属商圈	总体定位	总体量（m²）	商业体量（m²）	开业时间	位置
2	金隅·万科广场	昌平新商圈	汇集餐饮、娱乐、购物、社交于一体、都心型购物中心	138000	96000	2013年11月	昌平区
3	世贸天阶	CBD商圈	结合美食、娱乐、空间艺术、时尚信息橱窗以满足看、听、嗅、味、触的全感官之旅的休闲购物场所	228000	80000	2006年12月	朝阳区
4	双子座购物中心	CBD商圈	集购物、饮食、休闲、健身场所的综合性购物中心，都市时尚女性的购物天堂	508500	48000	2007年9月	朝阳区
5	新光天地	CBD商圈	北京潮流风向标，面向高端商务人群以及周边高端居住人群	190000	120000	2007年4月	朝阳区
6	银泰中心	CBD商圈	高品位商业综合体，目标群体五百强企业高级首脑，高级白领及五星级酒店、高级公寓的尊贵客人等	360000	52199	2008年10月	朝阳区
7	爱琴海购物中心	太阳宫商圈	精品生活体验式购物中心，满足周边居民的家庭生活消费需求，为京城东北部居民提供"美食城娱乐"和"区域家庭休闲中心"	130000	65097	2013年10月	朝阳区
8	百盛购物中心·太阳宫	太阳宫商圈	北三环的时尚地标，太阳宫商圈的时尚代言人，主要面向高端消费人士	100000	68200	2010年9月	朝阳区
9	北辰购物中心·亚运村	亚奥商圈	集购物、美食、社区服务等多种功能为一体的大型购物中心，大众生活提案者	30000	18000	1990年9月	朝阳区
10	大悦城·朝阳	朝青商圈	"年轻、时尚、潮流、品位"的"品质时尚生活中心"	400000	230000	2010年5月	朝阳区
11	北京富力广场	双井商圈	国贸地区"后花园"，双井及其周边传统大型社区配套商业设施	167000	100000	2008年7月	朝阳区
12	安贞华联购物中心	安贞商圈	集购物、休闲、餐饮、娱乐为一体，注重于商品的多样化、个性化、时尚化，引导潮流、引导消费	43442	41000	2002年3月	朝阳区

编号	项目名称	所属商圈	总体定位	总体量（m²）	商业体量（m²）	开业时间	位置
13	大悦城·西单	西单商圈	国际化青年城，彰显年轻一族的时尚与活力	205000	115000	2008年2月	西城区
14	凯德MALL·西直门	西直门圈	交通枢纽上的购物中心，锁定追求"时尚，潮流"的年轻人群，名副其实的活力购物天堂	264000	90000	2005年3月	西城区
15	东方银座	东直门商圈	东直门乃至整个北京城的时尚策源地，品牌企业与上层人士的品位标签	160000	32000	2007年1月	东城区
16	凯德MALL·翠微	公主坟商圈	综合性的大型购物中心，但以餐饮和娱乐为主打	2853000	101446	2010年4月	海淀区
17	华宇时尚购物中心	中关村商圈	青春、时尚，现代化购物中心，面向年轻时尚一族、商务白领人士	30000	25000	2004年5月	海淀区
18	欧美汇购物中心	中关村商圈	中关村区域中高档消费聚集地，主要面向中关村西区的商务人士、白领阶层，海淀区域内年轻时尚群体等	53000	40000	2010年9月	海淀区
19	新中关购物中心	中关村商圈	主要针对商圈办公白领阶层，业态极为丰富，为时尚人士提供休闲购物场所	100000	47000	2004年11月	海淀区

二、北京购物中心市场业态分析

（一）总体业态分布以零售为主

1. 按门店数量

按门店数量统计，此次调研的 19 个购物中心共有 3764 个门店，业态类型覆盖了从小至几平方米的 ATM 机、彩票站到 2000～6000 平方米的电影院、3000～10000 平方米的百货超市。从统计结果来看，服装业态的比例是最高的，达到了 33.48%；其次是餐饮业态，占比 15.12%；第三是鞋/箱包业态，占比 12.78%；第四是钟表/珠宝/饰品业态，占比 10.44%；第五是护理/化妆品/美容，占比 9.38%。零售型业态（包括服装、鞋/箱包、童装/玩具、钟表/珠宝/饰品、电器影音、家居生活和百货/超市）占比为 67.61%，而体验型业态（包括餐饮、护理/化妆品/美容和休闲娱乐）占比为 26.49%。具体情况如图 4-20 所示。

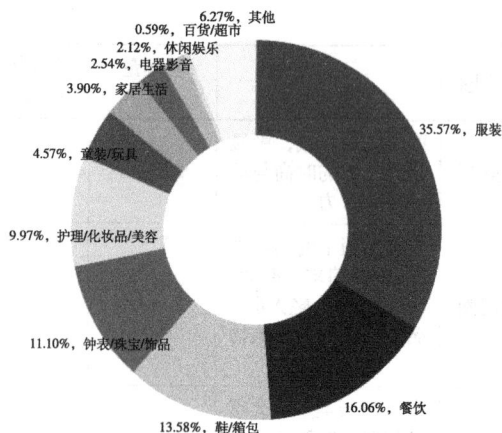

图 4-20　北京 19 个购物中心业态分布结构（按门店数量）

与世联地产 2012 年对全国 102 个购物中心调研分析后所做的《中国购物中心品牌发展报告》中的数据（服装 41%，餐饮 14%，鞋/箱包 9%，钟表/珠宝/饰品 9%，护理/化妆品/美容 7%，童装/玩具 5%，家居生活 4%，电器影音 3%，休闲娱乐 1%，百货/超市 1%）相比，北京的服装、童装/玩具、电器影音和家居生活和百货/超市 5 种业态比例低于全国平均水平；餐饮、鞋/箱包、钟表/珠宝/饰品、护理/化妆品/美容和休闲娱乐 5 种业态比例高于全国平均水平。就零售与体验型业态的比例而言，北京的零售业态占比(67.61%)也略低于全国平均水平(72%)；而体验型业态占比(26.49%)则略高于全国平均水平（22%）。总的来看，北京市商业地产市场的业态结构还是以零售为主，但体验型业态的比例高于全国平均水平。

2. 按门店面积

按门店面积统计，此次调研的 19 个购物中心所有商铺的面积为 542175.28 平方米，其中，服装业态的比例最高，达到 25.04%；其次是餐饮业态，占比 23.28%；第三是百货/超市业态，占比 12.04%；第四是休闲娱乐业态，占比 11.85%；第五是护理/化妆品/美容业态，占比 5.92%。具体情况如图 4-21 所示。

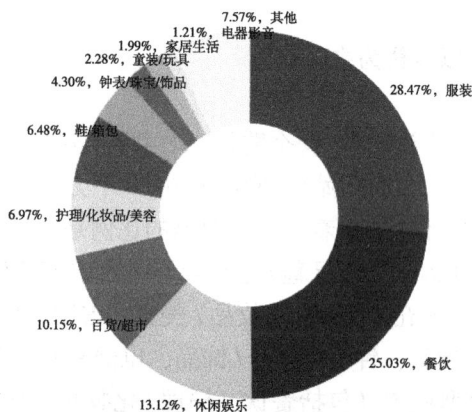

图 4-21　北京 19 个购物中心业态分布结构（按门店面积）

从统计结果来看，以服装、鞋/箱包、童装/玩具、钟表/珠宝/饰品、电器影音、家居生活和百货/超市业态所代表的零售业态占比为54.88%；而以餐饮、护理/化妆品/美容和休闲娱乐业态所代表的体验型业态占比为45.12%，尽管按门店数量统计零售业态是体验型业态的两倍多，但从门店面积统计两者近乎平分秋色。以百货/超市为例，尽管百货/超市的门店数量少，但门店面积大，在19个购物中心总体业态中占比10.15%，可见，百货/超市在目前的北京购物中心市场上仍占据着重要地位。

（二）各购物中心业态差异化分布

1. 服装业态

按门店数量统计，在这19家购物中心中，新光天地的服装门店最多，其次是百盛购物中心·太阳宫，第三是大悦城·朝阳。在业态占比（按门店数量）上，安贞华联购物中心的服装业态比例最高，达到了52.25%；其次是北辰购物中心·亚运村，48.35%；第三是百盛购物中心·太阳宫，42.34%。可以看出，百盛购物中心·太阳宫无论是在服装门店的数量还是服装业态占比在19个购物中心中都处于前列。具体如图4-22所示。

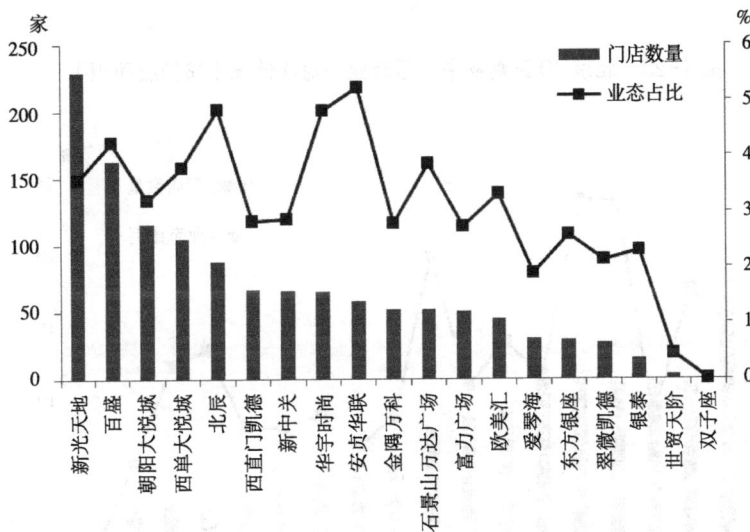

图4-22　北京19家购物中心服装业态对比情况（按门店数量）

按门店面积统计，在这19家购物中心中，服装门店总面积最大的是新光天地，其次是大悦城·西单，第三是大悦城·朝阳。在业态占比（按门店面积）上，安贞华联购物中心的服装业态比例最高，达到了60.50%；其次是华宇时尚购物中心，57.84%；第三是百盛购物中心·太阳宫，50.30%。具体如图4-23所示。

2. 鞋/箱包业态

按门店数量统计，在这19家购物中心中，百盛购物中心·太阳宫的鞋/箱包门店最多，其次是北辰购物中心·亚运村，第三是朝阳大悦城。在业态占比（按门店数量）上，华宇时尚购物中心和石景山万达广场的鞋/箱包业态比例最高，达到23.70%；其次是安贞华联购物中心，19.82%；第三是北辰购物中心·亚运村，17.58%。具体情况如图4-24所示。

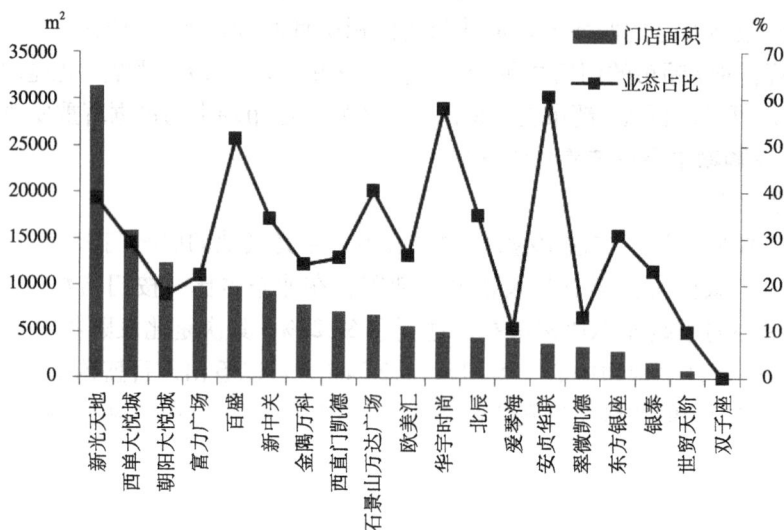

图4-23 北京19家购物中心服装业态对比情况（按门店面积）

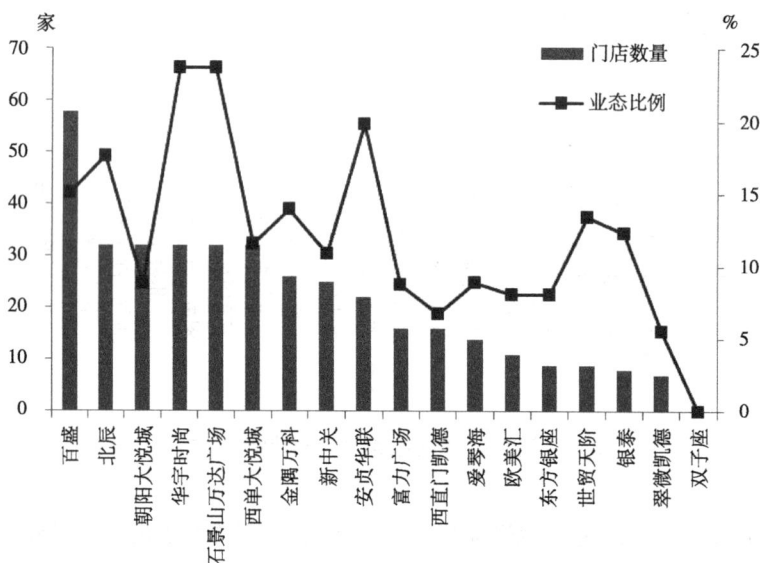

图4-24 北京19家购物中心鞋/箱包业态对比情况（按门店数量）

按门店面积统计，在这19家购物中心中，鞋/箱包门店总面积最大的依然是新光天地，其次是百盛购物中心·太阳宫，第三是金隅·万科广场。在业态占比（按门店面积）上，鞋/箱包业态比例最高的是百盛购物中心·太阳宫，达到了15.02%；其次是华宇时尚购物中心，12.86%；第三是银泰中心，12.21%。具体情况如图4-25所示。

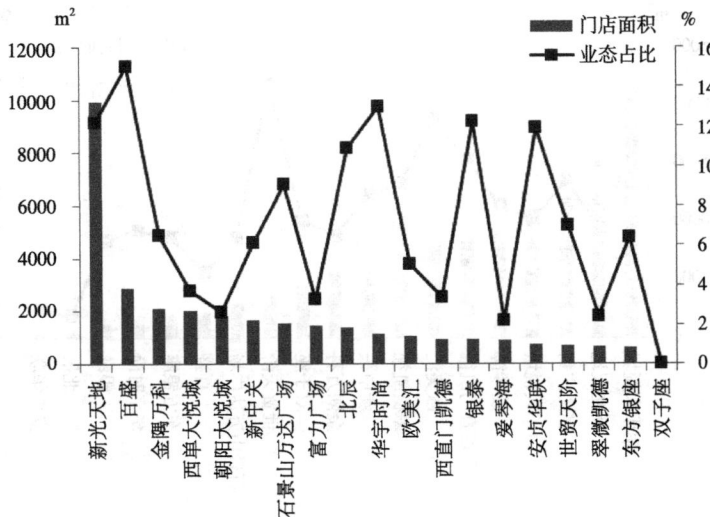

图 4-25　北京 19 家购物中心鞋 / 箱包业态对比情况（按门店面积）

3. 餐饮业态

按门店数量统计，在这 19 家购物中心中，大悦城·朝阳的餐饮门店数量是最多的，其次是爱琴海购物中心，第三是凯德 MALL·西直门。在业态占比（按门店数量）上，双子座购物中心的餐饮业态比例最高，达到 50.00%；其次是爱琴海购物中心，37.97%；第三是世贸天阶，32.84%。具体情况如图 4-26 所示。

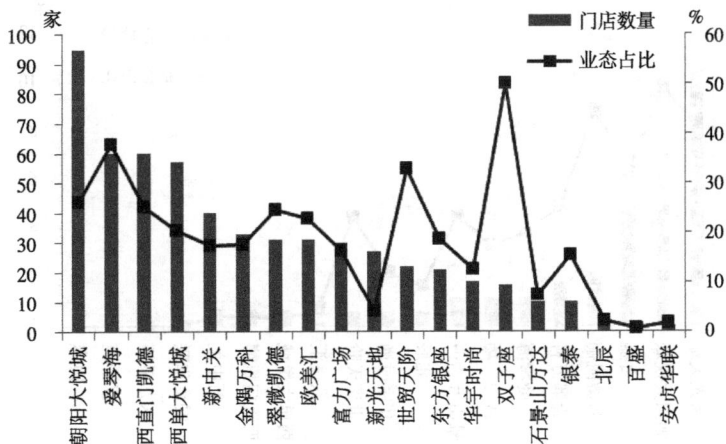

图 4-26　北京 19 家购物中心餐饮业态对比情况（按门店数量）

按门店面积统计，在这 19 家购物中心中，大悦城·朝阳的餐饮门店总面积最大，其次是新光天地，第三是富力广场。在业态占比（按门店面积）上，餐饮业态占比最高的是世贸天阶，达到 43.82%；其次是欧美汇购物中心，37.65%；第三是大悦城·朝阳，32.52%。具体情况如图 4-27 所示。

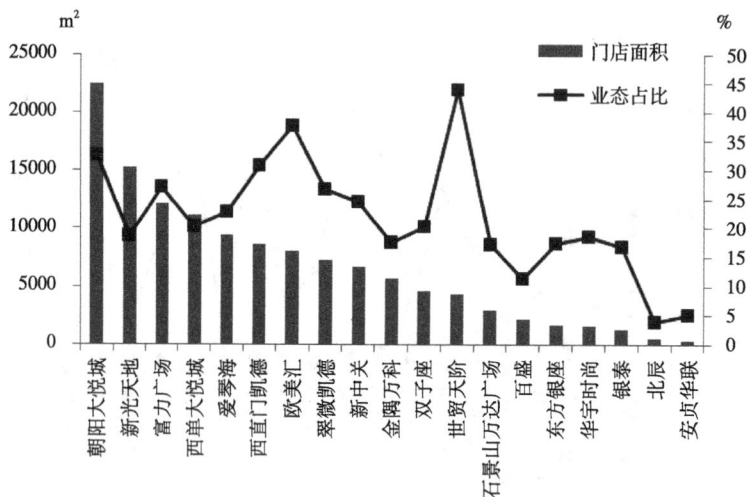

图 4-27　北京 19 家购物中心餐饮业态对比情况（按门店面积）

4. 童装 / 玩具

按门店数量统计，在这 19 家购物中心中，新光天地的童装 / 玩具门店数量最多，其次大悦城·朝阳，第三是百盛购物中心·太阳宫。在业态占比（按门店数量）上，大悦城·朝阳的童装 / 玩具业态比例最高，达到 9.64%，其次是凯德 MALL·翠微，8.73%；第三是新光天地，8.07%。具体情况如图 4-28 所示。

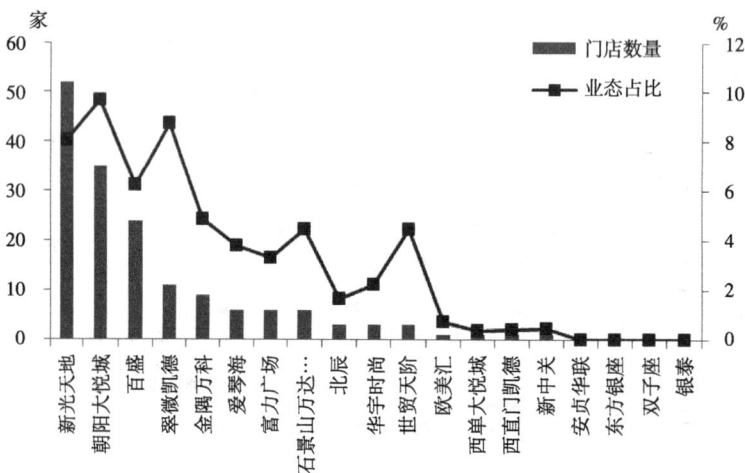

图 4-28　北京 19 家购物中心童装 / 玩具业态对比情况（按门店数量）

按门店面积统计，在这 19 家购物中心中，童装 / 玩具门店总面积最大的是大悦城·朝阳，其次是新光天地，第三是百盛购物中心·太阳宫。在业态占比（按门店面积）上，百盛购物中心·太阳宫的童装 / 玩具业态比例最高，达到 6.06%；其次是大悦城·朝阳，5.10%；第三是新光天地，3.84%。具体情况如图 4-29 所示。

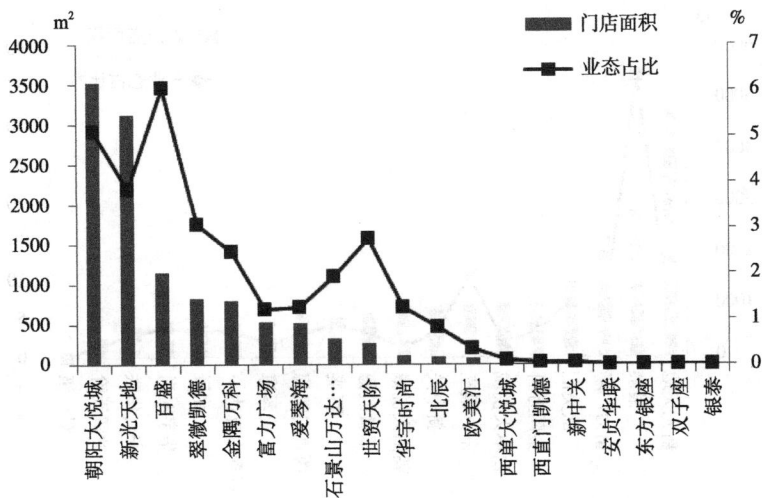

图 4-29　北京 19 家购物中心童装 / 玩具业态对比情况（按门店面积）

5. 钟表 / 珠宝 / 饰品

按门店数量统计，在这 19 家购物中心中，新光天地的钟表 / 珠宝 / 饰品门店数量最多，其次是百盛购物中心，第三是大悦城·西单。在业态占比（按门店数量）上，银泰中心的钟表 / 珠宝 / 饰品业态比例最高，达到 36.92%；其次是东方银座，16.07%；第三是欧美汇购物中心，13.24%。如图 4-30 所示。

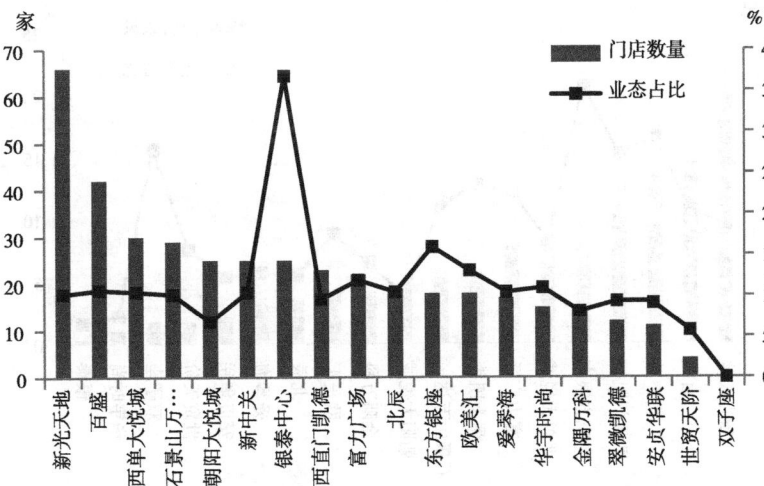

图 4-30　北京 19 家购物中心钟表 / 珠宝 / 饰品业态对比情况（按门店数量）

按门店面积统计，在这 19 家购物中心中，钟表 / 珠宝 / 饰品门店总面积最高的是新光天地，其次是银泰购物中心，第三是富力广场。在业态占比（按门店面积）上，银泰中心的钟表 / 珠宝 / 饰品业态占比最高，达到 36.12%；其次是东方银座，10.41%；第三是欧美汇购物中心，6.97%。具体情况如图 4-31 所示。

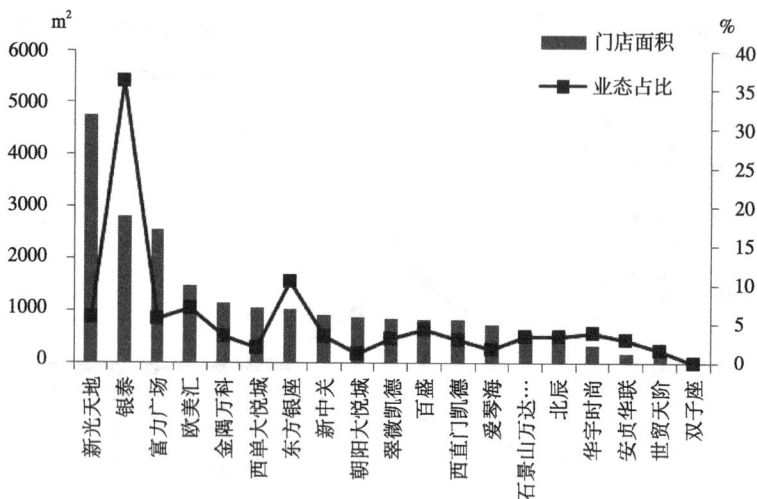

图 4-31　北京 19 家购物中心钟表 / 珠宝 / 饰品业态对比情况（按门店面积）

6. 护理 / 化妆品 / 美容

按门店数量统计，在这 19 家购物中心中，新光天地的护理 / 化妆品 / 美容门店数量最多，其次是百盛购物中心·太阳宫，第三是新中关购物中心。在业态占比（按门店数量）上，东方银座的护理 / 化妆品 / 美容业态比例最高，达到 20.54%；其次是新中关购物中心，16.52%；第三是双子座购物中心，15.63%。具体情况如图 4-32 所示。

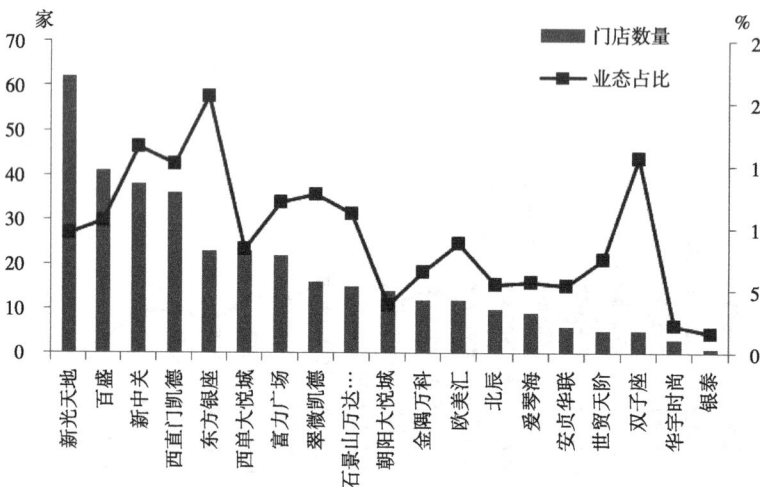

图 4-32　北京 19 家购物中心护理 / 化妆品 / 美容业态对比情况（按门店数量）

按门店面积统计，在这 19 家购物中心中，护理 / 化妆品 / 美容门店总面积最大的是新光天地，其次是双子座购物中心，第三是大悦城·朝阳。在业态占比（按门店面积）上，双子座购物中心的护理/化妆品/美容业态占比最高，达到 24.25%，其次是东方银座，19.11%；第三是欧美汇购物中心，8.93%。具体情况如图 4-33 所示：

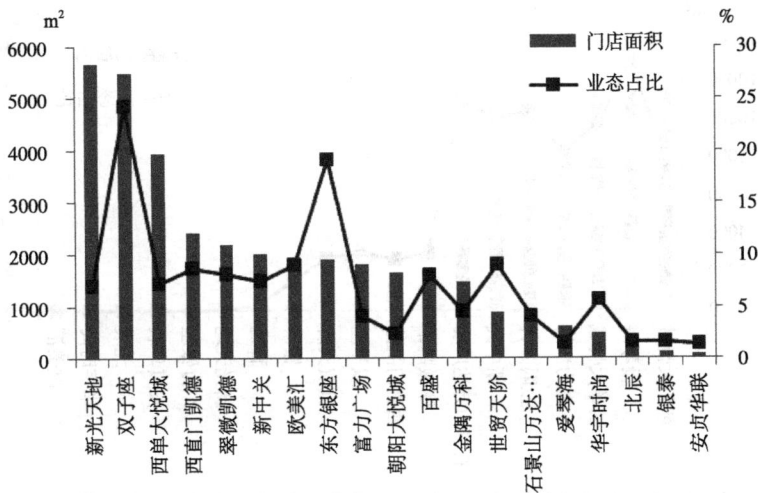

图 4-33　北京 19 家购物中心护理 / 化妆品 / 美容业态对比情况（按门店面积）

7. 休闲娱乐

按门店数量统计，在这 19 家购物中心中，金隅万科广场的休闲娱乐门店数量最多，其次是大悦城·朝阳，第三是富力广场。在业态占比（按门店数量）上，金隅万科广场的休闲娱乐业态占比最高，达到 10.75%；其次是富力广场，6.01%；第三是凯德MALL·翠微，5.56%。具体情况如图 4-34 所示。

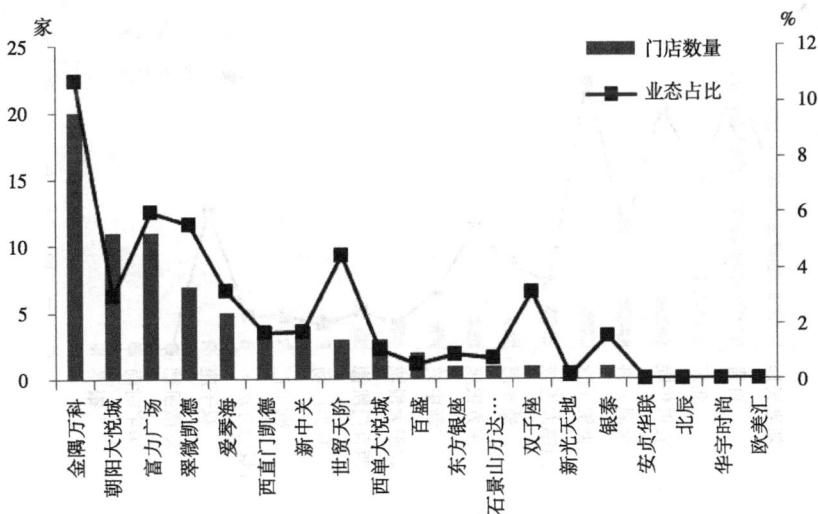

图 4-34　北京 19 家购物中心休闲娱乐业态对比情况（按门店数量）

按门店面积统计，在这 19 家购物中心中，休闲娱乐门店总面积最大的是大悦城·朝阳，其次是爱琴海购物中心，第三是大悦城·西单。在业态占比（按门店面积）上，爱琴海购物中心的休闲娱乐业态比例最高，达到 27.83%；其次是石景山万达广场，23.40%；第三是金隅·万科广场，22.32%。具体情况如图 4-35 所示。

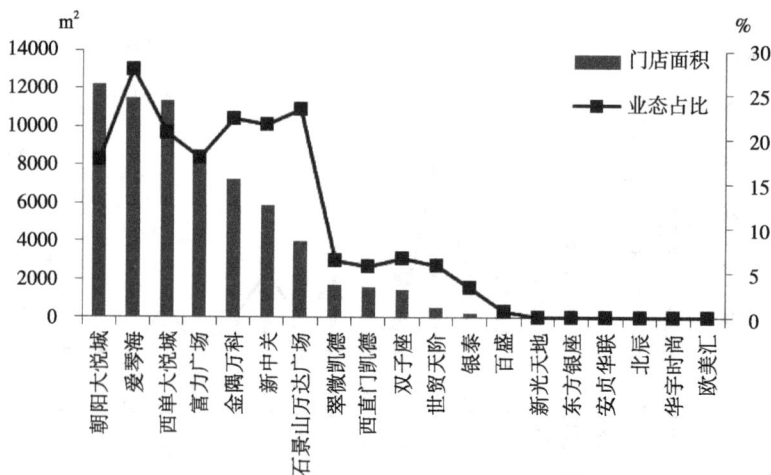

图 4-35　北京 19 家购物中心休闲娱乐业态对比情况（按门店面积）

8. 电器影音

按门店数量统计，在这 19 家购物中心中，新光天地的电器影音门店数量最多，其次是百盛购物中心·太阳宫，第三是北辰购物中心·亚运村。在业态占比（按门店数量）上，世贸天阶和百盛购物中心·太阳宫的电器影音业态比例最高，5.97%；其次是安贞华联购物中心，5.41%；第三是新光天地，3.73%。具体情况如图 4-36 所示。

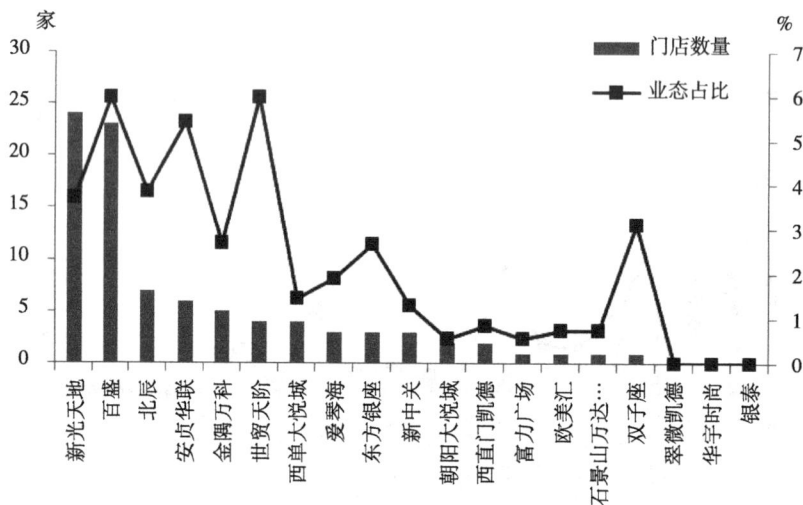

图 4-36　北京 19 家购物中心电器影音业态对比情况（按门店数量）

按门店面积统计，在这 19 家购物中心中，电器影音门店总面积最高的是新光天地，其次是大悦城·西单，第三是金隅·万科广场。在业态占比（按门店面积）上，安贞华联购物中心的电器影音业态比例最高，达到 4.94%；其次是新光天地，2.93%；第三是东方银座，2.43%。具体情况如图 4-37 所示。

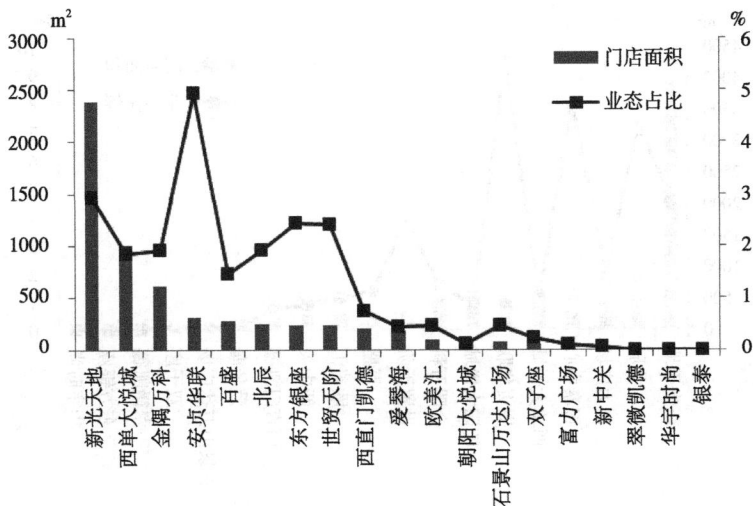

图 4-37　北京 19 家购物中心电器影音业态对比情况（按门店面积）

9. 家居生活

按门店数量统计，在这 19 家购物中心中，新光天地的家居生活门店数量最多，其次是百盛购物中心·太阳宫，第三是北辰购物中心·亚运村。在业态占比（按门店数量）上，银泰中心的家居生活业态比例也是最高的，达到 9.89%；其次是北辰购物中心·亚运村，9.23%；第三是百盛购物中心·太阳宫，7.27%。具体情况如图 4-38 所示。

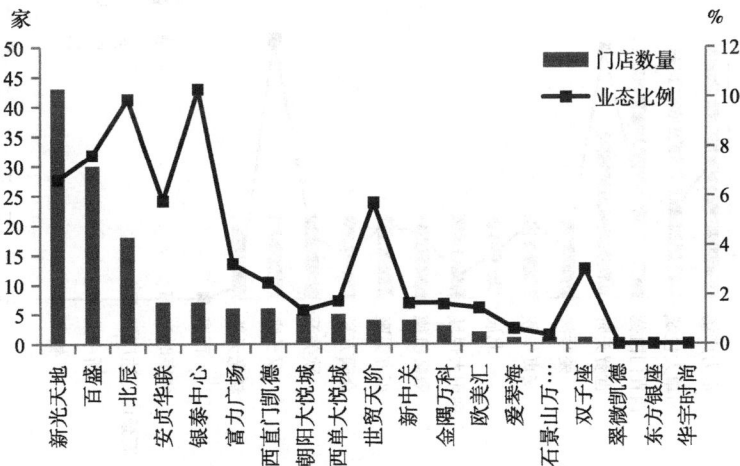

图 4-38　北京 19 家购物中心家居生活业态对比情况（按门店数量）

按门店面积统计，在这 19 家购物中心中，家居生活门店总面积最大的是新光天地，其次是北辰购物中心·亚运村，第三是富力广场。在业态占比（按门店面积）上，安贞华联购物中心的家居生活业态比例最高，达到 9.84%；其次是银泰中心，7.19%；第三是北辰购物中心·亚运村，7.07%。具体情况如图 4-39 所示。

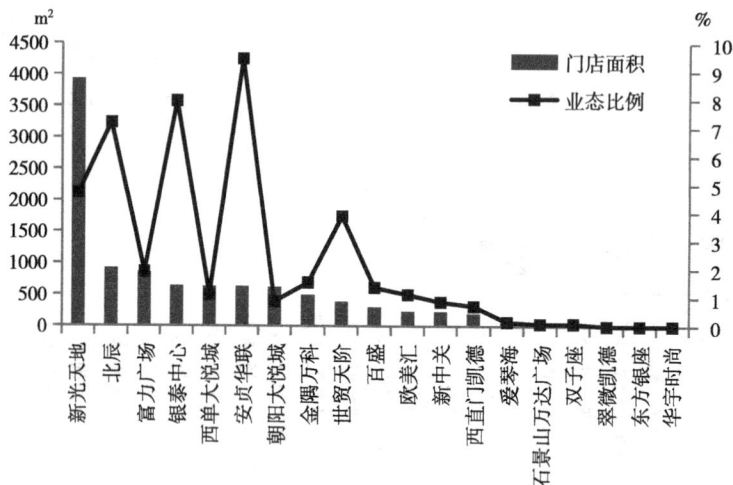

图 4-39　北京 19 家购物中心家居生活业态对比情况（按门店面积）

10. 百货 / 超市

按门店数量统计，在这 19 家购物中心中，富力广场、大悦城·西单和凯德 MALL·西直门的百货 / 超市门店最多。在业态占比（按门店数量）上，双子座的百货 / 超市业态占比最高，达到 3.13%；其次是世贸天阶，2.99%；第三是富力广场，1.64%。具体情况如图 4-40 所示。

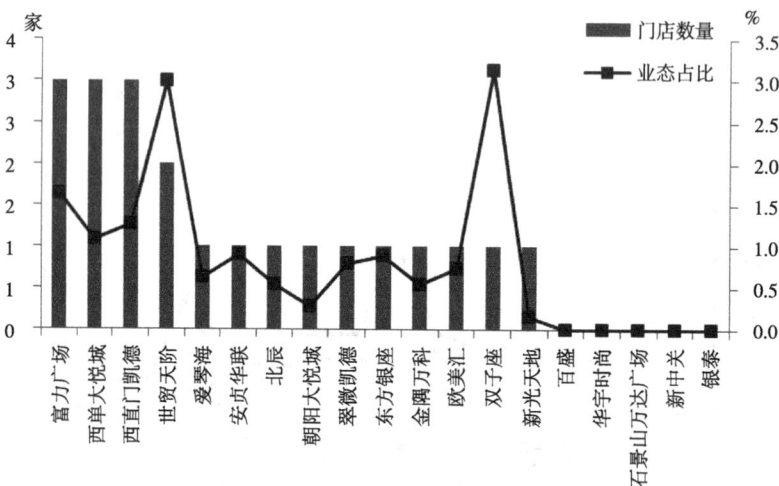

图 4-40　北京 19 家购物中心百货超市业态对比情况（按门店数量）

按门店面积统计，在这 19 家购物中心中，百货超市门店总面积最大的是石景山万达广场，其次是爱琴海购物中心，第三是凯德 MALL·翠微。在业态占比（按门店面积）上，北辰购物中心·亚运村的百货超市业态比例最高，35.16%；其次是凯德 MALL·翠微，31.30%；第三是爱琴海购物中心，24.20%。具体情况如图 4-41 所示。

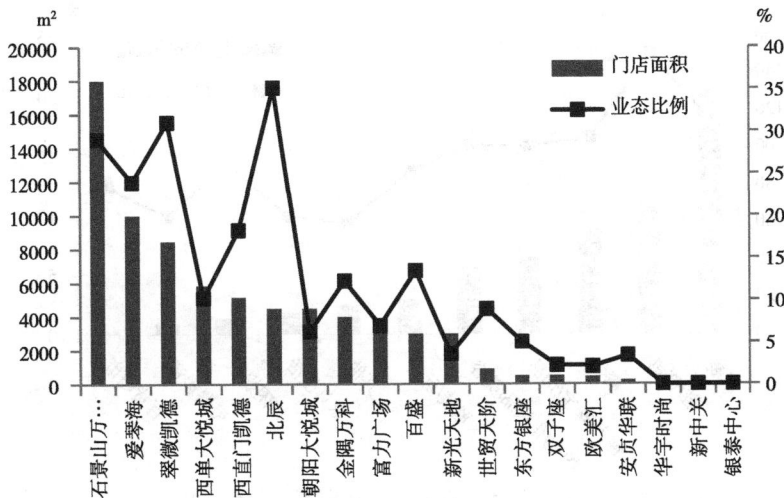

图 4-41 北京 19 家购物中心百货超市业态对比情况（按门店面积）

三、北京购物中心市场品牌分析

（一）总体品牌集中度低

1. 连锁品牌数量低于全国平均水平

在对北京 19 家购物中心的品牌数据进行统计后，连锁品牌（品牌门店拥有 3 个及以上）数量占到所有品牌总量的 13.40%；连锁品牌的门店数量则占到了所有品牌门店数量的 38.66%。这两个比例都低于世联地产《2012 年中国购物中心品牌发展报告》中的统计平均水平（连锁品牌数量占比 17%，连锁品牌门店数量占比 57%）。说明一方面，连锁品牌在北京购物中心市场占据着重要的地位和市场份额，另一方面，目前北京的购物中心市场的品牌集中度较低。

2. 服装业态的连锁品牌数量最多，鞋 / 箱包业态的连锁程度最高

根据对北京市 19 个购物中心的品牌统计，服装业态的连锁品牌数量最多，其次是鞋 / 箱包业态，第三是护理 / 化妆品 / 美容。在连锁品牌数量的业态占比上，连锁程度最高的是鞋 / 箱包业态，连锁比达到 23.53%；其次是服装业态，连锁占比为 18.26%；第三是餐饮，连锁占比为 16.52%。见图 4-42。

3. 国际连锁品牌的连锁规模远超中国连锁品牌

在国别分布上，中国品牌（本书的中国品牌特指中国内地地区的品牌，不包含中国香港和台湾地区）在所有品牌中的占比为 54.76%，国际品牌（本书的国际品牌特指除中国内地地区以外的国家和地区，以及中国香港和台湾地区品牌）占比 45.24%；中国连锁品牌在所有连锁品牌中的占比为 39.29%，国际连锁品牌的占比为 60.71%。这说明在北京购物中心市场上，尽管中国品牌数量众多，但知名的连锁品牌少，国际连锁品牌在连锁规模上更高。

根据对北京市 19 个购物中心的品牌统计，在国际连锁品牌的地区分布上，美国的连锁品牌数量最多，其次是中国香港地区，第三是日本。见图 4-43。

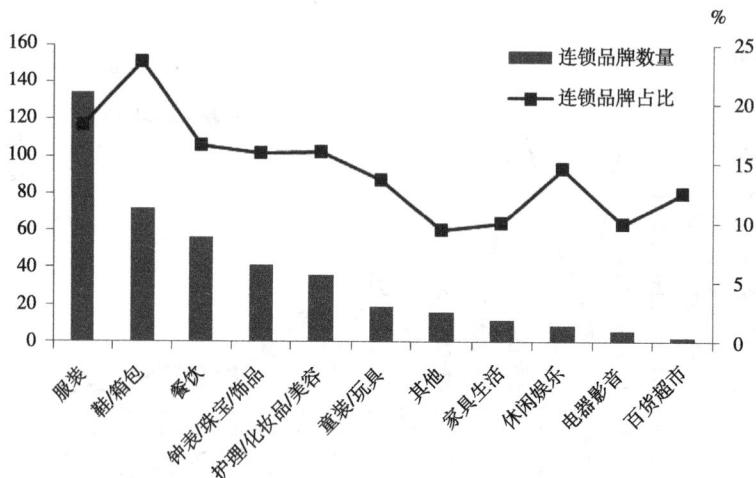

图 4-42　各业态品牌分布结构 ❶

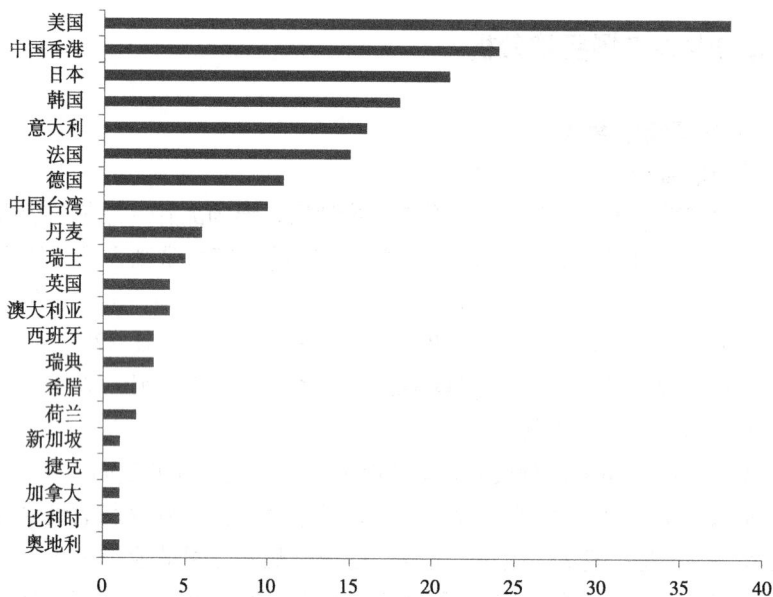

图 4-43　连锁品牌国家、地区分布情况（按品牌数量）

对中国连锁品牌的门店数量统计，在所调研的北京19个购物中心中，AIMER（爱慕）的门店数量最多，其次是Belle（百丽），第三是爱美丽。在中国连锁品牌TOP5（按门店数量统计）中，服装业态的连锁品牌有8个，鞋/箱包业态的连锁品牌有2个，钟表/珠宝/饰品和餐饮各1个。见图4-44。

对国际连锁品牌的门店数量统计，在所调研的北京19个购物中心中，Calvin Klein的门店数量最多，其次是NIKE，第三是阿迪达斯。在国际连锁品牌TOP5（按

---

❶ 连锁品牌占比＝业态连锁品牌数量/业态品牌总数量

门店数量统计）中，服装业态的连锁品牌有 6 个，餐饮业态的连锁品牌有 2 个，护理 /
化妆品 / 美容有 1 个。见图 4-45。

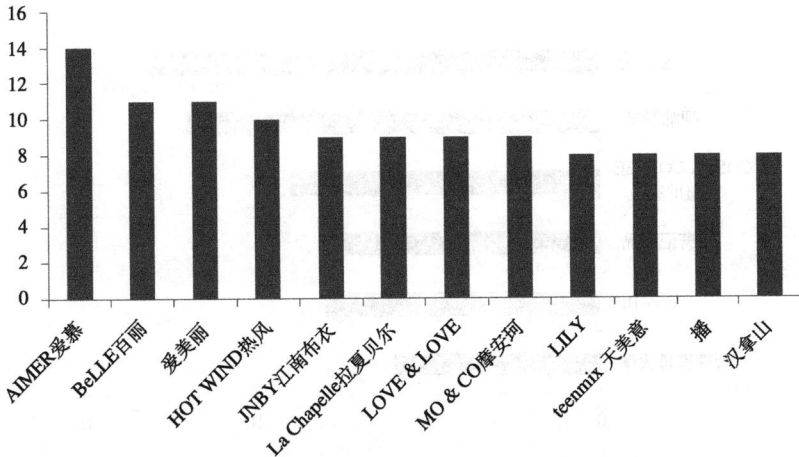

图 4-44　中国连锁品牌 TOP5（按门店数量统计）

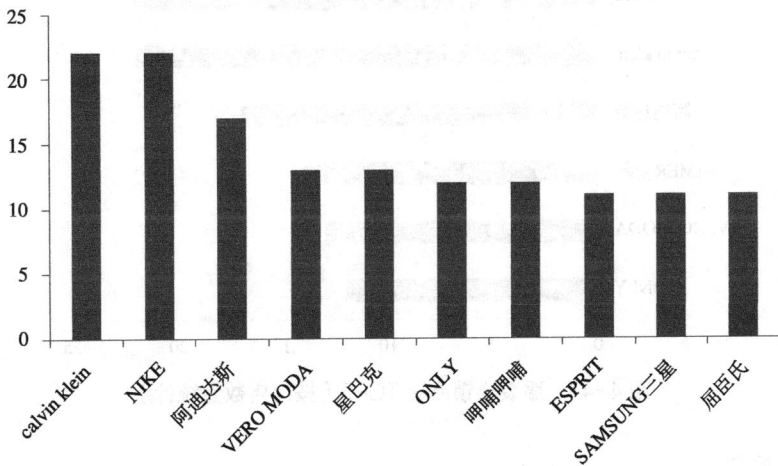

图 4-45　国际连锁品牌 TOP5（按门店数量统计）

（二）国际品牌的市场份额比国内品牌高

1. 餐饮

在餐饮连锁品牌中，星巴克在这 19 家购物中心开的门店数量最多，达到 13 家；
其次是呷哺呷哺，12 家；第三是 COSTA COFFEE，9 家。从餐饮连锁品牌在北京 19
家购物中心的门店数量 TOP5 的情况来看，汉拿山和新辣道鱼火锅是中国品牌，其他
都是国际连锁品牌。见图 4-46。

2. 服装

在服装连锁品牌中，NIKE 和 Calvin Klein 在这 19 家购物中心开的门店数量最多，

达到 22 家；其次是阿迪达斯，17 家；第三是 AIMER（爱慕），14 家。从服装连锁品牌在北京 19 家购物中心的门店数量 TOP5 的情况来看，除 Aimer（爱慕）是中国品牌外，其他都是国际连锁品牌。见图 4-47。

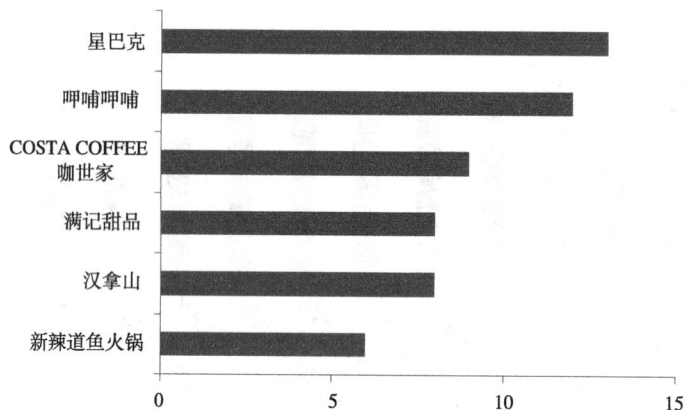

图 4-46　餐饮连锁品牌 TOP5（按门店数量统计）

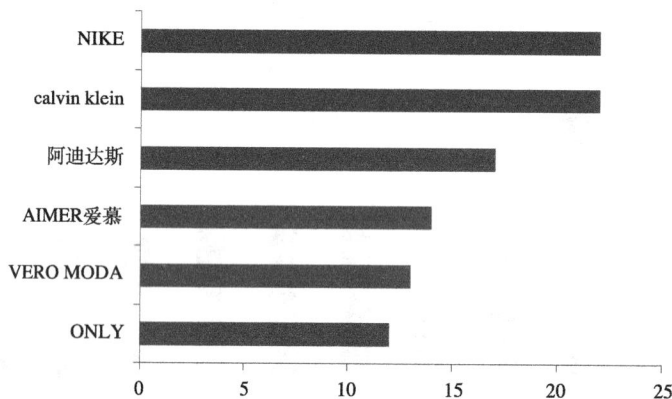

图 4-47　服装连锁品牌 TOP5（按门店数量统计）

3. 鞋 / 箱包

在鞋 / 箱包连锁品牌中，Belle（百丽）在这 19 家购物中心开的门店数量最多，达到 11 家；其次是 STACCATO（思加图），10 家；第三是 Crocs（卡骆驰），8 家。从鞋 / 箱包连锁品牌在北京 19 家购物中心的门店数量 TOP5 的情况来看，除 Belle（百丽）和 teenmix（天美意）是中国品牌外，其他都是国际连锁品牌。见图 4-48。

4. 护理 / 化妆品 / 美容

在护理 / 化妆品 / 美容连锁品牌中，屈臣氏在这 19 家购物中心开的门店数量最多，达到 11 家；佰草集、SEPHORA（丝芙兰）和 AFU（阿芙）并列第二，7 家；林清轩和 CAMENAE（嘉媚乐）并列第三，6 家。从护理 / 化妆品 / 美容连锁品牌在北京 19 家购物中心的门店数量 TOP5 的情况来看，中国品牌较多，有佰草集、林清轩、嘉媚乐、进巅美甲和必瘦站 5 个，其他都是国际连锁品牌。见图 4-49。

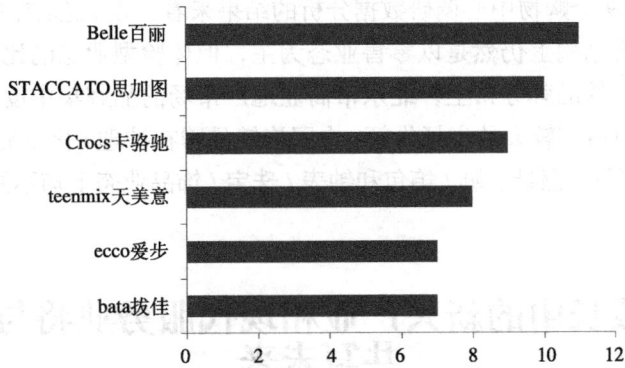

图 4-48　鞋 / 箱包连锁品牌 TOP5（按门店数量统计）

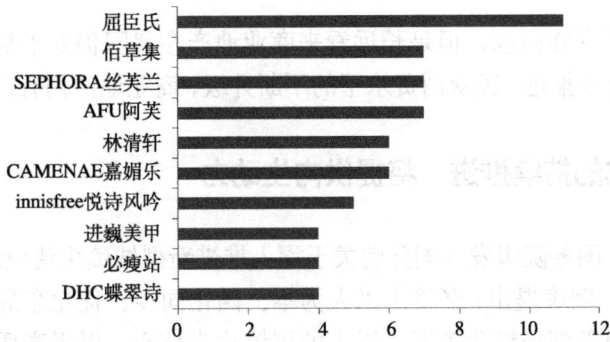

图 4-49　护理 / 化妆品 / 美容连锁品牌 TOP5（按门店数量统计）

5. 钟表 / 珠宝 / 饰品

在钟表 / 珠宝 / 饰品连锁品牌中，LOVE&LOVE 和 CASIO（卡西欧）在这 19 家购物中心开的门店数量最多，各有 9 家；其次是宝岛眼镜和 Tissot（天梭），8 家；周大福、Swatch（斯沃琪）和 I DO 并列第三，7 家。从钟表 / 珠宝 / 饰品连锁品牌在北京 19 家购物中心的门店数量 TOP5 的情况来看，除 LOVE&LOVE、I DO 和阿吉豆是中国品牌外，其他都是国际连锁品牌。见图 4-50。

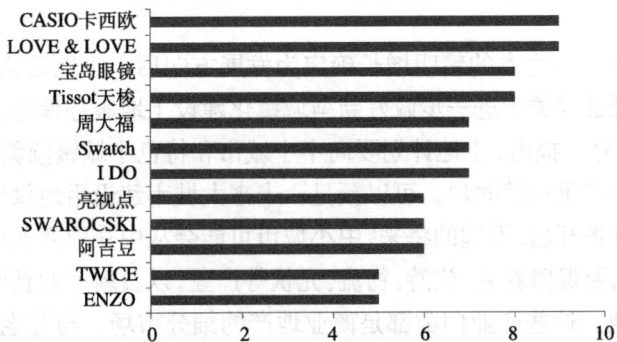

图 4-50　钟表 / 珠宝 / 饰品连锁品牌 TOP5（按门店数量统计）

从对北京市 19 个购物中心调研数据分析的结果来看，在业态结构上，北京市的商业地产市场在业态结构上仍然是以零售业态为主，但体验型业态的比例高于全国平均水平。在购物中心的品牌分布上，北京市商业地产市场的品牌集中度较低，国际连锁品牌在购物中心中占有较大的市场份额；中国连锁品牌在护理 / 化妆品 / 美容业态上的竞争力较强，在餐饮、服装、鞋 / 箱包和钟表 / 珠宝 / 饰品业态上均不及国际连锁品牌。

第五节　成长中的新兴产业和现代服务业将与商业地产共写未来

尽管目前市场存在问题，但是长远看来商业地产在我国仍处于初级阶段，未来随着新型城镇化的持续推进、民众消费水平的不断升级，商业地产仍有广阔的发展前景。

一、新型城镇化的持续推进，将提供内生动力

2016 年 2 月，国务院印发《国务院关于深入推进新型城镇化建设的若干意见》（国发〔2016〕8 号），明确提出：坚持走以人为本、四化同步、优化布局、生态文明、文化传承的中国特色新型城镇化道路，以人的城镇化为核心，以提高质量为关键，以体制机制改革为动力。2016 年两会政府工作报告强调，要深入推进以人为核心的新型城镇化，实现 1 亿左右农业转移人口和其他常住人口在城镇落户，完成约 1 亿人居住的棚户区和城中村改造，引导约 1 亿人在中西部地区就近城镇化。新型城镇化的推进，一方面将助力产业结构优化和经济发展方式转变，从而促进居民消费结构的升级调整，为商业地产的发展提供基础动力；另一方面，通过户籍制度和社会福利制度改革，新型城镇化还将大幅度促进农业转移人口的市民化，释放这些"新市民"的消费潜力。这是商业地产发展强有力的内生动力。

二、土地政策调整利好商业地产细分市场

在中央明确将以人为本的精明增长确定为发展方向后，土地政策随之调整。2016 年 4 月，国土资源部《关于进一步做好新型城镇化建设土地服务保障工作的通知》（国土资规〔2016〕4 号）提出，土地计划要向中小城市和特色小城镇倾斜，向发展潜力大、吸纳人口多的县城和重点镇倾斜。可以预见，未来大城市建设用地供应将进一步紧缩，新一轮逆城市化或将开启，不远的将来，中小城市可能会从中获取商业地产发展的计划。国土资源部还提出要保障养老、旅游、物流、光伏等产业，以及新产业新业态和大众创业、万众创新发展用地。这些产业门类都是商业地产的细分市场，与养老、旅游、物流等产业密切相关。土地政策对这些新兴产业用地的支撑，对商业地产细分市场无疑是利好。

三、与现代服务业、新兴产业深度融合是未来方向

"十三五"规划纲要提出"创新、协调、绿色、开放、共享"五大发展理念，并要求发挥消费对增长的基础作用，支持战略性新兴产业发展和开展加快发展现代服务业行动。以我国目前的经济发展形势，比照发达国家同期产业发展的状况来看，战略性新兴产业和现代服务业是未来产业发展的重心。教育、养老、医疗、旅游、体育等战略新兴产业将引领市场趋势；民生服务消费将在居民消费中占据愈来愈大的比重，在"互联网＋"助推下，服务消费产业将得到较大发展。应该在宏观层面把握这一趋势，积极推动商业地产在产品、技术和服务运营上，与现代服务业和新兴产业的深度融合，实现多产业链的合作共赢。

四、商业地产企业挖掘市场潜力，应以体验式、特色化作为突破口

随着移动互联网的快速发展，人们网上购物多了，出门逛商场少了，居民消费正在越来越多地从"线下"挪到"线上"。然而，一些体验性较强的行业却是电商无法替代的，例如餐饮、电影院、体育场馆等。相较于传统零售为主的商业模式，体验式商业消费功能的核心是增加人们消费过程中的愉悦感。因此，体验式商业并不是简单地加大餐饮或者休闲娱乐的比例，而应当从消费群体出发，寻找商业地产定位和消费需求的契合点，从而在整体建筑设计、内部软硬件设施和购物环境的规划、业态组合的比例、配套的特色服务、相应的品牌引进等各方面打造独具特色的消费场所，取得消费者的心理认同，从而激发其消费行为。体验式的商业模式具有更大的投资回报或投资价值，将成为未来商业地产发展的新增长点。

第五章

房地产市场转型方向之——养老地产

第一节　养老地产概述

一、养老地产定义

养老地产源于 20 世纪 70 年代的北欧，随着人口老龄化的加深，欧美发达国家在福利设施、服务体系以及居住环境等方面，开始采用不同层次、不同类别的设计，进而适应老年人的生理情况以及他们独立生活的习惯和理念，从而开始了养老地产这一行业的形成与发展。从起源与本质上，养老地产是专注于提供养老服务的地产。

根据养老地产这一功能属性，结合国内外关于养老地产的研究的，本书对养老地产的界定是：养老地产是指在老龄化社会日益加重的背景下，地产开发企业或相关社会机构推出的适宜老年人居住、符合老年人心理及生理特点，以期满足老年人起居、购物、医疗、娱乐、交往等多重需求，融合地产和养老服务的地产服务产品。

二、养老地产特点与行业特征

（一）老年人经济能力与养老理念是影响养老地产市场空间的重要基础

养老地产市场空间实质是老龄人口、购买力以及购买意愿综合影响的结果。老龄化加速的现状为养老地产潜在市场的扩张提供空间，但老龄人口的经济能力以及他们购买养老服务的意愿，至关重要。尤其是当前，老年人较为薄弱的经济能力以及老年人对居家养老观念的依赖，意味着老龄化带来的潜力不能迅速转化为有效需求。因此，养老地产的开发建设需要根据当地人口与经济社会宏观发展水平、服务业发达程度、老年人消费结构、养老理念等方面审慎判断，合理定位。

（二）生活方便、医疗良好、精神关怀是提升养老地产质量的基本要素

养老地产只有满足老年人生活与精神需求，才能减弱居家养老的替代效应。对于老人，生活方便、医疗良好、精神关怀是为他们营造良好生活环境的基础。因此，养老地产应当是品质地产和优良管家服务的结合，必须从建筑设计、医疗养护、娱乐设施、公共空间、家庭交流等方面着眼，或充分借助周边设施，或自己提供，全方位得打造适合老人生活的新天地。同时，还应考虑老人在居住过程中会不断老化这一特点，设计出相应形式的养老产品，满足老人不同身体状况和生活需求。这决定了养老地产功能多样、专业性强的特征。

（三）跨界拓展产业链是发展养老地产的关键

养老地产不仅涉及地产业，更涵盖服务业、医疗保健业、生活用品业、旅游业、娱乐文化业、金融投资业等多个行业（图 5-1）。

图 5-1　养老地产所涵盖的产业链

　　例如，老年医疗保健业包括体检、医疗、养生、理疗等特殊行业，老年用品包括生活起居、饮食保健、康乐器材等方面的老年用品生产行业；老年旅游业：含候鸟式旅游、度假式旅游、组团旅游、自助式旅游等多种形式；老年娱乐文化产业可以包含老年大学、老年俱乐部才艺展示、互动体验式娱乐等业态，老年金融投资业可以包含保险服务业、金融理财、养老基金管理等业务。因此，这可以改变原来传统房地产开发商的房产销售方式，通过延长养老地产开发的产业链，特别是在老年服务业、老年医疗保健业以及老年娱乐文化产业 3 个方面，可以使养老地产附加更大的价值，增加其后续盈利能力。当然，这对企业的跨界整合能力也提出要求。根据企业自身实力，寻求合适的分工专业化路径，进而设计经营模式与盈利模式，在资源有效整合中扩大优势，规避风险。

（四）有效的经营模式与盈利模式是养老地产可持续发展的保障

　　养老地产服务的多元化、专业性既为拓展产业链提供基础，也使相应的建设与运营管理成本相对高昂。例如，建设无障碍通道、慢速电梯等方面的成本比普通商品住宅社区要高 30% ~ 50%。医疗保健中心、老年活动中心、商业购物中心等配套建设将需要较大投入。由于需要对公共服务设施进行定期维护和服务人员培训，养老地产的运营成本也远高于普通住宅。当养老地产在整合医疗、餐饮、休闲等多个行业资源时，也需要在运营管理方面付出更高的能力与投入。而其投入多、周期长的特点既增加了投资者的机会成本与风险，也抑制了银行贷款积极性，增加了融资难度。这对企业的资金链将是极大考验。因此，总体而言，养老地产建设运行成本较高、风险较大，须设计良好有效的经营模式与盈利模式（表 5-1）。

现阶段典型养老地产特征总结　　　　　　　　　　　　　　　　　　表 5-1

分项	特征
土地权属来源	由于养老地产兼具公益性特征，早期开始经营的养老项目土地权益来源较多样化；后续加入养老地产行列，尤其是险资，基本上通过"招拍挂"获取土地
经营模式	目前市场上主流经营模式倾向于持有经营模式；部分房企出于快速回笼资金的需要会销售部分公寓（或销售使用权）和商业配套
档次定位	主流养老地产项目大多定位中高档（稳定现金流入需要高额收费支撑），中低端养老需要将主要通过公办养老机构解决

121

续表

分项	特征
目标客户类型	整体大多涵盖了能够独立自理老人和需要护理的老人，但是根据项目规模、配套设施（尤其是医疗、护理人员和设备）齐全度有所倾向
收益模式	持有型经营模式收益模式大致相同，主要包括入门费（押金、会员费）、月费（管理费、床位费、房费）、护理费、餐费、医疗卫生等其他消费费用

三、养老地产的类型

养老地产是地产与养老服务的结合。根据提供的不同服务类型，可将当前养老地产分为三大类六种模式：

（一）住宅型——老年公寓

模式1：老年公寓

老年公寓是指，根据老年人生活特点与需要，设计专供老人集中居住的住宅。与普通住宅不同的是，老年公寓以老年人为主要入住对象，公寓建筑设计须符合老年人需求，如建设无障碍通道、慢速电梯等方面。

（二）住宅+养老服务型——养老社区

模式2：综合型养老社区

综合型养老社区是指，以老年人为主要入住对象，并为其提供医疗、看护、社交、娱乐等多重功能配套设施的养老住宅区域。既是包含养老住宅、养老公寓、养老设施等多种居住类型的居住社区，也是拥有良好医护管理、养生健康等养老服务，同时还拥有老年活动中心、康体中心、医疗服务中心、老年大学等各类配套设施的地产产品。

模式3：社区中配建养老产品

社区中配建养老产品是指，在开发大型居住区楼盘时，专门划分出一部分区域建设养老公寓，如普通社区中配建老少户住宅（即在同一楼层中相邻或相近的两套住宅，或者同一单元内上下层相邻的两套住宅，其中一套为老人居住，另一套为子女家庭住），或在社区中配建各类养老服务，如建设老年日托中心、社区医疗站，并考虑为社区老人提供上门护理、送餐、洗浴等服务。从而满足老人与子女在同一社区就近居住的需求。

模式4：住宅社区与养老服务相关机构并设

住宅社区与养老服务相关机构并设是指与医疗、养身、休闲、教学机构等合作，使养老住宅与这些服务能就近设置、共同建设，从而将优质的养老服务资源引入养老项目，从而提升项目的核心竞争力。与综合型养老社区不同，这种模式项目主体本身并不提供相关养老服务，而是通过与专业机构的合作，方便入住老人享受这些服务。同时，相关服务机构也并不一定建在项目区之中。

（三）住宅+衍生服务型——休闲养老地产

模式5：在旅游风景区中开发养老居住产品

在旅游风景区中开发养老居住产品是指，在开发旅游地产的同时，加入养老养生、康复保健、长寿文化等理念，设计符合老年人居住的旅游养老地产，从而将养老地产与旅游、休闲相结合。这类养老项目一般会选在具有较好的风景资源或特色文化资源的地区，例如海南、广西、云南等地。这些住宅既可能成为老年人长期居所，也可能仅是老人在一年里的某个季节或时段来此居住的休闲之地。

模式 6：在商业地产中开发养老居住产品

在商业地产中开发养老居住产品是指，在商业地产开发时，搭配建设老年公寓，使老年人能充分享受便利的商业和休闲配套资源。

四、中国主要的养老模式

家庭养老、养老院养老和社区居家养老是我国目前两种基本的养老模式，其中家庭养老是传统的养老模式；养老院养老是社会化的养老模式。另外，社区居家养老、以房养老、异地养老也正逐渐成长为不可忽视的养老模式。

（一）家庭养老

"家庭养老"是当前我国养老最主要的模式。该模式主要是由家庭的下一代担负起为父辈乃至祖辈养老的责任，形成多代同堂、相互照顾的大家庭的生活方式。该模式利于老年人与儿女的情感交流，加深代际、亲缘之间的联系，提升社会的凝聚力，也利于为老年人提供更贴心的服务，全面满足老年人的需求。

但随着现代社会的人际竞争加剧，生活节奏加快，工作负担加重，致使家庭养老的人力成本剧增，一般家庭难以承受，赡养者疲惫不堪；加上"421型"家庭的增多，年轻一代人实际上很难有足够的能力完成好照顾老人的重任。因此，家庭养老这一传统养老方式必将随家庭结构的变化而逐步向社会养老过渡。

（二）机构养老

社区养老主要是以社区或街道为基础，按照人口分布，以养老院、老年公寓、社区老年服务站、大型老年社区等形式，对老人进行全方位照顾的养老模式。当前，社区是我国社会管理的基本单元，社区工作人员也是与民众接触最多的专业工作者，对当地的民情、习俗均有深入的了解，这些均为社区养老的发展提供了便利。一般来说，社区养老是由社区组织多方力量建立养老机构，该社区的老年人自愿入住，社区按照老年人的具体情况提供健康护理、心理疏导等专业服务，并提供较为完善的文化娱乐场所。该模式适应了老年人群体居住的要求，满足了老年人社会交往的需求，但同时，其资金来源、管理方式上，均存在一定的问题，在国内的发展较为有限。

（三）社区居家养老

社区居家养老的基本做法是：在城市各个社区建立养老护理服务中心，老人仍然居住在自己的家里，享受服务中心提供的营养和医疗护理以及心理咨询，并由服务中心派出经过训练的养老护理员按约定时到老人家中为老人提供做饭、清扫、整理房间等家务服务和陪护老人、倾听老人诉说的亲情服务。所以，社区居家养老是一个无围墙的养老院。这种模式优势主要体现在：第一，社会成本低。不需要太大的基建投资，一个社区只要有几间房屋略加改造即可成为养老护理服务中心；第二，大量的资源将得到充分利用。老人居住在自己的家里，饮食起居的一切物品都会继续发挥作用，在一定意义上可以说是通过社区服务的方式把家居住房设施变成一个老年公寓；第三，所需费用较低，服务方式灵活，可以自由选择。养老护理服务中心提供的服务价格比较低廉，而且，可以根据自己的经济承受能力选择服务方式；第四，老人不离开自己熟悉的社区，不离开自己多年居住的住所，又能得到充满亲情的养老护理服务。

（四）以房养老

当前我国房地产市场受到严厉的政策调控，房地产相关机构和行业均在寻找新的利润增长点，养老地产在我国尚属新兴领域，相关限制较少。同时，房地产商品具有价值量大、使用长期性等特点，通过金融手段能够成为提供长期稳定的现金流的来源，是银行等金融机构愿意接受的低风险资产。根据消费与储蓄的生命周期假说，老年人一般拥有住房或持有可用于购房的资产，将这部分价值通过一定的方式变现，将释放市场需求，为老年人安度晚年提供保障。

以房养老的主要形式有：倒按揭养老、换房养老、投房养老、售（租）房入院等。倒按揭养老主要针对老年人有住房而无稳定现金收入的情况开发的一种以房养老模式。倒按揭又称反向住房抵押贷款，即老年人作为房主将其所持有的住房产权抵押给银行等金融机构，后者对房主个人及其房屋的情况评定后，每月贷款给房主固定金额的现金，而不转移房主的居住权，至老年人去世后，金融机构将房屋出售来抵偿贷款本息。换房养老可分为换面积和换区位两种形式。换面积即老人退休后，卖出原居住的大房，再购入适合的小房；换区位指老年人将位于中心城区的房屋出售，再购入位于郊区的房屋居住；两者均以其间的差价，作为养老基金。投房养老指老年人进行房地产投资，看准房地产市场价格的高位将其出售，获取投资收入来满足其养老需求的养老模式。售（租）房入院是以房养老与机构养老的结合，即将房屋出售（出租），以收益支付入住养老机构的费用，以满足自身的养老需求。

（五）异地养老

异地养老是随着经济发展、人民生活水平提高而出现的一种新型养老模式，主要有旅游养老、候鸟养老、海外养老等形式。采用此种养老模式的老年人一般经济状况良好，且能够适应不同环境的生活。旅游养老指老年人将大部分的时间放在旅游上，饱览美景，充实自己的老年生活；候鸟养老即老年人在不同地区购入住宅，根据季节选择最宜居的地方，而其他住宅还可委托中介机构招租；海外养老即老年人退休后到另一个国家安度晚年的养老方式，此方式在人口密度大的发达国家、如日本较为流行。

随着老龄化社会向纵深发展，各种不同模式的养老方式推陈出新，为老年人安度晚年提供了多种选择。可以看到，家庭养老和社区养老是当前主要的养老模式，但其不足正日益显现；异地养老对老年人的收入水平要求过高，并不适应我国当前的经济社会发展水平，无法在国内大面积推开；与之相对应，以房养老有其自身的独特优势，能够确保养老资金的稳定供应，保障了老年人居住权的实现。因此，面对我国老龄化程度不断加深的社会现状，加快发展以房养老，推动养老地产开发及相关服务的繁荣与健全，是我国应对社会老龄化的必然选择，也是房地产市场发展的新方向。

第二节　中国养老地产的市场空间

一、人口老龄化进程加速发展

（一）老年人口总量扩张、增量提速发展

根据统计数据显示，从 2001 年到 2013 年，我国 65 岁及以上人口数量由 9062 万人增长到 13199 万人，平均每年增加 337 万人，年均增速高达 3.15%。按照国际标准，当一个国家或地区 65 岁及以上人口占总人口的比例达到 7% 时就进入了老龄化社会。2001 年我国 65 岁及以上人口比例达到了 7.10%，正式进入老龄化社会；2013 年，我国 65 岁及以上人口比例则已经达到了 9.70%，同比增长 0.31%，增速较 2012 年提高了 0.04 个百分点。同时，受我国长期实行计划生育政策所导致的低生育率的影响，老年抚养比❶ 不断提高。2013 年，我国的老年抚养比达到了 13.1%，即每 100 名劳动年龄人口抚养 13 名 65 岁以上的老年人，相比 2001 年增长了 3.0%，年轻人的养老压力越来越大，同时持续上升的老年抚养比也客观上为社会化、规模化的养老创造了条件。无论是从人口老龄化的规模、比重还是增长速度，我国的人口老龄化的程度都在持续快速加深（图 5-2）。

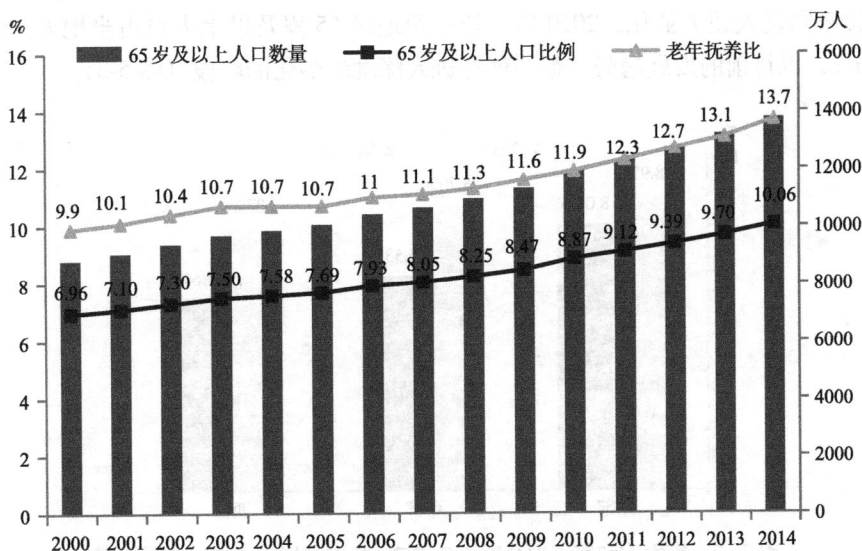

图 5-2　2000 ～ 2013 年全国 65 岁及以上人口数量、比例和老年抚养比情况

❶ 老年抚养比是指人口中非劳动年龄人口数中老年部分对劳动年龄人口数之比，用以表明每 100 名劳动年龄人口要负担多少名老年人。老年人口抚养比是从经济角度反映人口老化社会后果的指标之一。

（二）失能和空巢老年人口数量持续增加

在计划生育政策的影响下，我国的家庭结构逐渐向"421"方向发展，而且随着工作方式的变化、人口流动的加强和生活理念的转变，空巢家庭的数量不断增加。根据全国老龄工作委员会办公室发布的2010年中国城乡老年人口状况追踪调查结果显示，2010年，城乡空巢老年人占49.3%（其中独居9.7%，仅夫妻同住39.6%），较2006年增加8个百分点，较2000年的增幅达到10.4个百分点。10年来，城镇空巢老年人的比例由42.0%上升到54.0%，农村相对应地由37.9%上升到45.6%，增幅都相当明显。其中城镇独居老年人比例由7.4%上升到8.6%，农村从8.3%上升到10.6%；城镇仅夫妻同住老年人的比例由34.6%上升到45.4%，农村从29.6%上升到35.0%。全国老龄办最新发布的《中国老龄事业发展报告（2013）》则显示，全国空巢老年人口数量继续上升，2012年为0.99亿人，2013年将突破1亿人大关；同时，失能老年人口也继续增加，从2012年的3600万人增长到2013年的3750万人。在我国代际分离的现实下，依靠独生子女的家庭养老困难极大，而对于需要个性化照顾的失能老人而言，现有的无论居家养老还是社区养老都难以满足其需求。

（三）经济发达地区加快向深度老龄化发展

根据全国第六次人口普查的数据显示，2010年，东部地区65岁及以上人口占当地人口的比重为8.97%，相较于中部和西部则分别高出0.27和0.9个百分点，与2010年相比则上升了0.91个百分点。其中，东部经济带上最为发达的长三角地区❶2000～2010年间人口年均增长207.25万人，其中，65岁及以上人口年均增长35.34万人，年均增速高达2.84%。根据联合国的定义，当一个国家或地区65岁及以上老年人口数量占总人口比例超过7%时，就意味着这个国家或地区进入了老龄化；比例达到14%即进入深度老龄化；20%则进入超老龄化。2010年，长三角地区65岁及以上人口占当地人口的比重为10.11%，以目前的发展趋势，很快就将进入深度老龄化的阶段（图5-3）。

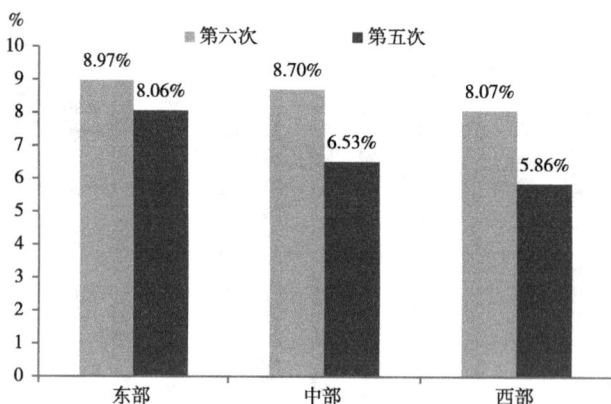

图5-3 第六次和第五次全国人口普查65岁及以上人口比例情况 ❷

❶ 根据国务院2010年批准的《长江三角洲地区区域规划》，长三角地区包括上海市、江苏省和浙江省。

❷ 东部地区包括包括北京、天津、河北、辽宁、上海、江苏、浙江、福建、山东、广东和海南11个省份；中部地区包括山西、吉林、黑龙江、安徽、江西、河南、湖北和湖南8个省份；西部地区包括四川、重庆、贵州、云南、西藏、陕西、甘肃、青海、宁夏、新疆、广西和内蒙古12个省份。

二、家庭收入小康化和富裕人群扩大化

随着我国经济的不断发展，居民的收入水平也持续提升。根据国家统计局的数据显示，2013 年，我国城镇居民人均可支配收入 26955 元，比 2012 年增长 9.7%；农村居民人均纯收入 8896 元，比 2012 年增长 12.4%。截至 2012 年，我国 31 个省份中已经有 26 个省份城镇家庭居民人均可支配收入超过 3000 美元，北京和上海的城镇家庭居民人均可支配收入更是高达 5937 美元和 6542 美元。城镇居民收入的不断提高将为养老地产的发展奠定坚实的经济支撑（图 5-4）。

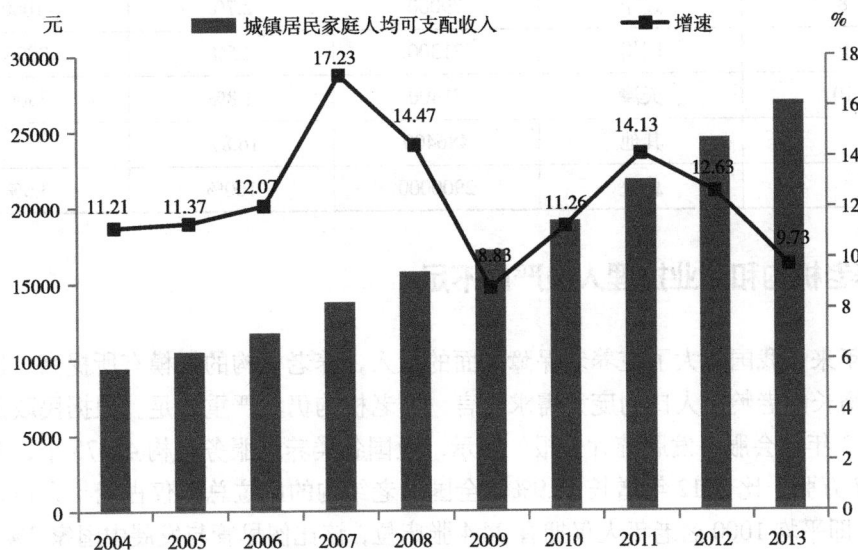

图 5-4　2004 ~ 2013 年全国城镇居民家庭人均可支配收入及增速变化情况

同时，根据兴业银行与胡润研究院联合发布《2014 中国高净值人群心灵投资白皮书》显示，截至 2013 年末，全国个人资产 600 万元以上的高净值人群数量比 2012 年增长 3.6%（10 万人），达到 290 万人，其中亿万资产以上的高净值人群数量比 2012 年增长 4%（2500 人），达到 6.7 万人。从省份分布看，北京的高净值人群数量仍然最多，比 2012 年增加 1.5 万，达到 49 万人；其次是广东，比 2012 年增加 1.7 万，达到 48.6 万人；上海排名第三，比 2012 年增加 3 万，达到 42 万人；浙江排名第四，比 2012 年增加 4900 人，达到近 38 万人。这 4 个省份共拥有高净值人群 177.6 万人，占全国的 61%。在高净值人群省份数量分布前 10 名中，除四川外，其他 9 个都位于人口老龄化严重的东部经济带。从心灵投资的领域来看，健康、旅游和教育是高净值人群最为青睐的三大领域，其次是社会责任（慈善、环保、纳税）、保险和信仰等。养老地产是健康产业的重要组成部分，不断增长的高净值人群将成为高端养老的庞大客户群体（表 5-2）。

高净值人群省份数量及分布（前十名）❶   表 5-2

排名	省市	人数	占比	增加人数
1	北京	490000	16.9%	15000
2	广东	486000	16.8%	17000
3	上海	420000	14.5%	30000
4	浙江	379900	13.1%	4900
5	江苏	216000	7.5%	8000
6	山东	111000	3.8%	6000
7	福建	109000	3.8%	2000
8	辽宁	79000	2.7%	-1000
9	四川	71300	2.5%	2800
10	天津	51400	1.8%	3900
	其他	486400	16.8%	
	总数	2900000	100%	3.6%

三、养老机构和专业护理人员严重不足

近年来，我国加大了在养老保障方面的投入，养老机构的规模有所提高，但相对于快速增长的老龄化人口的庞大需求而言，养老机构仍然严重不足。根据民政部发布的《2013年社会服务发展统计公报》显示，全国各类养老服务机构42475个，拥有床位493.7万张，比2012年增长18.9%，全国养老结构的床位总数仅占老年人口总数的2.44%，即平均1000名老年人仅拥有24.4张床位，该比例尽管与发展中国家2%～3%的平均水平相当，但远低于发达国家5%～7%的比例。除了保障面狭小之外，现有的养老机构还存在服务项目偏少，而且区域之间、城乡之间发展不平衡，既存在"一床难求"，又有"床位闲置"现象（图5-5）。

一方面，2013年我国60岁及以上的老龄人口数量已经达到了2.02亿人，占总人口的14.9%，另一方面，根据民政部印发的《全国民政人才中长期发展规划（2010—2020）》要求，到2020年要实现养老护理员达600万人的目标，而目前全国持证的养老护理员仅为5万余人，再加上目前新增护理员的流失率为40%～50%，中国的专业养老护理员缺口极大。来自中国老龄办于2011年8月16日发布的全国《民办养老服务机构基本状况调查报告》则显示，民办养老服务机构占全国所有养老服务机构总数的10.6%，但大多数民办养老机构配备的养老服务人员数量严重不足，与国家相关政策要求的老年人与服务人员配置比例差距较大，而且有相当数量的民办养老服务机构从业人员的专业素质不高，获得相应从业资格证书的人员所占比例很小，很多人甚至没有参加过正规的岗前培训，往往是就业后边干边学，服务质量很难保证。

---

❶ 数据来源：胡润研究院

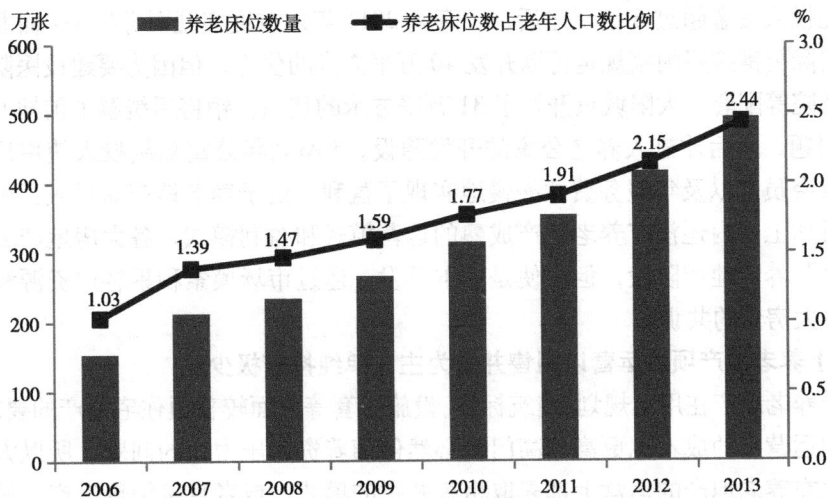

图 5-5　2006～2013 年全国养老机构床位数量和养老床位占老年人口比例情况

第三节　中国养老地产市场的竞争格局

中国人口快速老龄化的急剧转变为养老地产市场创造了巨大的需求，而近年来持续的房地产市场调控则迫使开发商将目光从住宅市场逐渐转移到养老地产这个极具发展潜力的房地产细分市场。经过几年的发展，国内的养老地产市场虽然还处于起步期，但已经基本形成了"房企系"、"保险系"和"央企系"三足鼎立的市场格局，仅这三类企业的投资就已经超过了千亿元，而且不少民营资本和外资资本也在制定进军中国养老地产的计划。但从目前的发展情况来看，尽管养老地产行业投资开发一片火热，但真正能从中盈利并形成良性循环的开发案例鲜有其闻，未来还需在开发模式、运营模式和盈利模式上深入研究。

一、房企巨头抢滩登陆养老地产，但盈利困难

在持续的房地产调控下，房地产企业逐渐向多元化突围，养老地产在中国人口快速老龄化的背景下吸引了众多房企的目光，万科、保利、绿城、首创等房企巨头更是早早布局，期望在未来的养老地产市场上能抢占先机。从目前的发展情况来看，房地产企业在养老地产的发展上主要有三个特点：

（一）养老地产项目投资巨大，但难以盈利

各大进军养老地产的房企在项目上的投资动则上百亿，再加上后期的营销推广费用，投入资金成本巨大，但从和养老地产项目的运营情况来看，能够盈利的却凤毛麟角。以国内知名的养老地产项目上海亲和源和北京太阳城为例，亲和源老年社区在 2005 年

建立，在投入资金超过6亿元之后，一直到2011年才首度实现财务持平；而北京太阳城老年国际公寓按照国家规定可以开发40万平方米的住宅，但因为要建设医院、护理院、养老院等配套，太阳城只开发了31万平方米的住宅，销售后缓解了前期的开发资金短缺问题，然后才进入养老公寓的开发建设。5座老年公寓陆续投入使用后，太阳城靠收取会员费以及年服务费才缓慢地实现了盈利。由于养老地产高投入、慢产出的特点，再加上国内还没有养老地产成熟的运营模式和盈利模式，各大房地产公司还处于"试水"养老地产阶段，但即使是亏本开发，通过市场摸索积累客户资源和行业经验却是各大房企的共识。

（二）养老地产项目运营以租售并举为主，单纯持有极少

由于养老地产在用地规划、建筑标准、设施配套等方面较普通住宅地产的要求更高，在开发和运营上的成本也更高，高门槛必然伴随着资金压力大的问题，所以大多数房地产企业在养老地产的运营上都采取租售并举的模式，或者直接销售房产，通过销售收入缓解持有物业的经营压力，万科、保利和北京太阳城都是采取这种模式。而远洋地产在养老地产运营上则是极少以自持为主的开发商。远洋地产的首个养老项目"椿萱茂"采用自持经营，侧重后期服务而非卖房，打造的是一个高端养老服务机构。远洋地产希望在公司毛利率下滑和传统住宅市场受调控的影响下，通过养老地产的布局和实践寻找新的利润增长点来支持业绩。

（三）房企与国内外专业养老机构合作渐成主流

为了规避养老地产的运营风险，同时弥补自身在养老服务经验上的缺陷，不少进军养老地产的房地产企业都与国内外养老行业的专业机构进行了洽谈与合作。首创与中国社会福利教育基金会旗下的"长青基金"携手共同探索中国特色养老地产模式。万达与中国太平保险集团有限责任公司在北京签署战略合作协议。远洋地产与美国最大的养老运营商Emeritus、投资商哥伦比亚太平洋（Columbia Pacific Management）签署战略合作框架协议。荣禾集团与澳大利亚颐养运营机构"水博克"（WATERBROOK）合作构建养老项目——"楼观公社"。未来在缺乏可借鉴经验的情况下，"房企开发+专业养老机构运营"将逐渐成为中国养老地产的主流开发模式（表5-3）。

标杆房企发展养老地产的基本情况　　　　　　　　　　　　　表5-3

	企业名称	进军时间	代表项目	运营模式
1	万科	2010	万科幸福汇	租售并举："活跃长者之家"自持，"活跃长者住宅"出售
2	保利地产	2008	北京西山和熹会	全产业链介入、居家、社区以及机构养老"三位一体"
3	远洋地产	2012	椿萱茂·凯健	半护理的养老服务机构，项目自持，并不出售
4	绿城集团	2007	乌镇雅园	学院模式运作，通过物管费、学费、医疗护理服务等收益，其公寓部分则是租售结合
5	北京太阳城房地产开发有限公司	2000	北京太阳城	以地产开发模式进行运营，仅象征性拿出规划中12%产品做养老公寓。

续表

	企业名称	进军时间	代表项目	运营模式
6	上海亲和源公司	2005	亲和源老年社区	会员制模式运营，通过销售会员卡获利营运
7	荣禾集团	2011	楼观公社	引进澳洲水博客养老模式

二、保险公司争相布局养老地产，以直接投资为主

在房地产企业抢滩登陆养老地产的同时，保险公司自2012年以来也加入了养老地产的竞争行列。行业数据显示，截至2014年一季度末，共有6家保险机构投资了16个养老社区项目，占地4300亩，预计总投资250亿元，已投资65亿元；投资方式主要以直投为主，除泰康人寿以股权计划方式间接投资外，其他保险机构均通过持股项目公司股权，直接投资养老社区实体。

六大保险公司大举进军养老地产行业并非一时冲动，而是源于保险业面临增长压力和养老地产的无限商机。并且，与房地产企业追求高周转、高回报不同，保险公司追求长期、稳定、低风险回报。养老地产本身具备的出租率稳定、回报稳定的特性，恰与保险资金的长期性、稳定性、流动性需求相匹配。保险公司经营的养老地产项目盈利模式的利润主要来自入住费与配套的管理服务（诸如医疗、娱乐和护理服务），这就保证了稳定的出租率和稳定的回报率。因此，保险公司投资开发养老地产，一方面可以借养老产业拉长自己的产业链，留住客户；另一方面则扩大了销售，提高了投资回报率。但养老地产不同于普通的住宅开发和商业地产开发，除了地产开发与运营外，养老地产还包括了医疗、护理、娱乐、物业等服务在内的，它客观上要求保险企业要像一家"综合运营商"，但这个全新角色不仅考验着保险企业的"集体智慧"，也提示着险企拿地的风险（表5-4）。

国内六大保险公司发展养老地产的基本情况　　　　　　　　表5-4

	企业名称	进军时间	代表项目	运营模式
1	泰康人寿	2011	泰康之家养老社区北方旗舰店	医养结合：在养老社区配置一家具备二级甲等资质的康复医院
2	合众人寿	2011	国内首个CCRC社区	实物养老保障计划实现了保单与实物的对接
3	中国太平	2012	太平申仕国际养老社区	设立了太平养老产业投资有限公司，主要从事养老产业投资与资产管理
4	中国平安	2012	桐乡平安养生养老综合服务社区	可租可售，其中，会员型产品由平安不动产自持经营
5	中国人寿	2010	国寿（廊坊）生态健康城	持股项目公司股权，直接投资养老社区实体
6	新华保险	2012	北京新华家园	最大特点："保证金＋服务费"模式。 最大特色：将终身寿险与地产相结合（泰康与合众均为年金险）

三、多家央企开拓养老地产新业务、成效有待观察

从时间上来看，央企进军养老地产的时间要晚于房企和险企，但央企凭借雄厚的资金实力和政府背景，出手阔绰，大有赶超之势。房企精于项目开发和市场营销，但融资困难且不善于项目的后期运营；险企善于养老地产与保险业的产业链运营，但缺乏地产开发与运营的经验，且受保监会关于地产开发的限制；央企在养老地产开发上最大的优势在于稳定的资金池，易于拿地、固定的客户渠道和成熟的营销团队也有助于增强央企的竞争力，但央企最大的问题在于对市场不敏感和跨界经营缺乏经验。目前央企投资的养老地产项目大多还处于规划建设期，未来成功与否还有待观察(表5-5)。

央企发展养老地产的基本情况 表5-5

	企业名称	进军时间	发展概况	运营模式
1	中国石化	2013	天府惠泽桃源颐养中心	以"养老"、"养生"为核心的产品系列,形成宜商、宜居的可持续养老产业园区
2	中国水电	2013	重庆三担健康城	面向中高端养老市场,美国太阳城将派专业团队过来共同进行规划建设
3	首钢集团	2014	首钢—耐养老项目	全部由首钢自持,采用公司制、非营利机构相结合的管理架构,通过委托专业化运营团队进行管理,形成养老服务、产业园区、金融服务等多环节的综合收益,实现项目盈利

第四节 中国养老地产的运作模式与案例分析

一、中国养老地产运营模式分析

养老地产在美欧日等发达经济体已十分成熟，在中国还是新鲜实物，并未大规模铺开，也并未被广大消费者所熟悉。但是，一些有先见之明的企业已经投入养老地产的浪潮之中，并在养老地产的开发建设和管理运营中逐渐形成了一些具有中国特色的养老地产模式。本章依据养老地产发展规律，结合中国实践经验，从养老地产产业生命发展周期的角度，将我国现存典型养老地产案例分为四种运营模式：地产型养老地产、地产物业型养老地产、会员型养老地产与全产业链型养老地产（图5-6）。

四种模式反映了养老地产在生命周期内发展的客观规律，存在递进升级的关系（图5-6）。四种模式的并存反映了两个问题：一是不同开发主体借鉴国际经验的程度不同，导致不同发展阶段的养老地产运营模式并存；二是中国养老地产还处于初创期，还没有公认的好模式，导致存在"八仙过海，各显神通"的局面。

值得注意的是，由于我国人口众多、不同地区间经济发展水平差异极大，每个地区、

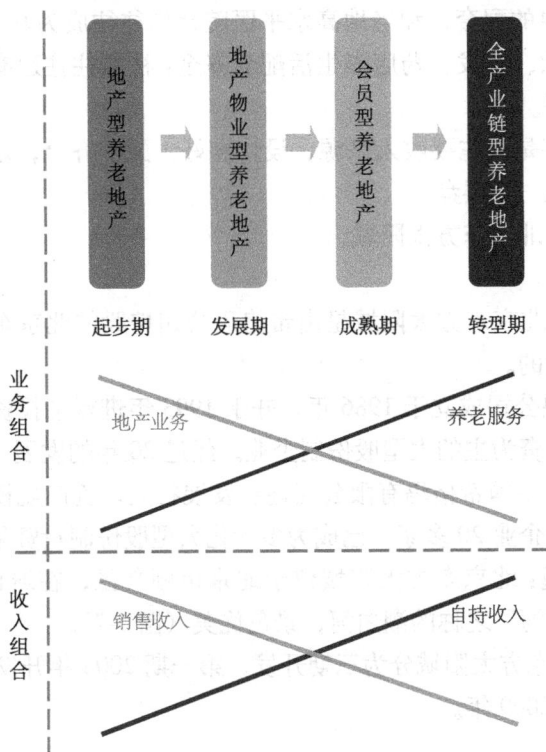

图 5-6　中国四大养老地产运营模式

乃至每个城市所适用的养老地产模式不尽相同。**评价一个养老地产好坏的根本标准是能否被市场所接受；所以，尽管四大模式在发展规律上有递进关系，但在现实运用中并无高下之分；迎合市场需求的养老地产模式才是好模式。**

本书采用案例分析法，选取四个典型案例分别对应四大模式，通过案例的解读，展现不同运营模式的发展规律和实操经验。

（一）地产型养老地产

1. 模式内涵

地产型养老地产是以宜老型房地产开发销售为主、养老物业管理为辅的运营模式，本质仍是房地产业。合适的选址、多元的户型、完善的配套设施是其成功的关键因素。

在我国目前的养老地产运营模式中，地产型养老地产占比最大，主要包括三种类型：以宜居养老为卖点的住宅地产、以宜居养老为卖点的旅游地产、宜老型住宅加养老配套设施的养老地产。前两种类型严格地说应该是"伪养老地产"，因为其并没有为老人提供养老服务，第三种类型是典型意义上的地产型养老地产运营模式。

2. 模式特征

第一，住宅采用宜老型设计。户型设计上多元化，满足不同消费水平和生活习惯的老人居住，采光通风良好；社区采用无障碍设计和健康装修标准；社区绿化率高，有较多的公共空间；社区内装有智能报警系统，预防突发情况。

第二，配套设施与服务完善，满足老人生活所需。一般来说，医院和护理院是地产型养老地产最重要的配套，和当地高水平医院合作往往成为其一大卖点；社区内或社区周边购物、餐饮、美发、药店等生活配套齐全；社区往往建有大型会所，满足老人娱乐和交友的需要。

第三，住宅销售是其主要收入来源。设计友好、配套齐全，地产型养老地产的销售价格往往高于周边一般楼盘。

3. 典型案例——北京东方太阳城

1）项目概况

（1）开发主体：北京东方太阳城是由希格玛公司控股的北京东方太阳城房地产开发有限公司开发建设的。

中国希格玛有限公司成立于 1986 年，并于 1993 年进行了投资重组，成为一家全国性、跨行业、以投资为主的大型股份制企业。经过 20 年的发展，在不断拓展新的投资服务领域过程中，中国希格玛有限公司逐步发展壮大，资产规模迅速增长，目前拥有全资、控股、参股企业 20 多家，已成为多元化大型股份制投资集团。

（2）区位与交通：北京东方太阳城位于北京市顺义区，在城市中心东北郊方向，东临有着"东方莱茵河"之称的潮白河，景色优美（图 5-7）。

（3）开发时间：东方太阳城分为三期开发，第一期 2003 年开发完成，第二期 2004年，第三期 2007 ~ 2009 年。

2）项目规划

（1）项目定位：北京东方太阳城定位为"世界级的高尚退休社区"和"全新退休生活的领跑者"，走高端路线，受众为有较高支付能力和社会地位的老龄人群。

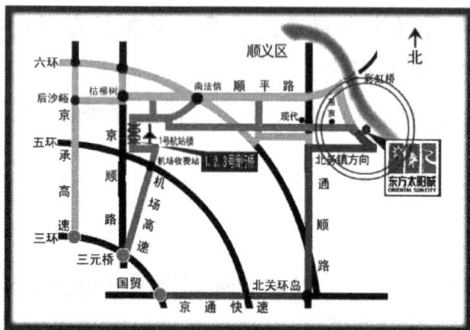

图 5-7　北京东方太阳城区位交通图　　　图 5-8　北京东方太阳城整体效果图

（2）整体规划：规划面积 234 万平方米，总建筑面积 70 万平方米，可供 2 万余人入住。太阳城的建设理念来自美国大型退休社区"太阳城中心"，整体规划设计就是由国际顶尖景观设计公司来完成的。整个太阳城被万亩森林环抱，社区内还建有 75 万平方米休闲绿地和 16 万平方米生态湖面（图 5-8、图 5-9）。

第一，建筑带状分布，融合周边景色。东方太阳城位于北京东北郊，远离市中心，空气良好。建筑根据开发时间与功能的不同，分为一期、二期、三期和公共建设区，且呈带状分布，将潮白河与周边七千余亩绿化带融为一体，一步一景，使人身心愉悦。

东方太阳城在自然景观建设中，融入了大面积的绿地、湖面和有色植物，夏季降水量年均48毫升，平均温度为25.5摄氏度。社区空气中负氧离子平均含量高达2000个/立方米，居住环境已达到疗养级别。

第二，围绕公建区形成组团式布局。每一个组团相对独立，有单独的景观、配套设施，这既是分期开发的必然需要，也能使老人在相对较小的空间满足基本需求。同时，以公建区为核心，能够扩大公建区设施的辐射作用，也为不能组团的老人提供一个交流的空间，形成"能开能合，宜静宜动"的社区环境。

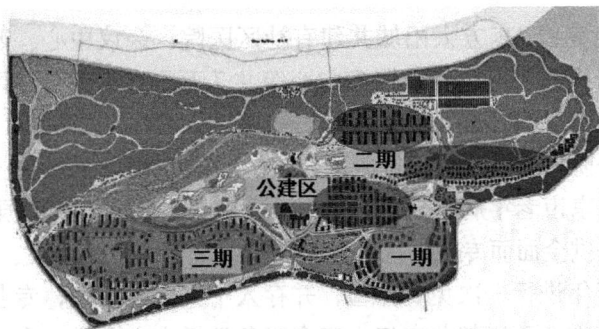

图5-9　北京东方太阳城总规划图

3）产品分析

（1）复合型物业组合：独栋别墅、联体别墅、点式公寓、板式公寓和连廊式公寓（78～716平方米不等），高档别墅与中档公寓的搭配可以满足从中端到高端的需求，有利于市场推广。对于北京东方太阳城这样的大型单一养老地产，多户型的组合开发也是必然选择（表5-6）。

北京东方太阳城分期开发户型　　　　　　　　　　　　　表5-6

期数	户型
一期	联体别墅、点式公寓、板式公寓、连廊式公寓
二期	公寓、联体别墅、独栋别墅、四合院区
三期	点式公寓、板式公寓

（2）宜老型物业设计：根据老年人的特殊需要，对建筑进行宜老设计，并在户型上专门设计。考虑到老人生活不便、需要照顾，部分户型设计保姆间；大户型配备较多卧室，便于老人与子女共同生活；双客厅的设计满足老中青几代人的会客需求（表5-7）。

北京东方太阳城宜老型建筑设计　　　　　　　　　　　　表5-7

建筑设计	作用
充分考虑公寓的朝向、采光与通风	适应老人的生活习惯

续表

建筑设计	作用
3 层以上公寓安装电梯、无障碍坡道	便于老人进出
公寓内设有紧急呼叫系统	应对突发情况
感应门锁替代旋转式钥匙、卫生间离卧室不远处设有防滑扶手、插座与开关都相应地降低高度采用明亮的颜色，提高环境的可识别性	便于老人居家生活
公寓地面进行防滑处理、墙壁预埋扶手、墙边拐角抹圆	预防生活中的风险

（3）公共设施完善：东方太阳城共建有社区医院、会议中心、购物中心、老年文教中心、老年健身娱乐中心、家政服务中心等共 7 万平方米的公建区，为老龄人群提供完善的配套设施。

①专业社区医院，提供全面保健服务：东方太阳城社区医院建筑面积达 1.6 万平方米，医护人员由北京市老年病研究中心选派，设施和医疗水平高于国家二级医院标准，可以为社区老人提供全面而专业的医疗服务。针对老年人疫病多发、身体脆弱的特点，医院对每位业主每年进行一次免费体检，并存入个人健康档案，专业医师为业主量身定做保健方案。东方太阳城与北京红十字会紧急救援中心合作，在太阳城内设立急救中心，通过紧急呼叫系统将急救中心同各个公寓及公共场所每一角落连接起来，建设无死角的急救安全网。

②大型康体中心：康体中心面积接近 8000 平方米，建有室内／室外的游泳池、室内／室外跑道、各种健身器材、网球场、舞蹈房及温泉，均针对老年人特别设计，满足老人的建设和康复需求。

③宽敞的公共空间：通透大气视觉走廊、开敞绿地与文化广场和多个小型户外活动场地、湖滨健身步道与儿童乐园。大型会所成为老年人相互交流活动的主要空间。园林设计强调可交互性，在园林区里都开辟了小型平台作为随机性的交流空间，方便老年人聊天。

（4）周边配套齐全

东方太阳城周边建有医院、幼儿园、中小学、酒店、餐饮等配套设施，形成一个卫星城，为老人的生活提供有力支撑（表 5-8）。

北京东方太阳城周边配套设施　　　　　　　　　　　　　　　　表 5-8

类别	名称
医院	顺义区医院、顺义区妇幼保健院、顺义中医院
幼儿园	汇佳幼儿园东方分园、建南幼儿园、石园幼儿园、西辛幼儿园、幸福幼儿园、蓓蕾幼儿园
中小学	顺义一中、顺义二中、顺义三中、顺义四中、顺义五中、顺义八中、牛栏山一中
购物中心	顺义一中、顺义二中、顺义三中、顺义四中、顺义五中、顺义八中、牛栏山一中
酒店	国都大饭店、顺义宾馆、北京东竹园宾馆、北京乡村乐园、北京怡生园国际会议中心
餐饮	肯德基、麦当劳、金百万、小肥羊、九头鸟

（5）丰富的社区文化

北京市第一家社区老年大学：开设多种课程，如京剧、芭蕾、形体、书法、绘画、摄影、雕刻、陶艺、酒类品鉴、文学、地理学班等，丰富老人的精神生活。对于有特长和服务意愿的老人，提供教师岗位，让他们在工作中实现自我价值。

社区农庄：针对喜欢农渔耕作业主，在社区内开辟可耕作农庄，每块地管理费低廉，一年中可以在地块中耕作。很多老年人非常喜欢这种农家乐的感觉。

丰富的文娱活动：社区运动会、游园会、文艺会演、各种展览、讲座、培训、交流活动数不胜数

4）运营分析

（1）销售型物业好于租赁型物业。东方太阳城物业95%为销售性产品，除少量尾房外，已基本售罄。用于出租的物业有3栋公寓楼，只有几十位老人入住，空余房间则作为举办各种会议的接待用房，以支撑配套设施的运营。同时，他们还划出数千平方米土地作为农庄，以每分地每年600元的价格租给业主耕种。

（2）反按揭模式：老年家庭通过按揭或付清房款购房，一经交付即可入住。从次年起，开发商逐年向业主回购部分产权，以解决老年家庭的养老金、医疗保健费。如果业主较早过世，而开发商还没完全回购产权，子女可继承住宅的部分产权；如果业主身体健康长寿，而开发商已经全部购回了产权，开发商承诺业主无限期免费居住下去。

（3）硬件设施维护成本高。养老社区的硬件环境容易打造，但设施维护和服务需要大量的专业人员，维护成本高，尤其是为打造社区浓厚的人文氛围举办的各种活动，需要耗费大量的人力物力。

（二）地产物业型养老地产

1. 模式内涵

地产物业型养老地产是以住宅销售和自持物业服务并重的运营模式。和地产型养老地产相比，其自持物业的比例大大增加，特别是较大比例的出租型住宅。和地产型养老地产在设计与开发上有很多相似处，但量变引起质变，自持物业比例的大幅度增加实际反映了企业的战略变革和长期意图。

2. 模式特征

第一，通过为出租型住宅老人服务，开始了从房地产业向养老服务业的转变。养老地产不再是一卖了之，而是立足于为部分生活不能自理的老人提供长期养护服务来盈利。

第二，自持收入，如租金、会员费、养护费等收入在总收入中占有较大比例，一般高于20%，但住宅销售收入仍是地产物业型养老地产收入的主要部分。

3. 典型案例——北京太阳城国际老年公寓

1）项目概况

（1）开发主体：北京太阳城由北京太阳城房地产开发公司负责开发并自行运营管理。

（2）区位与交通：北京太阳城位于京郊北部的昌平区小汤山疗养区，介于五环和六环之间，西临立汤路、北畔温榆河、东距首都机场17公里、南距亚运村15公里，

距奥运商圈 7 公里。985、984、643、537、昌 52 等公交车及规划轻轨铁道在此通过。周边地区现已成为北京市高新技术产业和高等文化教育的重点发展区，成为北京市现代农业科技示范园区和绿色食品的主要供应基地。周边地势平坦，绿树成林，地下有丰富的地热温泉资源，十分适宜老年人居住和生活（图 5-10）。

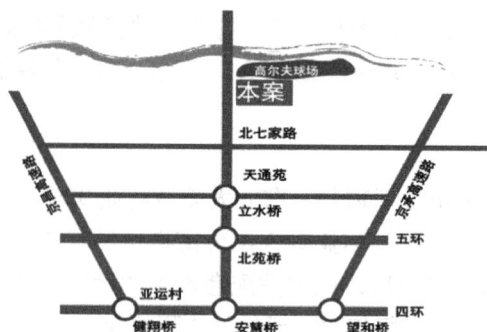

图 5-10 北京太阳城区位图

（3）开发时间：北京太阳城 2006 年开盘，分三期开发建设。

2）项目规划

（1）项目定位：北京太阳城房地产开发公司以"孝道、仁德、诚信"作为企业理念，"公益性事业，市场化运作"是对北京太阳城的定位，致力于给老年业主带来温暖、幸福、光明的生活。北京太阳城的城门是太阳城极具标志的建筑，中心门楼形似巴黎凯旋门，寓意太阳城的业主每天回家的过程就是人生的一次凯旋（图 5-11）。

图 5-11 北京太阳城城门

（2）整体规划：北京太阳城占地总面积 42 万平方米，建筑面积 30 万平方米。其中：住宅型公寓、租住型公寓、护理型公寓共 23 万平方米，商业配套设施 7 万平方米。北京太阳城集医疗救护、生活照料、精神赡养三大功能于一身，为老年人制定了全程化的养老服务模式（图 5-12）。

①生态地产模式：北京太阳城采用精品住宅的开发模式，整体采用现代欧式风格，

简约大方，通透敞亮，建筑形式及外立面与自然环境和谐统一。低容积率（0.80）、高绿化率（50%）的环境适合老年人的生活。

②健康住宅标准：户型设计注重采光、通风；采用新型环保材料，降低环境污染；采用新款门窗型材，保温、防尘、降噪，有效保证了室内的空气健康指标。

图5-12 北京太阳城效果图

3）产品分析

（1）多种类老年公寓：北京太阳城核心产品是老年公寓。根据人的生命周期，老人一般需要经历身体健康、生活半自理、无自理能力和临终关怀四个阶段。北京太阳城针对老人的生命周期，开发运营了三类老年公寓：住宅型公寓、租住型公寓与护理型公寓。

①住宅型公寓——住宅公寓及别墅：一家一户，可以是老年夫妇，也可以是夫妇两人及子女，还可以是老人、子女和孙辈三代人。太阳城为购买了住所的老人提供医疗、购物、送餐、家政等上门服务。这种公寓在北京太阳城中占主体。

②租住型公寓——银龄公寓B栋：主要针对身体健康的老人，为居住在这里的老人提供生活服务。一是在生活照料上制定了一整套服务流程，如每日为老人清扫房间、由值班医生对老人进行巡诊及服务员叫早等。二是餐饮服务由营养师提供营养配餐；为身体不适老人送餐到房间等。三是组织老人开展文化活动，丰富精神生活。

③护理型公寓——银龄公寓A栋、帝阳公寓：作为安养护理公寓，主要针对患有疾病、生活半自理和不能自理的老人采用医护人员24小时巡诊制度和护理人员24小时特别看护制度。需要临终关怀的老人是由北京太阳城医院负责接收，老人临终时，将有医生和护理人员全程陪护。

同时，北京太阳城还有70余套250～300平方米、400～500平方米别墅，4座400～500平方米的四合院，以满足高端人群的需求。

（2）完善的配套设施：北京太阳城建有北京太阳城医院、国医堂、文化宫、购物中心、家政服务中心、假日酒店、温泉会馆七大公共设施。其中，太阳城医院是北京太阳城房地产公司与首都医科大学宣武医院（北京市老年病研究中心）合作建设的，医护人员均由首都医科大学宣武医院选派，其设施和医疗水平高于国家二级医院标准（图5-13）。

图 5-13　北京太阳城医院

北京太阳城不仅有一流的硬件设施，在服务上也具有特色。北京太阳城推出了 9 项 33 款免费服务，如送货上门、电话购物、姻缘联谊、教育进修、医疗体验、救治接送、短期疗养、票务递送、养生讲座等。

4）运营分析

（1）主打"养老产业"，低价拿地：向政府申请投资医疗健康和养老产业，获得政策的支持，通过低价获得土地，再向政府提出做养老住宅，用配套的方法拿到老年住宅用地。通过这种方法，北京太阳城以每亩 30 万元的价格拿到了 623 亩土地，为后期的盈利打下基础。

（2）出售型物业与出租型物业相结合：采用住宅型公寓及别墅出售，租住型公寓与护理型公寓出租两者相结合的经营模式。出售型物业的比例约占 70%，出租型物业大约占 30%，出售型物业可以使公司短期内获得大量现金流进行后期开发，出租型物业则通过年费、会员费、租金等获得长期收益。

（3）老年公寓与配套设施协同发展：北京太阳城在销售老年公寓的同时，加快建设医院及生活配套设施，这些设施的建设又拉动了老年公寓的价格。由于生活配套设施的齐全，太阳城每一期项目的平均销售价格均比周边楼盘的平均销售价格高 20% 左右。

（4）五层收入来源：北京太阳城租售结合的模式，共有五层收入来源，保障太阳城的运营稳定和扩张。

第一层：老年公寓销售产生的收益，占总收入的绝大部分；

第二层：老年公寓租赁收入，纯收益较高；

第三层：太阳城的商业综合设施收入，如医院、会馆、酒店等；

第四层：持有型物业抵押贷款收入，形成强大的现金流；

第五层：太阳城品牌收入，如提供指导、咨询服务，还有冠名收益等。

（三）会员型养老地产

1. 模式内涵

会员型养老地产是以为老年会员提供养老服务为主的养老地产运营模式。这种模式的房地产色彩较淡，立足于长期收益。

2. 模式特征

第一，建有适合不同类型老人的老年公寓。会员型养老地产往往根据老人的身体状况，为身体健康老人、生活半自理老人、生活不能自理老人提供不同的会员服务，实现一站式养老。

第二，文化活动丰富，满足老年人的精神需求。相比于地产型养老地产，会员型养老地产的养老色彩更浓，家庭养老的比例较低，依托社区养老与机构养老的比例高。会员制养老地产往往有丰富的文化活动，来增强老人的归属感。

第三，租金或会员费的收入占总收入的绝大部分，投资回收期长，但运营良好的会员型养老地产后期收益会快速增加。

3. 典型案例——上海康桥亲和源养老社区

1）项目概况

（1）开发主体：上海康桥亲和源养老社区是由亲和源股份有限公司开发运营的。亲和源股份有限公司创建于 2005 年 3 月，前身为上海康桥公共事业投资有限公司，由上海新建桥企业集团有限公司和浦东新区康桥镇集体资产管理有限公司出资组建。2007 年 9 月公司增资扩股，增加了上海日扬房地产有限公司、上海亲和源投资有限公司两家股东单位，同时更名为亲和源股份有限公司。2010 年，港资赞信资本进入亲和源。

公司以"引领老年新生活"为使命，探索以会员制为载体、融居家养老、社区养老和机构养老为一体的全新的养老模式，致力成为中国养老产业的第一品牌企业。

（2）区位与交通：上海康桥亲和源养老社区位于上海浦东新区腹地，北部为上海张江高科技园区，东距浦东国际机场 12 千米，西距虹桥国际机场 22 千米。上海康桥亲和源养老社区位于市郊，但周边医院、购物、餐饮、教育等配套设施齐全，可静可动（图 5-14）。

图 5-14　上海康桥亲和源养老社区位置

（3）开发时间：2006 年开工建设，2008 年 5 月第一批老年会员入驻。

2）项目规划

（1）项目定位：亲和源公司致力于成为中国养老产业第一品牌，上海康桥亲和源作为其第一个开发项目，具有标杆意义和模板作用，定位为"向老年会员提供全方位终身照料服务的，高品质、专业型、现代化、多功能老年社区"。从近年来上海亲和源经营理念的变化可以看出，上海亲和源更加强调老人的生活品质，从原来的医疗康复服务转向针对老人精神需求的服务（图 5-15）。

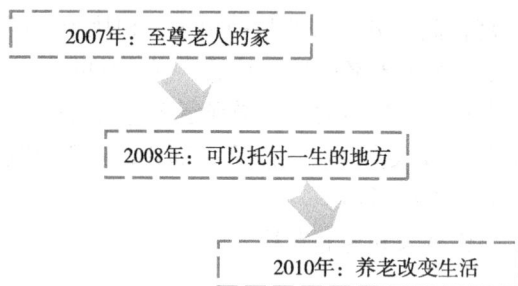

图 5-15　近年上海亲和源经营理念的变化

（2）整体规划：上海康桥亲和源养老社区占地 83680 平方米，总建筑面积近 10 万平方米，共 16 栋建筑，其中包括 12 栋老年公寓、健康会所、老年医院、护理院、配餐中心、商业街与管理中心。此外，还建有亲和广场、草坪广场、舞蹈广场、门球场、景观水景等公共空间。整个社区布局较为紧凑（图 5-16）。

图 5-16　上海康桥亲和源养老社区规划图与卫星图

3）产品分析

（1）面向较为健康老人的老年公寓：老年公寓是亲和源社区的主体建筑，也是其养老产品的核心。老年公寓建有 8 栋 7 层楼公寓，3 栋 9 层楼公寓，1 栋商务酒店，共有 834 套精装修房间，分为小套 58 平方米、中套 72 平方米、大套 120 平方米三种户型，满足不同消费水平和需求的群体。老年公寓全部进行精装修，并进行无障碍化设计，楼与楼之间都以风雨连廊相连接，通过色彩变换和照明强度变化等方式，提高老年公寓的可识别性。同时，配有智能物业，实现管理服务信息即时传递。

老年公寓有着一流的硬件设施，但其核心竞争力在于其全方位、高水平的服务。老年公寓主要面向身体比较健康的老年人，为其提供安全、便利的生活环境，并满足其精神文化方面的需求，如扩大社交圈、发展兴趣爱好、自我实现等（表 5-9）。

亲和源老年公寓服务内容　　　　　　　　　　表 5-9

类型	内容
生活服务	事务代理服务、家政服务、会所服务、班车服务、专业配餐服务、亲情服务
健康服务	健康咨询、护理照料服务、医疗服务、心理辅导服务
快乐服务	主体活动、俱乐部、老年大学、度假旅游、义工服务、理财咨询

通过上述服务，将社区内的老年人凝聚为一个整体，避免老年人因远离子女而产生的孤单情绪。因为上海亲和源以"卖服务"为主，而不是"买房子"，采用了特色的会员制模式。

（2）面向老年患者的亲和源护理院：针对长期卧床患者、晚期姑息治疗患者、生活不能自理的老年人以及其他需要长期护理的老年人，提供医疗护理、康复促进、生活照料、临终关怀等服务。亲和源护理院的服务有三大特点：

第一，医疗为辅，康复为主。上海亲和源护理院是经卫生局批准的一家集医疗、护理、康复、临终关怀、老年痴呆及生活照料为一体的医疗机构，能够为患者提供基本的医疗服务和完善的康复服务。护理院以康复为主，在医疗方面也具有一定实力，内设内科、外科、中医科、康复医学科、口腔科、耳鼻喉科、放射科、检验科、精卫科、护理部等，由医护人员 24 小时提供医疗服务。同时，护理院可以借助旁边亲和源医院的医疗资源，开通医保并拥有三甲医院的绿色通道（图 5-17、图 5-18）。

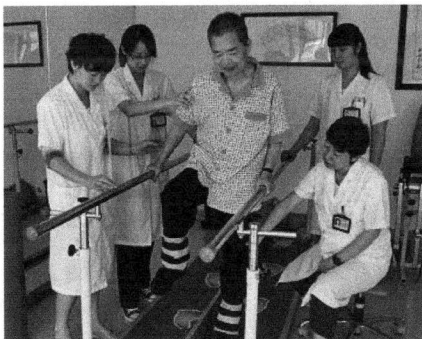

图 5-17　康复训练　　　　　　　　　　图 5-18　定期查房

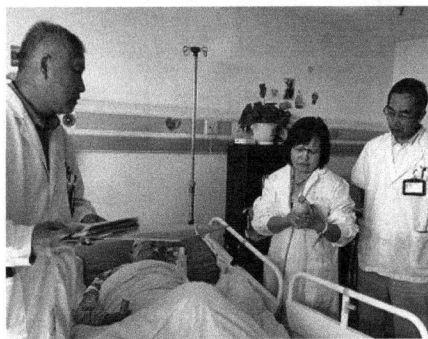

第二，硬件设施完善。上海亲和源护理院现总建筑面积 6200 平方米，并规划建设30000 平方米的医疗护理大楼，坐落于环境优雅的上海亲和源老年社区内，与社区共享风雨连廊、花园、餐厅、健康会所等。护理院住养房间分二人间、三人间、四人间、豪华包房；采用中央空调、中心供氧，房间内 24 小时提供热水和直饮水；配备液晶电视、电冰箱，设有独立的卫浴间；每间房都朝南，光照充足；每层设有公共会客区域、康乐活动室（图 5-19）。

图 5-19　上海亲和源护理院

第三，注重老年患者的精神照料。亲和源护理院为患者提供喂食、擦洗等生活服务外，还注重缓解老人的精神压力和孤单，组织歌唱、插花、做康复操、散步、游戏等活动，让老年患者老有所学、老有所乐（图 5-20 ～图 5-23）。

图 5-20　插花活动

图 5-21　集体歌唱

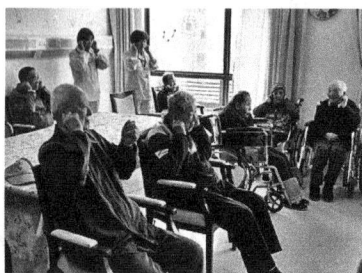

图 5-22　康复操

图 5-23　散步

（3）围绕老年公寓的配套设施：亲和源社区的配套设施包括会所、商业街、配餐中心、度假酒店等。

①亲和源会所以健康为主题，建筑面积 8000 平方米，设备先进。聘请国际著名上海美格菲康健管理公司进行管理，为老人提供康复护理、水疗、健身等服务。

②商业街为对外开放的沿街商铺，建筑面积 1450 平方米，只租不卖。店铺类型包括餐馆、超市、药店、美容美发等，主要面向社区老人和周边局面。

③配餐中心分上下两层，建筑面积 2570 平方米。公寓老人需自行前往餐厅用餐，

护理院老人可享受送餐服务。

4）运营分析

（1）"销售概念"+"租赁概念"的老年公寓会员制收费：亲和源老年公寓拥有 A 卡与 B 卡两种会员卡模式。最大的区别是 A 卡可继承、可转让，B 卡不可继承、不可转让。A 卡房屋可以作为遗产留给子女，其有效期和土地房屋的有效期相同。B 卡不能转让，有效期至老人生命终结，但有一个 15 年的界限，如果只住了 5 年，剩余 10 年的费用将被退还给家属，如果居住期在 15 年以上，超过部分免费。会员费的收入将投入老年公寓的进一步开发，年费作为日常服务运营费用（表 5-10）。

上海亲和源 A 卡与 B 卡的收费项目　　　　　　　　　　表 5-10

类型	面积	会员费	年费
A 卡	大套	118 万元	7.38 万元
	中套	118 万元	3.98 万元
	小套	118 万元	2.98 万元
B 卡	大套	88 万元	4.2 万元
	中套	60 万元	4.2 万元
	小套	45 万元	4.2 万元

可以看出，亲和源的会员制是一种介于销售和租赁之间的折中模式。销售模式更容易被中国传统文化所接受，也能在短期内获得较多资金，但可能带来后期的管理难题；租赁模式能够有效管理社区老人，但不太容易被传统文化所接受。

（2）亲和源护理院按月收费：亲和源护理院主要面向亲和源社区的老人提供服务，主要针对需要长期照料、生活不能自理的老人，和养老社区在人的生命周期形成衔接、互为支撑。护理院的收费模式为会员制，针对申请入院的老人，护理院会进行上门调查、体检，符合条件的老人入住护理院。护理院的收费模式为短期的按月收费（表 5-11）。

上海亲和源护理院的部分房型收费项目　　　　　　　　　　表 5-11

房型	床位费	护理服务费
豪华房（间 / 月）	4500 元	5000 元
包房（间 / 月）	3500 元	4500 元
3 人房（人 / 月）	1300 元	1800 元
4 人房（人 / 月）	1200 元	1500 元

（四）全产业链型养老地产

1. 模式内涵

全产业链型养老地产是指以养老地产为核心，向产业链上下游拓展，以谋求协同发展的养老地产模式。这种模式比较超前，在国内案例较少。全产业链型养老地产模

145

式并不是单纯的养老地产，而是将养老地产作为其产业链的核心环节，在上游可以拓展养老科研和人才培养领域，在下游可以拓展医疗养护、养老旅游、老年消费等领域。

2. 模式特征

第一，养老地产某种程度上成为配套设施的"配套"。在全产业链型养老地产中，配套设施，如医院、护理院、培训学院、酒店等占比很大，往往成为经营的核心，养老地产可能只起到一个聚集潜在消费者的作用。如何平衡养老地产和配套设施的发展是全产业链型养老地产的重点。

第二，全产业链型养老地产投资更大、培育期更长。养老地产本就是重资产领域，而全产业链型养老地产只有当养老地产与配套设施均达到一定规模时，才能彼此产生协同效应，这使得其投资回报期更加漫长。

3. 典型案例——北京燕达国际健康城

1）项目概况

（1）开发主体：北京燕达国际健康城由河北三河燕达实业集团有限公司开发建设运营。燕达实业集团位于北京东部燕郊经济技术开发区，成立于2000年，下设17家子公司，涉及行业有高新建材、PVC、研发、生产制造、房地产开发、物业、酒店、健康医疗和养老机构等。

（2）区位与交通：北京燕达国际健康城位于北京东部的燕郊（属河北省廊坊市），西距北京天安门30公里，北距北京国际机场25公里。从北京长安街向东直行，经过通燕高速、潮白河大桥，在彩虹门处右转向南行300米即可到达燕达国际健康城（图5-24）。

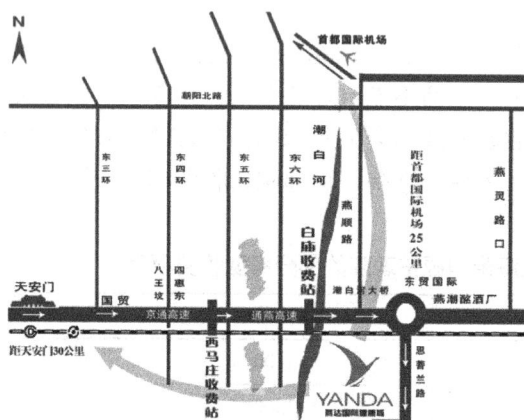

图5-24　北京燕达国际健康城区位图

（3）开发时间：北京燕达国际健康城一期工程2007年开工建设，2010年陆续完工运营，二期预计2017年全部完工。

2）项目规划

（1）项目定位：燕达国际健康城致力于成为面向国际、面向未来的中国最大的医疗健康产业综合运营商，面向国际化、高端化人群。

（2）整体规划：燕达国际建康城占地 50 万平方米，土地性质为医疗用地，建筑面积 110 万平方米，总投资约 150 亿人民币，分两期建设。健康城共由五大板块组成，即燕达国际医院、燕达金色年华健康养护中心、医学研究院、医护培训学院、国际大酒店。建康城采用组团式设计，燕达医院与养护中心分隔两侧，中间修建了一条平均宽约 60 米、长约 700 米、总面积 4 万平方米的水系带状公园，形成了花鸟树木相互映衬、游船雕塑动静结合的美丽景色（图 5-25）。

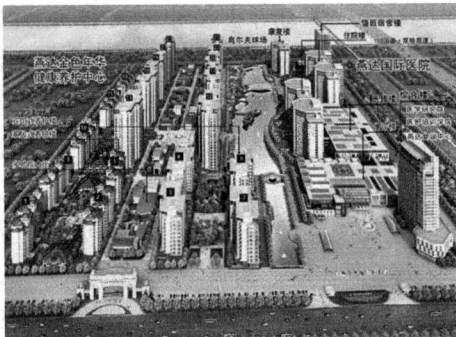

图 5-25　北京燕达国际健康城规划图

3）产品分析

（1）河北三河市唯一一家三甲医院——燕达医院：燕达医院作为三河市唯一一家三级综合医院，同时也是市医保定点医院、新农合医保定点医院、环球医疗救援定点医院（图 5-26、图 5-27）。

图 5-26　燕达医院急诊部

图 5-27　燕达医院住院楼

①强大的专家团队：通过与首都医科大学附属医疗机构等紧密合作，组建了强大的医疗专家团队，面对国内外聘请了一大批专业技术骨干，拥有副主任医师以上职称的专家近百人，他们大部分来自全国各三级甲等医院。

②舒适的就医环境：医院床位共设置 3000 张，其中医疗床位 2000 张，康复床位 1000 张。病房 70% 为 42 平方米的豪华单人间，并设有部分 85 平方米的两套间和 136 平方米的三套间，组成 VIP 区和国际特需区。

③一流的硬件设备：医院拥有设备 24 大类共计 28500 余台。包括从 GE 公司引进的顶级 500 排动态宝石 CT、高场强的 3.0T 核磁共振、64 排 PET/CT、大型双 C 型臂血管造影机、机器人 DSA、大型高能直线加速器、投巨资建设的高档次层流净化杂合手术室、全球最大规模之一的高压氧仓群（50 人仓位）、全自动摆药机等国际一流的医疗设备。

（2）高端养护中心：养护中心规划床位 1 万 2 千张，分别按自理、半自理和非自理设置养护区域，总建筑面积约 64 万平方米，分两期投资建设。第一期工程在 2011 年 7 月 1 日已投入运营，建设完成 8 栋养护楼和相关附属工程建设，完成建筑面积约 15 万平方米，床位 3 千张。2014 年 3 月，第二期工程投资建设，计划建设 9 千床位，约 49 万平方米。

①家居式与宾馆式养护楼：在建筑形式上，建有两种形式的养护楼，即家居式花园洋房养护楼和星级宾馆式养护楼，分别有中式、欧式、日式和韩式装修风格，体现建康城的国际化特色。家居式花园洋房养护楼主要面向自理型业主，户型较大，有一室一厅一厨一卫 66 平方米，二室一厅一厨一卫 86 平方米，三室一厅一厨二卫 123 平方米等户型。星级宾馆式养护楼主要面向半自理与非自理业主，户型较小，如单间一卫 36 平方米等。

②细化到单元的养护服务：在管理上，每栋楼设有 1 个医护组，配有专职全科医师与专职护士，负责本单元入住宾客的诊疗康复和健康管理工作。每个单元设有一个养护组，配有护理主管、助理护士和护理员，负责本单元的生活养护服务。医生、护士、助理护士和护理员均实行 24 小时值班制，不间断地为入住宾客提供服务（图 5-28 - 图 5-33）。

图 5-28 养护中心大门

图 5-29 养护中心多功能大厅

图 5-30 自理区家居式养护楼及护理站

图 5-31 宾馆式半非自理养护楼

图 5-32　宗教区

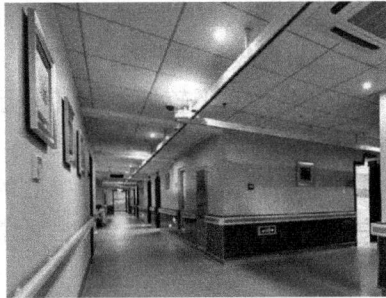

图 5-33　非自理养护区及天轨移位设备

（3）配套支撑板块：燕达医院与养护中心是燕达国际健康城的两大核心板块，此外，还建有医学研究院、医护培训学院、三大配套板块，为养老产业提高科研、人才与会务支撑（图 5-34、图 5-35）。

图 5-34　燕达大酒店

图 5-35　燕达培训学院

①医学研究院：是中国首家实施"院士战略"的民营医学科学研究机构。下设老年病医学研究所、肿瘤医学研究所、微创医学研究所、中心实验室等。

②医护培训学院：中国最大的国际护理人才教育、训练、输出基地。建筑面积约 11800 平方米，可同时容纳 1500 名医生、护士和护工进行培训，一方面为燕达国际健康城培养高素质的人员，另一方面向国际输送医护人才。

③国际大酒店：中国第一家以"医疗旅游、医疗国际交流"为主题的五星级标准国际酒店。总建筑面积约 5 万平方米，设置同声传译报告厅，可容纳千余人举行各类国际会议，还设有 200 余套客房，并设有商务、餐饮、康体等的各功能。

4）运营分析

（1）"医疗＋居住＋支撑"的全养老产业链模式：燕达国际健康城以燕达医院和养护中心为主题，建有培训学员、研究院、国际大酒店等配套实施，形成养老产业的科学研发、人才培养、医疗护理、养老地产、国际交流的全产业链模式。

（2）燕达国际健康城长期处于亏损状态：燕达国际健康城定位为全球中高端人群，来访客较多，但目前入住率约 50% 左右，以中国人为主。入住率低的问题主要是：

第一，医疗性质土地，难以快速销售回款。由于燕达国际健康城的土地性质为医疗用地，并不是住宅或商业用地，使其不能采用销售模式，只能出租，这造成了现金流较弱、投资回报期较长的难题。

第二，周边消费水平较低，与其国际化高端定位不相符。燕达国际建康城地处河北省三河市，虽与北京只有一河之隔，但经济发展有很大差距。燕达建康城的收费相对于当地居民收入较高，养护中心的入住率、医院的接诊率都较低，而燕达国际建康城大量聘请国际化医护人员，日常运营成本高，使燕达国际建康城一直处于亏损状态。

二、中国养老地产运营模式总结

1. 中国现阶段四大养老模式的相似点

1）项目选址区域相似：典型养老地产项目大多位于市郊配套设施完善的卫星城。北京东方太阳城位于顺义，北京太阳城位于昌平，北京燕达国际建康城位于河北燕郊，都是北京周边的卫星城；上海康桥亲和源养老社区位于浦东新区，周边是科研工业区与新兴住宅区。养老地产项目位于市郊有两个好处：一是拿地价格较低，有助于其渡过较为漫长的培育期；二是配套设施完善的市郊空气质量较好，宜静宜动，更适合老年人的生活。

2）项目目标人群相似：四个典型案例均位于一线城市周边，面向本地区中高端老年消费人群；项目定位、住宅设计、物业服务、配套设施都走高端路线。这主要是因为我国养老目前仍以居家养老为主，特别是收入中低端的家庭，使得养老地产项目只能面向高收入人群。

3）注重精神文化服务：地产型养老地产、地产物业型养老地产、会员型养老地产与全产业链型养老地产均不约而同地注重老人的精神生活，建有俱乐部、老年大学、会所等多种配套设施，而且深受老年业主的欢迎。养老地产业主大多是高收入人群，能够支付这笔消费；更重要的是，完善的服务才是养老地产的本意。

2. 中国现阶段四大养老模式的不同点

地产型养老地产、地产物业型养老地产、会员型养老地产与全产业链型养老地产最大的区别在收入来源的不同，即销售、自持与两者结合：地产型养老地产依靠销售，地产物业型养老地产以销售为主、自持为辅，会员型养老地产依靠自持，全产业链型养老地产以自持为主、销售为辅。

销售模式能够较快回笼资金，提高资金周转率，实现项目滚动开发。前提是必须取得住宅性质或综合性质的土地使用权，享受政府土地优惠可能性较小，难以获得养老地产的价值升值与长期收益。

自持模式能够通过使用配套用地、行政划拨用地等手段降低土地成本，结合物业、医疗、康体锻炼等多种服务实现稳定收入。这种模式要求开发企业拥有充裕现金。

两者结合拥有两种模式的优点，还可以通过在土地方面采取灵活策略。

第五节　国际和中国台湾地区养老地产的发展模式分析与经验借鉴

一、美国养老地产的发展模式与经典案例

（一）美国养老地产资本体系

1. 养老金计划

美国养老地产始于 20 世纪 60、70 年代。经过几十年的发展，已经形成了稳定的养老金来源。

美国的养老资金主要有四大来源：一是政府强制性养老金计划；二是企业（雇主）养老金计划；三是个人储蓄养老金计划；四是政府在各种养老计划及养老产品开发、建设、运营中的补助金。

政府强制养老金计划又称为公共养老金计划或社会保障养老金计划，该计划与我国的养老保险类似，是一个普及性极高的社会保障计划，它是美国养老资金金融体系的基石。所有的美国公民一出生就会被赋予一个"社会保障号"，与之对应的是社会保障养老金。具体而言，美国的政府强制性养老金计划资金来源于专项税收——社会保障税，这项税收与美国的其他税收分开管理，专项供给养老金。养老金运营采取的模式是现收现付制，就是说当期的社会保障税税收收入用于当期的保险金支出，不足的话由政府财政补贴。该项税收全国强制性统筹，由雇主和雇员共同缴纳，比例各为50%，这是雇主和雇员的法定义务。这种养老金计划的覆盖面也相当广泛，不仅覆盖公司或机构雇员，也包括了各种形式的自雇用人员，自雇用人员既是雇员又是雇主，所以要负担所有的社会保障税。

雇主养老金计划是美国养老金计划的第二支柱，它的重要性在某种程度上都超过了第一支柱。据统计，美国参加雇主养老金计划的个体平均领取的退休金超过退休人员总退休收入的40%，美国雇主养老金总资产甚至超过了 GDP 总量。雇主养老金计划又包括私人养老金计划和公共部门养老金计划两个部分。顾名思义，前者就是企业中的雇主养老金计划，后者则是联邦或州政府公务员的雇主养老金计划。私人养老金计划分为缴费确定待遇不确定计划和缴费不确定待遇确定计划。前者针对普通员工，后者针对工龄超过10年或15年的企业员工。公共部门养老金计划由雇员和政府共同缴费，不足部分由政府财政负担，与私人养老金计划类似，都是雇员工作年限越长，待遇越高，属于一种待遇确定型养老金计划。

个人储蓄养老金计划即为个人退休账户养老金，是由联邦政府提供税收优惠、个人自愿参加的养老金计划，是美国社会保障体系的有力补充。按照美国现行法律的规定，所有 70 岁以下且有收入者均可开设个人退休金账户（IRA）。政府对该计划的税收优惠主要体现在两方面，一是税收延迟，二是税收免除。前者是指个人在向退休金账户注入

的资金到提款时才收税；后者是指注入资金时收取个人所得税，但对后期投资收益免收。

2. 养老地产生态

美国养老地产生态系统的核心，是通过开发商、投资商与运营商的角色分离实现开发利润、租金收益、资产升值收益与经营管理收益的分离。其中，开发商通过快速销售模式获取开发利润，利润率不高但资金回笼速度快；房地产信托基金（REITs）投资人通过长期持有资产获取稳定的租金收益，利润率高但资金回笼期长，风险低但投资回报率也略低；而其他基金投资人通过资产的买卖获取资产升值收益，承担财务风险的同时获得较高投资回报率；与之相对，运营商借助轻资产模式放大经营现金回报，承担经营风险的同时也能获得较高投资回报率。生态系统中各角色所承担的收益与风险高度对等（表5-12）。

美国养老地产各类型角色的收益及风险   表 5-12

角色	收益	风险
REITS 公司	租金收益、部分经营收益	财务风险、部分经营风险
私募基金	资产升值收益、财务杠杆收益	资产贬值风险、财务杠杆风险
开发商	开发利润	开发风险
运营商	根据定位不同，包括以上全部或部分	根据定位不同，包括以上全部或部分

3. 美国的养老地产 REITs

REITs（Real Estate Investment Trusts）即房地产投资信托基金，就是一个把众多投资者的资金集合在一起，由专门管理机构操作，独立的机构监管，专事商业房地产投资，并将所得收益由出资者按投资比例进行分配的基金。REITs 是美国国会 1960 年参照共同投资基金的形式立法创立的。其目的是为了给小投资者提供一个参与大规模商业房地产投资的机会，使所有对房地产投资有兴趣的投资者，不受资金的限制和地域的限制，都有机会参与房地产投资。REITs 主要有三种类型，分别是物业投资型、抵押投资型和混合投资型，其中最重要的是混合投资型，该种 REITs 是前两者的综合，既从事物业型投资又涉及抵押投资的房地产投资信托基金。此外，按投资类型分，REITs 可细分为办公楼、商业中心、工业厂房、酒店、医院、健康中心等。养老地产作为美国地产业重要的物业类型，其主流投资商就是 REITs。

养老/医疗地产类的 REITs 公司大多成立于 20 世纪 70、80 年代，大型 REITs 公司拥有的物业数量可达 600 多处，总资产规模可达百亿美元以上，但员工却只有一两百人，属于典型的资本密集型企业。通常情况下，REITs 公司通过两种方式来运营旗下物业，一是净出租模式，二是委托经营模式。在净出租模式下，REITs 公司把养老/医疗物业租赁给运营商，每年收取 8% ~ 12% 的固定租金费用，直接运营费用、社区维护费用、税费、保险费等均由租赁方承担。因此，在净出租模式下，REITs 公司的毛利润率很高，净租金收益/毛租金收益可达 80% 以上，而且几乎不承担任何经营风险，业绩也较少受到金融危机的影响（除非租户破产）。与之相对，租户（运营商）获取全部经营收入及剔除租金费用、运营成本后的剩余收益，并承担绝大部分经营风险。在委托经营模式下，REITs 公司将旗下物业托管给运营商，运营商每年收取相当于经营收入 5%～6% 的管理费，但不承担经营亏损的风险，也不获取剩余收益；所有的经营收入都归 REITs 公司所有（美国养老社区每单元的经营收入约为 3000～4000 美元，是租金收入的 3～4 倍），所有的经营成本也由 REITs 公司负担，相应地，REITs 公司获取租金及经营剩余收益，承担大部分经营风险。目前 REITs 两种运营模式最主要的代表企业分别是 HCP 集团和 Ventas 公司。

1）HCP 模式

HCP（HCP.N）成立于 1985 年，是目前美国最大的养老 / 医疗地产类 REITs 公司。据统计，截至 2010 年末，该公司已在 672 处、总值 145 亿美元的物业中拥有权益，旗下物业包括 251 处养老社区、102 处生命科学实验楼、253 处医疗办公楼（MOB）、45 处专业护理院资产和 21 家医院资产。

作为美国最大的养老地产 REITS 公司，HCP 讲究投资渠道的多元化，因此提出了投资的 5×5 模式，其含义就是采用 5 种投资类渠道（出租型物业、投资管理平台、开发和在开发、债券投资、DownREITS）投资于五类资产（养老社区、生命科学物业、医疗办公楼 MOB、专业护理机构的物业、医院物业）。HCP 持有的物业主要采用出租模式运营，但很少参与养老社区的开发和再开发，以保证土地储备及在建物业的总值不超过资产总额的 5%。

美国的大型 REITs 公司通常都会构建伞形结构，通过 REITs 子公司的非管理份额来换取其他公司的物业资产。以份额换资产的好处在于这是一个双赢的过程，对于资产出售方来说，在份额变现前他可以延迟纳税，并分享在此期间资产升值的收益；而对于 REITs 公司来说，它可以降低收购成本，并避免母公司股权被过分稀释。过去几年中，HCP 通过 DownREITs 方式换购了约 10 亿美元的物业资产。

HCP 的大部分物业采用金出租模式运营，经营业绩十分稳定，成本利润率一直维持在 12% 左右，这对于养老地产业是相当高的回报率。同时，此种模式下，HCP 仅有员工不到 200 人，直接经营成本仅占总租金收入的 20% 左右，剔除其他费用之后，它在 2006～2010 年的平均净经营现金回报率达到了 9.7%。

2）Ventas 模式

Ventas（VTR.N）成立于 1983 年，截至 2010 年末在美国 43 个州和加拿大 2 个省拥有 602 处物业，是全美第二大养老 / 医疗类 REITs 公司，运营物业包括 240 处养老社区、135 处医疗办公楼（MOB）、40 家医院物业、187 处专业护理院物业。其中，全资拥有的物业资产 538 处，通过与运营方成立的合资公司控股 6 处医疗办公楼，通过与第三方投资人合资组建的私募基金平台控制着 58 处医疗办公楼（Ventas 在这些基金中的份额在 5%～20%）。

与 HCP 以出租为主的运营方式不同，Ventas 旗下 1/3 的养老社区采用委托经营方式，如全美第二大养老社区运营商 Sunrise 就托管了其中的 79 处养老社区（托管期 30 年，平均托管费为年收入的 6%）。在此模式下，Ventas 不仅能够获得租金收入，还能从客户手中收取全部经营收入（包括生活服务和医疗服务收入）。结果，尽管 Ventas 的资产规模不到 HCP 的一半，但收入规模却与之相当。2010 年，Ventas 57 亿美元的总资产，换来了 5.4 亿美元的租金收入和 4.5 亿美元的经营收入，收入占总资产的 0.15，是 HCP 的两倍。但资本市场永远都是回报与风险成正比的，委托经营虽然提高了 Ventas 的整体收入规模，但也由于对成本费用的承担而降低了利润率、提高了经营风险。净出租模式下，毛利润率可达 80% 以上，但委托经营模式由于承担了相关风险，毛利润率降到了 30% ~ 40% 的水平。同时，委托经营也带来了人力成本的上升，Ventas 的员工几乎是 HCP 员工数量的 2 倍。此外，由于委托经营的风险存在，Ventas 的信用评价为 BBB-，较 HCP 的 BBB 评级低一级，处于投资级的边缘，导致发债能力较差，Ventas 的债券融资比例仅有 HCP 的七成。

（二）美国养老地产产品设计

对于美国养老地产产品设计探究，首先要从美国老年人构成特点进行分析。

美国现在的老人可以划分为三个主要的时代，这些老人已经或即将入住在老年社区。首先，1901 ~ 1924 年间出生的老人，这代人参与了"二战"，主要居住在佛罗里达州、亚利桑那州和加利福尼亚州，是之后第三代老人的父母，他们被称为最伟大的一代；其次，1925 ~ 1945 年出生的老人，这部分人已经有一部分住进了养老院，其他的老人准备入住，他们被称为沉默的一代；最后，1947 年出生的老人，他们是第一代老人的后代，刚刚从岗位上退休（美国退休年龄是 65 岁）不到 2 年时间，距离传统的 77 岁老人还差 10 年。第三代是婴儿潮一代，他们强调积极健康的生活方式，过去几年已对活跃老人社区发展带来巨大影响，这种生活方式对养老规划设计影响包括：养老社区构成，社区建设地点的选择是靠近乡村还是市区，如何用市区普通社区结合，与餐饮娱乐设施的结合。总体而言，美国的养老建筑大概分为六类：

第一类，活跃老人住宅。这类住宅要求入住者至少有一位是 55 岁以上，他们对老人的吸引力是自己不用维护房子，有完善的配套设施。

第二类，自理型老年住宅。一般是服务 62 岁以上的老人，他们的日常生活完全可以自理，这种住宅提供的配套服务包括打扫屋子、提供饮食和相应的服务设施，这种可以是政府资助的低收入住宅。

第三类，半自理老年住宅，也叫协助型老年住宅。提供更高一级提供个人需求护理，包括帮助穿衣、提醒吃药和在需要的时候喂饭等，提供 24 小时护理，包括很多配套设施，包括图书室和绘画室等。

第四类，介护型老年住宅。是为需要持续和 24 小时护理的老人准备，他们一人一间房或者合住，早期这种住宅按照医院模式建筑的。现在有一种新的模式，是温室建筑。

第五类，患老年痴呆症老年住宅。要求在 24 小时内提供持续照料，同时鼓励老人自理生活。

第六类，持续照料退休社区。把以上住宅集中在一个社区里面，让老人随着年龄的增长在一个社区里就可以转换社区的类型。

（三）美国养老地产的运营模式

1. 房产权益转换贷款

在美国最流行、最重要的反向抵押贷款是"住房权益转换抵押贷款"（HECM：Ho

me Equity Conversion Mortgage），它由美国住宅和城市发展局（HUD：Department of Housing and Urban Development）在 1989 年推出，在全美国由银行、信贷公司和保险公司销售。HECM 在美国广受欢迎，占到市场的 90% ~ 95%。

贷款限额主要根据房产所在的不同地区来确定，最大贷款限额称作"203-b 限额"（203-b 1imit），由法律规定且每年调整，不仅与城镇与非城镇的居住地属性有挂席，还由申请人的年龄、房产价值和当时的利率共同决定。HECM 申请人必须满足几个条件才具有资格：①申请人必须达到 62 岁或者更高；②申请人所拥有的房产必须为：单幢房产，1976 年 6 月以后自建的房产、公寓，共有住房、移动住房一般不具有申请资格；③住房至少已建成使用 1 年以上，其价值必须达到 HECM 最低财产要求；④申请人已向 HUD 核准的咨询机构咨询了解 HE 锚计划的详细内容。HECM 一般由银行或保险公司提供，有时需要抵押贷款经纪人的参与。HECM 要求申请人在办理之前必须先向房地产顾问进行咨询，而另外的两种反向抵押贷款计划则没有这一要求。

HUD 会提供一份经过认证的咨询机构名单，以便申请人与之联系。银行、保险公司和经纪人赚取的是前期费用，且银行保留继续服务的权利。银行或保险公司把将来收取还款现金流的权利出售给"美国居民抵押协会"（Fannie Mae：Federal National Mortgage Association，一个营利性的抵押贷款组织，其债券受联邦政府的默示担保）。

HECM 是唯一一个由联邦政府承保的反向抵押贷款计划，联邦政府通过联邦住房管理局（FHA：Federal Housing Administration，FHA 是 HUD 的一部分）承保贷款人不履行义务的风险。作为交换，FHA 在反向抵押贷款终结时收取房产价值的 2% 作为保险费用，并且其余各年的保费等于当年借款额的 0.5%。联邦政府的抵押贷款保险既保证借款人获得连续的借款，也保证借款人不会支付高于房产价值的还款额。

2. 房屋保管者计划

房屋保管者（Home- Keeper）贷款主要是针对不符合 HECM 条件的借款人而设计的一种模式，是由房利美在 1995 年提供的。房屋保管者的贷款上限一般高于 HECM 的限额，同时对房产所有权的要求也较为宽松。房屋保管者的贷款额度除受借款人的年龄、房屋的评估价值、房屋所处的地段和当时的市场利率等因素影响之外，还受到当时申请贷款的人数影响。其支付方式采取按月支付和信用额度，或者两者结合。由于该项目的风险自行承担，所以利率采用浮动利率，按月调整。房屋保管者贷款的一个主要优点是拥有较高价值房产的住户可以接到更高数额的资金。

但是，与 HECM 相比，目前 Home-keeper 的市场占有率还较小，主要是由于：① Home Keeper 只有每月支付、信用额度以及两者相结合等支付方式而 HECM 的支付方式要灵活得多；② Home Keeper 的贷款最大限额不受 FHA203-b 的限制，且允许贷款额随着房屋价格的增长而增加，所以其更适合住房价值大、具有升值潜力的房屋所有者选择。

3. 财务自由现金账户

尽管住房反向抵押贷款产品主要是联邦政策的产物，然而很多私营公司也提供这样的反向抵押贷款产品。20 世纪 80 年代初，全美家庭第一公司（Trans America Home

First)、房屋高级服务公司（Household Senior Services）和财务自由高级融资公司三家私营公司都在经营反向抵押贷款业务，但是到了 1999 年，全美家庭第一公司和房屋高级服务公司都相继终止了这一业务。

财务自由现金账户的主要目标消费群体是拥有价值更大房屋的老年人的贷款业务，所能提供的最大贷款额为 70 万美元。因此私营企业设计产品以吸引不满足联邦条件的较高收入的房屋所有者也是源于社会的需求。

在运作模式上财务自由现金账户与 HECM 和 Home Keeper 有很大区别，更加灵活主要体现在：①这一模式允许借款人最多保留房屋价值 80% 的房产所有权；②允许借款人分享房屋升值的收益；③借款人抵押房产后所得的收入不由借款人自由支配，而是一次性购买由 Hartford 寿险公司承保的按月发放的年金。

（四）美国养老地产产品案例介绍——凤凰城太阳城

太阳城（Sun city）又称老人城，这里明文规定，所有居民年龄必须在 55 岁以上，在该年龄以下者，即便是亲属也无居住权；子女想护理生病的老人，只能住在城外；18 岁以下的陪同人士，1 年居住时间不能超过 30 天。这样的规定使"太阳城"的人口独具特色：18 岁以下的人口占 0.4%，18 ~ 24 岁为 0.3%，25 ~ 44 岁为 2%，45 ~ 64 岁为 17.5%，65 岁以上为 79.8%。

凤凰城太阳城的前身是一片半沙漠的棉田，在 20 世纪 50 年代末被房地产开发商 Del Webb 相中，准备在此建造度假住宅，供农民冬季农闲来此度假。但后来发现来度假的几乎都是老年人，因此就将其改为老年人社区。

1. 区位条件

太阳城位于美国西南部亚利桑那州，距离凤凰城（Phoenix ）17 英里，距离图森市（Tuson）130 英里。属于亚热带大陆性干旱、半干旱气候。阳光充足，气候好，适合老年人居住。

2. 太阳城产品设计

太阳城的产品类型几乎涵盖了每一种类型、每一个年龄段的老年人生活娱乐的一切所需。

1）独立生活社区

这种类型社区以纯独栋别墅物业为特色，主要适合能够保持生活习惯，很少或基本不需要其他帮助的老年人群体。集现代化设施和安逸典雅的居住环境为一体，能提供老年人独立生活的大型社区。社区能够提供合适支援，让老年人在生活上获得最大的独立性，退休后也能发挥应有的价值，直至他们必须接受住院照顾。

2）活跃长者社区

这是一个有严格年龄设置的社区，专门为那些喜欢参加体育和社会活动的老年人建立。这些社区吸引约 55 岁的希望住在一个有很多娱乐活动场所的社区环境中的活跃长者。通常这种社区由一些能够出售给老年人居住的独栋房子、联排公寓或别墅构成。社区面积较大，建有俱乐部、湖泊、游泳池、图书馆、高尔夫球场、散步和自行车路径、网球场、饭馆、礼堂等设施及场所供社区居住者食用。此外，老年人还可参与由社区提供的一系列教育课程。

3）辅助生活社区

辅助生活社区是介于独立居住和护理居住二者之间的一种老年人社区照顾方式。适合那些需要日常生活协助，同时希望继续独立居住，但不需要持续、固定医疗照顾的老年人。服务内容包括：就餐、洗衣、清理房间、医药管理、日常生活活动帮助（洗澡、进食、穿衣、行走、上厕所等）。这种生活方式的资金主要来源于个人资金、社会保险收入、长期照料保险、医疗补助。辅助生活社区由于老年人在居住过程中会使用一些有助于老年人身体康复治疗的专业设施设备，而这些设备的价格一般都较为昂贵，同时需要有专业资格证书的工作人员才能使用，因此物业只能租赁，不可购买。

4）专业护理居住社区

专业护理居住社区为需要持续医疗康复、明显丧失日常生活轰动能力的老年人提供服务。其资金来源有私人资金、医疗补助、长期照料保险。此种社区为康复病人及慢性和长期病患提供 24 小时的护理照料。提供常规的医药监督和康复治疗，不同的护理居住社区各有专长。一般此社区受美国联邦政府、州政府的管辖，因此必须满足政府的相关标准。

5）持续照料型退休社区

根据顾客的需要，提供不同层次的照料服务，包括独立居住、协助居住和护理居住等，只要每月支付一定的费用，不必担忧护理、家政之类的烦恼。这种模式为老年人提供从最初的退休享乐到最后临终关怀的"一站式"终生退休养老服务。

除了建有符合老年人各种需求的社区，太阳城里的建筑规划也完全按照老年人的需求设计，小区内实现无障碍设计：无障碍步行道、无障碍防滑坡道，低按键、高插座设置，社区住宅以低层建筑为主。同时，社区内的空间对导向性有极高的强调，而且对方位感、交通的安全性、道路的可达性均做了安排，还实施严格的人车分流。

太阳城中有许多种住宅类型，以独栋和双拼为主，还有多层公寓、独立居住中心、生活救助中心、生活照料社区、复合公寓住宅等（表5-13）。

凤凰城太阳城居住房屋结构类型　　　　　　　　　　　　表 5-13

房屋结构类型	套数
独栋	16516
双拼	6734
两户	724
3～4户	625
5～9户	843
10～19户	286
20～49户	312
50户以上	1458
活动住屋	78
船、房车等	8

　　太阳城社区还有一系列康娱配套设施，包括 7 个康娱中心，11 个高尔夫球场（其中 3 个属私人乡间俱乐部，另外 8 个向太阳城的居民和游客开放），一间美术馆，一个交响乐演奏厅和超过 130 家有经营权的俱乐部。还有保龄球、小型高尔夫、泛舟钓鱼、台球、游泳池、草地保龄球、乒乓球、网球、篮球等活动场地。此外，有专门为老人服务的综合性医院，相当于中国的三甲医院，床位有 450 个，周边 5 公里区域内设置 5 个其他规格的医院，有心脏中心、眼科中心以及数百个医疗诊所。患有心脏病等严重疾病的老人，脖子上佩戴着一个项链一样的报警装置，遇到危险，只要按一下"项坠"，救护车就会立即赶到（表 5-14）。

凤凰城太阳城康娱设施一览　　　　　　　　　　　　　表 5-14

大类	明细	大类	明细	大类	明细
设备	7 个娱乐中心	体育活动	高尔夫和小小高尔夫	工艺和业余爱好	木工艺
	8 个公共高尔夫球场		游泳		银器
	3 个乡村俱乐部		马场		编制
	2 个图书馆		溜旱冰		绘画
	2 个保龄球馆		网球和桌球		中国画
	20 个教堂		健身房		金属工艺
	19 个购物中心		手球式墙球		制陶术
艺术熏陶	交响乐		室外地滚球		裁缝
	艺术博物馆		跳舞		宝石
	矿物和宝石博物馆		草地保龄球		陶瓷
	成人教育		慢跑和竞走		彩色玻璃
	社区大学		推圆盘游戏		书法
	音乐会		台球		摄影
交际活动	桥牌、纸牌和其他游戏俱乐部	医学设施	位于太阳城中心的 Sun Health Boswell Menoria Hospital		针线工艺
	舞会				公益
	交际俱乐部		老年医学封方面的专家		铁路模型
	众多他别爱好俱乐部				电脑

（五）太阳城开发模式借鉴

1. 郊区大规模低密建设模式

　　凤凰城太阳城的前身是半沙漠棉田，低质的初始禀赋为太阳城的集中、连片、低密开发做好了铺垫。太阳城占地 54000 亩（36 平方公里），城中有许多种住宅类型，以低密独栋和双拼为主，还有多层公寓、独立居住中心、生活救助中心、生活照料社区、复合公寓住宅等。

2. 低价销售可售住宅，加快资金周转

太阳城对于可售住宅项目进行快速销售，以凤凰城内住宅均价的 1/3 出售物业，依靠销售产权房屋回款。促进资金快速周转，并将回收资金投入再开发，使得 Del Webb 公司的太阳城产品系列能在全国范围内快速复制，占领了美国南部和东部养老地产市场。

3. 精准定位客户，专注细分市场

凤凰城太阳城的目标客户为 55 岁以上老人，18 岁以下的青少年和小孩可以来访，但是 1 年内不能超过 3 个月，其他人员长期照料也只能住在城外。如此便于整个社区的运作和管理，营造老年为主力军的生活社区形态，更易得到老年群体的青睐。

4. 产品设计兼顾生活与娱乐

凤凰城太阳城的产品不仅有满足老年人基本生活需求的设计，还有提升其精神生活品质的以会所和运动场地为主的配套设施。比如，专为活跃老人设置室内运动会所和游泳池、高尔夫球场、网球场等丰富多样的室外运动场所。如此设置，从客户层面讲丰富了退休老人的日常生活，从运营商层面则增加了盈利点，可为一石二鸟。

5. 仅提供基本医护设施

出于投资回报率及后期运营难度考虑，Del Webb 很明智地规避了大型综合医院的建设。太阳城的医护设施及人员并不能完全自给自足，需要依靠所在城镇的大市政配套，而城内仅建有能维持老人最基本需求的医护设施及配备基础医护人员。

6. 商业中心辐射周边

对于配套商业，太阳城并没有局限于辐射本社区，而是利用规模优势吸引周边社区居民，实现商业物业价值的放大。

7. 业务单元多元化

凤凰太阳城不仅面向长期居住养老的客户，同时还兼有旅游度假功能。据统计，在 44000 总人口中，28000 人常住，16000 人季节性旅游度假。如此业务单元的扩展，不仅可以更大程度上挖掘市场需求，更重要的是能以较低的边际成本获得较高的边际价值，实现规模经济。

二、日本养老地产的发展模式与经典案例

（一）日本养老地产资本体系

日本是全球老龄化率最高、老龄化速度最快的国家。据 2013 年版《老龄社会白皮书》，2012 年 10 月已首次超过了 3000 万达到了 3079 万人，占总人口数的 24.1%，为历史最高值，成为全球老龄化率最高的国家。20 世纪 90 年代后，随着老龄化的加剧，瘫痪或痴呆症老年人增加，而家庭的护理功能也发生了变化，老年人的护理问题成为最大的不稳定因素。针对这些问题，日本政府着手建立和完善了养老服务体系，以解决老年人的收入、医疗、护理等保障问题，并大力发展了养老产业，实现了老人福利法制化、运行机制多元化和专业化。

1997 年日本制订《护理保险法》，2000 年开始实施"护理保险制度"，将 40 岁以

上的被保险人都纳入长期护理保险的范围。被保险人为了今后得到护理服务，需要按期缴纳保险金，直到去世，这与我国的医疗保险制度有相似之处。

需要护理时，老人可提出申请，经"护理认定审查会"确认后，可享受护理保险制度所提供的不同等级的护理服务，届时被保险人只需承担护理费用的10%，其余部分由护理保险负担。通过护理保险制度，老人可得到1～5级不同等级的居家护理服务，享受的最高金额不等，也可选择入住疗养院、托老所、护理院和养老院等机构的设施服务。

日本护理保险制度还通过市场化的原理，引导社会组织积极参与，推进老年护理服务社会化。2009年，日本全国养老机构总数发展到16001家，比2000年增加84.98%。护理保险制度的实施，使得大批民间企业进入老年护理服务市场，因此催生出大批的民间营利与非营利性养老机构。

（二）日本养老地产产品设计

日本具有多种多样的养老模式和不同经营方式的养老机构。根据1963年颁布的《老人福祉法》，日本政府将养老设施分为多种类型，包括短期居住型、长期居住型、疗养型、健康恢复型等，65岁以上老人在需要时，可使用社会医疗保险入住这些设施。日本养老机构主要分为以下三种。

1. 看护型养老院

主要供身体不便和患病老人入住，由养老院下属团队为入住者提供看护服务。此类养老院通常与医疗机构有固定协作关系。

2. 住宅型养老院

主要供身体状况正常的老人居住。当老人需要看护服务时，院方寻找上门看护，企业提供临时看护服务。

3. 健康型养老院

类似面向老年人入住的宾馆，院方负责打理老年人的日常家务，但不负责照顾入住者的日常起居。

（三）日本养老地产运营模式

1. 日本养老地产的种类

日本养老地主要分为"机构设施"和"住宅"两大类。模式基本都不是以出售产权为目的的经营模式。"机构设施"模式就是由开发商建造一所适合老年人居住的设施，设施内配置以护理为主的各种服务；而"住宅"则是房东通过收取租金得到投资回报的模式。"机构设施"主要包括护理疗养型医疗设施、老人保健设施、特别养护老人住家、养护老人住家、低收费老人住家、收费老人住家、患有老年痴呆症高龄者的集体住家、高龄者生活援助住屋等。"住宅"类的模式分以下四种：面向高龄者的住宅、年长者住宅、银发住宅、自有产权住宅。"住宅"类中，除第三种"银发住宅"的入住老人可能需要轻度照顾以外，其他3种住宅模式的入住对象一般为60岁以上且生活能够自理的健康老人。第一种"面向高龄者的住宅"是当前经营者倾向的"住宅"类中具有代表性的模式。签订了租赁合同后，"面向高龄者的住宅"的房东可以配置护理、餐饮、清扫、家政等服务以增加收入，入住老人可以根据需要选择服务项目与房东另行签订服务合同。"机构设施"与"住宅"最大的区别是前者不是必须配置护理服务，而后者一般必须配备护理服务。

2. 日本典型养老地产类型经营模式详解

1)"机构设施"类——"收费老人住家"

（1）收费模式

收费项目包括：入住金、管理费、餐饮费、护理费、清洁费等。老人入住时一次性支付的费用叫"入住金"，支付入住金的目的是购买"收费老人住家"内的一个单元的房屋、共用部分、公共设施及设备的"使用权"。在东京，有些高端"收费老人住家"的入住金标准为1亿日元（约570万元人民币）或5000万日元（月285万元人民币）以上；中端的在5000万日元左右；低端住家在1000万日元（月57万元人民币）以下。入住金的计算方式是根据入住老人的年龄、健康状况、当地平均寿命等各种可能影响老人入住期长短的因素来预测老人从入住至故去的期限。比如一位65岁健康的男性老人想入住东京地区的某"收费老人住家"，东京的男性平均寿命为78岁，那么这位老人可能居住的时间为13年，再用这个13年乘以一年"使用权"的费用，就得出这位男性老人需要支付的"入住金"的总额了。所以，入住金也可以理解为这位老人需要预付13年的租金。如果老人中途提出解除合同或故去，"收费老人住家"需要扣除老人已入住期限的费用，余款将退还老人或其合法继承人。如果老人的寿命长于预测期限，老人有权免费行使"使用权"直至故去。入住金可以事先一次、分期或每月收取。除此之外，"收费老人住家"每月还可以收取的费用包括管理费、餐饮、护理、清洁等各种服务费。

（2）盈利模式

法律规定"收费老人住家"的每一单元的使用面积必须在13平方米以上，可以供一个老人单独居住（老人如果需要特殊护理的，其居住面积最低为18平方米）。由于13平方米的单元太小，无法配备单独的厨房、杂物间和盥洗室，在这种情况下"收费老人住家"就必须提供可以满足多人使用的食堂及盥洗室。20平方米一个单元，每个单元内配置单独的小厨房和盥洗室成为当前日本"收费老人住家"的主流。通过向每个入住老人收取一次性的"入住金"，把每个单元的部分或大部分成本回笼，开发商的资金压力得到了缓解。在运营过程中，再通过每个月收取管理费及服务费维持日常运营和回收其他投资成本。

（3）成本计算

"收费老人住家"的成本主要为土地、建设、工资、设备、水电煤等费用。其中，工资几乎占50%的日常运营成本，所以利用非全日制护理工或派遣员工的现象很普遍。

2)"住宅"类——"面向高龄者的住宅"

（1）收费模式

收费项目包括：每月租金、管理费、护理等。因为老人的身体、经济状况都比较特殊，房东承担的风险比较大，房东一般不愿意将房子出租给老人。为了使老人能够租到住房，同时也帮助愿意将房子出租给老人的房东顺利将房子出租，政府出台了《高龄者专用租赁住宅登记标准》。这部标准主要内容就是由政府搭建面向老人的租赁信息平台，鼓励房东按照此标准将现有房屋进行改建并登记备案，这样老人就可以很顺利找到合适的住房了。

由于这类住宅的法律关系是房屋租赁，且入住对象一般是低收入的老人，所以不会收取"入住金"。在日本，这种模式更多被用于旧房改造或经营不善的租赁房屋。

（2）盈利模式

"面向高龄者的住宅"的每一单元使用面积至少25平方米(如果有足够的公用面积，每单元的使用面积可以减少为18平方米)。按照房屋租赁的法律，房东可以收取相当于几个月租金的保证金。除房租收入，房东还可以向入住老人提供餐饮、清洁等服务增加收入。

（3）成本计算

主要有改建费用、物业管理、水电煤等费用。这种模式与前一种模式相比，配备护理服务不是必需的。房东可以自由决定是否配备，如果需要配备，可以自己配备也可以委托第三方护理机构。这种模式的法律关系比较简单、运营成本不大、风险比较小。

（四）日本养老地产产品案例介绍——横滨太阳城

横滨太阳城由日本 SunCity 株式会社建设并运营。SunCity 成立于1980年，由100家日本企业共同出资，注册资金为120亿日元（约7亿元人民币），股东涉及银行、保险、证券、酒店、实业公司、商业以及开发商，大部分为日本顶级企业。SunCity 旗下目前共有13个养老地产项目，单体面积在3000～18000平方米，是日本顶级大型养老地产项目公司。

1. 区位条件

横滨太阳城是 SunCity 自行投资建设的养老地产项目，并于2005年投入运营。土地原址为炸药厂，SunCity 以较低的土地价格获得该地块。

项目位于横滨市近郊，距离地铁横滨站20～25分钟车程。项目位居高地，视野开阔，景观绝佳，可俯瞰整个横滨市。同时，处于成熟居住区边缘，既独立又融合，不仅能受益于成熟居住区的配套设施，亦可享受幽静的生活环境。

2. 横滨太阳城产品设计

横滨太阳城占地总面积56012平方米，规划可居住户数为601户，其中，自理型480户，介护型121户。产品定位为高端人群。产品类型主要分自理型居所和介乎型居所两大类。

1）自理型居所

自理型居所适合身体状况正常，能够自理的老人居住。该种居所每一单元包括独立的浴厕、起居、餐厅灯生活设施，老人拥有独立的生活空间。同时，在若干单元中设置协同室，能为老人提供娱乐休闲和社会交往的机会和空间，部分也提供餐饮服务。自理型居所不提供特定的介乎人员，老人有介乎要求时介乎人员可上门服务，因此保证了老人生活的私密性和个性化。

居所单元户型面积在44.6～82.3平方米，平均面积为61.6平方米。户均公摊面积约为38.4平方米，占该类项目用地超过38%。超大的公共空间为老年人活动提供了充足的场地，是横滨太阳城项目的一大特色。

2）介护型居所

介护型居所主要供身体不便和患病的老人入住，大多将老人的生活居所单元集中设置，并且只保留住宿和浴厕功能，同时设置公共空间，包括起居、餐厅、厨房和浴厕等功能，并保证介护人员 24 小时常驻，为老人提供送餐、日间（夜间）介护和上门访问照护等服务。介护型住宅更多考虑了老人们的共同协作以及对老人的集中介护服务。

居所单元户型面积在 22 ～ 28 平方米，平均面积为 23 平方米。户均公摊面积约为 25.7 平方米，占该类项目用地超过 50%。大量的公共空间为老人提供了私人单元所不能提供的公共生活场所，对此类住所十分必要。

3. 横滨太阳城收费模式

横滨太阳城的收费主要分为两大块，一是一次性入住近；二是月金。

1）一次性入住金

在横滨太阳城，一般根据房间大小，收取 3000 万～ 9800 万日元（172 万～ 45 万人民币）不等的一次性入住金，其中 4900 万日元（约 280 万元）的比例较大。如果是两人同时入住的话，则双人入住金在上述价格上浮 1000 万日元（约 57 万元人民币）/居室。

此外，对于未住满 15 年而退出的老人，可退换部分一次性入住金。其计算公式为：入住费用 ×0.85×（15×12 － 入住月数)/180。但入住满 15 年后一次性入住金不再退还。

2）月金

横滨太阳城的月金月金主要分为两部分：一是管理费，包括公共空间水电费、物业管理费和行政费等费用，收费标准是 102900 日元（约 5900 元人民币）/（月·人）和 150150 日元（约 8600 元人民币）/（月·两人）；二是餐饮费，收费标准是 66150 日元（约 3790 元人民币）/（月·人）。

事实上，除了一次性入住金和月金两个收费项目还有一些额外收费项目，如室内水电费、停车费、介护用品使用和租赁费等。这些收费项目依据老人个人使用情况收取，不做统一要求。

（五）横滨太阳城开发模式借鉴

1. 区位选择优良，符合老年人特点

横滨太阳城区域地势较高，便于通风，且背海靠山，气候相对温和，十分符合老年人的体质特征。同时，位于离闹市区 20 ～ 25 分钟左右的车程的郊区，便于在市区工作的子女探视，又能远离闹市的喧嚣，为老人营造独立、宁静的生活环境。

2. 自理与介乎分开照护，便于几种管理

横滨太阳城将自理型与介护型老人分开管理、服务，不仅便于同类老年人的生活与交流，也可因为功能区的划分，实现管理人员、费用的精简。既可以提升养老院的品质，又能节省管理成本。

3. 公共空间占比较大，为老人提供交流平台

较多的公共活动空间设置，可以为老人提供交流的空间及平台，使居住期间的老年人能有更多交流的时间和机会，能够更大限度地满足精神需求，同时提升养老院的

服务品质，吸引更多的客户。

三、中国台湾地区养老地产的发展模式与经典案例

（一）中国台湾地区养老地产资本体系

中国台湾地区是亚洲养老产业最发达的地区之一，由于与中国大陆所处的文化背景、经济环境最接近，因此，对我国大陆养老地产的发展最有借鉴意义。

台湾地区养老机构的投资主体主要为企业，同时教会、社团等非营利组织也会从社会募集资金建设养老机构。从台湾养老机构的对象来说，其养老资金除了自有资金以外，还有相应的较为完善的社会养老保险体系。台湾的社会养老保险体系主要有三种类型：一是劳工保险制度；二是职业退休金制度；三是自愿性补充养老制度。

1. 劳工保险制度

台湾在 1950 年颁布了台湾地区劳工保险有关规定，开始设置劳工保险。劳工保险制度在台湾居民的养老保障中扮演者基础性角色，是台湾基本养老养老保险制度。

台湾将劳工保险按大类划分可以分为职业养老保险和居民年金保险。

职业养老保险适用于有职业的台湾居民。法律规定凡是 25 岁以上 65 岁以下的所有台湾居民，若有职业，则必定涵盖在劳工保险或是军公教保险（根据所从事的职业而定）。

居民年金适用于没有工作的人。按规定无业居民应该加入居民年金保险，但该养老保险属劝导性质，对于没有意愿缴费的居民，无强制性或任何惩罚机制。台湾居民若因失业而失去参加劳工保险资格，台湾的劳工保险事务主管部门会主动将其原有的劳工保险账户终止，立即将之转换到居民年金保险账户。

总之，劳工保险在台湾的覆盖率最高，几乎达到了 100%。

2. 职业退休金制度

除了劳工保险之外，台湾较为普及的是职业退休金制度一般由企业、员工共同缴费，政府给予税优支持，是一种补充养老制度。

台湾的职业退休金制度仅针对受雇身份的居民，不属于此身份居民，如家庭主妇或个体户，原则上没有此养老金制度。与中国大陆类似，中国台湾对于社会上的各种法人团体进行了分类，职业退休金体系则按不同类型的法人团体性质分为四个类型：一是政府受雇者（主要为公务人员、公立学校教师以及军职人员）；二是民营企业受雇者（即我国台湾地区劳动基准有关规定下所定义的劳工）；三是私立学校教职员；四是公营事业单位（例如台湾中油公司、台湾电力公司、台湾肥料公司、台湾中华电信、台湾中华邮政）的员工。这四类员工有其各自的职业退休金制度。

3. 自愿性补充养老制度

自愿性补充养老制度主要包括两部分：一是在职业退休金制度中，员工还可以选择在要求的员工匹配缴费外，自愿额外缴费。这一自愿缴费积累部分可以享受递延征税的税优政策；二是不具有递延征税的退休金制度，比如各民营企业自行举办的职工福利制度。此外，台湾的部分公营事业员工，也都有自愿缴费的储蓄性养老制度，并

可于退休后享有较高的优惠存款利率（例如 13% 的年利率）。

除以上三种养老保障制度之外，台湾还针对中低收入的老人提供非缴费性社会福利制度，包括年满 55 岁未满 65 岁少数民族每人每月 3000 元的给付、中低收入老人生活津贴、对无力负担全民健保费用的老人补助和特别针对身心障碍老人的照顾津贴等。满足一定条件的老年人无需缴费即可享受这些津贴补助。

（二）中国台湾养老地产产品设计

台湾地区的养老产品主要分为两种：一种是分散式养老产品；另一类是集中式养老产品。

1. 分散式养老产品

集中式养老产品主要有三种：一是机构是养老产品；二是社区式养老产品；三是特殊性产品。

1）机构式

所谓机构式的服务指的是 24 小时皆有照顾人员照顾老人家的生活起居，具体而言，主要有五种。一是护理之家，主要收住对象为日常生活上须协助、或是插有管路（尿管、气切管、胃管）的老人，通常是由护理人员负责，24 小时均有人员照顾，必须向所在地的卫生局申请，属于护理机构；二是长期照护机构，收住的对象与护理之家相似，亦是 24 小时提供照顾服务，不同之处是设立的负责人非护理人员；必须向所在地之社会局申请，属于老人福利机构；三是养护机构，收住对象是生活自理不便，但不带有管路的老人，同样属于老人福利机构，不过现有的养护机构有些老人插有鼻胃管或尿管；四是赡养机构，收住日常生活能力尚可的老人，亦属老人福利机构；五是荣民之家，收住对象为荣民，大部分属于日常生活能力尚佳的荣民，为退辅会所属机构。

2）社区式

社区式养老产品指的是老人家留在熟悉的生活环境中，接受不同专业的服务来进行养老。主要有以下三种类型：

（1）居家照护

指老人生病出院后，仍继续留在家中，接受所需的照顾，仍可与家人维持良好互动。在此期间，专业医护人员可提供的服务主要有：

①居家护理：为居家照护服务中最早发展的照护模式，由护理人员及医师定期前往老人家中探访，协助家属解决照顾上的问题，并会视老人家的需要，结合种资源，如申请低收入户补助。

②小区物理治疗：最早推出的为台北市，后因为"9·21 地震"的缘故，各灾区也设有小区物理治疗等相关服务。一般由物理治疗师到老人家中协助老人进行物理治疗及协助居家环境评估，目的是使老人家或行动不便者可掌控自己家中的环境，增加生活满意度及独立感。

③居家职能治疗：由职能治疗师到家中评估老人的需要后，拟订其所需的治疗计划。主要活动包括日常生活、工作或是休闲活动三大类。希望协助老人家在有限的能力或是居家环境障碍中仍可从事活动，维持老人家的活动力，以延长在家中居住的时间，预防失能的状况更为恶化。

④居家营养：由营养师到家中提供服务，评估老人的营养需要，拟订老人所需的热量、菜单，并教导照顾者制作老人食物或协助选择合适的管灌品。

（2）居家照顾：由非专业人员所提供服务，主要提供服务偏重于日常生活需要。

①居家服务：由照顾服务员依老人家日常生活能力失能程度的不同，而提供不同服务，主要服务包括家务及日常生活之照顾（如陪同就医、家务服务、打扫环境等）、身体照顾服务（如协助沐浴、陪同散步等）。

②送餐服务：对于独居的老人家所提供服务，现行有数种方式：一种为定点用餐，即由小区发展协会及各老人中心或是公益团体，提供固定的地方，老人家自行于固定时间前往用餐；另一种为照顾服务员至家中协助老人家准备饭菜，及协助用餐；亦有结合出租车司机将饭盒每日定时送至独居老人家中。

③电话问安：主要服务对象也是独居老人。由志工或是专业人员不定时打电话至独居老人家中关心老人，以防范意外事件之发生。目前有业者提供类似手表紧急联络装置，可防范独居老人意外事件的发生。

④日间照护：是一种介于老人中心及护理之家的照护，顾名思义白天提供照护，晚上老人家即回到家中，服务对象为日常生活能力尚可的老人。在日间照护机构中亦有提供照护、复健、各项活动，可供老人选择。国内这些机构仅限于台湾的部分县市。

2. 特殊性养老产品

台湾的特殊性养老产品主要提供对象是患有失智症的老人，也可分为小区式、机构式及居家式三种。同时，还推出了一些另类疗法，主要为非服务模式的项目。应用较多的有怀旧疗法、芳香疗法、音乐疗法、宠物疗法等，各种治疗方式均须接受各相关专业的训练后，方可对须治疗者提供服务。

3. 集中式养老产品

在台湾，主要的集中式养老地产当属持续照料退休社区（CCRC，Continuing Care Retirement Community），该社区通过为老年人提供自理、介护、介助一体化的居住设施和服务，使老年人在健康状况和自理能力变化时，依然可以在熟悉的环境中继续居住，并获得与身体状况相对应的照料服务。CCRC通常选择在距市中心50～100公里、1小时车程内、交通便利的城市周边地区。退休社区以围墙封闭自成一体，配备安全监控、保安巡查等多种方式提供安全保障。社区配有大面积绿地、景观、花园、种植园区。为入住者提供优美的居住养生环境，并且从个人居所到服务场所，公共空间全部为无障碍设计。

社区提供各种生活配套设施，如餐厅、超市、洗衣、银行、邮局、美容美发及各种娱乐活动场所等。在社区内入住者可以方便地解决一切生活需要。社区建设的社区医院拥有经验丰富的各专科医生，为入住者提供预防、医疗、护理和康复等多种专业、快捷、亲情的医疗服务。入住者在身体状况和自理能力发生变化时，可以获得与其健康状况相对应的居住空间与关怀照料服务。同时，社区为老人提供充分的活动学习空间及各种设施。由于社区规模大，入住人员多，老人可以结交兴趣爱好相同的朋友，根据不同爱好自愿组成各种学习、活动小组，如书画、音乐、棋牌、球类、手工制作、电脑、养生等。

台湾的集中式养老地产，从建筑设计、园林规划到装饰标准，都接近于中高端住宅产品开发，并在适老化设计中有所创新。

（三）中国台湾养老地产运营模式

与世界其他养老地产发达国家或地区不同，台湾的养老地产并非主要由开发商开发、运作（开发商运作的项目不到10%），而是由医疗机构在经营，走的几乎都是轻资产路线，靠租赁土地或其他项目改造来建造养老院。台湾养老地产实际上是医疗服务行业竞争的结果。

由于与医疗的先天联系，台湾养老地产的运营都与医保结合。一方面，台湾的养老地产收入种类多，除了一般意义上的物业出售或出租收入，还包括护理费、诊疗费、医药费、养生保养费、康复费等。另一方面，与医保结合后，老人的负担减轻，养老产品的以面向更大的受众，市场大幅扩展。

（四）中国台湾养老地产产品案例介绍——长庚养生文化村

长庚文化村由台塑集团董事长王永庆投资500亿新台币，依托长庚医院建成。全村3600户，房屋为7层建筑。该村自1991年起，历经7年的筹划与评估分析，于1998年进入正式筹备期，2001年开始建造，并于2004年申请登记为老人住宅，成为台湾第一个依老人福利法等相关规定规划、兴建并开始营运之老人住宅。

1. 区位条件

长庚养生文化村位于台湾桃源县龟山乡旧路村，毗邻高速公路，最近的市区为新北市林口区，约10分钟车程。村内景观设计极好，有占地约17万平方米的人工绿地，还有体验野趣农园和漫步休闲栈道，居住生活区被绿色所包围，是典型的花园式居住社区。

2. 产品设计

长庚养生文化村设计理念有怡亲、健康、养生、文化、社区、体验、教育训练等七大主题，但最主要的理念是"活到老，做到老"。例如村内有会议厅，可举办学习演讲活动，如果入住的是教授，则可以在此指导学生写论文，其他老人也可增加与年轻人的交流。长庚养生文化村拥有完整的社区功能，设有超市、银行、书店、图书馆、餐厅、体育馆、水疗池等；如有家属来探访，也有公寓可供住宿。村里还提供有偿工作，老人如有园艺农艺指导管理、简易水电维修等专长，可通过劳动获取报酬。

"护理之家"并没有药水味和白墙，设计风格与星级酒店类似，使入住者可以逐步摆脱疾病的阴影。在住宅楼道里布置了许多台湾人过去生活的场景，如小火车站、旧式电话机等，帮助老年人唤醒记忆力，减缓脑衰老，不仅可以预防老年痴呆亦可延缓衰老。与此同时，长庚养生文化村更强调文化的内涵。村里为老人安排了多种休闲活动，如打麻将、唱卡拉OK、阅览、书法、绘画以及插花等，并附设了相关的宗教活动场所。此外，入住的老人还可依自己的兴趣在经营村里的果园、菜地。

长庚养生文化村的老人居住单元依赖族群观念建构，以8～20户为一小组群，拥有共同优异、聊天的空间，以60～80户为一中组群，设有公共洗衣间及垃圾收集间，而以500～700户为一大族群，设置公共餐厅、麻将间、阅览室及其他文化康乐设施。小区内部关系主要依靠邻里情感维持，运营商提供公共服务体系来协助老人独立自主的生活，使之得到人性化照顾。老人居住单元则依据景观区位、居住空间、无障碍等级等因素，分设不同单元空间面积等级，并利用无障碍环境原则设计适合老人居住的生活空间。

总体而言，长庚养生文化村的产品设计主要有如下特点：

1）住宅层数与居住单元面积标准化

长庚养生文化村均为7层楼房设计，楼内设有方便老人使用的无障碍电梯。多层楼房的设计既可以节约用地，又能适应老年人身体条件和居住习惯。

村里的老人居所只有两种户型：一是14坪（约为46平方米）的一房一厅；二是22坪（约为73平方米）的一房两厅户型。小户型设计仅保留了住宅的基本功能，将就餐、娱乐活动等的空间移到了公共活动室，促进老年人之间的交流。

2）多功能化的公共空间设计

长庚养生文化村的公共空间承载了多种功能，不仅是老人日常生活的起居场所，同时也是老人进行社交和问题活动的重要载体。一般公共服务设施主要配置地点是地下一楼、一楼及二楼，地下一楼活动室可提供250团队聚会、电影欣赏等大型活动场所，一楼则有简报室、协谈室等安排，二楼一般则是容纳800人的公共餐厅。室内的休闲设施主要安排在三楼，有舞蹈教室、桌球室、证券室、KTV静态阅览室、麻将室以及宗教文化类的佛堂和祷告室。户外活动中心则包括户外广场、篮球场、网球场、槌球场、园艺农场、儿童游戏场及登山道、登山木栈道等。此外，共享服务空间则包括共享浴室、厕所等生活设施。

3）建设社区医院，提供定制服务

长庚养生文化村的重大疾病治疗可以依靠长庚医院，但是日常的护理服务则通过社区医院完成。社区医院主要为居民提供特约门诊、康复及照顾等医疗服务，定期为居民记性健康检查、防疫注射及体能检测，同时还配置专业人员，提供一对一用药管理服务。

4）人性化的室外环境设计

长庚养生文化村对于室内环境的设计基本与其他养老地产类似，但对于室外环境的细心设计则是其一大特点。

该村户外公园占地约17公顷，有果园、野趣农园、公共活动区、儿童游戏场、运动场等户外设计。不仅可以满足老年人生活及户外活动需求，也可以照顾老人家属、外来观光旅游人员的需要。特别值得称道的是村里的步道系统，设计者将该系统分为四个组成部分。

一是低氧和缓步道。此种步道路面以高压水泥砖为主，串联起了各栋楼房，使全区形成了换装系统，坡度控制在12.5%以下，可供年长者使用，也可供摆渡车使用处理突发事件。

二是中氧级休闲步道。此种步道路面用小石子铺就，绕山而铺，坡度在25%以下，可以增加运动的趣味性和挑战性。

三是中至高氧级休闲步道。此种步道为穿林步道，以斜坡及阶梯穿插，提供喜爱走楼梯者食用，期间搭配木平台，除休憩外还可亲近自然。

四是高氧级休闲步道。此种步道路面为顶铸石板，一般坡度变化大，利用阶梯达到高氧活动的目的。该步道适合活动力较强且体能状况良好的老人使用。

3. 运营模式

长庚养生文化村除了产品设计契合老年人的需求外，其对于客户发展也自有一套。首先会通过各种渠道对文化村进行宣传。有意愿入住文化村的客户想参观的话要提前预约。如果通过工作人员讲解对于整体环境满满意的话就可以登记住房并签订合同。当然，如果客户不放心的话，可以申请试住。入住之后可以依据自己的体验确定是否续期。实际上，社区不仅为老人提供试住服务，只要是 13 岁以上的人士都可享受为期 2 天的体验之旅。这不仅体现了长庚的包容性，更是一种隐性营销。

长庚的运营模式属于典型的出售加持有型。其收入主要分为三块：一是物业销售；二是物业出租；三是附属服务收费。

1）物业出售

长庚养生文化村用地性质是政府划拨，因此每平方米造价不高，售价在台湾算是平价。但买房有一规定，即房产不能作为遗产处理，等到不住时须交回村里作为捐助。

2）物业出租

长庚的物业出租业务是该村的最重要运营方式。其收费模式按照物业面积分为两种：

（1）14 坪（约 46 平方米）物业收费标准

首先，需要预收一年住宿费作为入住保证金，退住时可无息退还，通常单人是 2160000 新台币（约 45000 元人民币），双人是 276000 元新台币（约 56000 元人民币）；其次，单人住宿费是 18000 元新台币/月（约为 3700 元人民币/月），双人住宿费是 23000 元新台币/月（约 4700 元/月）；最后，养老院提供健康膳食、养生药膳等多样化餐点服务，老人可自由选择，一般整月消费是 4500 元新台币/人（约 920 元/月）。

（2）22 坪（约 73 平方米）物业收费标准

首先，需要预收一年住宿费作为入住保证金，退住时可无息退还，通常单人是 3120000 新台币（约 64000 元人民币），双人是 372000 元新台币（约 76000 元人民币）；其次，单人住宿费是 26000 元新台币/月（约为 5300 元人民币/月），双人住宿费是 31000 元新台币/月（约 6300 元/月）；最后，养老院提供健康膳食、养生药膳等多样化餐点服务，老人可自由选择，同样一般整月消费是 4500 元新台币/人（约 920 元/月）。

3）附属服务收费

长庚的附属服务包括多项，主要有以下项目。

（1）场地住宿承租

为了充分利用村内的设施设备，同时活跃村内气氛，长庚推出了场地承租服务，规划出各式多功能会议地点，提供可调整式中、小型企业培训、研讨会、训练营、学术文化交流活动场地。并且提供完善的住宿服务及各种免费的休闲娱乐设施。会议地点具体收费标准如表 5-15 所示。

长庚场地承租费用标准   表 5-15

承租项目	平时价格		假日价格		面积		容纳人数
	新台币（元）	人民币（元）	新台币（元）	人民币（元）	坪	平方米	
大礼堂	6200	1265	7000	1429	107	354	150
简报室	5000	1020	5800	1184	40	132	54
讨论室	4000	816	4600	939	24.2	80	25
会议室	2000	408	2200	449	11.5	38	20

注：以上为每时段（四小时）订价；假日包括星期六、星期日与国定假日；简报室、大礼堂免费提供设备（会议室、讨论室除外）；投影设备一套、无线麦克风两支、影音设备、桌上型麦克风（简报室）

此外，对于住宿服务，提供的是标准化的 22 坪（约 46 平方米）一室二厅房间，定价是 1700 元新台币 / 晚（约 350 元 / 晚），长庚共有 300 个这样的房间。

（2）养生体验馆

为了让普通民众能更深入地了解村内老人住宅现况及体验银发小区生活及各项健康活动风貌，长庚特推出了体验馆项目，只要是 13 岁以上的民众皆可参加，但不受理不能自理人群。该项目分为一日体验和两日体验两种。

一日体验活动主要包括参观长庚养生文化村的所有设施设备、参加村内体检活动、品尝村内特色养生圆桌餐以及参观台塑集团文物馆。该项目收费也分有假日、平时之分。平时收费是 380 元新台币 / 人（约 78 元 / 人）；周末及节假日则是 420 元新台币 / 人（约 86 元 / 人）。此外，还规定要报名人数满 30 人才能成行。

二日体验活动除了包含所有的一日体验活动项目外，还包括穴位按摩教学、养生早餐。由于此类体验包括一晚的住宿，收费相对较高，一人入住是 2200 元新台币（约 450 元 / 人），两人入住是 3200 元新台币 / 人（约 650 元 / 人）。

（五）长庚养生文化村开发模式借鉴

1. 细致的户外环境设计

老年人最重要的事情就是延年益寿，良好的户外健身空间必不可少。长庚有大规模的室外绿地，包括草地、山林等。可以为老人提供充裕的室外锻炼空间。此外，对于步道的精致设计可以满足不同需求的老人。

2. 多元化的盈利模式

长庚盈利模式不仅有一般养老院的老年人服务项目，而且也将部分设施、设备面向社会其他群体，创造收入。如养生体验馆、会议室出租 / 住宿等。

3. 村庄规划全面

长庚形成了一个大规模的居住社区。村内设施齐全，配套完整，不仅有老人日常生活所需的配套，如超市、医务室等，而且也具备富有个性特色配套，如供老年人打理的菜园、果园等。整个村落营造出了养老产业的生态系统，使老年人有一种居家的感觉。

4.郊区大规模开发，收获规模效应

长庚总规模达到了 52 公顷，居住人口达到 40000 人，是一个超大规模的综合养老社区。如此大规模的养老地产开发，配套成熟的管理模式，使得长庚获得了极大的规模效益，因此可以通过评价的收费，实现养老院的可持续运作。

5.资源有机整合，创造效益最大化

养老地产最不可缺少的便是医疗服务的配套。长庚养生文化村的依托便是长庚医院。长庚医院是台湾规模最大、效益最佳的综合性医院，也由王永庆创办。长庚医院的支持，使得长庚养生文化村有了强大的医疗服务资源，形成了鲜明的优势，客户吸引力更强。同时，长庚养生文化村也为长庚医院带来了更多的客户。可谓是资源互补，相得益彰。

第六节　中国养老地产未来的发展趋势

一、机构养老存在巨大供需缺口，未来养老地产或迎来爆发性增长

（一）社会养老供给严重不足，机构养老产业发展前景广阔

居家养老、社会养老和机构养老是我国目前基本的三种养老模式。在这三种模式中，居家养老作为传统的养老模式一直占据着主导地位，社会养老和机构养老发展则严重滞后。在城镇化进程快速推进和长期计划生育政策的影响下，"421"家庭结构日益普遍，传统的居家养老逐渐不堪重负。而我国虽然在养老保障和养老服务上出台了许多政策，近两年来更是新政频频，不断加大对养老服务业的扶持力度，但我国的养老保障制度整体上还处于"碎片化"状态，难以给老人以制度安全感。而目前已有的社会养老机构的服务设施严重不足，服务水平也参差不齐，影响了老人入住社会养老院的意愿。根据国家统计局的数据，截至 2012 年，全国有各类养老机构 4.02 万所，床位 416 万张，占老年人总数的 2%，收养老年人接近 310 万多人，接近 1.6% 比例，大大低于发达国家 5% 左右的平均水平；每千位老人拥有 21.5 张床位，刚刚达到发展中国家 20～30 张床位的平均水平，远不及发达国家 50～70 张床位的平均水平。若按照 2011 年国务院办公厅印发的《十二五社会养老服务体系建设规划（2011—2015）》提出的"9073"模式，2012 年老龄人口 1.93 亿，按照 3% 机构养老，则需床位 579 万张（缺口 163 万张）。我国现在不少养老机构不仅床位少、设施简陋，还缺乏专业的护理人员，专业服务水平低下。根据全国老龄办发布的全国《民办养老服务机构基本状况调查报告》显示，全国每所民办养老服务机构平均不到一名医生，很多民办养老服务机构没有配备任何医护人员，一些就职于此类机构的医生业务水平堪忧，有三成左右为中专或中专以下学历，有的甚至没有经过专业性的学习和培训。而且民办养老机构的护士平均数量非常低，一个机构平均只有一名专业护士，其职责多由护工分担。因此，从目前的情况

来看，我国机构养老产业在商业健康保险和医疗保险、护理和康复服务、适老住区等方面发展潜力巨大。

（二）渐入老年的高净值人群是未来支撑养老地产市场的核心客户群

根据兴业银行、胡润研究院在上海联合发布《2014 中国高净值人群心灵投资白皮书》显示，截至 2013 年末，全国个人资产 600 万元以上的高净值人群数量比 2012 年新增 10 万人，达到 290 万人，其中超过 6 万的新人住在北京、上海与广州；健康、旅游和教育是高净值人群心灵投资的三大领域。《2012 年招商银行中国财富报告》统计发现，中国高净值人群 50% 左右来自 40 ~ 50 岁的年龄段；另据 2012 年波士顿咨询对中国高净值人群一份调查报告，其年龄构成 40 岁以上占样本人群比例为 73%，50 岁以上人群占样本人群比例为 27%，这些人群经过中年期的财富积累逐步进入老年阶段；中国建设银行的《2012 年中国财富报告》统计结果表明，40 岁以上在高净值人群中的占比为 74%，中国建设银行在该份报告中指出，这些高净值人群除对自身资产配置关注之外，高端养老已成为其关注度最高的方面。未来养老地产不仅应在硬件设施上进行专业养老的规划设计，更要在养老服务产业链上科学布局，通过一流的养老住区和高端的养老服务来吸引这些已经和即将迈入老年的高净值人群的投资和使用（图 5-36）。

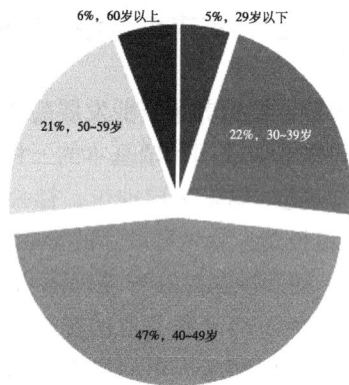

图 5-36　中国高净值人群年龄分布 ❶

（三）传统观念束缚和优惠政策匮乏既是养老地产发展的瓶颈又是重大的机遇

我国养老地产前景广阔，但也面临着诸多挑战，传统养老观念束缚和优惠政策匮乏就是其中两大阻力。一方面，"养儿防老""多子多福"等传统观念尽管在现代生活和商业文化的冲击下正在逐渐淡化，但"但存方寸地，留于子孙耕"的传统观念却一直在老人中延续。而且我国没有开征遗产税，这也从间接上鼓励了子女居家养老从而方便继承遗产。根据全国老龄办发布的《2010 年我国城乡老年人口状态追踪调查情况》数据显示，城镇老年人愿意住养老机构的比例 10 年间从 18.6% 降到 11.3%，农村老年人则从 14.4% 下降到 12.5%，城乡老年人居家养老的意愿始终占据主流。另一方面，我国在养老保障和养老服务的政策导向上是偏向于居家养老和社会养老，在机构养老

---

❶ 资料来源：中国建设银行《中国财富报告2012》。

上的优惠政策也更多地偏向于公办和非营利机构，对于营利性的养老机构扶持政策较少。但我国正处于经济社会的转型发展中，传统文化和生活方式也在现代文明的发展中不断改变，随着我国人口老龄化日益加剧和国家在养老产业政策扶持力度上的不断加大，养老地产在未来反而更有可能获得重大的市场机遇。

二、养老行业的本质是"服务"，养老地产的开发要以养老服务为核心

养老产业是依托第一、第二和传统的第三产业派生出来的特殊的综合性产业，产业链长、关联度高、涉及领域广，涵盖居住、护理、医疗、康复、健康、管理、文体活动、餐饮服务到日常起居呵护等。其中，服务是养老产业的本质。而养老地产作为养老产业的支撑平台，与传统地产最大的区别就在其核心并非地产开发而是养老服务。所谓老有所养的全部含义除了老有所居之外，更应该包含有所医、有所学、有所乐、有所为。而中国目前养老地产的开发存在着以下六大问题：一是产业链整合度低，遍缺乏开发全过程的经验；二是产业标准不健全，服务标准不明晰；三是居住功能过于单一，养老设施配套功能和养老专业服务能力尚待提高；四是市场定位不清晰，老年客户群细分不够；五是涉及养老的医保、财税政策还不能有效对接；六是老年心理咨询、教育休闲、临终关怀等为老服务尚没有得到足够重视或有效落实。未来养老地产的开发应摒弃投资养老产业必须地产化的观念，从养老服务入手，在深入调查和研究老年人心理和生理需求的基础上，准确测量市场规模和服务半径，完善与医疗机构、专业服务人员培训机构的合作，培育完整的产业链，为创新养老模式满足老年人需求提供服务保障。

三、物联网搭建智慧养老平台，移动医疗可能成为养老地产的市场突破口之一

（一）智慧养老新平台为养老地产的发展提供了技术支撑

智慧城市主要包含智慧技术、智慧产业、智慧（应用）项目、智慧服务、智慧治理、智慧人文、智慧生活七大方面的内容。而与医疗、健康、护理、生活等密切相关的养老服务就是智慧生活中的重要一环，一些地方和城市已经开始试点通过物联网来搭建智慧养老的新平台。南京市早在2010年就与IBM合作在南京鼓楼区启动了"智慧养老"项目，该项目就是利用物联网技术，通过各类传感器告知家人，使老人的日常生活处于远程监控状态。杭州在2013年开始构建"智慧养老云服务平台"则更为全面细致，目标是使老年人足不出户就能享受实时化、多样化、个性化的全方位居家照护服务，最终消除居家养老和机构养老的区别。根据上海交通大学教授郑世宝的定义，智慧养老是基于远程老人健康监护服务的社区居家养老服务系统，它依托先进的物联网信息化技术和社会化的专业养老服务团队，以社区为单位，为居家老人提供像托老院式的全天候健康与生活的监护服务。养老地产应贴合国家建设智慧城市的政策导向，充分运用物联网的技术对住区进行智慧规划和设计，通过搭建智慧养老的平台，在提升项目品质和服务的同时，扩大市场占有率。

（二）移动医疗是解决养老地产核心服务配套问题的有效方案

在养老产业链中，医疗护理即使养老服务的关键环节，也是养老地产的核心配套。但受限于医疗卫生行业的制度门槛和专业门槛，养老地产与医疗机构的合作推进极为困难。随着近年来移动互联网的快速发展，尤其是物联网与云平台大数据技术的结合，传统的医疗服务模式正逐渐被远程预约、远程医疗、慢病监控、大数据综合解决方案等移动医疗的现代化服务模式所改变。与此同时，相关的国家部委也出台了系列文件和政策来鼓励、支持移动医疗的发展。工业与信息化部、科技部等分别将个人医疗监护、远程诊断等列入了"十二五"规划的发展重点，并且提供相应的资金资助。国家卫生健康委也发起和赞助了一些合作医疗服务示范工程内的移动医疗示范项目，包括病例记录、疾病数据和健康质量监控等移动医疗解决方案。通过运用移动医疗的手段，养老地产一方面可以顺利地解决养老的核心问题——健康医疗服务问题，另一方面还能节约兴建或者与医疗机构合作的资金成本、人力成本和沟通成本，可以很好地实现企业与市场的双赢。而且随着可穿戴式技术的崛起，移动医疗的软件和硬件结合很有可能为养老地产的发展打开一个市场突破口。

四、现阶段独立开发养老地产风险较大，与养老相关业态联姻是优选模式

养老地产发展至今，虽然有众多的房企参与其中，但尚未有大规模开发并且成功运营的成功案例，也没有适宜养老地产的盈利模式和可复制的商业模式。造成这种现象的原因除了养老地产的初期环境还有待改善之外，更主要还是因为房地产企业的开发背景过于单一。房企虽然在依托社会资源低成本拿地上具有一定的前端优势，但在项目融资以及后期养老地产的配套服务和专业运营上却明显力不从心，而养老地产作为复合型地产与现代服务业相融合的新型产业，又恰恰需要开发商与养老相关业态开展跨行业深度合作，促进整个养老产业生态链的融合，以规模化运作降低使用成本，提高养老地产品质的，同时还可降低目前过高的客户准入门槛。从现阶段来看，房地产企业与保险机构以及专业养老服务机构联姻，利用保险公司资产端配置的长久期优势，同时结合养老服务结构的后端专业服务优势，以轻资产的方式撬动养老地产板块，实现养老全产业链的合作和共赢才是最佳的优选模式。

第六章

房地产市场转型方向之——产业地产

第一节　产业地产概述

一、产业地产行业定义

产业地产的概念作为工业地产的延伸是在 2003 年被提出来的。由于出现的时间较短，加之工业地产本身概念范畴模糊，缺少边界，因此产业地产目前并没有形成统一、权威的定义。本书立足产业地产，从理论到市场通过梳理国内外关于产业地产研究的相关观点后发现，产业地产的概念可以分为广义和狭义两种。

（一）广义与侠义

广义上的产业地产，是指地产行业与农业、工业、商业、物流、旅游等其他产业双重或多重相结合的地产开发、经营模式。由于广义上产业地产覆盖面较广，其理论上的发展形态包括产城综合体、城市新区、城市副中心等，在理论研究及实践中使用较少。

狭义上的产业地产，是指在我国产业升级、经济转型的大背景下，围绕微笑曲线构建产业价值链一体化的平台，并以产业为依托、地产为载体，以工业楼宇、高新技术产业研究与发展用房、生态写字楼等为主要开发对象，整合自然资源、社会资源、经济资源等，打造产、学、研产业集群，帮助政府改善区域环境、提升区域竞争力；帮助企业提升企业形象、提高企业发展力的新型产业形式。主要发展形态包括各类产业园区、工业园区的开发、经营，就目前产业地产商的发展理念来看，以总部基地、智能科技园为主的城市产业地产已经逐渐兴起，并且一定程度上与传统商业地产出现了融合。

（二）产业性与地产性

产业地产有着"产业"和"地产"两种属性：

一方面，能够提供产业发展的良好环境，推动相关产业发展，产生集聚效应，促进当地经济增长，提升就业水平，体现其"产业"属性，而且在当前房地产业市场出现细分化、金融化趋势后，产业地产正在被赋予越来越多的产业属性，甚至产业地产商也开始考虑对接实体产业，进行自身运营模式转型的战略选择；

另一方面，又能通过对土地资源的深度开发、集约经营，吸引人口、资本聚集，提升城市功能，形成强大的经济效益，体现其"地产"属性，这个属性是产业地产的原始属性，在房地产市场逐渐开始崇尚专业性后，产业地产如何真正地体现出其产业载体功能的地产属性。

结合产业地产的属性和现阶段我国的发展情况，本书定位于狭义产业地产。在我国，产业地产主要依附于政府规划设立的产业园区，但不局限于产业园区，并主要以工业开发区、总部基地、物流园等形式存在。从本质上说，产业地产仍然属于房地产行业，并与住宅地产、商业地产一样属于房地产业的细分业态之一。但是与住宅地产、商业地产所不同的是，传统的产业地产用地性质一般为工业用地，且规模较大，尤其以片区开发为主导，用途范围通常为厂房、仓储物流用房、工业研发楼宇等。随着房地产业不断发展，现在提起的产业地产又一定程度上包含了商住概念，出于盈利稳定性及资金回流考虑，开发商更青睐混合拿地，打造出以产业地产为基础的产、住、商一体化混合型园区，特别是城市产业地产概念的兴起，产业地产已经吸收了商业地产和住宅地产的基本功能。

二、产业地产行业特征

产业地产作为新型地产开发模式，我们认为其主要特征包括五个方面：

1. 政策主导性强、区域性强、专业性强

首先，产业地产受政府政策主导性强。产业地产由于依附于产业园区，而产业园区大多由政府规划设立，地方政府的产业政策（包括产业结构政策、产业组织政策、产业布局政策等）和区域经济政策（如西部大开发相关政策），均影响产业地产项目获得政府支持的程度，如土地资源、税收优惠、金融扶持等方面，从而关乎整个项目运作成功与否。其次，产业地产的区域性强，不同区域的相关产业发展阶段不尽相同。发展水平高的地区，由于集聚效应较强，对产业地产的需求会更加旺盛。另外，不同区域的地理位置不同，资源禀赋不同，产业地产发展的模式也会有差异。第三，产业地产的专业性强。只有对产业进行深入研究，才能把握产业的发展趋势、产业的布局现状等。另外，不同的产业对于产业发展环境的要求不同，功能的要求也不同。因此，产业地产开发的重点也会不同。这种专业性在当前高科技产业、智慧产业兴起的背景下，尤其重要，可以说严格意义上产业地产的定位、发展思路是依存于产业的转型趋势及新兴产业走向的，这就对产业地产商的市场敏感度、市场专业性提出了区别于商住开发商的更高要求。

2. 以实现资源价值最大化为市场目标

产业地产将产业与地产相结合，让地产的开发全面为产业发展及运营服务，是工业化及信息化时期的产物。其路径一般是将土地资源作为培育产业、实现产业升级的载体，开发企业不仅通过地产开发获取短期利润，更重要的是着眼于区域产业发展、园区运营，获取长期利润，同时活化园区，将其单纯的载体功能向产业培育、产业孵化扩展。与此同时，也给区域产业发展创造良好条件，助推其发展，从而实现资源价值最大化。产业地产的最终目的是追求区域内资源最大化利用，实现最大价值，而不是简单地追求企业利润最大化。

3. 前期资产投入大、后期以配套服务为重点

产业地产项目往往成片开发，规模大，对基础设施要求高，而前期基础设施建设往往需要投入巨额资金。因此，对投资开发企业的资金门槛要求较高。同时，产业地产是建立在为产业服务基础上的，而产业发展的长期性，使得产业地产具有可持续经营和发展的特点。产业地产在前期以打造产业发展硬环境、吸引产业链上相关企业聚集为重点。后期便以为企业提供配套服务为重点，营造产业发展软环境。例如，为企

业提供专业化的咨询、协助企业解决融资问题、代企业招聘人才等，甚至根据特殊客户群相关需求，为其提供菜单式、定制化服务。另外，随着产业园区功能的多元化，产业地产还要具备提供良好的生活配套服务的功能。

4. 与住宅和商业地产不同，更注重大环境营造

与住宅市场的商品房和商业地产的购物中心、商铺、高档写字楼设计产品不同，产业地产主要的产品设计主要考虑办公需求、生产需求以及机械需求，主要满足的是其余人生产、办公等需求，并且对不同的企业要提供不同的设计标准和定制化服务，营造符合该企业形象的办公生产环境，因此它的产品类型主要包括独栋写字楼、高层办公楼、标准化厂房、中试研发楼等。

5. 针对客户主要为政府和企业

住宅地产的客户主要是普通大众，而商业地产的客户则是消费者和商家。产业地产的客户不仅是只有商家，它主要面对的两大客户是政府和企业，因此它一方面的功能是要为政府服务，为当地创造 GDP，促进就业的提高及客观的税收增加，另一方面还要满足不同企业的不同需求，帮助企业提升市场竞争力。

三、产业地产行业功能

1. 孵化器功能

产业地产向企业提供了先进的生产、办公空间，优美的生活环境，在政府的引导下，采用各种扶持手段促进企业逐渐成长壮大，不仅给企业提供健康成长生存所需的基础设施等硬环境，而且还向其提供精细化管理服务、完善的后期运营服务等软环境，把一些初创企业培育成自主经营、自负盈亏的成功企业，因此，产业地产发挥着孵化器的作用，加速了城市的产品孵化和企业孵化。

2. 产业集聚功能

产业地产能够使各种社会组织中的各类资源聚集在一起，共同发挥作用。这主要得益于产业地产提供的优质创新资源以及良好的办公创新环境，如创新发展优惠政策、技术信息、专业人才、基础配套设施、运营服务等，因而可以吸引选择差别化竞争战略的企业入驻，形成企业集聚，同时企业的发展也带动人力资源集聚、物力资源集聚、信息资源集聚、金融资源集聚等。

3. 辐射渗透功能

产业地产的发展可以有效地对周围相邻区域带来带动及开拓发展的作用，从而促进该区域周围地区经济、科技、社会等方面的进步。产业地产就类似于周围地区的经济发展极，据统计，产业地产园区内的科技企业在工业总产值、利税总额、出口创汇等方面都有着高速的增长，其高速运转的经济活动也加快了所在地区周围区域的物质流、能量流、资金流和信息流的运转。同时，有力地促进了地方科技、教育、商业、交通、文化事业的发展。

4. 融合功能

产业地产的融合作用主要是指推动了科技与经济的结合。首先，产业地产依托产

业技术高新企业所具有的技术资源（包括人才、技术装备和研发成果等），不仅吸引大量风险资本，也得到了政府部门的资助，实现了技术和资金的结合，为技术创新过程提供了技术或资金的保障。而且产业地产业促进了科技成果转为生产力、转化为商品进入市场，在某些地方，有的企业家即使有转意愿，但却苦于得不到有价值的科技成果信息，而对于科技成果的拥有者来说，也难以找到合适的合作伙伴，而产业地产就为这种情况提供了一个交流平台，促使同一产业内的上下游企业间交流增多。在这一区域内，政府或者一些咨询中介组织也可以为这些科技成果的拥有者与需要这些科技成果的企业提供交流的平台，为二者提供交易的便利条件，从而加速成果的转化与升级。

5. 示范功能

在当今全球化的形势下，政府更加注重对外开放、广泛合作。产业地产在客观上成为区域经济对外开放合作的一个实验区和窗口，通过政府的全面规划，积累项目经验，进行一个长期的试验、探索过程，一旦成功，必将对其他地区带来示范带动作用，所谓标杆园区、标杆企业也是在这个过程中形成的。产业地产园区成功的运作模式会对其他地区或企业产生积极带动作用，从而引发区域性甚至全国性的学习与效仿，当普遍的模仿出现后，就会带来更大的创新浪潮，促进社会经济发展和技术进步。

6. 产业转型引领功能

除上述五大基本功能外，在当前房地产业转型期，产业地产还延伸出另外一个新功能——产业转型引领功能。产业地产的运营将从单纯的园区开发提升至概念式运营，即当前背景下的产业地产是一个综合性概念，既从业态上包涵了商业地产、养老地产等一系列具体形式，又可以打出新兴产业牌，用地产理念引领"大产业"概念，真正将中国房地产业一贯过于重视开发、出售的惯性思维转变为运营、持有的全新理念。从这个层面上讲，产业地产既顺应了当前房地产业转型的大形势，又一定程度上对这种趋势转变提供了市场入口。

四、中国产业地产行业五力竞争模型分析

（一）中国产业地产行业现有企业间竞争

目前，我国产业地产行业中的企业众多，有外资企业、国有企业、民营企业、集体企业等多种所有制性质的企业，这些企业中既有全国性的综合房地产企业，也有区域性专业产业地产企业。市场竞争手段多种多样，有租金价格竞争、建筑质量竞争、物业服务竞争、区域位置竞争等。从目前情况来看，我国产业地产企业之间的竞争较为激烈（表6-1）。

产业地产行业现有企业的竞争分析

表 6-1

指标	现状	总结
竞争者数量	企业数量众多，具有多种所有制性质	竞争者数量众多
竞争者实力	国内产业地产企业的竞争者不乏规模大、资金实力雄厚龙头企业	竞争对手实力较强

续表

指标	现状	总结
行业增长率	近几年产业地产行业增长迅速	行业增长率高
同质化程度	部分区域出现类型单一同质化严重趋势	市场竞争同质化程度变大
竞争层次	产业持续升级,进行内部升级和区域互补。提升产业配套服务,形成产业园之间集群效应,互动优势。大力培养产业地产专业开发运营人才,形成团队优势	竞争层次逐步提升

（二）中国产业地产行业潜在进入者分析

随着住宅地产、产业地产受到国家宏观调控政策的"重压",再加上产业地产回报稳定的热点,有更多的企业着手进军产业地产领域。但是由于产业地产投资额高、投资回收期较长,也限制了一部分企业的进入。目前,进入产业地产领域的企业有以下几种：实力雄厚的大型房地产企业、地方政府的融资平台企业、和地方政府有良好合作关系的地方性房地产企业、少数实力雄厚的工业企业等（表6-2）。

产业地产行业潜在进入者威胁分析

表6-2

指标	现状	总结
吸引力评价	从历年产业地产开发上市企业披露年报来看,综合毛利率基本在40%以上,甚至超过60%。一般来说,住宅和商业地产的收益率不到5%,而产业地产达到8%	吸引力相对较强
进入壁垒	产业地投资额高、回收期较长,运营管理能力要求高	进入壁垒较高
企业反击程度	现阶段,我国产业地产行业竞争格局日趋激烈,并逐步进入品牌竞争阶段,行业集中度呈现显著提升。现有地产企业对新进入者的反击度较大	现有市场企业反击程度较大

（三）中国产业地产行业替代品威胁分析

产业地产不同于住宅地产,某个区域内可选择的地产物业非常有限,原因一方面是地方产业政策的限制,另一方面企业对地理区域位置的特殊偏好。产业地产的替代主要表现在细分产品上,如标准厂房和定制厂房之间、毗邻的工业园之间、工业园内与工业园外物业之间的竞争。

（四）中国产业地产行业供应商议价能力

产业地产企业的议价能力主要表现在以下几个方面：第一,所开发土地价格。一般而言,地方政府为了促进本地经济的发展,增加政府收入,都会对工业用地给予相当优惠的价格,甚至是"零地价",在地方政府的融资平台企业或与当地政府有良好合作关系的企业获取土地时,这种情况更加明显。第二,租金价格。一处产业地产的租金有多种因素决定,比如说区域位置、交通条件、配套设施、产业聚集情况、建筑物质量等,地产企业在这方面议价能力有限,一般来说,同一个工业园内的物业租金相差不大,但是区域之间相差较大。比如说珠三角、长三角等发达地区的租金远远好于西部欠发达地区。第三,税收、融资等方面的优惠,这是产业地产企业议价能力的一个重要表现。如果能争取到地方政府给予的税收、融资优惠条件，将大大减轻企业的开发成本，增加收益（表6-3）。

我国产业地产行业对政府供应商的议价能力分析　　　　　　　　表6-3

指标	现状	总结
企业数量	目前我国产业地产行业的企业多为各区域规模较大的龙头地产企业和地方政府以园区开发为基础成立的产业地产开发企业	议价能力较强
土地价格	地方政府为了促进本地经济的发展，增加政府财政收入，都会对工业用地给予相当优惠的价格，甚至是"零地价"	——
租金价格	产业地产的租金有多种因素决定，比如说区域位置、交通条件、配套设施、产业聚集情况、建筑物质量等，地产企业在这方面议价能力有限	议价能力较弱
税收、融资	政府为了促进地方经济的发展，会给予产业地产企业政策上的优惠，减免税收，增加融资优惠条件	议价能力较强

（五）中国产业地产行业的客户议价能力

产业地产面对的客户一般都是企业，企业规模的大小、技术水平、所处产业等条件都会影响到该企业的议价能力。产业地产物业建成以后，为扩大影响、提升知名度，都会给规模大、技术先进、经济效益好、符合产业政策的企业相当优惠的条件，以吸引其进驻。从这点看，这些企业的议价能力较强。相反，对于那些小企业来说，议价能力非常有限（表6-4）。

我国产业地产行业对进驻企业客户的议价能力分析　　　　　　表6-4

指标	现状	总结
企业数量	目前进驻我国产业地产的企业数量较多	议价能力较弱
企业规模	目前进驻我国产业地产的企业规模不一，大型知名企业得到的优惠条件较多，小型企业议价能力有限	知名企业议价能力较强；小型企业较弱
技术水平	目前我国进驻我国产业地产的高科技企业数量较少	议价能力较弱

第二节　中国产业地产运营模式分析

一、我国产业地产的五大运营模式分析

运营模式的出发点与归宿点在于盈利，根据盈利来源的不同组合，当前国内产业地产运营模式主要可划分为以下五大类：以地产增值收益为主要盈利模式的地产运营模式；借助金融工具投资地产并以地产增值收益为主要盈利模式的地产金融运营模式；

以地产增值与企业服务收益为盈利来源的地产运营与服务模式；以地产增值、企业服务以及股权投资收益为盈利来源的产业投资运营模式；以自身产业发展与地产增值为盈利来源的产业企业运营模式。

（一）地产运营模式

1. 模式简介

地产运营模式是指产业地产商透过与政府的紧密沟通，一般在政府产业园区内获得整体或部分园区的开发建设与运营管理权，然后以租赁、转让或合资等方式引进符合园区定位的企业，最后获取地产增值利润的开发模式。

产业地产中的这类土地运营商以华夏幸福基业股份有限公司、五矿营口产业园、中南建设、宏泰集团等为典型代表。

2. 基本特征

地产运营商模式的基本特点包括：

1）运营管理主体为市场企业，拥有在产业园区内的开发建设与运营管理权。

2）地产运营商全面负责相应园区建设开发、招商引资等事务，并通过土地整理、出让、物业租售、物业管理等方式获取收益。

3. 盈利方式

1）以土地溢价增值获得收益。产业地产商在完成项目基础设施建设、项目主题包装与概念推广后，将项目中部分土地或整体土地转让给入驻企业、房地产投资基金或其他专业工业地产投资开发商，进而获取收益。

2）以不动产物业租售获取收益。产业地产商通过在园区内建造标准厂房、定制厂房、设计研发中心、生活与商服配套等主体设施后，通过租赁或出售此类产品进而获取收益。具体方式包括：

（1）定制开发。即开发企业在整理完一级土地之后，便可通过招商，提前确定有入驻意愿的企业，根据入驻企业对厂房、办公楼宇实际需求不同，并结合园区规划，实行定制开发服务。开发企业在这个阶段主要从中获取代为建设厂房、办公楼的收益以及定制开发服务收益，这种经营形式风险最低。

（2）纯出租。开发企业将园区主体设施以租赁给入驻企业的形式获利，这种经营形式能为开发企业获得稳定的租金收益，还可通过后期对物业的经营，实现物业价值的增值。但是，实现盈利的周期较长，由于纯出租的经营方式不能迅速回笼资金，偿还项目债务性融资，会对资金链形成较大压力，因此，纯出租的经营方式对开发企业的资金实力和经营理念提出较高的要求。在发达国家，开发企业大多采用纯出租的经营方式，将所持物业若干年稳定的租金收益打包，资产证券化后，进行包装上市，或待物业升值后产权出售套现，以此获取资本运作阶段的额外收益。

（3）纯出售。开发企业将园区主体设施全部以出售给入驻企业获利，这种经营方式由于需要入驻企业拿出大额资金购买资产，对入驻企业的资金状况、规模等设置了较高的门槛，将大多无力购买厂房或办公楼的中小企业挡在园区之外，其目标客户群体主要、也只能针对现金流充沛的大企业，面向范围较小，招商过程往往也较长，引起空置率上升，并由于采取的是一次性交易，也丧失了物业在后期升值的利益；由于忽视了项目长远持续经营和发展，这种经营方式获得收益被也称为静态收益。但是这种经营方式能迅速获得大量资金回笼，有利于园区滚动开发，同时客户由于多为大企业，能提升园区品牌形象。

（4）租售结合。开发企业将园区主体设施通过租赁和出售结合的方式提供给入驻企业，这一方式比较灵活，同时客户群覆盖较广，涵盖大企业和中小企业，资金实力较强的大型企业大多直接购买，而中小企业则多采用租赁的方式；能使开发企业获得效率最高的现金回笼。但这种模式需对租赁和销售比例进行合理规划，既需满足回笼资金的要求，又需有利于实现园区持续经营。同时在实际操作中，可通过规划，事先协调好园区内生产型物业与生活型物业，一般而言，配套商用、住宅土地是开发商的重要盈利点。

3）以园区运营管理获取收益。主要为基本物业服务。入驻企业由于会定期缴纳物业管理费、绿化费、治污费之类，从而形成园区运营商收入。

4）以政策性优惠获得收益。一方面，政府会通过协议地价、部分地价款返还、资金支持等招商优惠措施使开发企业低价获得土地。另一方面，政府可能同时辅以低价的住宅、商业用地给开发商作为补偿，即开发企业在一个地方搞产业用地开发的同时，往往也能获得一块住宅或商业用地，从而用后者的利润来弥补产业地产的亏损。

5）以品牌资源获得收益。开发企业可以利用品牌影响增强其与政府在园区选址、地价协定、其他政策优惠等方面的优势，帮助企业以较低的成本获得相关运营权益。同时，开发企业也可以利用有偿出让品牌这一无形资源获取收益。例如，在园区发展步入正轨之后，运营企业不但可以将超市、运动休闲中心、餐馆等特许经营权转让给相关企业，甚至在政府许可的情况下，将园区内道路、桥梁等公共设施的冠名权转让给大企业，以获取相关收益。同时也可以通过品牌输出，如向其他产业园区输出管理团队，进而获取收益。

4. 现存问题

地产运营模式实质是地产开发商承担了政府开发建设、产业培育职责，但产业培育是一个长期的过程，而且盈利从绝对量上也不如商住用地，因此地产开发商也相应承担了盈利低且缓慢的难题。为了保持收益的规模与速度，产生了如下主要问题：

1）产业地产商并不以园区科学打造运营为目标，反而以获取弥补性商住用地为主要目标，导致企业纯粹为圈地而执掌园区，园区产品难以满足实际需求，或产业概念仅为了应付地方政府，致使城市与产业的发展蒙上阴影。

2）产业地产商擅自变更园区用地性质，将规划产业园区内的产业用地作为商业或住宅开发，从而形成挂羊头卖狗肉的另类模式。

3）产业地产商过于专注园区内商住项目，在规划中设置过多商住项目，而忽视产业培育，从而导致园区定位偏移，不能实现产业发展目标。土地运营商由引导产业发展的角色顷刻转变为消费产业发展的角色。

5. 案例解析——华夏幸福基业与固安工业园

1）华夏幸福基业产业地产运营模式

（1）企业概况

华夏幸福基业股份有限公司创立于1998年，2011年上市，是中国领先的产业新城投资开发运营集团。公司"以产促城、以城带产、产城融合、城乡一体、共同发展"的发展道路，确立以产业新城为核心产品的业务模式。

华夏以北京与上海作为区域战略布局的重点，提出"加速聚焦大北京，夯实发展龙头地位"和"加速做大环上海，巩固提升市场地位"的增长策略。截至 2013 年底，华夏版图遍及大北京区域的固安工业园区、固安新兴产业示范区、大厂潮白河工业区、大厂新兴产业示范园、怀来生态产业新城、霸州园区、永清园区、文安园区、广阳园区、昌黎园区、滦平金山岭园区、香河园区；泛上海区域的无锡园区、镇江园区、嘉善园区；沈阳城市群的苏家屯园区、沈北蒲河智慧产业园区、于洪平罗新城，以及武汉城市群的鄂州葛店园区。

截至 2013 年底，产业新城招商 600 多家，累计招商引资突破 1000 亿元，创造新增就业人口超 3 万人。公司资产规模超过 800 亿元。

（2）经营模式

"住宅开发销售＋园区受托运营"是华夏幸福产业地产的主要运营模式。一方面，华夏幸福并不在园区购置土地，而是与地方政府签订"园区孵化"协议，由其专门负责园区规划、建设、招商和后期维护工作，从而实现园区受托运营。另一方面，公司在开发园区的同时开发周边房地产，以分享园区开发带来的房价增值。

（3）业务与盈利

华夏幸福产业地产运营主要包含五大业务——园区土地整理、园区基础设施建设、园区综合服务、园区物业管理服务以及园区住宅配套建设，相应形成华夏幸福在产业地产运营中的盈利来源。具体如表6-5所示。

华夏幸福产业地产业务与盈利表   表6-5

业务类型	业务内容	盈利方式
土地整理	承担土地整理成本，参与土地征转方案拟定、集体土地征转补偿以及形成建设用地等相关工作	按上一年度土地整理费加成一定比例
基础设施建设	对区域进行道路建设及供水、供电、供暖、供气、通信基础、排水等"九通一平"建设	按基础设施建设费加成一定比例
物业管理服务	承担物业管理服务	按上一年度园区物业管理费加成一定比例
综合服务	承担道路清洁、绿化等公共项目维护	按上一年度园区综合服务费加成一定比例
住宅配套建设	在园区内或周边开发住宅	销售住宅

在物业管理中，华夏幸福基业建立了"全程无忧管家式"服务体系，主要涵盖投资服务、企业服务、生活服务三大部分。其中，投资服务包括环保审批、项目备案、注册登记、建设手续、消防手续、房屋确权登记；企业服务包括营业执照年检、筹建期税务申报、建厂及生产期间水电及其他事项协调、办理车辆月票；生活服务包括职工子女上学、户口迁移办理、租赁房屋等相关配套服务。

另外，公司旗下每个开发区域都成立了"企业管家部"，并下设投资服务中心、政府关系处理中心、企业家交流中心、人才资源开发管理中心等部门，全天候服务入区企业。

在各项业务中，住宅销售对华夏的盈利支持，一骑绝尘。2013年，华夏幸福土地整理、基础设施建设、综合服务、物业管理服务、住宅配套收入分别为20.53亿元、9.9亿元、0.43亿元、1.11亿元、131亿元。可知，土地整理、基础设施建设等园区开发收入仅为住宅销售收入的1/4，园区服务收益目前可以忽略不计。

（4）主要产品

产业新城是华夏幸福全力打造的核心产品。产业新城包含五条产品线，分别是产业新城、高新产业园区、产业商务综合体、城市产业综合体、总部休闲综合体（图6-1）。

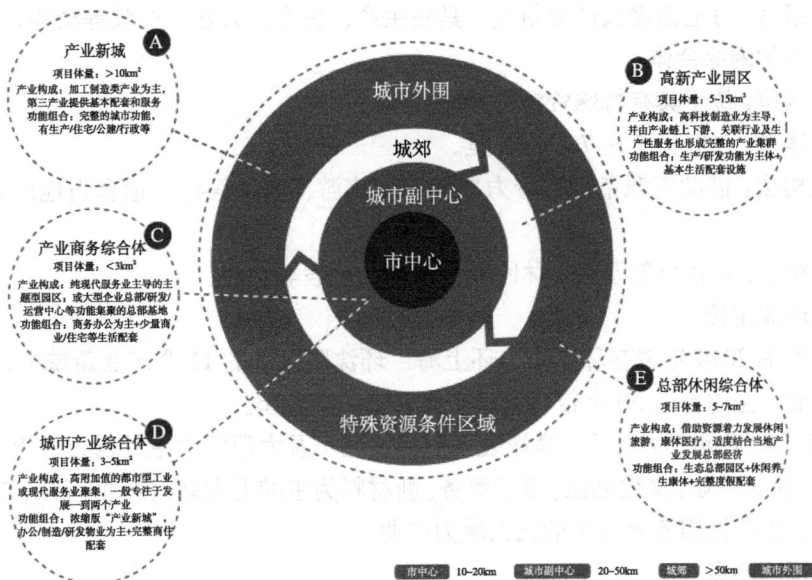

图6-1 华夏幸福产品线

①产业新城

选址区位：位于城市外围。

项目体量：一般大于10平方公里。

产业构成：一般以加工制造业为主，第三产业提供基本配套服务。

功能组合：具备完善的城市功能，包括生产、住宅、公建、行政等。

②高新产业园区

选址区位：位于城市郊区，距市中心20～50公里。

项目体量：一般为5～15平方公里。

产业构成：以高科技制造业为主，并由产业链上下游、关联产业、生产性服务业构成完整的产业集群。

功能组合：主要包括生产与研发功能。

③产业商务综合体

选址区位：位于城市副中心。

项目体量：一般小于 3 平方公里。

产业构成：一般为纯现代服务业主导的主体型园区，或者是大型企业总部、研发运营中心等功能集聚的总部基地。

功能组合：商务办公为主，辅以少量的商业、住宅等生活配套设施。

④城市产业综合体

选址区位：位于城市副中心。

项目体量：一般为 3 ～ 5 平方公里。

产业构成：一般为高附加值的都市型工业或现代服务业，且一般专注于发展一到两个产业。

功能组合：打造微缩版产业新城，具备生产、住宅、公建、行政等功能。

⑤总部休闲综合体

选址区位：位于具有特殊资源的区域。

项目体量：一般为 5 ～ 7 平方公里。

产业构成：借助资源条件，着力发展休闲旅游、康体医疗、适合当地产业发展的总部经济。

功能组合：包括总部园区、休闲养生康体、度假等功能。

（5）产业定位

华夏幸福 2014 年将在环北京、环上海、环沈阳区域的 11 个产业新城中，聚焦 12 大重点行业，全力打造 50 个带有明确产业属性的产业园。

这 12 个行业包括：电子、高端装备制造、整车及大消费为主的四大主力产业，以生物医药、航天产业、文化创意、电子商务、新材料为主的五大新兴产业，和以节能环保、航空产业、生产性服务业为主的三大潜力产业。

（6）招商特点

目前，华夏幸福基业招商主要以产业龙头为核心，实施产业链招商。同时，公司下设一个专业化的招商中心，拥有 500 人的团队，以期建立庞大的客户关系管理系统。

今后，华夏将打造产业链拉网式招商、区域扫描式招商、数据库招商、借力型中介招商四大招商体系。

（7）融资模式

除了常规的银行贷款、定向增发再融资外，2013 年、2014 年还尝试战略引资，夹层融资，融资性售后回租和债权融资等融资模式。示例如下：

①让渡股权和收益实现战略引资。2013 年 10 月，资产管理公司天方资产向华夏幸福旗下的九通投资注资 30 亿元。注资后，持有其 45% 股权，并参与经营管理。

②明股暗债夹层融资。2013 年 11 月，华澳信托募资 10 亿元投入华夏幸福旗下的北京丰科建，并对丰科建持股 66.67%，并协定信托计划成立满 24 个月之日起，每满 6 个月，华澳信托都有提前退出的权利，九通投资是优先购买方。

③融资性售后回租。2014 年 3 月，大厂鼎鸿投资开发有限公司以其所拥有的大厂

潮白河工业园区地下管网，以售后回租方式向中国外贸金融租赁有限公司融资 3 亿元，年租息率 7.0725%，为期 2 年。

④债权融资。2014 年 3 月 8 日，大厂华夏将京御地产到期债务 18.85 亿元作价 15 亿元卖给信达资产。

（8）未来发展方向

①搭建企业孵化加速投资融资平台。华夏将以固安产业新城标杆为示范平台，搭建金融投资服务平台，根据企业不同的成长阶段提供服务，从最开始的天使投资到 PE，到上市公司以后的固定资产投资项目定向增发、企业并购等方面提供相关的金融和投资服务。

②完善城市服务，建设智慧城市。一方面，华夏将积极把握京津冀一体化重大机遇，推动北京教育、医疗等公共资源在京津冀共建共享，全面提升产业园区相关服务水准。另一方面，华夏将继续开展智慧工业、智慧物流、智慧交通、智慧环保、智慧安防、智慧医疗、智慧家居等应用系统建设，建设智慧园区。

③聚焦新兴与潜力行业。华夏将在其已有的主力产业外，聚焦生物医药、航天产业、文化创意、电子商务、新材料为主的五大新兴产业，和以节能环保、航空产业、生产性服务业为主的三大潜力产业。

④深耕北京，进占上海。公司将继续深耕环北京区域，择优推进环上海等区域，积极谋划域内拓展，扩区并购。

2）华夏幸福固安工业园运营案例

（1）园区概况

华夏幸福固安工业园于 2002 年建立，并于 2006 年成为河北省省级重点开发区，是华夏幸福基业在产业地产领域的经典之作。园区地处环渤海腹地和"首都经济圈"的核心层，位于天安门正南 50 公里，与北京隔永定河相望。东南距天津 110 公里。

园区以"产业新城"为发展定位，以争取跃升为京冀深化合作、统筹发展最前沿为目标。目前已形成电子信息产业、汽车零部件产业、高端装备制造业三大产业基地，并规划发展固安肽谷生物医药产业园、固安航天产业园、固安卫星导航产业园三大特色产业园。截至 2013 年 12 月底，华夏幸福已为固安工业园区累计引入企业 361 家左右，包括北京大学分子医学研究所、博雅干细胞科技有限公司等生物医药类科技研发机构与企业，以航天科技集团、航天科工为核心的航天企业，以京东方为主导的新一代信息技术企业。

（2）区位优势

①交通便利。固安工业园区拥有全方位、现代化的海、陆、空立体交通体系。园区周边 40 公里范围内拥有 11 条高速公路、6 条国家级铁路，100 公里范围内拥有 3 大国际机场和 3 大天然良港，北京新七环（涿密高速）亦由此经过，具备了 1 小时工业区的区位交通条件。

②成本较低。与北京相比，无论是华夏，还是入驻企业，都可以享受园区内优惠的土地、人力等成本。

③政策预期良好。一方面，北京新机场定址北京市郊南部大兴界内，与固安工业

园区的距离仅 10 公里，固安工业园区将成为距离北京新机场最近的工业园区，这为园区提供了一个非常好的发展机遇。另一方面，京津冀一体化的推进与京津产业转移都将为园区发展提供支持。

（3）业务与盈利

华夏幸福基业以旗下固安三浦威特投资开发有限公司受固安县人民政府委托，全面负责区域内的基础设施建设、公共设施建设、软环境建设、招商引资、产业服务和园区综合管理。该委托是排他性的、非经华夏幸福基业同意不可撤销或变更；且委托期限长达 50 年。

三浦威特园区开发运营的主要业务与盈利方式如表 6-6 所示。

固安工业园开发运营的业务与盈利表　　　　　　　　　表 6-6

业务类型	委托内容	结算方式	支付方式
基础设施建设	在委托区域组织道路建设及供水、供电、供暖、供气、通信基础、排水等"九通一平"、场站及厂房建设等项目，由具备相关工程建设资质的施工单位承担前述各个工程项目的施工任务	基础设施建设费（含税，以审计结算为准）加成10%	一次性支付或分期支付，但分期不超过 3 年
土地整理	主要参与土地征转计划及征转补偿方案的拟定，组织、督导、跟进以政府部门为主体进行集体土地征转补偿以及形成建设用地的相关工作，并承担土地征转过程中的土地整理成本	上一年度土地整理费（含税，以审计结算为准）加成10%	一次性支付或分期支付，但分期不超过 3 年
产业发展服务	对委托区域内工业园区进行宣传、推广，进行招商引资项目的洽谈，以及对入园企业提供"全程无忧式管家服务"，协助企业快速实现生产运营	上一年度新增落地投资额的 45%	一次性支付或分期支付，但分期不超过 5 年
园区综合服务	负责在委托区域组织有资质的服务单位，承担物业管理服务、道路清洁、绿化等公共项目维护	上一年度园区综合服务费（含税，以审计结算为准）加成10%	一次性支付或分期支付，但分期不超过 3 年

三浦威特主要负责固安县委托区域内的以河北固安工业园区为核心的区域开发。但业务实际操作中，各项业务会委托给华夏幸福旗下公司实施。其中，华夏新城主要负责基础设施建设；九通公用主要负责开发区域内公用设施的经营与管理；九通发展主要经营工业厂房建设和出租。

截至 2013 年 12 月底，华夏幸福为园区累计投资 220 亿元，在规划范围内实现了"十通一平"：完成全长 125 公里、97 条（或段）道路建设，完成 4 座供水站、3 座热力站、4 座变电站以及 123 公里供热、供气、供电、通信管网、污水管网等相关配套设施建设。

华夏在固安工业园运营中盈利与现金流平衡机制如图 6-2 所示。

在各项业务中，房地产开发销售是华夏盈利的主要来源，也是当前模式得以滚动持续的关键。

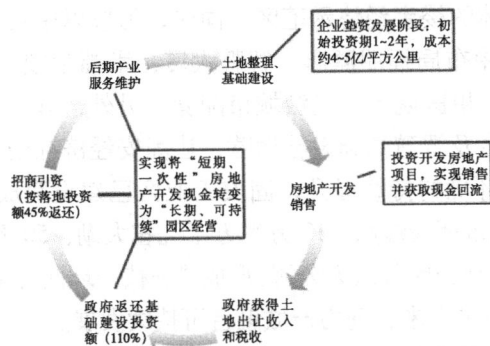

图 6-2　华夏固安工业园运营现金流平衡机制

(4) 园区规划

园区主要包括电子信息产业基地、高端装备制造产业基地、汽车零部件产业基地、城市核心区以及生活配套区（图 6-3）。

图 6-3　固安工业园区规划图

电子信息产业基地位于固安工业园区北部。园区以承接北京电子信息的产业配套和转移为机遇与目标，拓展电子信息产业新的产业链条。全国电子信息百强企业 [先进的薄膜晶体管液显示器件（TFT-LCD）的制造商] 京东方科技集团与东方信联等构成工业园区信息产业的战略支撑点，并已吸引峻凌电子、阿尔西、萨牌电器等诸多电子信息类企业入驻。

高端装备制造产业基地位于固安工业园区东南部。园区依托京津现代装备制造产业群，围绕专用成套设备、重型装备、现代物流装备等制造产业及其核心企业，积极孵化与之配套的零部件、元器件生产和服务的上下游企业，形成一条协调发展的高端装备制造业产业链。目前，园区内已有航天振邦、诚田恒业等知名企业入驻。

汽车零部件产业基地位于固安工业园区东南部。园区顺应京津地区汽车及零部件产业的发展，计划为京津冀地区乃至全国汽车零部件（用品）生产企业打造一个全球性贸易合作、交流洽谈的国际窗口和空间。随着正兴集团廊坊车轮有限公司、廊坊华翔泰亨精工机械有限公司、固安汉和机械制造有限公司等企业已经先后入驻，园区内汽车零部件产业开始具备规模。

城市核心区位于固安工业园区中北部。城区主要形成了以中央大道金融街区、锦绣大道 SOHO 办公街区和迎宾大道高端总部商务办公街区为载体，集金融服务、商贸服务、总部办公为一体的楼宇经济示范区。同时，形成以中央公园为核心的现代中等规模城市核心区，集中布局福朋酒店、智慧大厦、幸福学校、幸福港湾、幸福广场、幸福体育公园、幸福三甲医院等千亿级城市配套。另外，城市将建设智慧城市运营中心和产业新城智慧平台及智慧基础设施运营，让固安经济社会发展的"智慧环境"优化升级。为实现生态环境的持续提升，固安工业区已建设完成14万平方米的中央公园、200万平方米的城市环线绿廊、13万平方米孔雀大湖、50万平方米大广带状公园、100万平方米永定河运动公园等八大公园，形成"一核一环两廊多片"的城市景观体系，园区绿化面积约500万平方米，助力产城融合可持续发展。

（5）主要产业与入驻企业

当前，园区已形成电子信息产业、高端装备制造产业、汽车零部件产业为主导的产业集聚。入驻企业如表6-7、表6-8所示。

电子信息产业主要企业　　　　　　　　　　　　　　　　　　表6-7

入区企业名称	主要产品	投资额
京东方（河北）移动显示技术有限公司	薄膜晶体管、液晶显示器、有机发光显示器	18.56亿元
香港峻凌（台表科技子公司）	SMT表面贴装	5000万美金
固安萨牌电器设备有限公司	车用智能驱动与电子控制系统	5亿元
固安科伟达精密科技有限公司	超声波清洗机、塑料摩擦焊接机、净水设备等	2亿元
固安正通电子技术有限公司	安全与自动化监控设备	1.4亿元
固安迪诺普科技有限公司	各种光学背投屏幕、平板有机玻璃相关产品	8000万元
固安友联华特调速电机有限公司	电机产品	5400万元
固安恩喜友电路板有限公司	电路板	1600万元
固安恒易软件技术服务有限公司	商业银行管理决策系统支撑平台软件	1100万元

汽车零部件与装备制造产业主要企业　　　　　　　　　　　表6-8

入区企业名称	主要产品	投资额
亚新科（固安）汽车零部件有限公司	球墨铸铁	1.5亿元人民币
	制动器钳体和支架	1800万美元
正兴集团廊坊车轮有限公司	汽车车轮与钢圈	5亿元人民币
廊坊华翔泰亨精工机械有限公司	精密机械	5亿元人民币
固安诚田恒业煤矿设备有限公司	煤矿安全设备	1.27亿元人民币
固安汉和机械制造有限公司	汽车零件及其他机械配件	8000万元人民币
固安中轻机乳品设备有限责任公司	乳品机械	4630万元人民币
固安航天宏达科技有限公司	通讯信号产品	4500万元人民币
盛东邦（固安）汽车零部件有限公司	铝制锌制汽车零部件机械零件	425万美元
廊坊金凯威通用机械有限公司	生产工艺流程用压缩机、气源系统、油气回收装置	3000万元人民币

可见，目前企业主要为当地企业，虽然这降低了引入新兴产业而可能带来的风险，但这与北京周边相关产业企业水准相比仍具有相当的差距，并可能阻碍未来京津产业的转移与承接。

另外，园区将大力发展生物医药、航天、卫星导航等产业。2012 年 12 月，中国航天科技集团与廊坊市政府、华夏幸福签署战略合作框架协议，在固安全面启动华夏幸福（固安）航天产业基地的建设。2013 年 5 月，清华大学重大科技项目（协同创新）中试孵化基地正式签约落户河北固安产业新城，基地将积极培育包括新材料、新能源、高端装备制造、电子信息、节能环保等在内的战略性新兴产业。另外，中国航天科技集团旗下宇航系统综合实验区等航天产业基地项目、以北京百创科生物技术有限公司为代表的固安肽谷生物医药孵化港项目等也在当天落户工业园。上述企业与机构的入驻或将为相关产业的发展提供动力。

（6）企业服务

固安工业园区下设 24 小时服务指挥中心，提供进一步升级的"全程无忧管家式服务"，主要服务如下：

①投资服务：包括注册登记、项目备案、环保审批、规划手续、建设手续、消防手续、土地手续、房屋确权手续。

②生产服务：包括营业执照年检、建厂期间税务申报（月度、季度、年度）、建厂及生产期间水电及其他相关事宜的协调、办理车辆月票。

③生活服务：职工子女入学、办理户口迁移、租赁房屋等相关配套服务、举办文体活动。

④金牌增值服务：

A. 金融绿色通道。园区已与国家开发银行实行了战略合作，建设全面而系统的金融支持平台，协助符合条件的入区企业克服融资瓶颈，提高企业综合竞争力。

B. 人力资源服务。园区设有人才资源开发管理中心，聘请一流管理专家和技术专家为入区企业提供各种培训、咨询、信息、人力资源服务，帮助企业提升竞争力，增强盈利能力。

C. 其他服务。园区投资服务中心为符合要求的入区企业提供物流、仓储、办公等设施便利。

D. 提供园区内部产业链服务。

然而，实际服务情况并不如人意，尤其是金牌增值服务，仍处于培育阶段，并未发挥实际作用。

3）华夏幸福产业地产运营的优势与风险

（1）运营优势

第一，接受政府委托的园区运营模式有利于减轻华夏运营产业地产成本。在园区运营中，华夏并不拥有园区所有权，从而省去园区土地购置成本。与此同时，企业可以根据运营费用获得确定比例的运营收益，这也有利于减少企业经营风险。

第二，环渤海三线城市的区位选择使华夏低成本获得产业地产实验平台。目前，华夏产业新城以环渤海区域为主，尤其从河北起家，区域经济相对落后、财政拮据的特点使相关政府往往在谈判中处于弱势，且希望以空间换时间，不但愿意出让园区整体运营权益为华夏运营产业地产起步提供了良好的发展平台，部分商住用地的弥补性出让不但构成了华夏最为主要的盈利来源，也降低了华夏单纯开发运营园区而可能带来的资金周转压力。

第三，产城融合的园区建设模式可以为今后园区发展提供良好基础。如果能将产城很好融合，城市需求不但将为产业园产业链延伸提供支撑，也将为企业房产增值提供空间。

第四，良好的政策环境为华夏产业地产发展提供绝佳机遇。京津冀一体化进程为华夏幸福的产业新城带来了绝佳的政策利好。不但能直接带来区域区位的增值，相关产业转移也将为华夏园区的产业链发展提供支持，从而更好地刺激住宅需求与增值。

（2）运营风险

第一，依赖住宅销售平衡产业园区运营收益的业务模式难以持续。当前，住宅销售是华夏最主要的盈利支柱，也是平衡其园区开发运营中现金流的关键环节。但随着楼市低迷与土地成本的上升，住宅销售已面临风险，一旦住宅销售难以为继，原有的运作模式、现金流平衡都将被打破。上海、武汉等地财力与河北相比较好，以商住弥补企业的意愿较小，而就运营能力而言，华夏也仍有较长的路要走。因此，如果华夏希望能顺利向上海、武汉等发展较好的区域外拓，便不能完全寄希望于获得商住用地的低价出让。

第二，企业服务能力的滞后将阻碍华夏核心能力的形成。产业新城模式的基础在于以良好的产业反哺住宅。产业发展的根本，绝不取决于政策形势，而在于产业发展的市场环境，包括市场需求、产业链基础、人才技术资金等服务。从目前华夏的盈利结构上可以看出，当前华夏在物业服务上属于起步阶段，且以提供硬件设施为主，尽管当前产业主要依托本地企业打造，因此不需要提供太多额外服务。然而，华夏今后希望承接并发展文化创意、电子商务、新材料、节能环保等新兴产业，而这类企业更新速度快，对市场敏感要求高，往往需要在研发、资金支持、市场对接等方面提供支持。华夏在企业服务方面的滞后或将成为阻碍其顺利招商，发展新兴产业的障碍。更为重要的，当前产业地产已进入群雄逐鹿时代，联东的"产业地产看联东"、万通的轻资产运营、海尔产业地产的园区基础，都将成为华夏强有力的竞争对手。如果华夏仅能依赖政策利好与传统产业发展提升住宅价值，进而维持其业务与盈利的平衡，那么今后将难以为继。

（3）发展评价

华夏顺应京津冀一体化进程立足大北京，通过轻资产园区运营与住宅开发模式，以发展区域产业收获住宅增值，在楼市低迷时期展现了自己的亮眼成绩。然而这一模式既受制于政策与住宅市场的风险，也因服务能力的滞后而显得后劲不足，成长空间并不清晰。

但是，若能充分利用当前产业地产仍处于发育阶段的机遇，着力完善自身服务新兴产业企业的能力，同时探索以股权投资的方式培育高成长性企业，不但能开拓华夏的盈利空间，减少华夏当前对住宅销售的依赖，更重要的，完美的服务与股权持有将成为华夏抓取、整合新兴产业资源的抓手，并可以此为杠杆，将华夏幸福打造的几十座产业新城打造成为几十个嵌入各类新型业务接口的商业运作平台，集聚和整合城市的人口、产业、物流、资金和信息等商业资源与数据，从而为其接入产业孵化、智慧城市、城际轨交、电子商务、现代物流等各种新型增值服务业态提供基础，从而大大拓展华夏幸福的发展空间。

因此，华夏若仍继续当前发展模式，今后仍然难说，但若能顺应产业升级与移动互联形势，切实转型，其现有基础将促其腾飞。

（二）地产金融运营模式

1. 模式简介

地产金融运营模式，是指产业地产商借助极强的金融资本投资收购地产项目，在对项目改造、包装后通过租售、持有、置入基金、上市等方式，获得地产增值的开发模式。

目前，这批产业地产商中以内资的万通控股，外资的普洛斯、嘉民、丰树和盖世理等为代表。但包括上海宇培、联想集团、绿野资本、中盛投资在内的众多身份各异的企业和机构都在筹划或落实产业地产私募基金。

2. 基本特征

地产金融运营模式的基本特点是：

1）与地产运营模式类似，本质同样是通过地产增值获取收益，但更注重、基金、REITs、私募等方式的运用，并通常表现为轻资产、高周转运营模式。

2）这一模式中，产业地产商一般以物业持有、管理为主，较少出售。

3. 盈利方式

与地产运营模式的盈利来源相同，本质都可以通过土地溢价、物业租赁或出售、政策性优惠、品牌资源获得收益。但盈利方式有所不同。产业地产商通常会发起基金、私募、REITs 等方式，组织投资者募集资金，进而对相关地产项目加以收购、开发、改造，并收购成熟项目，最后通过资产上市、发起更大规模的新基金吸收合并旧基金、其他证券化等途径退出，获得资产增值收益。

金融工具的引入，不仅使企业得以利用较少的自有资金撬动 3～5 倍的股权资金杠杆，进而收购并持有相关物业，而且，当成熟物业置入基金、私募等渠道时，因为企业在旗下基金中的持股比例一般不到 50%，所以置入过程相当于完成一次销售，从而使企业能提前兑现开发部门的收益，加速了资金的回笼。

同时，因为产业地产的出租物业，一般具有非常稳定的现金流，同时虽然工业厂房的租金绝对值低，但其投资收益率并不一定低于商业。从而能较好符合资本化或证券化的要求。因此这一模式的运用将具有广阔前景。

4. 运营关键

这一模式的关键在于是否具有专业化的资产管理和开发能力，由此引发的现存问题包括：

1）融资渠道少。当前国内基金、私募等融资通道发育时间较短，而受资产证券化法律法规缺失、证券化中产权界定与分割不明、税收征收方式不清等问题，国外较为普遍的REITs在国内也没有放开，从而造成国内资金募集渠道相对较少且不成熟的局面。

2）融资成本高。面对国内资金面趋紧、地产低迷的局面，如果缺乏有效的融资渠道，企业可能会以较高的融资收益，与较短的融资时限吸引投资者投资，然而产业地产需要培育，且盈利空间并不固定，对融资收益与时限的设定可能成为束缚企业自身的绳索，既可能促使企业偏离产业培育，转向商住类型的地产开发销售，也可能导致融资难以兑现。

3）开发能力不足。投资者投资的落脚点仍然在于拥有良好的物业，因此，一旦缺乏良好的物业建设开发、招商培育能力，出现地产运营模式中现存问题，那么整个模式也将难以持续。

5. 案例解析——万通新创与无锡万通工社

1）万通新创产业地产运营模式

（1）企业概况

万通于 2008 年首度试水产业地产，并主要由天津万通新创工业资源投资有限公司（以下简称"万通新创"）与万通正元股权投资基金管理有限公司（以下简称"正元基金"）共同负责运营。其中，万通新创于 2008 年 3 月在天津注册成立，是由万通控股和 TCL 集团合资成立的国内第一家地产投资企业和大型制造业合作创立的工业地产投资开发和运营管理公司。2012 年万通新创完成重组，成为万通控股全资子公司。正元基金则是由万通控股和诺亚财富共同出资设立的一家专注于工业地产领域的私募股权投资基金管理公司。

目前，万通新创已打造出万通"正元工社"工业园区品牌，正元基金则于 2012 年发行了中国第一支专业的工业地产增值基金。截至 2013 年底，万通储备土地总面积达 100 万平方米，其中已建物业面积近 40 万平方米，可开发建造超过 60 万平方米物业。

（2）经营模式

"开发持有+基金"是万通产业地产的经营模式，即运用基金，通过与实体企业合作收购目标企业的优质工业项目，迅速扩大资产投资规模，并借助大万通体系全面的地产开发和金融运营能力，对物业资产进行重新定位和增值改造，提升物业资产盈利能力，最终通过与资本市场对接实现资产再处理与退出。

（3）业务与盈利

万通产业地产业务与盈利主要来源于：

第一，物业持有与运营。万通新创首先收购并改造目标企业的优质工业项目，并将改造后物业回租给合作企业或其他企业，进而获取租金收益。其中，物业运营业务包括定制代建、租赁、售后回租、物业管理四个方面。

第二，基金投资与运营。正元基金灵活运用私募股权基金、信托计划、资管计划等多种金融工具，募集资金并投资于高端厂房、物流仓储、研发办公等 2.5 代工业物业资产，并通过公司上市、打包整体卖给海外基金等方式退出，实现资产增值收益。

万通产业地产运营模式如图 6-4 所示。

（4）主要产品

①正元工社。万通新创已打造出"正元工社"工业园区品牌，致力于将其打造成为以工业生产为主，并综合研发、娱乐、学习、餐饮、购物等一系列配套设施的综合

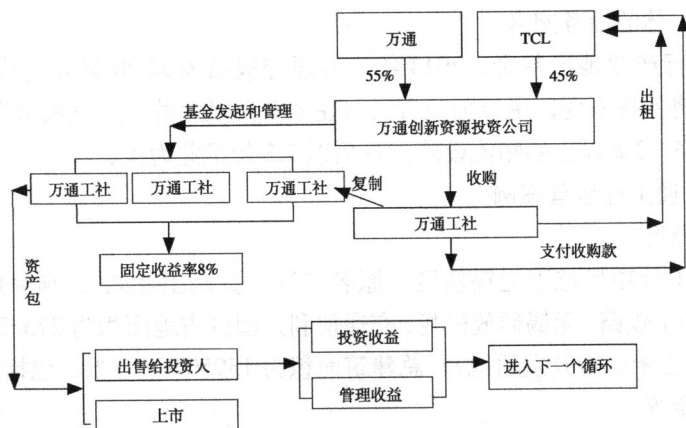

图 6-4　万通产业地产运营模式图

性工业社区。其中，万通将在园区内重点设计建设现代物流设施，并按照客户需求定制高端生产厂房。

②工业地产基金。2012 年，正元基金发起设立规模为人民币 10 亿元的万通工业地产增值基金Ⅰ期。这只工业基金实际上是 PE 型基金（私募股权投资），具有四个特点：第一，股权型基金，不对投资者进行本金、收益的承诺；第二，采取"5+1+1"投资期限的模式对资产组合进行投资，而非针对单个项目的投资；第三，先募集基金再进行项目投资；第四，当资产规模发展到一定程度后，将与资本市场进行对接，以资产证券化的方式退出。基金共计投入 4 个项目，分别位于无锡、杭州和成都，投资土地面积超过 78 万平方米，对外提供约 36.5 万平方米的优质生产厂房及物流空间，并已启动多项空地开发工程。

（5）产业定位

万通产业地产运营项目主要为现代工业产业。其选择标准包括：第一，项目所在地必须是在一二线发达城市；第二，目标客群是对现代工业地产有需求的第三产业，即 2.5 代工业，其中仓储物流是万通控股最主要的关注点。

（6）招商特点

目前，万通主要通过售后回租模式与工业企业合作，合作企业将租赁其运营的部分物业，因此，万通招商压力较小。其余物业目前主要通过万通自身拥有的客户资源与渠道，加以招商。

万通现有客户资源主要包括工业企业与物流企业两大类，其中，工业企业包括 TCL、西门子、绿点科技、明基、方正集团等，物流企业包括中国外运、速必达物流、联邦快递、申通快递、海航天天快递等。

（7）融资模式

就产业地产而言，万通通过正元基金发行产业地产基金进而募集投资资金。在第一支产业地产基金中，万通自有资本占总基金 20%，即万通通过自有资本获得 5 倍融资。

（8）未来发展方向

①升级工业园区。万通新创将倾力将工业地产园区打造成为集生产、商务、生活、

学习和娱乐于一体的商务园区。

②继续发行产业地产基金。2014 年，万通控股将发起 20 亿元规模的二期基金，基本投资策略将保持不变，主要围绕着人口在 800 万以上的一二线城市进行项目投资。这些项目会配备 70% 以上的物流设施，且仍以 2.5 代工业为主。

2）无锡万通工社运营案例

（1）园区概况

无锡万通工社项目位于无锡新区，原名"TCL 数码工业园"。项目所在地毗邻沪宁高速公路、沪宁铁路、无锡硕放机场，交通便利。园区占地面积为 275592 平方米（其中包括 5400 平方米的待开发用地），总建筑面积为 159504 平方米，包括厂房、职工宿舍、食堂、仓库等。

（2）业务与盈利

无锡万通工社业务与盈利主要为物业改造运营，并获得租金收益。具体而言，万通以"售后回租"模式与 TCL 集团合作。万通新创首先于 2009 年完成了 16 万平方米的无锡数码工业园区的收购，并对其加以改造。改造完成后，万通将 58% 的厂房回租给 TCL，租期为 6 年，每月租金及管理费为人民币 1352473 元（14.5 元 / 平方米）。在此基础上，招商引入了 SONY、美的和速必达物流等企业。2012 年，万通工社持有约 60 万平方米已出租物业面积，且出租率高达 99%，获得稳定的现金流和保底收益回报。

（3）园区布局

园区物业包括单层厂房、单层仓库、双层坡道库及配套的员工公寓、食堂（图 6-5）。

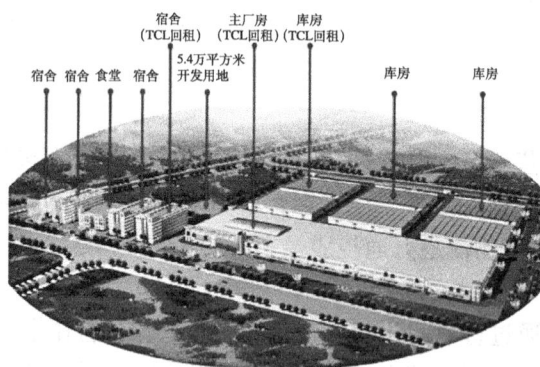

图 6-5 无锡万通工社布局

（4）入驻企业

目前，园区主要企业为 TCL 集团、SONY、美的、速必达物流。下一步公司还准备将一些新能源、低碳、节能减排和可循环利用技术引进来，将其打造成绿色园区；并利用一些闲置建筑做成汽车影院、奥特莱斯等，使这里逐渐具备城市综合体的功能。

3）万通产业地产运营的优势与风险

（1）运营优势

第一，轻资产运作模式将助推万通产业地产快速发展。一方面，万通借助产业地产基金,以自有资金撬动了 5 倍左右的股权资金,不但使其能长期运营物业,更使其有资本实现快速投资与扩张。同时,随着国内金融工具逐步成熟,作为首先尝试产业地产基金模式的企业,万通将具有极大的领先优势。另一方面,万通在投资过程中并不自己拿地,而是选择与实体企业合作,对其物业进行改造。这不但避免了拿地自建物业所带来的资金占用压力,而且合作企业自身一般便拥有产业,从而减轻了万通的招商压力。而且,如果合作企业自身实力较好,万通还能借助品牌联合,吸引相关企业入驻与投资者投资,从而降低了试水、拓展产业地产的风险,促使其规模扩张。

第二,万通地产品牌与运营管理为基金融资提供基础。万通本身在地产界便具有品牌效益,专业化的资产管理和开发能力将为其与品牌企业合作、基金融资提供基础。

(2)运营风险

海外私募基金和资本市场的成熟是国内难以望其项背的,能否找到契合的长线基金和现金流稳定的优质物业是其成功的关键。因此,潜在风险在于:

第一,股权式投资基金市场有待培育。国内资本市场的发展状况是,目前大多数投资人为了保证收益,都更关注债券类基金投资,而非权益性投资。专注这个市场的投资者还需要一定的成长期。

第二,资产变现渠道未能打开。当前,REITs 之门紧闭直接限制了资产证券化的有效渠道,万通控股的退出渠道仍处于模糊地带,目前只能通过境外基金实现资本运作退出。这不仅会限制资产变现,对今后融资也将是一个障碍。

(3)发展评价

万通通过"合作 + 基金 + 持有"的轻资产运营模式涉水产业地产,不但能有效撬动社会资金,为其高周转、快扩张提供支撑,与实体企业的合作也将有效降低其拓展产业地产的风险。

但归根结底,规模扩张的雄心仍然需要与充沛资本运作实力相匹配,而国内融资形势仍将是困扰万通的客观要素。因此,在当前情况下,海外融资渠道的拓展仍然至关重要。一旦这些完成,加之未来中国的 REITs 开闸,万通充分的准备将为其领先地位提供基础。

(三)地产运营与服务模式

1. 模式简介

地产运营与服务模式,是指在产业园区或其他地方获取土地,不但建设基础设施、厂房、仓库、研发楼等综合型产业地产产品,并以租赁、转让或合资等方式进行项目的经营和管理,而且专门向入驻企业提供多样化服务,获取增值服务利润的运营模式。这类模式目前仍处于发展之中,以联东 U 谷最具代表性。

2. 基本特征

地产运营与服务模式的基本特点是:不但通过地产增值获取收益,同时以多样化服务入驻企业,获得相关服务收益。相关服务内容可以涉及咨询、投融资、法律、人才、产业链配套等各个环节,如行政管理、生产加工、形象展示、物流配送、商务服务、商业服务、金融服务、生活服务、人才服务、科研活动、会展活动、休闲活动、会晤功能、销售功能等一切能产生经济效益的服务功能。

3. 盈利方式

1）与地产运营模式的盈利来源相同，通过土地溢价、物业租赁或出售、政策性优惠、品牌资源获得收益。

2）企业服务收益。园区运营主体为入驻企业提供丰富多样的增值服务，进而获取相应收益。

4. 现存问题

这一模式的创新或突破在于为企业提供全方位、精细化服务。当前的主要问题在于服务种类少，同时并不专业，对入驻企业的帮扶作用不大。如果不能审慎评估企业自身在服务提供上的能力，贪大求全，可能反而什么都做不好，既无法赢得企业赞誉，打造自身品牌，还会拖累主体业务。

5. 案例解析——联东与联东北京 U 谷

1）联东产业地产运营模式

（1）企业概况

联东集团创立于 1991 年 6 月，历经 23 年发展，已成为集建筑模板、产业园区运营和投资业务为一体的集团公司。

联东产业园区以"联东 U 谷"为品牌，成功进驻北京、天津、济南、青岛、上海、南京、广州、重庆等二十多座城市，产业园区项目已达四十余个，入园企业超过 3600 家，是目前国内规模最大、产品系列最全、入住客户最多、运营体系最完善的产业园区专业运营商。

（2）运营模式

联东的经营模式实质是"产品 + 服务"。既以总部办公、研发中试、生产厂房等物业产品吸引企业，同时围绕企业需求提供一系列的配套及增值服务，进而打造专业的产业集聚平台。

（3）业务与盈利

①物业开发与租售。即对园区进行整体开发，建设总部办公、研发中试、生产厂房等产业载体，并通过招商等吸引企业入驻，获取物业租赁或销售收益。当前，除北京有物业租赁外，其余地方物业基本以销售为主。

②运营服务收益。联东围绕客户需求，提供物业服务、增值服务以及个性服务，以期为企业不同需求提供全方位服务，进而收取相关服务费用。其中，物业服务包括提供园区统一的绿化、安全、卫生、设备维护等基础服务，从而营造良好的园区物理环境。增值服务涵盖 11 大门类 29 小项，涉及法务、商务、广告、租赁、手续代办、政策咨询等服务范围（图 6-6）。个性服务则是针对重点客户需求，提供有针对性的保姆式服务。

③政策性收入。包括扶持产业、产业补贴、政策贷款等。

（4）主要产品

联东围绕产业的"微笑曲线"构建价值链一体化平台，通过总部商务、科技研发、生产制造及配套服务的产品开发与建设，涵盖不同产业类别与产业发展不同阶段的需求（图 6-7），并主要形成产业综合体和总部综合体两大产品线。

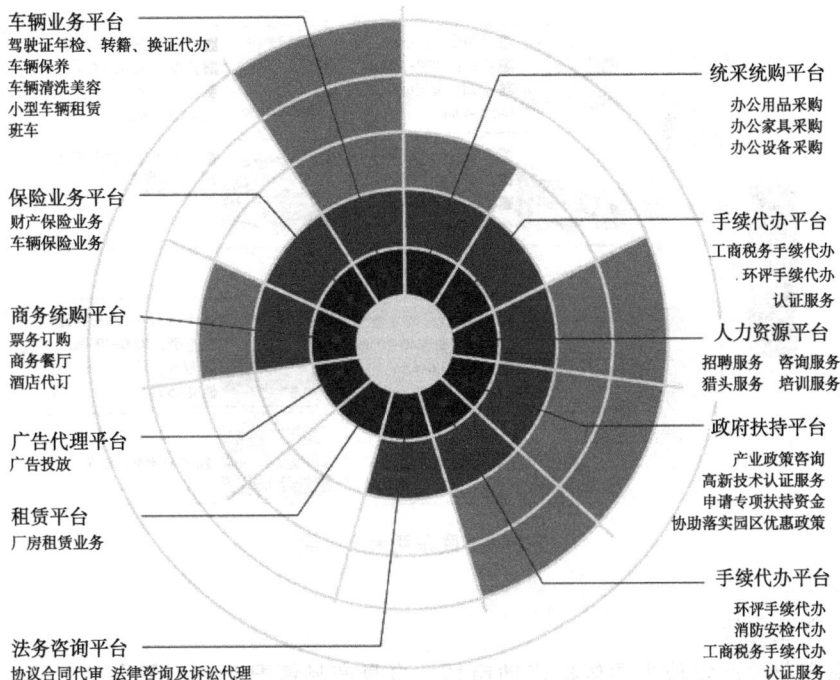

图 6-6　联东增值服务平台

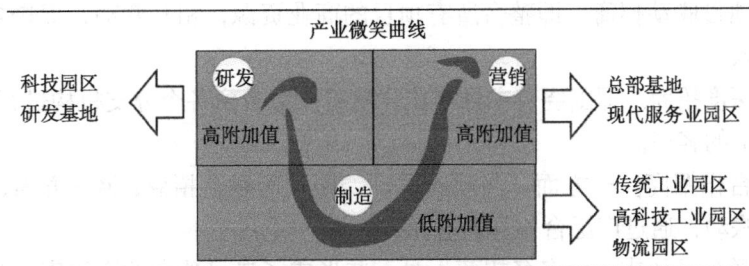

图 6-7　产业微笑曲线

①产业综合体。产业综合体设立于一二线城市的开发区或产业新区，重点支持区域发展第二三产业，发展高端制造、研发中试和总部经济。产业综合体集低密度总部、研发中试楼、标准厂房、公寓、商业等多种业态于一体，并在各业态之间建立一种相互依存、相互助益的上下游连接关系，从而为入驻企业提供完善的产品、优美的环境和优化的园区服务。

②总部综合体。总部综合体设立于一二线城市的市中心或副中心区域，重点支持区域发展第三产业，以打造高品质、规模化的总部楼宇载体为手段，发展以培育和运营总部经济为核心的服务经济。总部综合体产品涵盖独栋办公、高层办公、高档公寓、商业配套等，为入驻企业提供能代表独立的企业形象的产品、成熟的总部办公氛围（集聚人才和高端资源）和完善的商务配套服务。

两大产品线如图 6-8 所示。

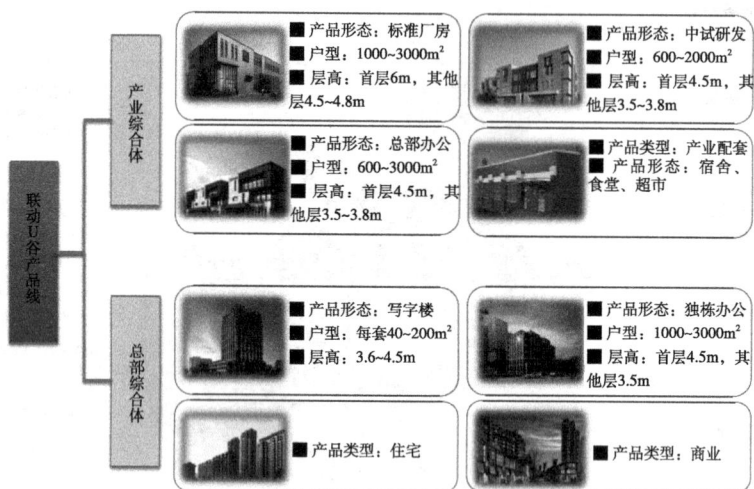

图6-8 联东两大产品线

（5）产业定位

联东产业地产定位主要依据当地市场、自身产品情况而定。但当前主要以电子信息行业、医药行业、能源环保行业、精密机械行业为主。

（6）招商特点

①实施项目联动招商。即整合所有项目的商业资源，相互联动，促进各个项目商业资源的引入。

②产业深度招商。即围绕着主导产业，从行业协会到各个分支机构进行深度走访，挖掘产业链上的客户。

③机构合作招商。一方面，与政府联动，跟政府联合招商；另一方面，是跟所有的招商机构联动，通过广泛合作互通有无。

当前，联东已形成300多名招商人员，并形成了自己独有的资源库。其中，客户行业分布、规模分布等如表6-9、表6-10所示：

联东客户行业分布表　　　　　　　　　　　　　　　　　　　　　表6-9

行业类型	数量
电子信息行业	1013
医药行业	720
能源环保行业	426
精密机械行业	412
其他行业	529
合计	3100

联东客户规模分布表　　　　　　　　　　　　　表 6-10

规模类型	数量
年产值 5 亿元以上企业	34
年产值 3 亿元以上企业	469
年产值 1 亿元以上企业	768
年产值 5000 万元以上企业	1272
其他行业	557
合计	3100

（7）未来发展方向

①尝试整合社会资源，构建专业化的园区服务平台。未来联东将以提供增值服务作为重点，尝试由其自身整合社会提供专业化服务的资源，将自己打造成为入驻企业提供全方位增值服务的平台。

②为企业提供金融投资服务。在增值服务中，联东将注重为企业提供金融服务，帮助企业做新三板创业板上市、找第三方金融公司。另外，集团为配合产业园策略投资，目前已成为北京银行股东（监事单位），并成功参股东方证券、北银消费金融公司等金融机构，投资业务格局初步形成。

③未来融资除了以开发贷和信托为主，将向 REITS 方向尝试，以更低成本来做产业地产。

④布局电商平台，通过整合更多产业资源，无边界把各种信息对接起来，通过O2O 线上线下互动的互联网思维做服务。

⑤业务模式上会更倾向于订单式招商、订单式生产，尽可能做到零库存，小批量、多批次生产。

⑥未来租售比例会上升，将租赁比重上升至 30% 左右，从而兼顾短期利益与长期利益。

2）联东北京 U 谷运营案例

（1）园区概况

联东北京 U 谷于 2007 年开盘，是联东 U 谷产业综合体中的旗舰产业园区，主要由联东集团旗下子公司北京联东金桥置业有限责任公司运营。项目位于北京中关村科技园区金桥科技产业基地，与北京经济技术开发区（BDA）相连，距北京火车站 22 公里，北京首都机场 30 公里，天津港 1 小时车程。项目占地 1300 亩，规划建筑面积 100 万平方米（图 6-9）。

北京联东 U 谷以建成北京东南智力密集区，自主创新的引领区为主要定位，以高端生产服务业为龙头，形成了以生物医药、精密机械、电子信息、能源环保为主的四大产业，打造了融总部办公、研发、生产制造、生产性服务业及各种生产、生活配套设施为一体的综合性园区。

现已签约企业 460 余家，吸引包括多家世界 500 强企业在内的众多知名企业入驻，

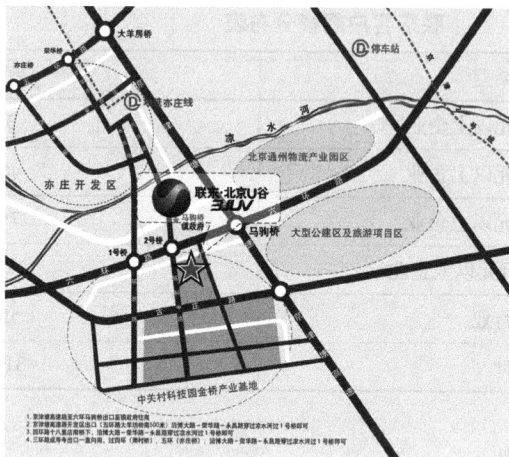

图6-9 北京联东U谷区位图

成为北京，乃至全国首屈一指的超大产业集群，带动了整个区域经济的崛起，形成了新经济增长的产业引擎。全部入驻后预计产值将达200亿元，年税收可达15亿元，解决4万人就业。

(2) 区位环境

①交通良好。联东U谷坐守亦庄新城核心，公路、城铁、铁路、航空、水运等多种交通，组成的立体交通网络。两条京津塘高速公路、京沈高速公路和京津城际铁路贯穿亦庄新城，打通北京与周边经济圈的城际动脉。五环、六环城市快速路连通亦庄与北京中心城及各远郊区域的经济命脉。此外，还将建立亦庄同首都国际机场的快速通道，为国际交往提供快捷方式。

②产业环境良好。亦庄新城是北京东部发展带的重要节点和重点发展的产业新城之一，区域定位为高新技术产业中心、高端产业服务基地、国际宜居新城，重点发展电子、汽车、医药、装备等高新技术与现代制造业。因此，联东U谷北京项目地处京津城际发展走廊上的高新技术产业和科技研发基地之中，产业集群效应明显（图6-10）。

③政策预期良好。京津冀一体化的推进与京津产业转移都将为园区发展提供支持。

④区域配套良好

金融机构：中国银行、工商银行、建设银行、交通银行、浦发银行、光大银行

商务酒店：麋鹿苑国际会议中心、锦江富园饭店、圣坤酒店、伊梦华都大酒店

运动休闲：鸿禧长新国际高尔夫球场、华堂国际高尔夫、圣福华国际俱乐部

餐饮美食：渔公渔婆、东来顺、峨嵋酒家、西贝莜面村、上岛咖啡、肯德基

医疗机构：北京同仁医院经济技术开发区院区、亦庄医院、京卫大药房

教育机构：开发区实验学校、美格双语幼儿园、北京二中、亦庄中心小学、亦庄中学、国际艺术学校

住宅：融科、珠江、合生、复地、金融街、金地等规划建设近300万平方米住宅及商业项目，大部分项目已建成入住，气氛活跃。

购物：上海沙龙新天地、华润超市、小白羊超市、美廉美超市

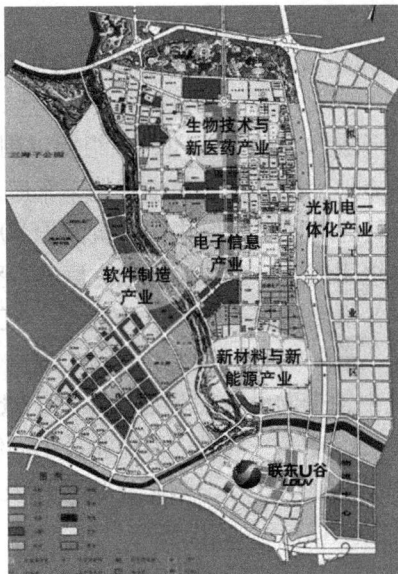

图 6-10　联动 U 谷北京项目周边产业环境图

（3）业务与盈利

①园区建设与租售。整体规划园区，建设总部办公、研发中试、生产厂房等产业载体，并通过招商等吸引企业入驻，获取物业租赁或销售收益。

②园区企业服务与收益。除了企业集团设立的物业管理、增值服务、个性服务外，北京项目还提供金融支持服务与智慧园区服务。其中，金融支持包括引进银行、金融机构协助客户融资，为客户提供相关担保服务。智慧园区则由中移动北京公司与联东合作，在项目区内进行有线与无线网络的架设，实现园区内所有写字楼、研发楼、厂房等网络全覆盖。未来，园区还将打造安防系统、对讲系统等"创智平台"。另外，北京工商联 U 谷商会已经正式获批，随着运营服务体系的搭建与完善，U 谷商会将会成为运载企业融资服务、上市服务、培训服务和通信服务的综合型服务平台，为企业日后发展提供更为快捷与专业的平台。

（4）园区规划

项目区由总部商务园、研发科技园、配套服务园、生产制造园、企业定制园五大功能组团组成，满足企业总部办公、科技研发、生产制造、规划定制多重需求（图 6-11）。

图 6-11　北京联东 U 谷园区规划图

①总部商务园

区域功能：建筑面积 24 万平方米，为企业总部量身定制生态型、低密度的独栋企业花园。

空间布局：总部商务园形成六个建筑组团，各组团以围合式院落布置单体，形成了院落的自然环境，配置独立地上停车位，集中式地下车库。

建筑单体：分为独栋和双拼两种建筑形式，建筑面积 900 ~ 1800 平方米。各单体间空间开阔，主入口直接临组团道路，多数设有独立庭院，整个区域动、静分明。

道路交通：人车分流，各组团道路为尽端式车行道，直达建筑单体主出入口。大型机动车辆沿园区外围布置，小型机动车流线沿内侧布置。

园林景观：40 米宽景观中轴带向外自然辐射，果岭、景观休息厅、单独组团景观花园、精心设计的浅水、喷泉、树阵、木桥，为企业员工提供花园式办公环境。

配套设施：组团服务中心设置咖啡厅、酒吧、快餐厅及组团物业管理室，为企业员工提供休闲交往的场所（图 6-12）。

图 6-12　总部商务园景

②研发科技园

区域功能：建筑面积 15.7 万平方米，满足企业研发、中试生产、办公、商业等需求，打造生态型智创空间。

空间布局：研发科技园以区域道路布置自然划分成六个建筑组团，各组团以围合式院落布置，组成半"回"形格局。每个单体建筑入口处配置独立地上停车位，建筑间有玻璃连廊相连，形成层次丰富的空间。

建筑单体：11 种单体房型，一层一户或一层两户，建筑面积 1300 ~ 3966 平方米，给企业提供较多的选择余地。单体两端分别设为货运入口和员工入口，流线明晰。建筑立面简洁新颖，公共大厅玻璃连廊使空间层次丰富，建筑功能可转换，既是如今高科技生产用房，又可转型为今后有一定品质的办公用房。

道路交通：道路分为小区主干道和组团院落级道路，分级明确，大型机动车、小型机动车及人流互不干扰。道路以直线为主，提高生产办公效率。

园林景观：中心景观主轴，庭院式组团景观，景观主轴以连贯的景观浅水曲道贯穿其中，设置入口广场、中央休息广场、喷泉广场三个节点，达到异步一景的效果（图 6-13）。

图 6-13 研发科技园景

③生产制造园

区域功能：近 50 万平方米建筑面积，提供多功能标准化厂房，满足企业制造、物流、办公等需要。

空间布局：生产制造园标准厂房矩阵式排列，每个单体建筑前配置独立停车位。

建筑单体：单层、多层、大体量纲结构标准厂房，建筑面积 1500～12000 平方米，厂办一体，可分割组合使用，多层厂房配置电梯。

道路交通：道路以直线为主，路路连通，直达建筑单体入口，便于物流。

园林景观：点状与带状绿化空间布局。

配套设施：公寓、宿舍、餐厅、运动休闲中心和园区综合服务中心（图 6-14）。

图 6-14 生态制造园景

④企业定制区

根据企业要求，量身定做，定制建厂（图 6-15）。

⑤综合配套园

占地约 3 万平方米，建设商务酒店、企业会所、体育中心等设施，引进金融、律师、邮政、工商、税务等服务机构，充分满足企业会展、培训、咨询、餐饮休闲娱乐等需求（图 6-16）。

（5）主要产品

①总部商务楼

总部商务楼采用现代、简约的建筑风格，融入开放的生态空间，为企业打造良好

图6-15　企业定制园景

图6-16　综合配套园景

的办公环境,商务楼采用企业独栋总部的形势,打造集约型企业总部基地。其特点如下：

A.1200～2000平方米面积分割,办公、接待、展厅功能自由布局；

B.4～5层双拼或独栋式建筑单体,建筑结构均为钢筋混凝土框架结构,为建筑提供灵活的使用空间；

C.3.9～4.5米挑高设计,首层挑空,企业形象展露无遗,顶层部分可设LOFT,高管办公的私密空间；

D.建筑顶层留出足够的屋顶花园露台,不仅可以为办公带来休憩的空间,也成为企业娱乐、创意很好的场所；

E.配置独立电梯,即使是双拼户型也能享受独栋企业总部的尊荣,独立logo墙,打造企业形象名片（图6-17）。

图 6-17　总部商务楼景

②研发办公楼

研发办公楼满足企业研发、办公、生产等需求，为上升型企业提供的一个生态型创智空间，其特点如下：

A.600 ～ 9000 平方米自由组合空间，满足企业的多种需求，打造上升型企业的创智空间；

B. 独栋或双拼式企业建筑，拥有独立冠名权、独立大堂、独立门厅设计，并可享受独立 logo 墙，打造企业形象勋章；

C.4.2 ～ 7 米 LOFT 设计，顶层 7 米 LOFT 设计，并设有独立高管办公区和空中露台花园，大开间，首层 4.8 ～ 6 米设计，凸显企业实力；

D. 建筑内部布局方正空间、少立柱、大柱距；

E. 根据产品功能，附加电梯，客、货两用，为生产型企业特设货运专属空间，方便货物高效运达各层（图 6-18）。

图 6-18　研发办公园景

③标准化厂房

结合企业需求，打造多功能、多元化厂房，良好的采光与通风环境，每个厂房都有各自独立的疏散出口，道路以直线为主，路路相通，人车分流、轿车与货车分流，打造园区便利交通的同时，便于工作环境的优化。其特点如下：

A.2 ～ 4 层单体设计，500 ～ 13000 平方米自由空间。满足各类生产、生产兼办公的需求；

B.9 米 ×9 米超大柱网间距，4.2 米、6 米、7 米不同组合层高，满足多种机械设备对于层高的需求；

C. 厂办一体，可分割组合使用，多层厂房配置电梯，电梯充分满足货物承重；

D.拥有良好的采光和通风，配置独立停车位，打造一个绿色、自然、高效运转的企业园区环境；

E.8 ~ 10米宽主路线设计，充分满足载重车辆使用，合理组织安排内外部货流、车流、人流动线，科学安排人员和货物的出入口，打造新一代的厂房标准（图6-19）。

图6-19　标准化厂房园景

（6）主要产业与入驻企业

联东U谷经过多年的探索招商，逐步发展成为一个以高端生产服务业为龙头，以生物医药、精密机械、电子信息、能源环保为主导的综合性产业园区。

生物医药产业主要入驻企业包括：康龙化成（北京）、北京嘉事堂药业有限公司、北京信立锐成有限公司、北京威士达医疗有限公司、北京奘博凯科技有陉公司、萌蒂制药等。

精密机械产业主要入驻企业包括：北京美利经贸有限公司、北京半博安石降解材料、北京东一法特自动化技术、纳博克自动门（北京）等。

能源环保产业主要入驻企业包括：北京那个日佳电源有限公司、伟翔环保科技有限公司、英泰克环境模拟测试中心、北京金易雨科技有限公司等。

电子信息产业主要入驻企业包括：赛德思环境模拟测试、西门森宝电子科技、北京麦克菲精密电子工程、深圳惠程电气等。

3）联东运营优势与风险

（1）运营优势

第一，品牌优势。联东不仅较早进入产业地产领域，研发了自己独特的产品系，同时广泛宣传，在业界营造了"产业地产看联东"的认知。品牌优势将有助于其拿地、招商、融资。

第二，商业资源丰富。目前，联东已吸引入驻企业3000余家，并形成电子信息、能源环保、生物医药、机械制造等行业的产业集群。产业地产良好运营的基础在于拥有良好的商业资源与渠道，联东的资源规模有助于其今后拿地、招商以及园区的运营，并与其他竞争者拉开差距。

(2) 运营风险

第一，盈利依赖于物业出售，不能为今后服务挖潜提供支撑。尽管联东集团已确立物业租售与服务增值两大业务与盈利来源，但当前，联东 U 谷产业园的盈利仍主要源于物业销售。单一的盈利模式不仅降低了产业园板块业务的盈利能力，更重要的，企业服务水平的欠缺会使联东不但无法充分挖掘企业服务的收益空间，也无法通过增值服务，强化入驻企业对园区的黏性，打造对接其他市场入口，从而可能导致联东好不容易积攒了 40 多个园区的规模优势消弭于无形。

第二，迅猛扩张可能带来运营能力不足的风险。2011 ~ 2013 年，联东 U 谷在短短两三年时间内从几个产业园增加到 40 个产业园，这一方面显示了联东外延拓展能力，但对于集团而言，在人力资源、资金、资源、运营能力等各方面都是全新的挑战，加之联东服务、投资业务仍处于发育阶段，如果不能在园区拓展的同时做好资金、运营能力等方面的协同，很可能会使联东因实力分散而难以为继。

(3) 发展评价

联东集团先手进入产业地产与成型的产品体系为其规模化发展提供了良好基础。服务业务领域的开发也为拓展产业地产盈利点提供突破机遇。但当前相对低端的产业水平让联东仍主要停留在"开发商"的角色。如果不能完善服务与投资两翼，联东可能既无法保证其所谓的产业运营能力，也无法整合入驻企业，形成对接其他增值空间的市场入口。

（四）产业投资运营模式

1. 模式简介

产业投资运营模式，是指在地产运营的基础上，以企业的股权投资为核心，对产业孵化成长提供资金支持，进而获取企业增值收益，并为入园企业提供其成长所需帮助，从其中的入园服务、法律服务，到政策服务、投融资服务等，全方面培育孵化未来企业的运营模式。

上海张江高科技园区、清华科技园与天津鑫茂科技投资集团都是典型的产业运营商代表。

2. 基本特征

产业投资运营模式的基本特点是：运营企业以物业租赁管理和更为专业的产业专项培育为重要特征，不但重视地产运营收益，同时以投资并培育未来企业为主要目标，并最终获取入驻企业的增值收益。

3. 盈利方式

1) 地产运营收益。即与地产运营模式中的盈利方式相似，可以获得土地溢价、物业租赁或出售收益、政策性优惠收益、品牌资源收益等。

2) 企业股权收益。运营企业通过对行业看好，潜力较大的起步期小企业提供孵化、加速和股权投资，投资方式可以有现金入股、租金换股权，等企业壮大后，再转让股权获利。此外，运营企业还可通过建立或控股专业性的产业投资机构，如与创投等公司战略合作，成为风险投资（VC）、私募股权投资（PE）、孵化基金等，投资所看好的快速成长型企业，并与该企业合资合作经营，通过企业未来盈利分红、上市溢价后转让所持股权，来实现资本增值。

3）企业服务收益。在培育企业过程中，运营企业往往须利用自身的管理优势、资源优势，为投资企业创造良好的政策、人才、资金、技术、信息环境，因此也可通过这些服务向企业收取一定服务费用。

4. 现存问题

产业地产商为了培育企业，不仅需要充沛的资金实力，同时也需要良好的孵化培育环境。而企业成长的长期性使其不能轻易出售自己打造的孵化环境，因此，对于企业的流动性是一个很大的考验。有时，面对大量的工业用地积压与资金压力，企业将不得不通过减持售卖的方式换取公司运作资金。另外，现在有不少开发商打着孵化器名号获得政策和财务帮助后，做的却是房地产开发。

5. 案例解析——上海张江高科与张江高科技园区 ❶

1）上海张江产业地产运营模式

（1）企业与园区概况

张江高科于 1996 年 4 月成立并在上海证券交易所挂牌上市，是采用公开募集方式设立的国有股份制上市公司。自成立以来，张江高科是张江高科技园区开发、运营、服务的主体，也是张江园区运营服务主体中唯一的上市公司。

张江高科技园区，成立于 1992 年 7 月，位于上海浦东新区中南部，是中国国家级高新技术园区，与陆家嘴、金桥和外高桥开发区同为上海浦东新区四个重点开发区域。核心区域规划面积 25 平方公里，共分为技术创新区、高科技产业区、科研教育区、生活区等功能小区。

经过 20 年的开发，园区探索了一条内生成长的发展之路，形成集成电路、生物医药和软件三大核心主导产业，以及文化创意设计、金融信息服务、信息安全、光电子、新材料新能源等新兴产业高速发展的产业布局。目前，园区建有国家上海生物医药科技产业基地、国家信息产业基地、国家集成电路产业基地、国家半导体照明产业基地、国家 863 信息安全成果产业化（东部）基地、国家软件产业基地、国家软件出口基地、国家文化产业示范基地、国家网游动漫产业发展基地等多个国家级基地。在科技创新方面，园区拥有多模式、多类型的孵化器，建有国家火炬创业园、国家留学人员创业园，一批新经济企业实现了大踏步飞跃。

目前，张江已拥有近 5 万家科技型企业、1400 余家研发机构、43 所高等院校、50 多家国家科研院所、65 个国家重点实验室和国家工程（技术）研究中心、300 多家跨国公司研发机构和 300 多家世界 500 强企业。

（2）运营模式

2006 年，公司提出了以房地产开发为主、以高科技投资和服务为辅的"一体两翼"，即以房地产开发核心业务确保公司业绩稳定增长，并通过股权投资高科技产业、为园

---

❶ 因张江高科主要运营张江高科技园区，因此本节案例将公司运营与园区运营结合介绍，避免两相重复。

区企业提供多元化服务，形成实业经营与资本经营的互动与促进。目前，这一模式已逐渐成熟。创投收益已成为张江高科业绩增长的重要力量。

（3）业务与盈利模式

自 2006 年以来，张江高科集园区开发运营商、服务集成商、科技投资者为一身，整合地产与空间资源、提供集成式专业化服务、参与高科技产业投资，形成了创新的业务与盈利模式。其具体模式如图 6-20 所示。

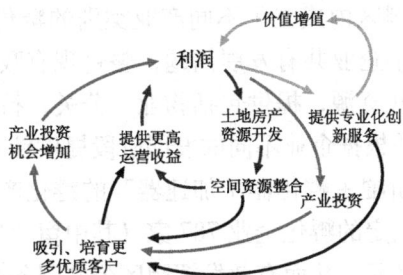

图 6-20 张江高科盈利机制

①开发营运商。通过土地房产资源开发，整合空间资源，提供适合各类高科技企业生存发展的厂房、办公楼、研发楼等空间产品，在吸引、培育更多优质客户的同时，获得相关物业的租售收益。

②服务集成商。即把握客户的核心需求，提供适合客户需求的服务产品，提升客户的价值，在吸引、培育更多优质客户的同时，获得相关服务收益。

③高科技项目的投资者。即在为客户服务的过程中发现最有价值的企业，以产业投资形式吸引、培育更多优质客户，并随客户成长而成长，进而获得相应企业股权增值收益。

与此同时，三类业务与盈利相互促进，形成了滚动发展的盈利模式：公司可利用房地产开发租赁业务为 PE 投资与专业化集成服务提供短期资金来源，专业化集成服务可以提升科技地产的价值，并提高 PE 投资的成功率，成功的 PE 投资则将实现公司价值的长期增长，一方面可增加公司科技地产开发的资金实力，另一方面也有助于提升园区对高新技术企业的吸引力，带来企业入驻园区比例的上升，进而增加园区物业的价值，扩大公司科技地产开发运营的收益。

（4）企业增值服务

张江高科力争通过为入驻企业提供多元化、全方位服务，吸引企业，并提升企业抗风险能力，实现园区收益与园区企业同步成长。

整体而言，张江所提供的服务基本可分为咨询服务以及孵化器服务两大类。

①咨询服务项目

主要由张江旗下上海张江企业咨询服务有限公司负责，并已经为张江园区内数千家企业以及张江园区内外近 4000 家企业提供过咨询服务，成了企业的一站式咨询服务平台。服务内容涵盖企业初创期、成长期、扩张期和成熟期四个阶段，主要包括：

A. 企业初创期服务。为企业提供企业选址、工商代理、财务外包服务、审计及验资、短期融资服务。

B. 企业成长期服务。主要为企业提供税务咨询、基金申报、知识产权、政府公关、法律服务、专利服务等服务。

C. 企业扩张期。服务内容主要为工程咨询和政策咨询。

D. 企业成熟期。服务内容包括投融资服务和政策咨询。

②孵化器服务

一方面，上海张江在园区内成立了不同产业类别的孵化器；另一方面，张江设立孵化器管理中心，针对中小企业共有发展问题，整合现有政府扶持、产业联盟、公共技术平台及专家顾问等公共资源，提供包括物业、公关、行政、会计、法律、投融资在内的一系列专业服务，并根据企业不同的发展阶段提供针对性的阶梯式服务。

其中，张江已形成"苗圃＋孵化器＋加速器"的孵化产业链，拥有孵化器 20 家，孵化场地 31 万平方米，经认定的孵化企业 787 家（其中留学生企业 208 家），通过政策、股权、债权融资总额近 6 亿元。从而有效发挥园区公共服务平台作用，通过资源共享，为企业特别是中小企业创新提供优质服务。园区内主要产业孵化器如表 6-11 所示。

张江产业孵化器

表 6-11

产业孵化器类别	产业孵化器	主要内容
信息技术类	上海张江射频识别产业基地发展有限公司	射频识别技术的研究，高新技术成果转化
	上海浦东软件园有限责任公司	软件信息产业的开发建设商、科技投资商与运营服务商
	上海八六三信息安全产业基地	信息安全产业基地
文化创意类	上海张江文化科技创意产业发展有限公司	文化产业的环境运营商、服务集成商和产业发展商
	上海张江数字多媒体产业发展有限公司	数字多媒体产业发展与运营商
生物医药类	上海张江药谷公共服务平台有限公司	专注于新药研发生产链前端的专业孵化育成
	上海张江东区高科技联合发展	张江东区高科技联合发展

另外，张江孵化器管理中心为其孵化企业提供多元化服务。主要包括企业入驻服务、财务管理、法律服务、人事服务、投融资服务、企业认定、基金申领、管理咨询、市场拓展、毕业后等十项内容。主要服务内容如表 6-12 所示。

孵化服务内容

表 6-12

服务类别	服务内容
企业入驻服务	协助企业办理税务登记年检、变更咨询、联系银行开户事宜，受理企业入驻咨询及申请，办理企业入驻手续以及签订孵化协议，协助企业办理工商注册登记、变更、年检咨询等

服务类别	服务内容
财务管理	根据企业的不同需求提供相应的财务服务。包括代理入驻企业所需的会计代理记账、税务申报、财务管理业务，为企业提供税务筹划方案，出具固定资产评估、无形资产评估等评估报告书，为企业发行股票及上市提供全方位的审计服务等
法律服务	包括专业技术人员培训、人事知识培训、园区 HR 俱乐部、人事外包服务、人力资源咨询、人事档案代理、人事招聘服务、园区专题招聘会等
人事服务	在各个阶段为您提供专业的法律咨询及服务。包括提供公司在策划设立、变更和注销过程中的法律服务，草拟股东出资协议、公司章程等各类法律文书，参与企业商业项目谈判，草拟、审查各类商业合同及相关法律文件，处理公司因商务活动产生的各类诉讼纠纷，参与各类企业改制及股份制改造等
投融资服务	集合了专业的法律、财务服务资源，可为不同发展阶段、不同需求层次的企业提供全方位的专业化服务。包括企业银行贷款、改制上市、风险投资小额贷款等
企业认定	包括申请国家高新技术企业、申请上海市高新技术成果转化项目、申请留学生企业、软件企业双软认定、软件企业申请软件制作权、协助办理技术合同登记
基金申领	主要通过无偿资助、贷款贴息和资本金注入等方式，重点支持种子期项目和初创期企业。支持方式根据企业的不同特点和项目所处的不同阶段，包括无偿资助（资助额度一般不超过 100 万元）、贷款贴息（贴息总额一般不超过 100 万元）等不同类型的资助方式，同时对于重点项目，采用资助金额为 100 万～200 万元的无偿资助方式
管理咨询	包括孵化项目、战略规划、市场开拓、融资规划、商业模式、管理体系等咨询
市场拓展	包括促进企业进行国际合作与交流、利用园区资源提升企业知名度、协助企业建立与政府机构等公共关系、协助企业寻找产业链的合作伙伴、协助企业进行公关策划、促进园区内外企业之间的交流与合作、组织各类专业性行业论坛与会议
毕业后	包括加速服务体系延伸、安排后续加速器空间、促进企业走向资本市场

③投融资服务

当前，张江投融资服务主要机构包括：张江小额贷款、张江企业易贷通、上海张江产权中心等。其具体业务为：

A. 张江小额贷款。其主要产品包括股权融资贷款、股权质押贷款（或投贷联动）、个人信用贷款、固定资产二次抵押、供应链融资（应收账款质押、合同融资）、知识产权质押、信用互助等。

B. 张江企业易贷通。主要包括超短期资金融通和融资担保两项功能，其中融资担保中可采用不动产抵押、应收账款、股权、知识产权质押、第三方保证以及信用保证等多类反担保方式的组合。

C. 上海张江产权中心。中心建立了创新性互动产权交易系统，接受高新技术企业、资本投资机构的资产委托，合理配置基金资源，依法组织企业的产权交易。为中小企业技术创新提供产权、股权、投融资配套服务，推进各地园区科技产业和金融资本进行有效对接和整合。产权中心成立的产业投资基金和信托产品，将提供对高新技术企业和优质项目的股权、实物资产和债权类资产的过桥融资和直接投资，解决企业融资困境。产权中心下属张江高新技术产权经纪公司、张江产权投资基金、张江投资家俱乐部、张江产权中心研究院、企业投融资信用认证中心、全国高新园区投资联盟等，这些机构都将为张江高科技园金融资本和产业融合提供巨大的推动力量。

（5）企业股权投资

张江通过设立基金积极投身于创业投资事业，一方面为进入园区企业提供扶持；另一方面利用作为高科技开发运营商得天独厚的优势，择机选择优质企业发展高科技产业投资培育业务，通过持股当股东直接享受高新企业的成长收益。

2007年，张江成立浩成基金，将原有对高科技企业的投资模式从原先的直接投资转变为以投资公司为平台的间接投资。目前，浩成基金已拥有或参股多家创投平台和产业基金，包括上海金融发展投资基金、浩凯投资、成创投资、磐石葆霖基金、张江汉世纪基金、张江小额贷款公司等，从而对不同类型和不同发展阶段的企业进行投资和贷款，领域涉及电路、软件、医药、金融等。具体情况如下：

①上海金融发展投资基金。张江参股20%，基金主要投资于金融行业与相关行业，其中金融行业投资比重约为50%。

②浩凯投资。张江全资运营。专注于优质成长型企业，主要以中小高新技术企业为主。

③成创投资。张江全资运营。主要投资于医药、医疗器械和金融等板块的优质项目。

④磐石葆霖基金。张江参股23%，关注未上市的高成长和创新性企业，以中小板和创业板上市为主。

⑤张江汉世纪基金。张江参股30%，围绕园区集成电路、信息软件、生物医药三大产业方向进行投资。

⑥张江小额贷款公司。张江参股15%，主要为园区企业发放贷款及相关咨询活动。

目前，张江公司直接投资和通过汉世纪基金投资过的创投企业包括展讯通信、复旦张江、万得资讯、嘉事堂药业、四维约翰逊、微创医疗、儒竞电子、超日太阳能等。相关企业的上市为张江带来丰厚回报。以嘉实堂药业为例，公司的初始投资成本仅为2670万元，经上市后股份市值为6.32亿元，增值6亿多元。

2013年度，张江继续保持高科技股权投资强度，重点强化对已投资项目的增值服务和持有管理，适度退出已进入收获期的财务投资项目。本年度公司转让复旦张江14.92%股权，实现投资收益9916万元；转让展想25%股权，实现投资收益13804万元；抛售嘉事堂股票1199.845万股，实现投资收益7424万元。

（6）园区规划

园区总体划分为以下的区域：

①技术创新区：园区重点区域，用于孵化引进的十余所名牌高校和国家级科研机构，并供给高科技公司办公，中心部分为生活服务中心。

②生物医药产业区：分为一期与二期，用于生命科学开发和生产。

③集成电路港：分为一期与二期，用于集成电路开发。

④科研教育区：依靠国家级上海光源工程项目，引进全国一流科研机构、名牌理工科研究生院和大学。

⑤居住区：用于区内居民居住（图6-21）。

图 6-21　张江高科园区规划图

（7）产业定位与入驻企业

园区已形成集成电路、生物医药、文化创意、软件集群为主导，金融信息服务、信息安全、光电子、生物技术、新材料和新能源等新兴产业与主导产业融合发展的良好态势。具体产业介绍如下：

①集成电路产业

集成电路产业是张江的主导产业与支柱产业，园区也是国家电子信息产业基地。在发展产业过程中，张江以"产业链"思路，通过产业链培育和完善带动和提升集成电路产业的发展，目前已形成从设计、制造、封装测试以及包括设备制造在内的国内最完整的产业链，并在移动通信、数字电视、消费类电子、无线射频识别等应用领域形成了技术特色和优势。如目前，在移动通信领域，张江园区已经成为国内最大的移动通信芯片研发基地，在无线射频识别领域，张江园区作为国家 RFID 产业化上海基地，已经形成完善的产业链。

入驻企业主要包括展讯通信、VIA、NVIDIA、MARVELL、方泰电子、锐迪科微电子、格科微电子、泰景科技、埃培克森、卓胜微电子、博通集成电路、华亚微电子、晶晨半导体、中芯国际、华宏、宏力等。

②生物医药产业

张江是国家上海生物医药科技产业基地，并为上海国家医药出口基地的核心区。以研发创新为核心、多种企业发展模式并举的状况，形成了具有特色的"药物研发与临床应用"的产业发展模式，打造了从新药探索、药物筛选、药理评估、临床研究、工艺研究、中试放大、注册认证、量产到药品上市相对完整的产业链。并在医药研发外包、生物制药、医疗器械、现代中药、化学药等产业应用领域具备独特优势。目前，张江园区生物医药产业正迎来研发创新提质期、产业发展融合期和产业化加速期。

入驻企业主要包括诺华研发中心、辉瑞研发中心、阿斯利康研发中心、中信国健、雷允上、和记黄埔、中科院药物所、天士力、微创医疗、新波生物等。

③软件产业

张江被授予"国家软件产业基地"和"国家软件出口基地"，是中国大陆规模最大、实力最强的软件基地之一。张江通过提供完善的技术支持、组建生产力要素市场、创造产业发展优越环境,使大批国内外优秀软件企业汇聚园区,实现互补优势与资源共享,逐渐形成以计算机软件为核心,跨越文化创意、应用软件、信息安全、金融信息服务等领域的软件产业链。

入驻企业主要包括摩客中国、宝信软件、中信软件、华讯网络、火速软件、阿里软件等。

④文化创意产业

目前,园区文化科技创意产业已形成"3+1"的产业格局:"3"指网络游戏、动漫和影视后期制作,它们共同组成了张江园区网络游戏动漫产业集群;"1"指数字内容产业,已打造成为提供内容服务的文化创意产业集聚地。其中,网络游戏是园区文化科技创意产业的支柱,国内是最大的网络游戏产业聚集地之一。园区文化科技创意产业已经初具规模,并且形成了一定的技术、规模优势,正进入产业加速发展、产业融合发展、产业内容延伸拓展阶段。

入驻企业主要包括盛大网络、EA、第九城市、bllzard、硅谷动力、ncsoft、sierra、sts 等。

⑤金融信息服务

园区金融信息服务产业以金融信息中心为业务核心,由单一的银行卡领域逐渐扩展为含金融 BPO、支付系统、征信与反洗钱监控、证券信息服务等众多的领域,形成了产业集聚创新、金融服务后台、国际金融 BPO（金融业务流程外包）承接和辐射带动四大功能。其中,园区形成国内最大规模的金融后台数据中心,也是最大规模的支付清算中心和外汇交易中心。

园区已集聚中国平安全国、交通银行数据中心、中国银行、中国银联产业发展基地、中国人民银行、万得资讯、大智慧、上海股权交易中心（OTC）等金融机构,包括 10 余家担保融资机构、20 多家银行机构、150 多家创业投资机构;张江科技金融广场建设目前已有 25 家金融机构入驻,办公面积达 2 万平方米。目前,园区累计上市企业 32 家,新三板挂牌企业 18 家。

⑥光电子产业

以信息光电子为代表的园区光电子产业从 1999 年"聚焦张江"开始,从无到有,发展势头强劲,产业规模迅速扩张,初步形成半导体照明和液晶显示两大重点领域。在半导体照明和液晶显示领域形成明显的比较优势,蓝光和宇体拥有国内一流、国际先进的 LED 外延片和芯片技术,液晶显示领域上天马、剑腾在规模和技术上都居国内前列。

⑦新能源与环保

张江园区努力推动新能源与环保产业发展,已在太阳能光伏、生物燃料、水处理、生物脱硫、环保设备、环保服务等细分产业领域形成了一定的产业基础,新能源与环保产业将成为张江新的增长点。目前园区已经集聚了一批具有代表性的发展领域和企业群体。在太阳能光伏领域,中芯国际利用来自核心业务的再生硅等原材料生产太阳能电池和电池板,已经研制出在 12 英寸芯片上生产太阳能电池。在生物燃料领域,以杜邦中国研究中心和凯赛控股为核心,以生物发酵技术为依托,在纤维素乙醇和丁醇的研发技术方面逐渐形成特色。在水处理和生物脱硫领域，惠生化工、凯能科技和立源水业等代表性企业，技术研发表现突出，形成较强的竞争力。

⑧现代农业

张江抓住现代农业发展的大趋势，在国家发展现代农业政策的推动下，推动多学科技术在农业领域的应用发展，探索形成了"政府＋企业＋资本＋技术＋农业合作组织＋市场"产业发展模式，培育出一批具有代表性的高科技农业企业。张江园区的现代农业产业结构逐步完善，形成了种子种苗、设施农业、工厂化农业、农产品加工、生物技术、观光旅游等六大核心产业；在技术应用方面，主要研究解决沙漠种植问题，目前已经形成了循环可持续沙漠种植生态圈，园区已在全国建设了十几个农业基地，并且在蔬菜、水果、稻米、瘦肉猪等方面拥有了一批创新技术和成果；并形成一批代表性企业，如上海众伟生化有限公司、上海汉枫缓释肥料有限公司、上海孙桥农业技术有限公司等。

另外，科研机构也是园区的重要入驻对象。园区引进国家级、市级科研机构，建设了张江研究生联合培养基地，包括北京大学、清华大学在内的15所国内外高校先后加盟张江园区，园区骨干中拥有数十位院士、数千位博士和几万名硕士（图6-22）。

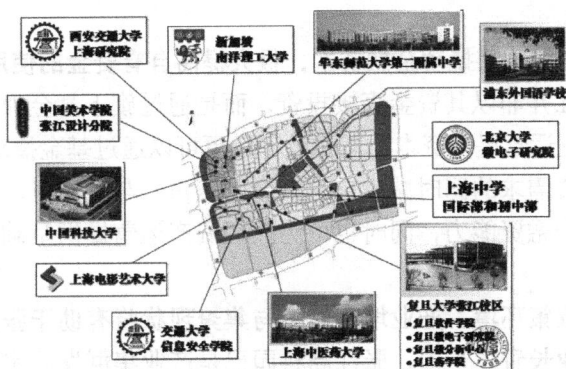

图6-22　张江园区高等院校图

总体而言，张江产业水平与集聚态势较好，不但能保障其今后发展，且能较好吸引相关企业入驻。

（8）招商特点

①"产业链招商"是张江高科的重要理念。园区成立之初，张江就确立了以"人才培养—科学研究—技术开发—中试孵化—规模生产—营销物流"为产业链的招商模式。

②以完美服务与投资吸引企业入驻。张江在服务内容、服务水平、服务效率、服务平台等方面的周到完备，尤其是资金、技术、人才等方面的支持，极大提升了园区形象，也成为园区吸引企业入驻的重要基础。

（9）未来发展

①继续做强房地产主业，通过提升地产策划营销能力，强化房地产项目全过程管理，

加强成本、工期、质量控制，提高不动产运营效率。

②以对外投资为抓手，推动公司战略转型，积极拓展区外资源，提高创投收益。同时，公司将梳理存量股权，同时逐步进入高科技产业运营，增强公司抵御周期性系统风险的能力。

③完善园区环境、深化服务内容，逐步建立品牌、客户、产业互动增长的可持续循环发展模式。

2）上海张江运营优势与风险

（1）运营优势

第一，高新技术的产业定位与股权投资、物业服务的运营模式不仅将塑造张江不可忽视的盈利渠道，同时将为其打造整合高新技术企业的入口提供基础。一方面，张江通过投资持有园区高新技术企业股权，随着产业转型的深入，张江将与这类企业共同享有发展壮大的收益，从而形成张江产业地产运营不可或缺的收益来源。而且，与其他创投相比，张江有着"房东"地位，可以从服务企业各环节充分了解企业，从而有更多的鉴别优势，降低其股权投资的风险。另一方面，多元化、全方位的企业服务，将使园区企业对张江产生依赖与黏性，加上张江对部分高成长性企业的股权控制，从而形成张江抓取整合这类企业与人才的市场入口，这为今后张江获得更多的衍生服务与合作提供基础。

第二，基金运作模式将撬动金融资本，极大提高自有资金的使用效率与融资能力。在股权投资中，张江并非以其资金直接投资，而是通过旗下基金加以投资。由此不但可以通过基金的专业运营提升资本的运作效率，更可以通过基金撬动市场的金融资本，在满足投资对象投资需求的同时减少自有资金的压占。与此同时，基金模式的运作经验不但有助于其提升融资能力，同时也可为其轻资产运营提供基础，在今后相应模式的比拼中占据优势。

第三，良好的政策环境、产业培育能力与集聚现状将有助于张江吸引并培育商业资源，促进园区产业长青。当前，张江高科园已是产业集群发展水平较高，发展模式完备的高科技园区，其本身高新技术产业集聚现状，园区所具有的区位优势、人才优势、资金优势、技术优势，多元且专业的服务以及长时间以来练就的产业培育能力，加上"新三板"首批试点以及自贸区效应，都将让张江顺利吸引并培育企业资源，从而形成产业升级、运营良好、资源拓展等方面协同发展态势，促使张江保持长青。

第四，国资背景与政府支持将为其持续发展提供保障。而张江集团是上海浦东国资委全资控股的子公司，作为上海浦东新区综合配套改革两大战略承载平台之一，各级政府在人才、技术、资金、招商等方面的政策扶持和资源倾斜将为其发展提供重要支撑。

（2）运营风险

第一，股权投资因市场风险、政策风险、国际竞争等存在风险。股权投资企业并获得企业增值收益的关键在于投资企业良好的发展。然而处于发展初期的企业往往会因产品成本、市场需求、政策环境、国际竞争等因素而时刻面临风险。因此，张江在股权投资的同时也将面临企业成长乏力的风险。

第二，张江服务精力难以满足入驻企业服务需求的风险。相比于企业类型企业，高新技术企业更新速度快，对技术、市场敏感度可能要求更高，这使张江必须及时跟上这类企业需要的服务能力，从而可能产生服务理想与现实矛盾的风险。

（3）发展评价

张江高科开创并率先实施物业开发租售、企业服务以及股权投资三轮驱动的产业地产运营模式，不但拓宽了盈利渠道，提升了融资能力，更为其今后形成整合高新技术企业等资源、挖掘更多衍生服务与合作提供市场入口。尽管风险在所难免，但这一方向的坚持或将为其把握未来提供基础。当然，今后如果能完善投资筛选机制，提升服务能力，并输出管理模式，有着政府背景支持与雄厚发展基础的张江势必能继续大展宏图。

（五）产业企业运营模式

1. 模式介绍

产业企业运营模式，是指在特定产业领域内具有强大实力的企业，在获取大量的自用土地后建造一个相对独立的工业园区，并在自身入驻园区且占主导地位的情况下，借助其在产业中的强大号召力，以出售、出租等方式吸引相关企业的集聚，最终实现整个产业链完善的运营模式。

2. 基本特征

产业企业运营模式的基本特点是：

1）运营主体本身就拥有产业，且在产业园中占据主导地位。

2）运营主体凭借自身品牌与产业链，如地产运营商一般，招商引资并以出售、出租等方式吸引相关企业的入驻。

3. 盈利方式

1）产业发展收益。但一般而言，企业通过园区吸引相关企业入驻，有助于将其所需要的产业、信息、技术、人才等集聚，从而完善其产业链，或降低产业交流成本，或增加产业收益。

2）地产运营收益。即与地产运营模式中的盈利方式相似，可以获得土地溢价、物业租赁或出售收益、政策性优惠收益、品牌资源收益等。另外，因为主体企业自身便是产业，且拥有较多资源，因而相比于一般的产业地产商而言，拿地成本可能较低，从而获得的政策性优惠可能更多。

4. 现存问题

这一模式持续运营的关键，不在于通过产业优势低成本获取土地，而在于需要主体企业承担园区建设运营、招商服务职能。如果缺乏专业的招商能力与服务能力，或者不能在园区运营中通过业态规划、配套设施建设等方式将入驻企业有机整合，不但难以发挥产业集聚，整合产业链的作用，反而会拖累企业，使其难以专注于自身产业发展。

5. 案例解析——海尔地产与青岛工业园

1）海尔产业地产运营模式

（1）企业概况

为了实现工业园由自建自用向工业园资产运营方式的转变及工业地产的发展，

2010年，海尔组建青岛海尔产业发展有限公司（以下简称海尔工业地产），成为海尔集团及海尔地产平台上的新兴业务板块。专业从事工业不动产领域的开发、合作和运营管理，目前，海尔工业地产在国内已经进入的省份包括北京、山东、天津、辽宁、河南、安徽、湖北、重庆、广东、贵州、陕西。

（2）运营模式

保障并丰富自己的生产线是其运营产业地产的主要目标。具体而言，通过海尔集团的产业辐射力以及与地方政府的关系而低成本获得土地，或者利用海尔的工业旧区、物流园等闲置土地，以海尔自身产业为主导，最终建成海尔大规模工业生产的载体以及新技术推广的平台。

（3）业务与盈利

①产业运营收益。海尔工业园是其大规模工业生产的载体，其自身产业收益是其产业地产的主要收益。

②政策性收益。即通过海尔集团的产业辐射力以及与地方政府的关系而低成本获得土地，例如，2008～2010年，海尔地产基本上从来不参加公开竞标、竞拍，海尔地产在青岛、济南、临沂、泰安、烟台、重庆、太原等城市均有项目，这些项目无一是竞拍获得的，均是凭借海尔的品牌而与政府合作而得。

（4）产业定位

海尔产业地产主要为网络物流基地，产业定位基本为海尔自身产业，包括家电系统、家居集成、卫浴、橱柜、智能系统等。

（5）融资模式

海尔产业地产主要通过信托，引入了鼎晖等地产股权基金进行融资。另外，海尔与黑石、高盛等在物流方面进行合作，以战略引资、融资租赁等方式进行融资。

（6）未来发展

随着海尔地产提出打造"一店一库智慧家"，其产业地产的发展方向主要为规划设立100个网络物流基地，以此形成拉动集团仓储、物流与智能家电等业务的目标。

2）海尔（青岛）工业园

（1）园区概况

海尔（青岛）工业园，坐落于青岛市崂山区海尔路1号，始建于1992年。占地800亩。海尔（青岛）工业园是海尔全球十大工业园中建立最早的工业国，也是海尔集团总部所在地，也是海尔集团推进多元化战略、国际化战略的策源地。目前，园区已成为国内最大的家用电器成品开发基地，也是中国最大的精密注塑钣金配套基地（图6-23）。

（2）业务与盈利

海尔工业园既是海尔集团的控制中枢，也是海尔产品线的生产基地。同时，海尔中心大楼还是海尔工业旅游的景区之一，主要集中展示海尔集团历年来获得荣誉和最具代表性的家电产品。

因此，海尔工业园的业务与盈利来源于两处：一是海尔运营自身产业，获得产业受益；二是作为海尔旅游景区之一，获得旅游性收益。

图6-23　海尔（青岛）工业园图

（3）园区功能

在园区功能上，海尔工业园可满足研发设计、现代化办公、先进整机制造、模块化配套、培训参观、集宿配套等全流程生产和生产性生活需求（图6-24）。

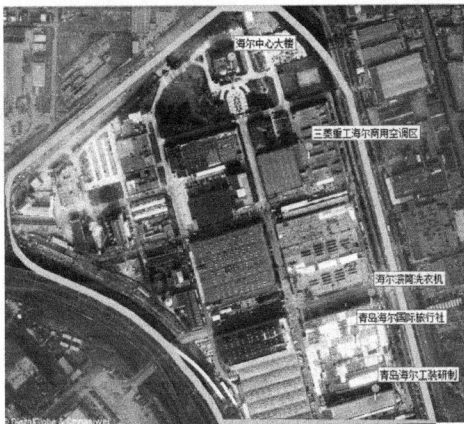

图6-24　海尔（青岛）工业园布局图

（4）主要产业

园区产业以海尔自身产业为主，拥有三菱重工海尔商用空调、海尔家用空调、海尔海洛尼滚筒洗衣机、海尔波轮洗衣机、海尔与开利合资的商用展示柜等产品制造基地，以及生物医药、保健产品研发与生产基地、白电研发大楼等。产品线丰富，覆盖冰箱、冷柜、洗衣机、空调、热水器、厨房电器、小家电等。

3）海尔运营优势与风险

（1）运营优势

第一，天然产业地产商的特性与品牌影响为其低成本拓展产业地产提供基础。海尔自身品牌产业的特点使其在产业地产领域拥有天然优势：一方面，海尔本身就拥有分布各地的工业旧区、物流园，可以为其发展产业地产提供基础，更重要的，海尔可以凭借品牌效应与产业影响从政府手中拿到大规模廉价的产业用地，从而规模化扩张。

221

第二，海尔雄厚的资本实力可为其产业地产扩张提供支持。 海尔集团在国内拥有较为的完整金融系统：海尔集团控股青岛银行、拥有自己控股的长江证券，拥有全资财务公司和投资公司，在海尔纽约人寿公司占一半股权。海尔集团每日沉淀的资金就有 80 亿～90 亿元人民币之多。充足的资金实力，将让海尔地产在实施未来战略的时候显得无比从容。

第三，海尔自身完整的产业体系保障了其产业地产服务功能。 海尔集团的物流、家电、家具、整体家居等产品不但可以直接成为产业地产不可或缺的服务，更为重要的，这类服务与地产载体完全可以形成抓取用户且盈利的"入口"，使海尔能更为从容地挖掘企业等用户的需求，整合自身的产业链。

（2）运营风险

从当前情势看，海尔的产业地产板块只是承载海尔主业、协同集团战略的发展平台，既没有完善产业服务的计划，也没有吸引上下游企业入驻的打算。这不但不能使地产平台促进其承载产业的发展，更为重要的，海尔将失去以地产平台整合上下游企业以及园区员工的入口，这对于海尔而言，或许将是巨大的损失。

（3）发展评价

海尔产业地产本可以凭借低成本拿地、充沛的资金实力、完整的家居物流产业链体系实现产业地产平台与产业链的协同发展。然而，仅仅将产业地产作为海尔家电和智能生活的市场的试验田，园区结构简单，使地产平台无法吸引并整合上下游企业，失去了抓取上下游企业与园区员工的入口。但是，一旦海尔重视地产的平台与入口功能，其土地、资金、产业链、品牌的优势仍将凸显，其爆发增长能力将非常可观。

二、我国产业地产运营模式总结与评价

（一）产业地产运营面临的形势

1. 产业用地市场化，坐地生财时代已经结束

随着国家对工业用地的深入整顿与管制，产业用地将结束疯狂圈地的神话。不但产业地产的市场化配置将使"零地价"、政府政策倾斜的空间逐渐缩小，而且土地集约的推进与国家对工业用地总量的控制将使优质工业用地越发稀缺。

对于产业地产而言，依赖土地规模化圈占、粗放利用而增值的时代即将结束，只有主动提升区域产业，才有机会获得土地，才有能力分享土地增值收益。与此同时，对于拥有多个园区的企业而言，相对充足的土地将成为其优势之一。

2. 融资通道青黄不接，资本竞争将加速优胜劣汰

资金是企业发展的基础。然而，企业不得不面临的形势是，传统融资渠道紧缩、新型融资仍待培育的青黄不接态势仍将持续。一方面，上市、借壳、再融资、海外融资、银行信贷五大传统融资通道举步维艰：低迷的楼市与股市抑制了企业上市融资能力，也使部分房企对再融资失去希望，美元退出 QE 与海外对中国楼市的看淡，不但使海外融资成本上升，也使瞄准中国地产的海外基金产品募集困难，加之银行信贷的紧张，传统融资渠道已捉襟见肘。另一方面，尽管近年来新兴融资渠道如房地产信托、

私募房地产投资基金、公募基金迅速发展，商业银行、基金公司、券商、保险公司经营投资范围的拓宽以及创投公司和私募基金的兴起也直接推动了地产融资方式的多元化。但这些金融却也因与宏观调控高度相关而存在政策风险，加之 2014 年是房地产信托兑付的高峰期，而经济开始却步入调整的下行通道，企业资金链断裂的新闻不绝于耳，预计未来各方对房地产信托的态度显得愈发谨慎，监管层也会加大对信托业的监管力度。因此，整体的融资环境并不乐观。

资本竞争将加剧优胜劣汰，只有拥有良好的资金实力、国内外金融渠道，具备良好的运营情况与成长预期，创新符合成长预期的金融工具，才能保证企业的融资能力，支撑企业的发展规模与速度。与此同时，资本的企业运营的轻资产化，企业之间的并购、跨界联合与金融化序幕也将迅速展开。

3. 产业转型稳步推进，产业定位与运营能力至关重要

随着经济转型升级的推进，节能环保、新兴信息产业、生物产业、新能源、新能源汽车、高端装备制造业和新材料、民用航空、海洋工程等新兴产业将迅速发展，并将获得各级政府在土地、金融、技术、推广等方面支持，成长潜力巨大。同时，相关产业链也将得到整体化发展。然而，新兴产业发展初期，尤其是新兴产业中的中小企业，他们往往也会面临发展模式不成熟、研发成本较高、资金技术不足、市场还未打开、国际竞争等困境。因此，相关企业的发展或许并不能一帆风顺，良好的资源支撑对他们而言十分重要。与此同时，产业转型势必因地而异，呈现不同区域以当地经济产业为基础逐次推进的态势。

无论是对于社会，还是对于企业，良好的产业定位与发展都是产业地产发展的关键。因地制宜明确园区产业定位，提供有效培育、服务相关产业的环境，培育主动顺应形势升级产业的能力，十分关键。而针对新兴企业可能面对的困境，如果园区能为新兴产业发展提供良好的产业链基础，并在企业发展过程中提供人才技术、资金、市场等方面支持，那么势必将在今后产业升级之中掌握先机。

4. 移动互联改变商业生态，以服务换入口具备契机

移动互联带来的，不仅是技术与产业链的改变，更有商业模式的变革。移动互联促发了人们对完美个性化服务的追求，多元化、个性化需求的猛增让当前标准化的产品、产业链捉襟见肘，打造极致体验的产品、打造跨界整合产业链将成为今后产业发展的两个维度。与此同时，通过极致产品和服务去获取用户，形成有黏性的用户平台后，再寻找盈利模式，将成为今后商业模式的变革趋势。

对于产业地产运营而言，移动互联技术本身不仅可以成为宣传营销的工具，成为地产开发、销售、物业管理等方面信息迅速传递的手段，更可以移动互联的理念，通过差异化服务或整合性服务，打造黏性企业、整合产业资源的平台，形成多元化盈利空间。与此同时，移动互联、电子商务的发展等将使企业升级速度、模式、市场敏感度、物理形态等发生变化，如果不能顺应企业形态、需求的变化，及时整合资源，提供相应的服务，以产业培育与发展平台自诩的产业地产也将难以名副其实。

5. 群雄逐鹿百家争鸣，核心优势决定适者生存

随着新型城镇化的推进，产业地产大有可为的局面，地产企业、产业集团、投资

机构等都已转型进场。地产企业可利用积累的政府关系储备土地，利用好近水楼台的地产开发优势研发产业地产。产业集团本身就有土地资源，当其集约土地利用或重新改造，便能天然转型为产业地产商。投资机构则凭借其资金实力，通过与产业地产商、产业集团等跨界联合，实现跻身并分享产业地产蛋糕的主体。

大浪淘沙，激烈竞争的背后将是运营模式与实力的全方位比拼。培育能自我掌控的核心优势，将是所有产业地产商的基本命题。

（二）现有产业地产运营模式分类评价

良好的运营模式应该具备以下三个基本条件：首先，是可持续。不仅这种运营模式能为企业带来收益且具有自主性，即并不需要其他领域收入反哺，便能自行运转。更重要的，支撑盈利的核心环节，如土地获取、产业入驻、融资能力能由企业掌控，并且不存在巨大风险而使相应模式难以存续。第二，是弱复制性。即运营模式的核心能力具有一定门槛，并非随意就能复制。第三，是创新性。即企业不仅能通过自身运营模式主动促使产业升级，而且运营模式本身也能顺应形势，支撑企业与时俱进的能力。

1. 地产运营模式评价

1）可持续性

地产运营模式的盈利源于分享商住用地以及园区工业物业的土地增值收益，且本质应当是通过产业的良好培育与发展，提升区域人气，从而让地产物业价值不断增值。同时，产业地产投资大、培育期长的特征，需要有良好的现金流作为支撑。因此，这种模式保持可持续的关键在于，低成本的土地获取、良好的产业培育与运营能力、合理的产品线设计与融资能力，并且这些环节能由企业主导或掌控。

首先，低成本的土地获取主要依赖于土地的政策性低价出让，但随着产业用地市场化的推进，单纯凭借产业地产名号或粗放运营而实际销售商住物业的做法将难以为继。只有自身运营能力过硬，才可能从政府处获得低价土地。

其次，关于产业运营，良好的产业运营既需要从开始就有能力招揽符合区域发展的企业，更重要的是，任何企业的发展都不是孤岛，它们既有对生产厂房、研发办公楼、中试实验室、交易市场等生产要素的需求，也有对人才、技术、资金其他生产要素的渴求；既需要与政府沟通的渠道，也需要与同业间的沟通渠道以及市场推广的渠道等。因此，作为产业发展载体的产业地产，必须具备孵化、推广、引导等服务功能。而作为只依赖地产增值的运营模式，其本身就未能将产业地产的服务功能纳入其中，因此这种模式不能主动引导产业良好发展。

再次，关于产品线与融资能力，当前产品线主要为商住用地销售，尽管这种模式有利于资金回笼，但随着楼市低迷与商业用地的过量供给，其盈利效果不一定能一如既往。若企业选择持有物业，则资金压力便会大增。同时，融资渠道的青黄不接意味着今后企业要么通过强有力的运营实力与成长预期从传统渠道继续获得资金，要么通过融资渠道创新弥补传统渠道的不足。因此，今后保持产品线与融资能力的核心，既在于建设精细、符合企业需求的物业，也在于良好的成长预期和金融创新能力。

因此，从有效性上看，随着产业用地市场化、融资渠道紧缩化，只有良好的运营能力与融资能力的企业才能继续保持可持续性。然而，产业运营能力的天然缺失将使其整体运营能力大打折扣，仅仅凭借融资能力的维持或许也将难以为继。

2）弱复制性

总体而言，这一模式的复制性较强。其运营能力势必不及擅长提供企业服务的运营模式，而金融创新能力也可能在今后金融投资机构涉水产业地产过程中，丧失绝对优势。

3）创新性

这一模式使入驻企业不可能通过园区的服务与孵化而主动升级，园区升级只能通过内部腾退，并植入外部企业。而如果物业以出售为主，运营商将没有机会主动引导升级。即使物业以租赁为主，相比于出售，现金流缓慢变现的特点也将使其难以集中足够资本，创新运营模式。

4）总体评价

随着产业地产的发展，地产增值模式在可持续性、弱复制性与创新性三方面都存在天然缺陷。随着领域竞争的日益激烈，这一模式将很难具有核心优势。

2.地产投资运营模式评价

这一模式的本质与地产运营模式相同，但以轻资产模式增强了资金运营效率与融资能力，从而可以在一段时间内上保持模式的可持续性，弱复制性，并为模式创新提供腾挪空间。但产业持续运营的短板与激烈竞争中金融优势的消失，都将成为困扰这一模式的因素。因此，从长期看，这一模式也很难凝聚优势。

3.地产运营服务模式评价

1）可持续性

与地产运营模式相比，这一模式有机会弥补园区孵化发展产业的能力，并拓展盈利渠道。因此，从可持续性上看，这一模式的理念优于地产运营模式。但能否落实这一能力，仍然需根据运营商提供服务的契合度、完备性等判定。而在多种服务中，产业链资源、人才技术支持、资金扶持、市场渠道、政府渠道或将成为今后企业增值服务能力的核心。然而，这对企业而言，并非易事。另外，与地产运营模式相同，金融能力也至关重要。

2）弱复制性

良好的运营能力往往是多种服务能力的综合体现，也因此具有较高门槛。辅以良好的金融创新能力，其综合可复制性较弱。

3）创新性

这一模式不仅使运营主体有机会通过孵化服务，主动引导入驻产业升级，而且良好的服务将使入驻企业对园区平台产生黏性，使运营主体有机会整合入驻企业与员工的信息，不但能根据企业需求完善服务模式，更可以信息为杠杆，撬动其他衍生的盈利空间，从而创新整体运营模式。

4）总体评价

这种模式有机会满足可持续性、弱复制性与创新性三个条件，但对企业要求较高，须把握产业特点与企业需求，有效整合并提供产业链资源、人才技术支持、资金扶持、市场渠道、政府渠道等服务。

4. 产业孵化地产运营模式评价

1）可持续性

与前述模式相比，这种模式的最大特点在于通过股权投资入驻企业，在培育发展产业的同时分享企业发展收益，因此，除了需要具备的良好运营能力与融资能力外，良好的风险投资能力也将是保持其可持续的关键。

2）弱复制性

如能综合良好的运营能力与投资能力，其可复制性将很差。

3）创新性

这一模式不仅具备地产运营服务模式的创新优势，同时进一步链接起运营主体与入驻企业之间的利益关联，推进入驻企业的创新成长。

4）总体评价

理念上，这种模式更有创新意义，但如对一个企业而言，同时具备地产开发、运营服务、股权投资能力，无疑是一个不小的负担。

5. 产业企业运营模式评价

1）可持续性

这一模式的特点在于运营主体本身便拥有具体的产业，是园区产业发展的主导者。其盈利不仅来源于地产运营收入，也源于其原有的产业收入。而且，相比于一般产业地产运营商，这类企业可利用其品牌、产业特性，以产业链模式吸引企业入驻，并以天然的产业集聚优势促进园区产业的良好运营。但如果产业企业自身营运能力下降，且缺乏园区产业的服务能力，其优势也将荡然无存。例如，盛极一时的北京星网工业园，便是由诺基亚主导运营，但随着诺基亚的没落与被收购，工业园也因大部分企业的搬离而没落。因此，这一模式可持续的关键在于企业本身是否能顺应时代发展与产业发展需求，是否具备良好的运营能力。另外，企业在产业地产运营方面的能力也十分重要。如果这类企业涉水产业地产仅是为了获取地产增值收益而忽视入驻企业服务，不仅将难以充分吸引相关企业整合产业链，实现企业自身与入驻企业同步发展，也将分散企业运营实力。

2）弱复制性

如果企业自身的产业运营具备优势，其他主体想复制这一模式，几乎不可能。

3）创新性

这一模式的创新性直接取决于企业行业特征、运营战略与创新能力。

4）总体评价

采用这种模式的企业在涉水产业地产初期可能具备优势，但产业定位相对狭窄，在产业快速转型升级、产业链跨界整合的背景下，如何顺应形势主动创新，将是这类模式面临的主要问题。企业自身在产业地产方面的运营能力也将影响这种模式的具体效果。

（三）现有产业地产运营模式综合评价

总结五种模式，评价如表 6-13 所示。

现有产业地产经营模式效果评价表　　　　　　　　表 6-13

模式	可持续性	弱复制性	创新性	总体评价
地产运营模式	弱	弱	弱	无法长久保持产业持续发展,今后或将难以为继
地产投资运营模式	稍弱	稍弱	稍弱	资金运营效率与融资能力可以在一段时间内上保持模式的发展。但产业持续运营的短板与激烈竞争中金融优势的消失,可能成为困扰这一模式的因素
地产运营服务模式	较强	较强	较强	有机会实现良好运营,并打造整合入驻企业平台,拓展衍生盈利空间。但对企业要求较高,须把握产业特点与企业需求,有效整合并提供产业链资源、人才技术支持、资金扶持、市场渠道、政府渠道等服务。同时具备良好的金融能力
产业孵化地产运营模式	强	强	强	更有创新意义,并打造整合入驻企业平台,拓展衍生盈利空间。但同时具备地产开发、运营服务、股权投资能力,对一个企业而言将是巨大的挑战
产业企业运营模式	不确定	强	弱	因天然产业,具有产业整合运营潜力,但产业定位相对狭窄,如何顺应形势主动创新,将是这类模式面临的主要问题。企业自身在产业地产方面的运营能力也将影响具体效果

　　总结而言,以资源圈占为主导的粗放式增长及坐地生财式的时代已经结束,以品质服务和整合实力为主导的专业化、整合化时代已经来临。仅仅依赖地产增值逐鹿产业地产,在今后土地、资本紧缩的政策形势下,将因产业营运能力不足而难以为继。重视企业需求,提供多元化、精细化服务,并尝试对高成长性企业进行股权投资,不仅将成为企业结束粗放运营、培育产业地产核心能力的开端,更将为今后整合产业资源,并可以此为杠杆,将园区打造成为嵌入各类新型业务接口的商业运作平台,集聚和整合企业所蕴含的人口、产业、物流、资金和信息等商业资源与数据,从而为其接入产业孵化、智慧城市、城际轨交、电子商务、现代物流等各种新型增值服务业态提供基础,大大拓展发展空间。然而,整合服务与投资能力,对于一个企业而言,将是巨大挑战。整合方式至关重要。另外,随着传统融资渠道的紧缩,今后企业的金融创新与融资能力也将十分重要。

三、我国产业地产运营模式的创新发展方向

(一)关注极致服务与股权投资,以平台孕育入口

　　为了及早摆脱对地产销售的绝对依赖,培育真正的核心优势,今后产业地产商须重点关注极致服务与股权投资,在拓展盈利渠道的同时,打造整合企业、员工的平台。关于极致服务的提供,产业地产商必须清楚把握定位产业与企业的发展特点与核心需求,不仅预判这类产业发展的产业基础,做好相关产业集聚工作,并从技术研发、人才吸引、资金扶持、政策沟通、市场推广等方面整合服务能力。与此同时,随着新型城镇化的推进,产业地产商须注重产城融合,促进生产生活良性循环,为企业与员工

同时提供极致服务。在此基础上，产业地产商应积极以服务吸引企业与员工，整合他们的多样化需求，从而孕育对接政府资源、商业资源、生活服务等多方面市场的入口，拓展盈利空间与资源渠道，并在互动合作中更好满足企业与员工需求。

（二）多维度跨界整合，以合作换双赢

术业有专攻，一个企业往往难以同时具备地产开发、服务提供、股权投资等能力。随着竞争态势的逐步明朗与激烈，时间就是机遇。因此，无论是弥补自身运营能力的不足，还是尽可能快速扩张发展，无论是现有的产业地产商，还是潜在的进场者，以跨界整合实现优势互补，势所必须。例如，土地可以尝试与政府或产业型企业合作，通过受托经营、售后回租等方式降低直接拿地成本。资金可以积极与专业金融机构，通过共同发起基金等方式，提升轻资产能力。企业服务则可以尝试搭建服务平台，整合社会专业资源。另外，跨界整合的目的既在于优势互补，也在于变短为长，只有在合作中不断积累合作方的优势，改变自己的短板，才能形成综合型优势。

（三）多角度积累专业，以深度补广度

跨界整合的前提在于优势互补，核心优势越关键，在跨界整合中谈判能力越强。随着产业地产的精细化发展，任何一个环节的好坏都可能成为影响整体运营能力的关键，因此，深度挖掘每个环节的痛点，以深度补广度，既是现有产业地产商提升运营能力的关键，也可以成为众多潜在主体试水产业地产的切入点。例如，中介商可通过整合已有的客户资源，形成集聚商业资源的平台，进而与地产运营商合作；服务商、咨询商等可通过专业化极致服务，打造整合企业的平台，并以此与地产运营商合作，既协助运营商招商，同时为运营商提供专业化服务能力；媒体也可以通过宣传渠道整合企业资源、金融资源、地产商资源，进而在三方合作中获益。

第三节　中国产业地产行业五大标杆企业分析

产业地产在当前的提出更多的是迎合产业发展新趋势，本质上，以高科技产业园区、物流园区等为物业产品的企业已经在国内具有一定规模，但由于中国房地产业发展的阶段性问题，产业地产的基本概念并不明确，这也使该类持有物业并运营的企业不像万科等重资产的开发企业般"光鲜"。然而，时代在变迁，在房地产业进入细分化时代的背景下，这些运营产业地产的企业发展情况如何？龙头企业有何代表性特点？将逐渐从单纯的概念发展为市场关注的热点。本部分以张江高科等五家上市企业为主，对其运营规模、财务状况及产业地产运营特点进行分析，希望对行业发展有所启示。

一、张江高科

张江高科全称"上海张江高科技园区开发股份有限企业"，成立于1992年7月，现为上海市浦东新区国资委控股企业。1996 年 4 月在上海证券交易所上市，股票代码为 600895。

（一）主营业务分析

1.房地产业是主营业务

张江高科以房地产业为主业，包括科技园土地开发与经营、房地产开发与经营、基础设施建设等。2013 年，房地产营业收入为 154300 万元，占总营业收入的比例为 80.36%。

2.房地产业务比重下降，投资业务发展较快

2010 ~ 2012 年，房地产营业收入处在增长状态，在总营业收入中的比例也不断提高。2013 年，房地产营业收入和占总营收比例均出现下降。详见图 5-1。这主要基于两个方面的原因：一是原有产业地产的运营模式遇到挑战，主要是宏观经济减速背景下的产能过剩，导致房地产市场的去库存压力加大；二是在房地产业去库存化的背景下，张江高科积极谋划转型发展，逐渐向高科技项目投资与经营领域进行多元化拓展（图 6-25）。

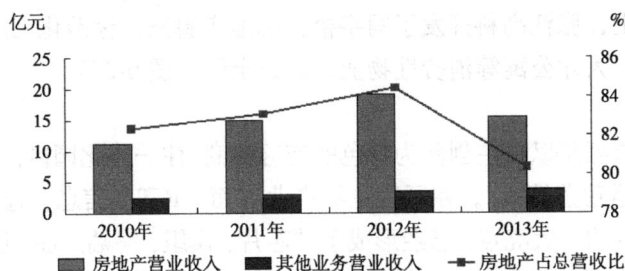

图 6-25　2010 ~ 2013 年张江高科房地产营业收入状况

3.经营高度集中在上海，逐渐向其他地区拓展

在经营地区上，张江高科以上海作为大本营，这主要是因为张江高科以点带面的发展模式，依托于上海张江高科技园区进行产业地产开发与经营。2012 年，上海地区营业收入占比较 2011 年占比下降 11.32 个百分点，从这个数据变化可看出其经营范围逐渐向外省市拓展，未来的战略重点将转移到"多点带面"。详见图 6-26。

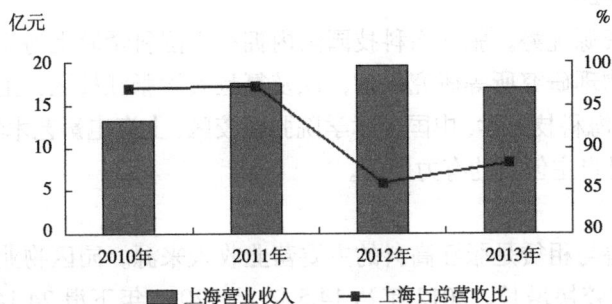

图 6-26　2010 ~ 2013 年张江高科上海地区营业收入状况

（二）产业地产运营分析

1. 项目概况

上海高科技园区是张江高科的最主要项目。截至 2012 年底，园区累计注册企业 9164 家，从业人员 27 万。

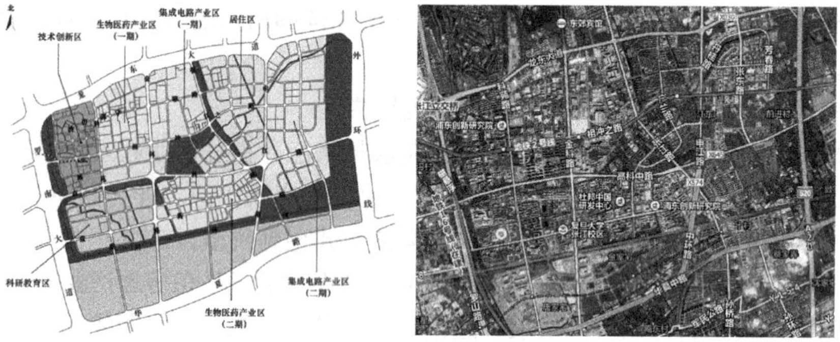

图 6-27　张江高科技园区核心区规划与现状图

在园区业态上，张江高科开发了写字楼、标准实验室、标准化工厂等生产性物业，住宅、购物中心、人才公寓等消费性物业，业态全面（图 6-27）。

2. 运营特色

张江高科技园区是以自主创新为特色的产、研、商、住一体化园区。经营理念为"打造自主创新园区运营蓝筹股"。在园区主导产业方面，ICT（信息、通讯、技术）无疑是张江高科技园区的一大亮点，已经形成了"芯片、模组、终端产品、服务"的产业链，智能手机、数字电视、汽车电子、智能卡等领域发展迅速。张江高科以高科技产业为特色有以下优势：

第一，政策优势。张江高科技园是继外高桥保税区开发企业、金桥出口加工区开发企业、陆家嘴金融贸易区开发企业之后建立的浦东第四个重点开发企业，自成立之初就承载着上海自主创新的重任。2011 年，张江高科成为继北京中关村、武汉东湖后的第三个国家自主创新示范区，享有政策、规划、税收等方面的优惠。

第二，区位优势。张江高科技园位于浦东新区核心区域，距离市中心、浦东国际机场均有轨道交通联通，对于产业园区的交通特点来讲，张江高科技园具有明显的交通优势，详见图 6-28。

第三，科教资源优势。张江高科技园区内拥有中国科学院上海高等研究院、中国科学院上海应用物理研究所等研究机构，以及复旦大学张江校区、上海交通大学信息安全工程学院、上海科技大学、中国美术学院张江校区、上海电影艺术学院等知名高校。丰富的科教资源是自主创新的有力保证。

3. 运营状况

园区物业销售与租赁是张江高科的主要营业收入来源。园区物业销售营业收入在 2010 ~ 2012 年有较快增长，2012 年达 14.5 亿元，2013 年下滑 24.14%，销售收入为 11 亿元。租赁收入相对稳定，2013 年为 4.43 亿元，较 2012 年小幅下降 0.24 亿。在营业收入出现下降的同时，园区物业销售和租赁的毛利率在 2013 年均出现下降，反映张江高科的运营状况不容乐观。详见图 6-29。

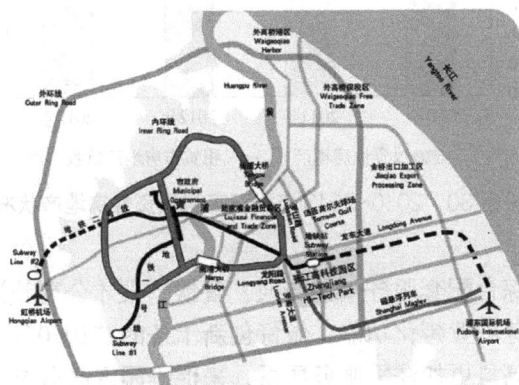

图 6-28　张江高科技园区地理位置

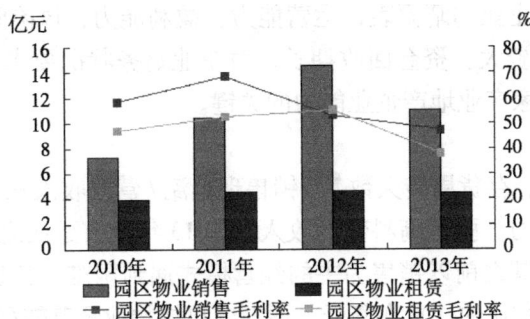

园区物业销售　　　■园区物业租赁
---园区物业销售毛利率　　　---园区物业租赁毛利率

图 6-29　2010～2012 年张江高科房地产业务营业收入状况

在自持物业方面，张江高科 2010～2012 年处于下浮下降态势，租赁在房地产营收中的比例也不断下降，2012 年为 24.36%，这与园区物业销售在 2010～2012 年的快速增长相对应。2013 年出现转折，投资性房地产❶ 大幅上升 23.41%，达 50.66 亿元，租赁在房地产营收中的比例也出现上升。这反映企业更加重视自持物业的经营和管理。张江高科主要经营张江高科技园区，单一园区的土地资源稀缺，不能维持长期的销售物业开发，转向自持物业运营是大方向。销售物业将更多的在外省份进行拓展（图6-30）。

4. 发展战略

未来，张江高科将不再盲目追求营业收入的高增长，而是重视降低成本、费用，提高利润率。2014 年的主营业务收入目标与 2013 年持平，重点在提升企业内部管理水平，提高出租率与收益率，逐步提高投资效益。在项目运营上，有以下几个着重点：

第一，建立完善物业资产运营平台，提升服务质量；

第二，打造科技产业示范社区，吸引战略性客户入住；

---

❶　投资性房地产包括已出租持有并准备增值后转让的土地使用权以及已出租的建筑物。

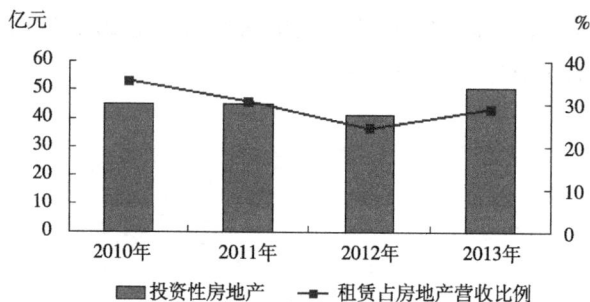

图 6-30　2010~2013 年张江高科投资性房地产状况

第三，完善社区综合配套服务（如交通、餐饮、人才公寓等）；

第四，完善并规范创业孵化功能，做好创新十条的"1000 工程"。

总的来看，张江高科更加注重服务质量，来促进园区高科技企业的自主创新发展，由销售外向型逐渐向自持内向型转变。

（三）财务状况分析

财务状况是一家企业的晴雨表，运营能力、盈利能力、风险管控能力是其中的三大核心。产业地产投资大、资金回收期长，对企业财务状况要求很高；因此，财务状况的好坏成为评价一家产业地产企业能力的关键。

1. 运营能力分析

选取了营业收入、存货周转天数●、销售现金流 / 营业收入三个指标，从量和质的角度反映企业运营能力。张江高科营业收入在 2013 年没有延续之前的稳步增长态势，出现大幅下滑，说明其之前以销售为主的经营模式遇到困难。存货周转天数的降低也说明张江高科销售型物业的比重在降低，逐渐向自持物业经营转型，但 2013 年存货周转天数仍未 1905 天，园区物业存在库存高企、销售困难的情况。销售现金流 / 营业收入的比例在近几年出现波动下降，也印证了企业在园区物业销售上存在困境。总的来看，张江高科作为一家大型产业地产企业，运营能力出现恶化，已经处在转型期。详见图 6-31 与图 6-32。

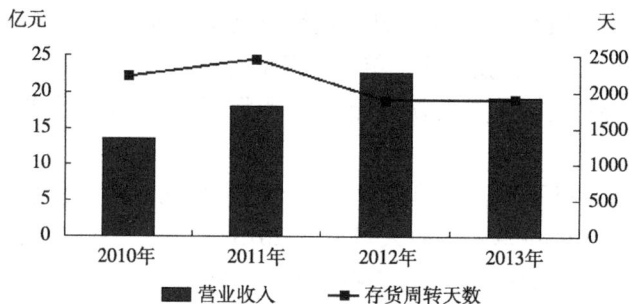

图 6-31　2010 ~ 2013 年张江高科营业收入与存货周转天数

● 存货周转天数是指企业从取得存货开始，至消耗、销售为止所经历的天数。由于销售性物业建成后转为存货，存货周转天数可以反映产业地产企业的销售状况。

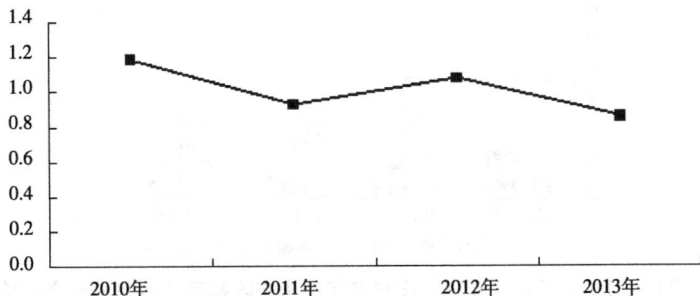

图 6-32 2010～2013 年张江高科销售现金流／营业收入

2. 盈利能力分析

在盈利能力方面，张江高科的状况不容乐观。2011 年归属净利润 [1] 与 2010 年相比小幅下降，但基本持平，2012 年归属净利润 3.7 亿元，较 2011 年下降 20.77%，而企业的营业收入在 2010～2012 年都是明显上升，说明盈利能力不断下降，背后是物业销售困难、存货周转率高企。2013 年，营业收入出现大幅下降，但归属净利润为 3.72 亿元，小幅上升。这主要得益于张江高科在高科技投资方面的投资收益，转让复旦张江 14.92% 股权，实现投资收益 9916 万元；转让展想 25% 股权，实现投资收益 13804 万元；抛售嘉事堂股票 1199.845 万股，实现投资收益 7424 万元，这三项投资收益之和达 3.1 亿元（图 6-33）。

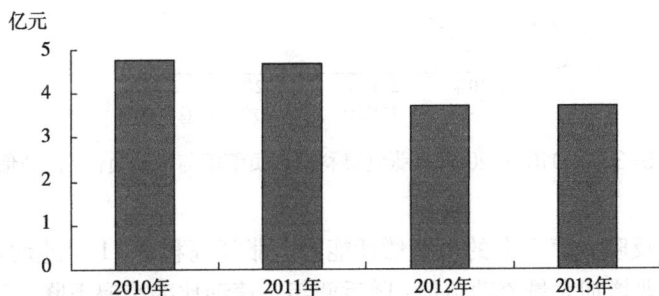

图 6-33 2010～2013 年张江高科归属净利润

2010～2013 年，张江高科的摊薄总资产收益率 [2] 不断下降，从 2010 年的 2.18% 下降到 2013 年的 2.1%，处于较低水平，反映企业总量大、盈利低的特点。加权净资产收益率 [3] 也处于下降态势，2013 年为 5.58%。详见图 6-34。

---

[1] 归属净利润全称"归属于母公司所有者的净利润"，反映在企业合并净利润表中，归属于母公司股东（所有者）所有的那部分净利润。

[2] 摊薄总资产收益率=报告期净利润/期末总资产。

[3] 加权净资产收益率，也称加权平均净资产收益率（ROE），反映股东的投资收益。

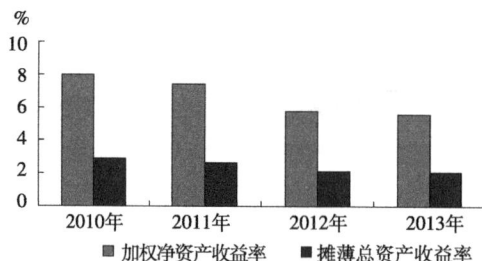

图 6-34　2010 ～ 2013 年张江高科加权净资产收益率与摊薄总资产收益率

3. 风险管控能力分析

风险管控主要涉及资本结构和流动性两方面。资产负债率与流动负债 / 总负债对一个企业的资本结构有良好的诠释。2010 ～ 2012 年，张江高科的资产负债率较平稳，2013 年小幅下降，为 60.16%，权益资本的比重较高，整体资本结构较良好。流动负债 / 总负债在 2010 ～ 2012 年快速上升，这与企业在这 3 年的营业收入的快速扩张相对应，是一种较激进的经营战略。2013 年，张江高科流动负债 / 总负债为 55.9%，大幅下降，债务结构较为合理，短期偿债压力减小，企业经营战略逐渐趋向平稳（图 6-35）。

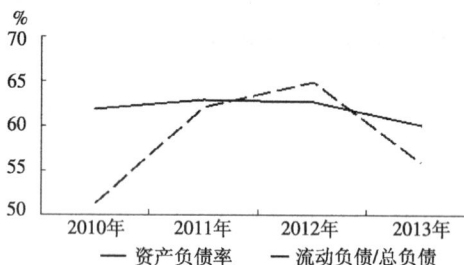

图 6-35　2010 ～ 2013 年张江高科资产负债率与流动负债 / 总负债

速动比率 ❶ 反映一家企业的短期偿债能力。张江高科 2011 年速动比率大幅下降，这主要是因为企业增加大量流动负债；随后两年，速动比率小幅下降，2013 年为 0.46，仍处于合理范围。总的来看，张江高科的资本结构较为合理，具有较高的短期偿债能力，总体风险控制较好（图 6-36）。

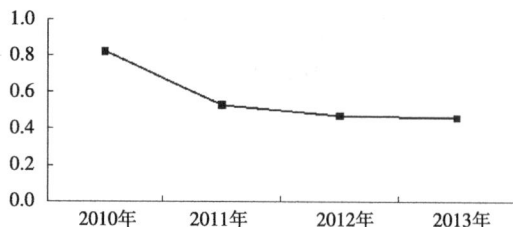

图 6-36　2010 ～ 2013 年张江高科速动比率

---

❶　速动比率=（流动资产-存货）/流动负债。下同。

总的来看，张江高科的运营能力与盈利能力都出现下降，主要与房地产不景气的背景相关，但张江高科的资本结构较为合理，具有进一步融资的潜力。张江高科应利用国家政策和上海市的资源进一步提升服务质量，培育长期盈利点。

二、华夏幸福

华夏幸福全称"华夏幸福基业股份有限公司"，成立于 1998 年 7 月，为民营企业。2011 年 8 月，华夏幸福通过与浙江国祥重组上市，股票代码 600340。

（一）主营业务分析

房地产业是华夏幸福的主营业务，主要是产业新城开发与运营。除房地产业外，华夏幸福还拥有围绕产业发展的服务业，处于从属地位。2010 ~ 2013 年，房地产业营业收入不断增长，2013 年达 185.91 亿元，占公司总营业收入的比例为 88.11%。近年来，随着产业新城的建设，房地产业在华夏幸福中的主营业务地位不断加强。详见图 6-37。

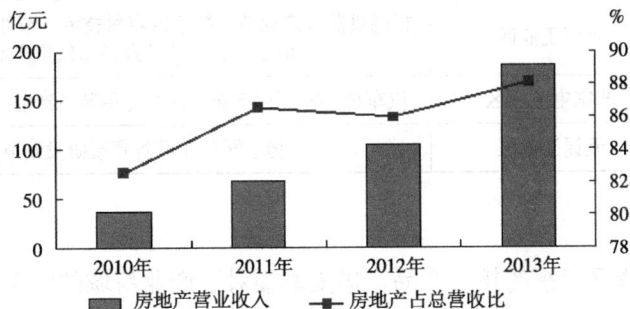

图 6-37　2010 ~ 2013 年房地产营业收入状况

在经营地区上，环北京地区是绝对核心，主要是因为华夏幸福开发的产业新城大多位于固安、大厂、怀来等区域。2011 ~ 2013 年，华夏幸福不断向长三角等地拓展，环北京地区占总营收比略有下降。详见图 6-38。

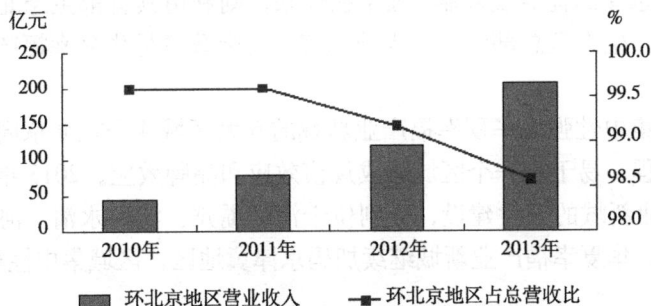

图 6-38　2010 ~ 2013 年华夏幸福环北京地区营业收入状况

（二）产业地产运营分析

1. 项目概况

华夏幸福拥有产业新城、高新产业园区、产业商务综合体、城市产业综合体、总部休闲综合体等多种形式的产品。其中，产业新城是华夏幸福的核心产品，其余产品或处于前期开发阶段、或规模较小。2013年，产业新城业务销售额311.86亿元（含园区开发业务结算回款75.77亿元，产业园区配套住宅签约销售额236.09亿元），占2013年全年销售额的83.33%（表6-14）。

华夏幸福产业新城地区分布　　　　　　　　　　表6-14

区域	产业园	产业
河北固安	固安工业区，固安新兴产业示范区	电子信息、汽车零部件、装备制造、航天产业、生物医药
河北大厂	大厂潮白河工业区，大厂新兴产业示范区	节能装备、专用车及零部件、专用技术服务、文化创意与数字出版
河北怀来	怀来工业区	高科技产业、总部经济和绿色生态
河北香河	香河工业区	智能机器人产业港、数字内容科技港、节能环保设备产业港、电子商务科技港及通用航空产业基地
辽宁苏家屯	苏家屯工业区	汽车核心零部件产业、高端专用装备产业和智能设备产业园
江苏无锡	无锡工业区	物联网产业设备高端研发制造集群

2. 运营特色

产业新城是华夏幸福的核心产品，华夏幸福对于产业新城的定义为：是在城市主城区之外，以产业为先导，以城市为依托，建设产业高度聚集、城市功能完善、生态环境优美的新城区，是推动地方产业转型升级的动力引擎。产业新城模式具有以下特色：

第一，强调产城融合。定义的核心理念就是产城融合，以加工制造业为主，并建设完善的配套和服务。从2013年销售额可以看出，配套住宅销售占总销售额的比例很高，说明企业的主要盈利点在配套住宅销售上，而非产业服务。

第二，产业导入因地制宜。在固安、大厂、香河等地，主要利用土地资源丰富、交通便利、临近京津的优点发展制造业；在怀来，则利用其首都生态北大门的优势发展高附加值农业、生态型总部经济。因地制宜、切合政策是华夏幸福产业新城的一大特点。

第三，区域集中性强。华夏幸福产业新城的6大区域4个在北京周边，集中介入京津冀一体化进程，易于在一个区域形成规模效应和品牌效应。2013年，公司新拓展4个园区进行产业新城的开发建设，分别位于河北霸州、河北永清、河北香河和浙江嘉善。可以看出，华夏幸福产业新城继续加码京津冀地区，区域集中性很强。

3. 运营状况

华夏幸福的房地产业务可以分为产业新城板块和城市地产开发板块，产业新城板块细分为土地整理、基础设施建设、物业管理服务和园区住宅配套四大业务，加上城市地产开发,一共构成五大业务。

具体来看,基础设施建设并不是经常性业务,2010 年、2012 年均没有发生,2013 年为 9.9 亿元,为近年来高点;土地整理 2011 ~ 2013 年均维持在 20 亿以上,较为稳定;物业管理服务 2013 年为 1.11 亿,较 2012 年大幅上升 233.53%,发展迅猛,但在华夏幸福 2013 年 211 亿的营业收入中可以忽略不计,说明华夏幸福仍处在快速扩张阶段,重销售、轻服务;园区住宅销售是营业收入最高的业务,2010 ~ 2013 年一直处于高速增长阶段,2013 年达到 131 亿元,园区住宅配套在房地产业务营业收入中的占比也从 2010 年的 41.59% 增长到 2013 年的 70.46%;城市地产开发主要是在市区进行商业地产的开发,2013 年为 23.4 亿元。详见图 6-39。

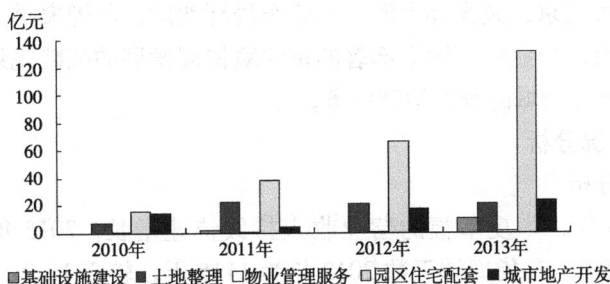

图 6-39 2010 ~ 2013 年华夏幸福房地产细分业务营业收入状况

在毛利率方面,五大业务的毛利率逐渐趋同。2013 年,土地整理的毛利率最高,为 28.97%;其次是园区住宅配套,为 27.15%。随着中国房地产市场的调整,传统住宅市场越冷,华夏幸福也未能避免,2010 ~ 2013 年园区住宅毛利率持续下降,这对以园区住宅销售为主营业务的华夏幸福带来很大调整。物业管理服务的毛利率波动较大,这主要与华夏幸福的物业管理业务占比较小,处于起步期有关。详见图 6-40。

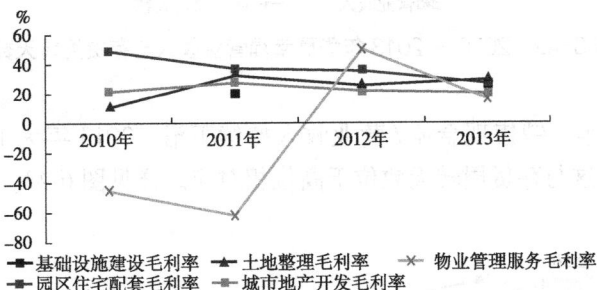

图 6-40 2010 ~ 2013 年华夏幸福房地产细分业务毛利率状况

在自持物业方面,华夏幸福处于上升态势。2013 年,华夏幸福投资性房地产达 2.19 亿元,较 2012 年大幅上升 88.79%,反映企业更加重视自持物业的发展,这与住宅销售的毛利率持续下降有关,是华夏幸福由"重销售、轻服务"向"销售与服务并重"的一个转型信号。详见图 6-41。

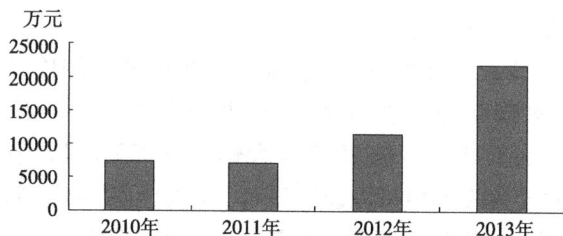

图 6-41　2010 ～ 2013 年华夏幸福投资性房地产状况

4. 发展战略

未来，企业产业新城业务的战略布局更加顺应国家的区域发展规划。公司产业新城业务坚持聚焦大北京，做大环上海，战略布局环沈阳，与国家重点区域振兴规划和发展战略完全符合。企业顺应国家部署的京津冀协同发展的战略规划，积极在环首都区域布局和深耕产业新城的开发运营业务。

（三）财务状况分析

1. 运营能力分析

2010 ～ 2013 年，华夏幸福的营业收入持续快速增长，2013 年达 211 亿元，较 2012 年增长 74.38%。存货周转天数 2013 年为 1115 天，较 2012 年下降 194 天，周转状况得到改善，但仍处于高位（图 6-42）。

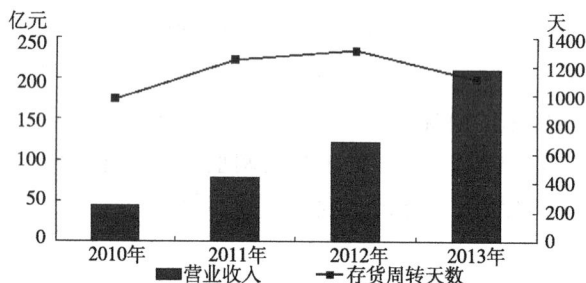

图 6-42　2010 ～ 2013 年华夏幸福营业收入与存货周转天数

2010 ～ 2013 年，销售现金流 / 营业收入持续下滑，2013 年为 1.49，说明存货销售状况不容乐观，这与存货周转天数位于高位相对应。详见图 6-43。

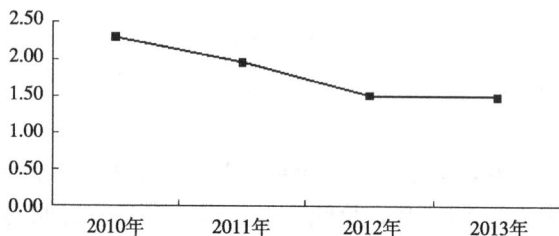

图 6-43　2010 ～ 2013 年华夏幸福销售现金流 / 营业收入

2. 盈利能力分析

2010 ~ 2013 年,华夏幸福归属净利润持续增长。2013 年,归属净利润为 27.1 亿元,较 2012 年增长 52.25%,盈利状况良好。详见图 6-44。

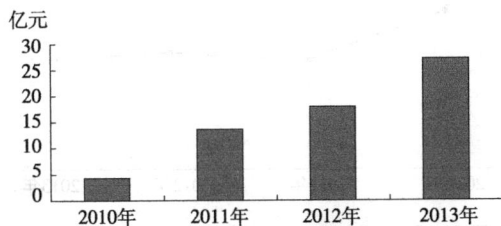

图 6-44　2010 ~ 2013 年华夏幸福归属净利润

与归属净利润持续快速增长相对,摊薄总资产收益率在 2011 年后出现下降,2013 年,摊薄总资产收益率为 3.63%。加权净资产收益率在 2011 年后出现下降,2013 年为 44.3%,较 2011 年 66.49% 的收益率下降 33.37%。摊薄总资产收益率与加权净资产收益率的大幅下降主要与住宅市场的不景气有关。华夏幸福的净利润在不断增长,但盈利能力却不断下降(图 6-45)。

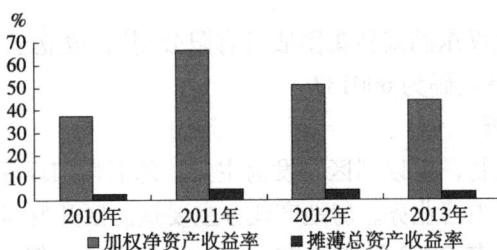

图 6-45　2010 ~ 2013 年华夏幸福加权净资产收益率与摊薄总资产收益率

3. 风险管控能力分析

2010 ~ 2013 年,华夏幸福的资产负债率与流动负债 / 总负债处于高位波动,风险较高。2013 年,资产负债率为 86.56%,流动负债 / 总负债为 84.84%,企业的融资战略激进,便于快速扩张,但也会带来很大的偿债压力,特别是短期偿债的压力,在住宅市场不景气的大背景下,高负债率的资本结构存在一定程度的风险。详见图 6-46。

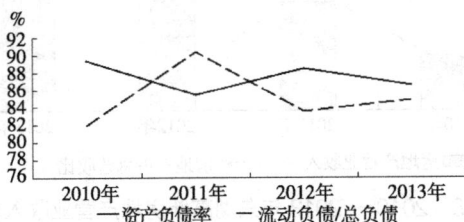

图 6-46　2010 ~ 2013 年华夏幸福资产负债率与流动资产 / 总负债

2011 年，华夏幸福的速动比率出现大幅下降，随后 2 年比较平稳，2013 年为 0.28，低于合理值，短期偿债压力大。详见如 6-47。

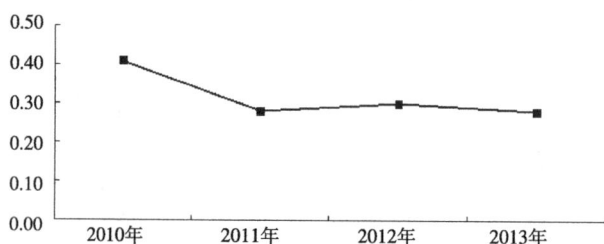

图 6-47 2010 ~ 2013 年华夏幸福速动比率

总的来看，华夏幸福的偿债压力较大，如果今后几年住宅市场持续不景气，而企业未找到新的盈利点，则会面临较大的危机。目前，华夏幸福的运营能力和盈利能力仍处于较好的态势，但存货周转率高企、收益率下降，存在恶化的趋势，应利用近几年较好的营收状况提升产业新城的服务水平，提升自持物业比例，培育新的利润增长点。

三、东湖高新

东湖高新全称"武汉东湖高新集团股份有限公司"，成立于 1993 年 1 月。东湖高新于 1998 年上市，股票代码为 600133。

（一）主营业务分析

东湖高新自成立之初，就以园区开发为主业，随后增加环保科技与工程建设，共同构成东湖高新的三大主营业务。房地产业务主要是园区开发与经营。2013 年，房地产营业收入 5.35 亿元，较 2012 年增长 32.75%，发展迅速，但在总营收中的比例下降到 10.55%，主要是因为 2012 年，东湖高新与湖北路桥进行重组，收购其 100% 股权，因此企业大幅增加了工程建设（主要包括高速公路、大型桥梁、市政基础设施等投资、开发建设、运营维护等相关业务）的业务量，使得房地产业务的占比相对减少。详见图 6-48。

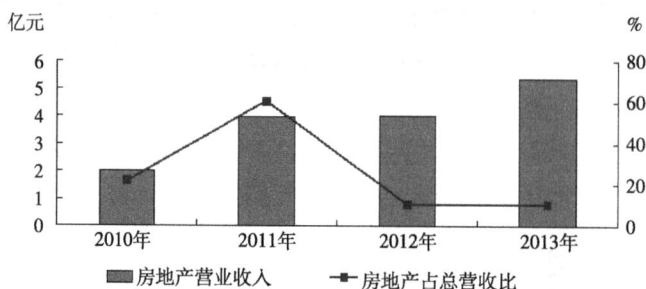

图 6-48 2010 ~ 2013 年东湖高新房地产营业收入状况

在经营地区方面,湖北、湖南和安徽一直是东湖高新的传统经营地区。2012年以后,受和湖北路桥重组的影响,企业在湖北地区的营业收入大幅增加,成为东湖高新最主要的营收来源地。详见图6-49。

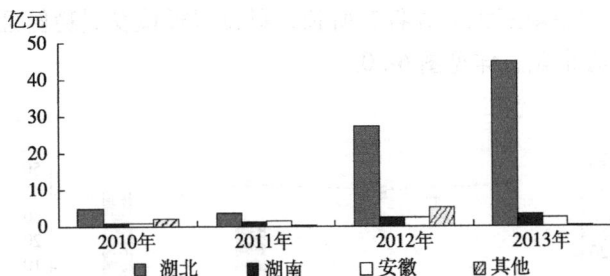

图6-49 2010 ~ 2013年东湖高新主要经营地区营业收入状况

(二)产业地产运营分析

1. 项目概况

东湖高新的科技园板块主要包括科技园区投资、开发建设、运营服务等相关业务。目前正建设并运营的主题园区共有6个,详见表6-15。

东湖高新六大科技园　　　　　　　　　　　　　　　　　表6-15

科技园	位置	建筑面积(万 m²)	产业
武汉软件新城	湖北武汉	200	软件与信息服务、高新技术研发、创新创意产业集和绿色生活示范区
光谷加速器	湖北武汉	37.6	生物医药
国际企业中心	湖北武汉	14	商务办公
光谷·芯中心	湖北武汉	25	软件研发、商务办公
长沙国际企业中心	湖南长沙	24	新型工业、创意产业、商务办公
襄阳国际创新产业基地	湖北襄阳	36	创意产业研发、商务办公

2. 运营特色

第一,园区产业以战略性新兴产业为导向。东湖高新立足武汉光谷,拥有丰富的科教资源,在光电子、计算机、软件研发等方面实力雄厚。东湖高新也利用这一优势拓展软件、生物医药等新兴产业,以客户为导向,通过产业链整合平台完善上下游产业链,形成产业集群,通过社会化服务平台为客户提供政策发展、金融资讯、后勤保障、人力资源等全方位服务。

第二,立足中心城市,向周边延伸。东湖高新深耕武汉光谷,同时向周边省市拓展,有较强的区域性。

3. 运营状况

东湖高新形成了科技园板块、工程建设板块、环保科技三大业务并立的发展格局。

科技园板块近年来持续增长，2013年营业收入为5.35亿元，较2012年增长32.75%，为企业第二大业务。工程建设板块在2012年后增长迅速，成为企业第一大业务，但利润率较低，2013年毛利率仅10.13%；而科技园板块持续维持着较高的利润率，2013年毛利率为35.14%。环保科技营业收入并未有大幅增长，主要受制于市场有限，但毛利率不断提高。东湖高新三大业务各有所长，科技园板块发展稳健且利润率高，发展态势好，为企业核心企业。详见图6-50。

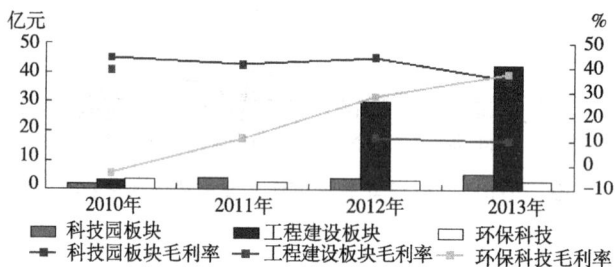

图6-50　2010～2013年东湖高新细分业务运营状况

2013年，东湖高新投资性房地产达1.16亿元，较2012年增长833%，在自持物业上有较大拓展，企业今后将更重视租赁与管理的收益。详见图6-51。

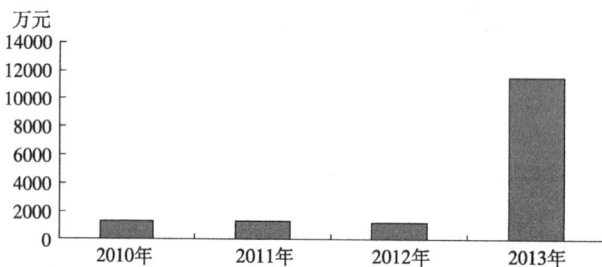

图6-51　2010～2013年东湖高新投资性房地产状况

4. 发展战略

未来，东湖高新将延续科技园、工程建设与环保科技三大业务齐头并进的态势。在科技园板块，将以主题园区建设规模化为核心，以软件新城、生物医药、科技创意、光谷芯中心、国际企业中心、创新产业基地为主题的园区项目开发和工程建设继续推荐。

（三）财务状况分析

1. 运营能力分析

2013年，东湖高新营业收入50.7亿元，较2012年增长35.56%，主要是工程建设板块的业务增长。2010～2013年，东湖高新的存货周转天数较低，2013年为325天。一方面，工程建设业务主要是"建设—移交"模式，不存在销售问题；另一方面，科技园的销售情况较好，在没有工程建设业务的2011年，存货周转天数也仅为409天，企业运营健康。详见图6-52。

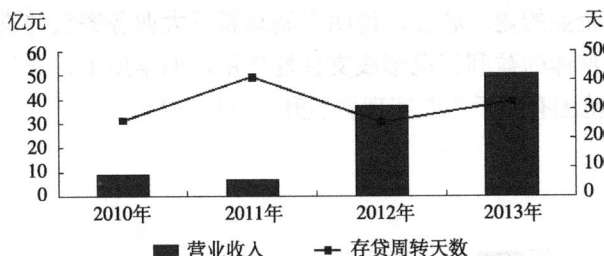

图 6-52 2010 ~ 2013 年东湖高新营业收入与存货周转天数

2010 ~ 2013 年东湖高新的销售现金流 / 营业收入出现先增后减的态势，2011 年销售现金流 / 营业收入达到 1.55，2012 年为 0.86，2013 年为 0.89，主要是因为工程建设"建设—移交"模式一般为分期付款，使得销售现金流获取时间滞后，同时大规模的工程建设对企业的现金流有较高要求。详见图 6-53。

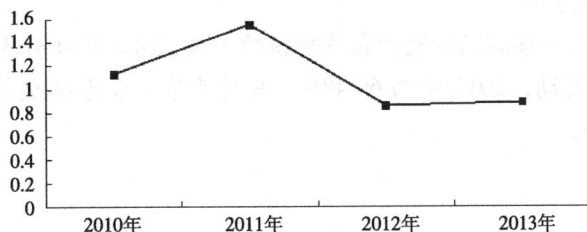

图 6-53 2010 ~ 2013 年东湖高新销售现金流 / 营业收入

2. 盈利能力分析

2013 年，东湖高新出现大规模亏度，归属净利润为 –4.64 亿元。2010 ~ 2012 年，东湖高新虽然并未亏损，但也处在微利状态，2012 年净利润仅为 1513 万元，企业的盈利状况不容乐观。详见图 6-54。

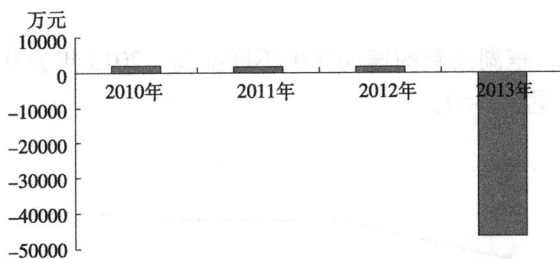

图 6-54 2010 ~ 2013 年东湖高新归属净利润

2010 ~ 2012 年，东湖高新的加权净资产收益率与摊薄总资产收益率不断降低，2013 年，摊薄总资产收益率为 –4.5%，加权净资产收益率为 –36.09，盈利能力堪忧。2012 年，企业通过与湖北路桥的重组，拓展了工程建设业务，但工程建设业务的利润率较低，并未改善企业的盈利状况，说明东湖高新三大业务齐头并进的战略尚处于培育期，还没对企业整体的盈利情况形成支柱性作用，但本质上，通过并购重组从基础上完善企业的经营范围有利于企业实现转型升级（图6-55）。

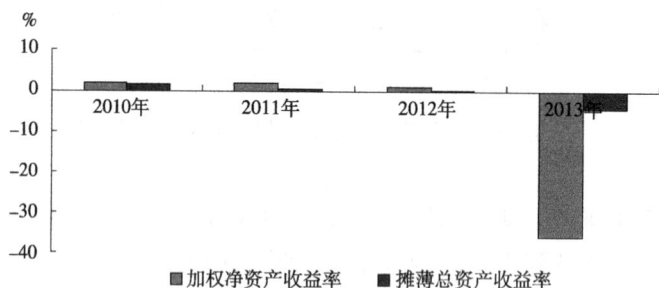

图6-55　2010～2013年东湖高新加权净资产收益率与摊薄总资产收益率

3. 风险管控能力分析

2010～2013年，东湖高新的资产负债率持续走高，2013年为87.31%。在总负债中，流动负债占比不断波动，2013年为69.48%。总体来看，企业的负债持续增加，偿债压力增大（图6-56）。

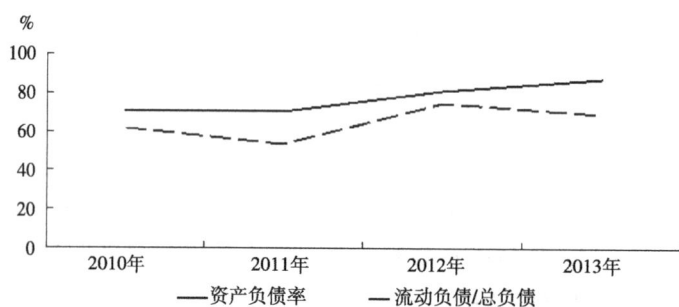

图6-56　2010～2013年东湖高新资产负债率与流动资产/总负债

2010～2013年，东湖高新的速动比率不断提高，2013年为0.62，企业的短期偿债压力得到缓解。详见图6-57。

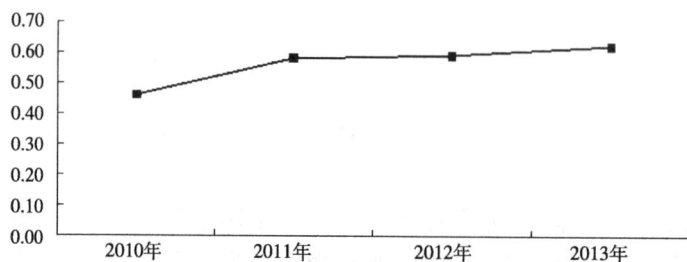

图6-57　2010～2013年东湖高新速动比率

总的来看，东湖高新科技园发展稳健，盈利性好，但企业现将一大部分精力放在微利的工程建设领域，是企业面临盈利能力降低、偿债压力扩大的局面。东湖高新应进一步分配好主营业务的比例，深耕产业园区改造升级。

四、海泰发展

海泰发展全称"天津海泰科技发展股份有限公司"，成立于 2001 年 12 月，为天津市人民政府实际控股。海泰发展是在上海证券交易所挂牌交易的上市公司，股票代码600082。

（一）主营业务分析

海泰发展现有房地产、批发零售两大主业。海泰发展的前身是始建于 1926 年的天津中原股份有限公司，新中国成立后改名天津百货大楼，是华北地区第一家国营大型百货公司，因此在批发零售领域有着雄厚的实力。随着天津市工业的发展和滨海新区的建设，海泰发展逐渐拓展产业地产领域。2013 年，海泰发展房地产营业收入为 3.24亿元，较 2012 年增长 18.51%。同时，房地产业务在总营业收入中的比例也不断上升，2013 年达 36.94%，在主营收入中越来越重要。同时，批发零售近年来的营业收入出现下滑，2013 年为 5.49 亿元，较 2011 年下降 52.74%。总的来看，房地产业务在海泰发展中的地位会不断提升。详见图 6-58。

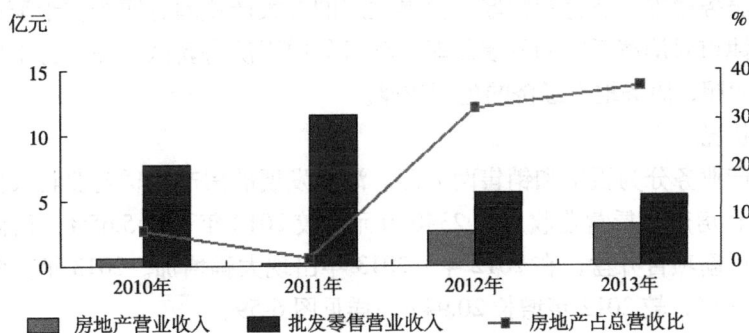

图 6-58　2010 ~ 2013 年海泰发展主营业务收入状况

（二）产业地产运营分析

1. 项目概况

海泰发展现有五大产业园区，一个位于天津新技术开发区，四个位于天津滨海高新区。从建筑面积来看，海泰火炬创业园为海泰发展的早期项目，面积较小、业态单一，BPO 基地、渤龙湖总部经济区作为海泰发展最近开发项目，面积宏大、业态齐全，反映了海泰发展在产业地产领域的升级换代。从业态上看，办公楼和标准厂房成为"标配"，商业用房和住宅逐渐增加，产业园从单一的生产功能向生产和生活并重的功能转型。在产业 / 功能上，主要是创业孵化、商务办公及电子、医药、材料等天津市优势产业（表 6-16）。

海泰发展主要产业地产项目概况　　　　　　　　　　　表 6-16

项目	位置	建筑面积（万 m²）	业态	产业 / 功能
海泰火炬创业园	天津新技术产业园	4.38	办公楼、标准厂房	创业孵化
海泰绿色产业基地	天津滨海高新区	30	标准厂房、单元厂房、商务办公楼、别墅式厂房、白领公寓	软件、电子、医药、通讯、环保、新材料
海泰创新基地	天津滨海高新区	12.26	独栋、单元式厂房、小型标准厂房	科技型中小企业进行科研、中试、生产、商务办公
天津高新区国家软件及服务外包产业基地核心区（BPO 基地）	天津滨海高新区	85	办公楼、配套公寓、酒店、高层孵化楼和配套商业用房	商务办公
渤龙湖总部经济区	天津滨海高新区	94	高端写字楼、soho、酒店及酒店式公寓和临街商铺	总部经济、高科技研发、转化、配套、服务平台

2. 运营特色

第一，注重创业孵化服务。2005 年，海泰孵化器被国家科技部认定为国家级孵化器。海泰发展通过服务与投资构建了"创业成功、快速成长、做强做大"三级体系，拉动上万人就业，再通过创业孵化服务促进产业地产的发展，形成良性循环和品牌效应。

第二，服务地方经济色彩浓厚。海泰发展的五大产业园有四个位于滨海新区，切合国家和天津市对滨海新区的发展战略。项目集中于滨海新区，并致力于成为滨海新区的核心产业园，服务地方经济的色彩浓厚。

3. 运营状况

产业地产业务分为租赁和销售两方面。海泰发展的房产租赁营业收入出现下降态势，2013 年，房产租赁营业收入为 2340 万元，较 2012 年下降 5.65%。而商品房销售营业收入由于新项目开盘，在 2012 年、2013 年出现大幅增加。2013 年，商品房销售营业收入 2.98 亿，较 2012 年增长 20.94%。详见图 6-59。

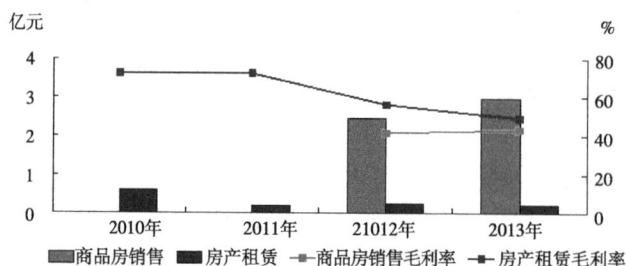

图 6-59　2010 ~ 2013 年海泰发展房地产细分业务状况

在自持物业方面，海泰发展 2012 年、2013 年出现下降，主要是自持物业由租转售。2013 年，投资性房地产为 7440 万元。海泰发展目前规模较小，通过销售项目的发展能够更好地扩大企业规模，实现资金的高运转（图6-60）。

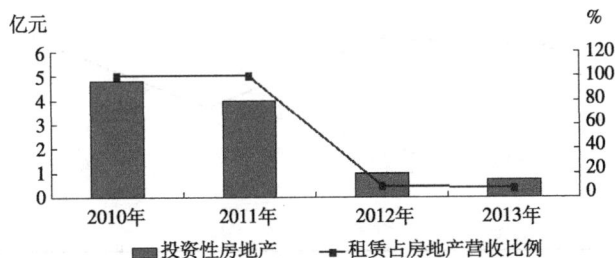

图6-60 2010～2013年海泰发展投资性房地产状况

4. 发展战略

海泰发展充分利用区域经济快速发展给公司带来的资源优势和政策优势，不断谋求创新的经营模式，坚持"以创业孵化服务为基础，工业地产开发运营和核心产业投资两翼并举"的发展战略，通过提升孵化服务，带动工业地产业务的核心竞争力。一方面，海泰发展将完成建设BPO基地二期、海泰精工国际项目、海泰创意科技园、滨海高新区标准厂房示范园、蓝海科技园等一批重大项目，孵化器服务也将进一步完善。另一方面，拓展销售渠道，通过分析客户特性，挖掘客户需求，并在滨海高新区政府、客户和公司三者需求之间寻求突破点，通过积极帮助购房客户争取更多政策支持，形成政府、客户和企业的良性互动，使企业在大客户招商工作方面取得了突破性进展。

（三）财务状况分析

1. 运营能力分析

2013年，海泰发展的营业收入为8.7亿元，较2012年小幅上涨3.69%。近两年，海泰发展在批发零售业的营业收入出现下降，使得总营业收入并未大幅增长。2012年、2013年，存货周转天数出现上升，2013年为1188天，主要是海泰发展加大了产业地产的投资建设力度，存货增量不断攀升，存货周转天数也相对上升。目前，房地产市场并不景气，未来建设完成的大量产业地产项目能否消化存在疑问，而批发零售业务已经出现下滑，海泰发展的运营状况堪忧（图6-61）。

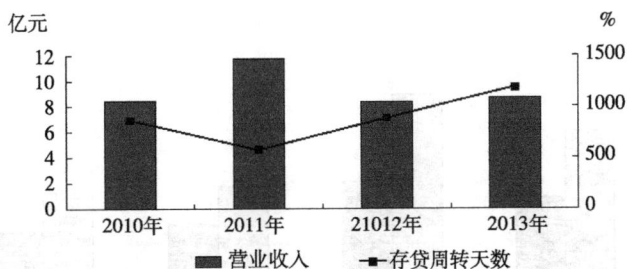

图6-61 2010～2013年海泰发展营业收入与存货周转天数

海泰发展的销售现金流/营业收入相对稳定，2013年为1.11，销售回款状况较好，详见图 6-62。

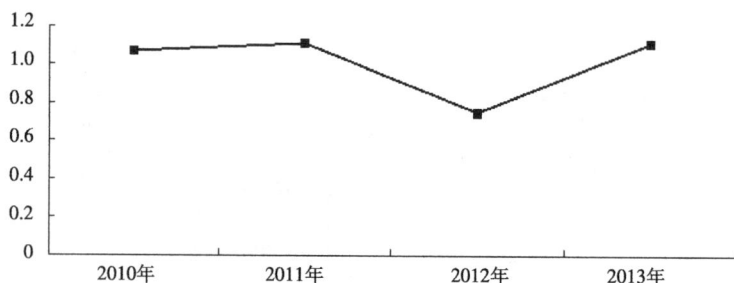

图 6-62　2010～2013 年海泰发展销售现金流/营业收入

2. 盈利能力分析

2013 年，海泰发展归属净利润为 4049 万元，较 2012 年下降 5.22%，较 2011 年大幅下降 50.49%。营业收入的下降导致归属净利润的下降（图 6-63）。

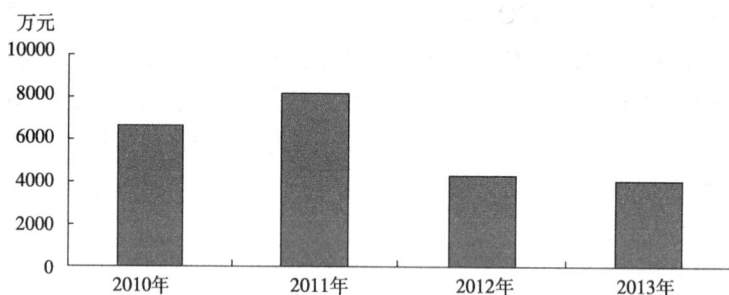

图 6-63　2010～2013 年归属净利润

2010～2013 年，海泰发展的加权净资产收益率和摊薄总资产收益率的变化趋势，与营收收入、归属净利润的变化趋势基本相同。2013 年，加权净资产收益率为2.4%，摊薄总资产收益率为 1.29%，收益率处于低水平，反映海泰发展当前盈利能力较低（图 6-64）。

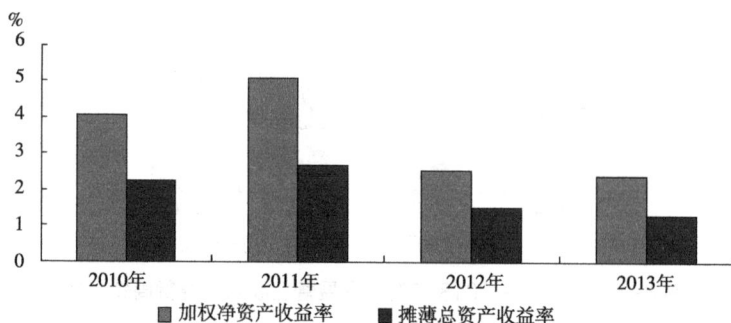

图 6-64　2010～2013 年海泰发展加权净资产收益率与摊薄总资产收益率

3. 风险管控能力分析

相对于营业收入和归属净利润的起伏,海泰发展的资产负债率相对平稳,2010 ~ 2013 年来变化不大。2013 年,资产负债率为 45.61%,流动负债占总负债的比例为 75.42%。海泰发展的资本结构合理,权益资本占比较高,具有大规模债务性融资的条件。详见图 6-65。

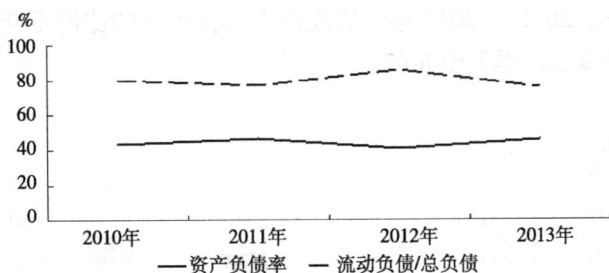

图 6-65　2010 ~ 2013 年海泰发展资产负债率与流动负债 / 总负债

2011 年以后,海泰发展的速动比例出现大幅下降,2012 年为 0.54,2013 年为 0.29。一方面,流动负债在总负债中有较高的占比;另一方面,企业近年营业收入处于下降态势,流动资产减少,使得速动比率降低,短期偿债能力增大(图 6-66)。

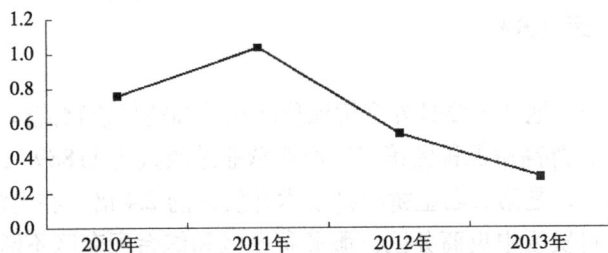

图 6-66　2010 ~ 2013 年海泰发展速动比率

总的来看,海泰发展的规模较小,营业收入和归属净利润 2012 年、2013 年都处于下降态势,但商品房销售却处于增长状态,说明海泰发展处于一个转型期——由批发零售和产业地产并重向专业的产业地产商转型。海泰发展的资本结构较好,但短期偿债压力较大,可以通过长期债务融资获取资金,进行产业地产业务当地扩张,实现企业的转型与增长。

五、外高桥

外高桥全称"上海外高桥保税区开发股份有限公司",于 1992 年 5 月改制而成,由上海浦东新区国有管理委员会独资控股。外高桥为上市公司,证券代码为 A 股600648,B 股 900912。

（一）主营业务分析

根据披露文件，外高桥的主营业务为：合法取得地块内的房地产经营开发，保税区内的转口贸易、保税仓储、国际货运代理业务、外商投资项目的咨询代理、国际经贸咨询、承办海运进出口货物的国际运输代理业务；可以分为房地产业、物流业、制造业、批发零售业与服务业五大板块。2011 年以后，房地产营业收入持续稳步增长，2013 年，房地产营业收入达 25.72 亿元，较 2012 年上涨 19.52%，仅次于批发零售的 28.3 亿元，为企业第二大业务。2011 ~ 2013 年，房地产占总营收中的比例不断增长，2013 年达 36.43%，发展态势良好。详见图 6-67。

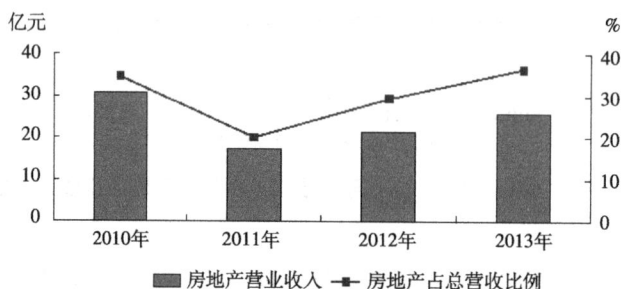

图 6-67　2010 ~ 2013 年外高桥房地产营业收入状况

在经营范围及区域方面，外高桥的营业收入均来自上海。

（二）产业地产运营分析

1. 项目概况

外高桥经营的产业地产主要是外高桥保税区和外高桥保税物流园区，开发历史久、业态丰富。2013 年，外高桥保税区第二三产业营业总收入为 11889.31 亿元，在上海市工业园区中排名第一，是第二名金桥经济技术开发区的 2.4 倍。在上海自贸区获批后，外高桥保税区向着自贸区中央商务区、服务贸易区和综合配套区不断发展。除产业地产外，外高桥也开发商住地产，森兰便是其主打品牌。森兰位于外高桥旁，对外高桥保税区形成配套功能，分为商业商务区、国际社区、文化体育园林区，住宅以别墅、低密度公寓为主，主打高端路线。详见表 6-17。

外高桥产业地产及商住地产项目概况　　表 6-17

产业地产				
项目	位置	建筑面积（万 m²）	业态	产业 / 功能
外高桥保税区、外高桥保税物流园区	自贸区	274	标准化厂房、仓库、办公楼、商住配套	中央商务区、服务贸易区和综合配套区
物流二期	自贸区延展区	28	仓库、办公楼	国际货物、国际贸易、国际物流的集散中心
启东产业园	启东	10.77	标准化厂房、办公楼	新材料、机械生产制作、保税物流、国际贸易、园区配套

续表

产业地产				
项目	位置	建筑面积（万 m²）	业态	产业 / 功能
外高桥海韵广场	启东	10	办公楼、酒店式公寓、商业设施、住宅	为启东产业园提供配套服务
商住板块				
森兰商业商务区	外高桥旁	52	商务办公、生态酒店、商业休闲中心	商住
森兰国际社区	外高桥旁	100	别墅、低密度公寓、教育行政等配套设施	居住
森兰文化体育园林区	外高桥旁	—	公园、运动场	文化艺术、体育休闲

2. 运营特色

产业地产与商住地产协同发展是外高桥产业地产的运营特色。外高桥保税区、外高桥保税物流园区有国家政策支持，开发早，运营模式成熟，在产业地产领域已经十分成熟，连续多年名列上海市工业园产值第一名。但也因为发展成熟，向上发展的空间有限。外高桥通过在外高桥保税区旁开发大面积商住地产。一方面，可以对保税区形成配套、完善业态，辅助其发展；另一方面，也可以利用外高桥的产业、人才聚集效应促进住宅的销售和商业的繁荣，形成共赢。这种模式比较适合外高桥这种成熟的产业地产，特别是在国家自贸区的重大政策利好下。随着商业设施的逐渐建成、销售，预计外高桥未来会有一个较大的利润增长。

3. 运营状况

外高桥的房地产细分业务主要分为销售和租赁，包括产业地产与商住地产。外高桥的租赁地产主要集中在产业地产领域的办公楼、标准化厂房等，营业收入较稳定。2013 年，房地产租赁营业收入为 9.62 亿元，较 2012 年上升 6.65%，增长平缓。而房地产销售营业收入在 2011 ~ 2013 年增长明显，2013 年达 16.1 亿元。2010 ~ 2012 年，房地产销售与房地产租赁的毛利率大致相同且变化不大，主要是因为上海市房地产市场发展成熟，变动不大。2013 年受自贸区政策的影响，房地产销售与房地产租赁的毛利率都有较大幅度上涨，特别是房地产销售的毛利率达到 61.44%。详见图 6-68。

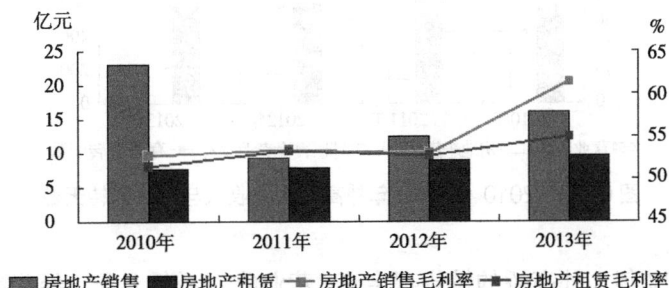

图 6-68　2010 ~ 2013 年外高桥房地产细分业务状况

在自持物业方面，外高桥的投资性房地产不断增加，2013 年达 76.35 亿元，较 2012 年增长 23.36%，增长迅速。由于销售性住宅的大量建成销售，租赁在房地产业务中的占比出现下降。详见图 6-69。

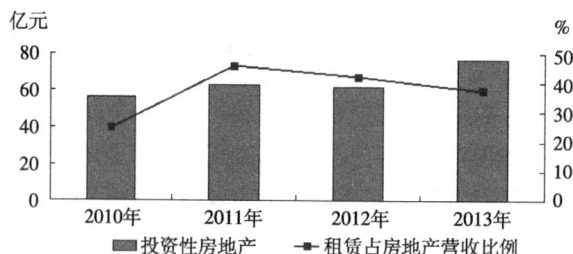

图 6-69　2010 ~ 2013 年外高桥投资性房地产状况

4. 发展战略

未来，外高桥坚持以"园区开发与园区配套相结合，招商稳商与功能创新相结合，利润指标与持续发展相结合，改革发展与稳定和谐相结合"的理念统筹各项工作，公司的发展目标已由初期的"建设国际化港城"调整升级为中期的"打造外高桥国际贸易城"，并向着后期"建设中国（上海）自由贸易试验区"的国家战略目标不断靠拢。

（三）财务状况分析

1. 运营能力分析

2010 ~ 2013 年，外高桥的营业收入不断下降，2013 年为 70.6 亿元，较 2012 年下降 3.29%。外高桥近年营业收入不断下降的原因主要是批发零售业的大幅下滑，由于外高桥的批发零售业主营外贸业务，而近年来由于欧美经济复苏放缓，外贸形势普遍不乐观，批发零售业营业收入不断下滑。随着森兰等新盘的建成销售，房地产营收出入不断增加，预计很快超过批发零售业成为外高桥第一大产业。其余业务，如制造业、物流业、服务业占比较小，变动也较小，暂不分析。值得注意的是，随着商住地产的大规模开发，外高桥的存货周转天数不断上升，但仍小于一般意义上的房地产企业，预计会进一步增加。详见图 6-70。

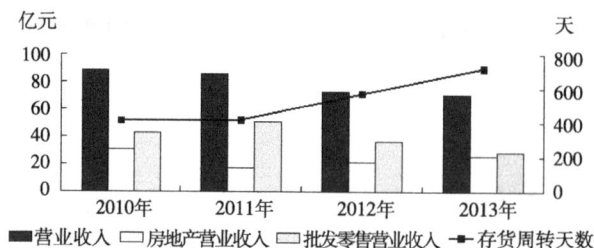

图 6-70　2010 ~ 2013 年外高桥营业收入与存货周转天数

2010 ~ 2012 年，外高桥的销售现金流 / 营业收入不断上升，经营状况持续向好，2013 年, 销售现金流 / 营业收入虽然出现回落, 但仍在较高位, 运营能力较好（图 6-71）。

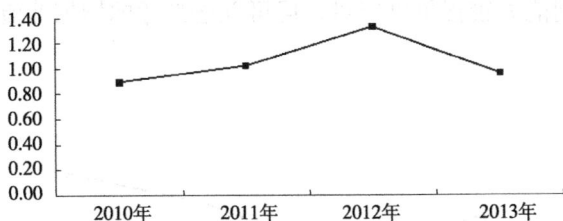

图 6-71　2010～2013 年外高桥销售现金流 / 营业收入

2. 盈利能力分析

2011～2013 年，外高桥的归属净利润不断上升，2013 年达到 5.45 亿元，较 2012 年大幅增长 23.58%。外高桥在营业收入出现下降的情况下，利润却出现增长，主要是由于企业内部业务结构的调整，高利润率的产业地产与商住地产业务不断提升，低利润率的批发零售业务不断下降。随着上海自贸区的建设，外高桥的房地产前景十分看好，预计未来盈利会进一步增加。详见图 6-72。

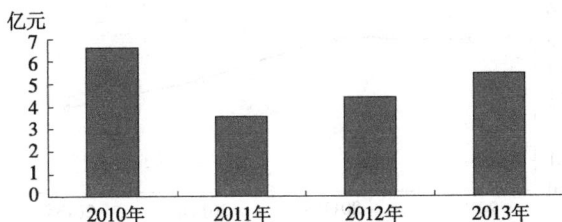

图 6-72　2010～2013 年外高桥归属净利润

归属净利润的增加，背后是摊薄总资产收益率和加权净资产收益率的增加，2013 年摊薄总资产收益率为 2.34%，较 2012 年增长 13.59%；2013 年加权净资产收益率为 10.52%，较 2012 年增长 13.12%，盈利能力持续增强（图 6-73）。

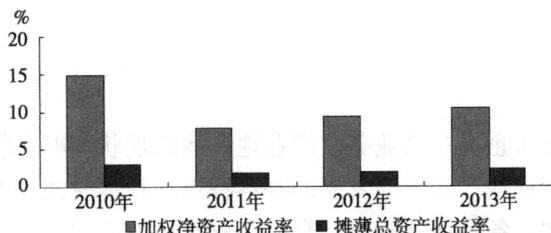

图 6-73　2010～2013 年外高桥加权净资产收益率与摊薄总资产收益率

3. 风险管控能力分析

2010～2013 年，外高桥的资产负债率缓慢下降，从 2011 年的 78.58% 到 2013 年的 76.96%，总体变化不大。而流动资产 / 总负债在 2011 年后出现快速增长，2013 年为 88.23%，说明企业在房地产建设中过多的借助短期负债，在短期形成较大偿债压力，目前，外高桥的盈利能力较强可以应对，但可以适当考虑增加非流动负债比例。详见图 6-74。

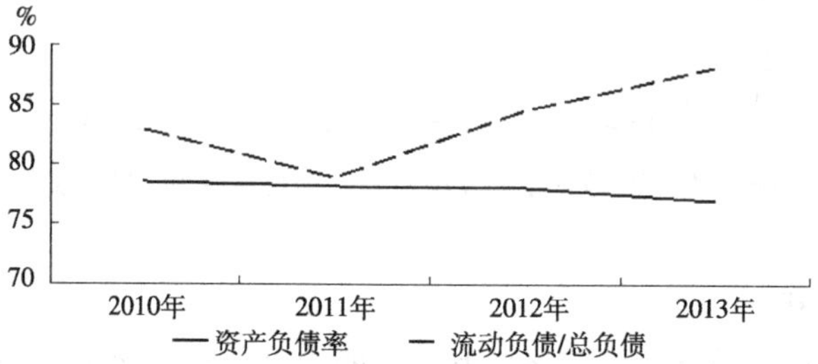

图 6-74　2010～2013 年外高桥资产负债率与流动资产／总负债

2010～2013 年，外高桥的速动比例不断走低，且处于较低水平，2013 年为 0.28，反映了外高桥的短期偿债压力较大（图 6-75）。

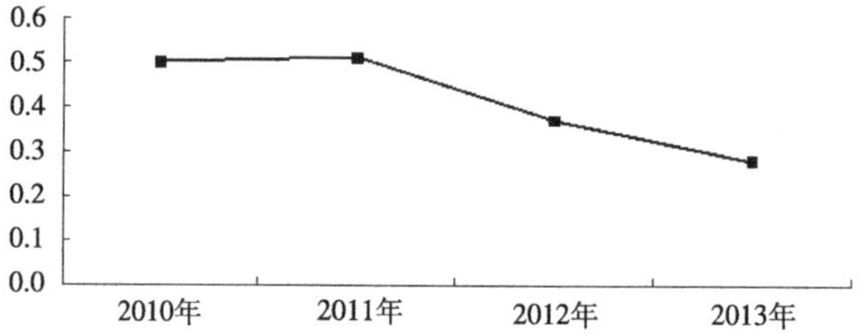

图 6-75　2010～2013 年外高桥速动比率

总的来看，在自贸区的重大利好政策下，外高桥增加了产业地产及配套商住地产的开发力度，盈利能力大幅提高，运营能力也得到改善，未来前景光明。但考虑到房地产市场整体不景气、欧美经济复苏放缓等因素的影响，可以考虑增加非流动负债的融资比例，降低短期偿债压力。

六、总结与分析

从上述对五家上市企业主营业务、产业地产运营现状、财务状况的分析中，可以基本得出目前中国产业地产运营商发展的基本特点、基本模式。五大企业在产业地产发展层面的模式不同，各具运营特色，有以产业地产为主的，有以其作为其他主营业务辅助的，下面从几个方面对当前产业地产商的发展现状及发展思路进行分析。

（一）运营模式方面——既依托优势又拓展思路，产业地产商谋求扁平化发展

从五大企业的分析来看，其基于产业地产的运营各具特色，张江高科依托特殊的区位优势，充分利用了上海本地的产业资源，支撑其产业园区的可持续运营，应该定位为"小而美"的产品营造，本身以客观优势为核心，故模式可复制性受到限制；而华夏幸福则立足于区域集中度，一段时间内集团集中精力攻占一个区域高地，产业园

区的招商定位以服务于本地企业为主，依托本地企业打造特色产业新城，其发展思路应该是契合中国产业发展趋势的较为沉稳的一种模式；东湖高新立足于新兴产业，着眼于新兴产业带来的高科技附加值，充分通过自身打造出的产业载体整合新兴产业资源，与产业资源进行最前沿的对接；海泰发展规模较小，发展范围仍仅局限于天津本地，主要是依托政策优势进行创业扶持与产业培育，其运营方向上更偏向于城市产业，立足于高科技、医疗服务等传统第三产业延伸出的新兴行业，尽管目前受该类产业的产业限制，但是未来随着高新技术产业市场的进一步打开，海泰发展必将迎来自己的春天；外高桥是一家产、住、商一体化发展的房地产企业，其产业地产商的标签不太明显，但其发展思路相对稳固，讲究不同物业形式间的互哺互助，通过业态多元化，实现企业的稳定增长与扩张，同时紧盯产业发展趋势，为未来可能的新兴行业提前打造"孵化器"。

从五大企业的运营特点来看，笔者认为，产业地产在当前经济环境及产业发展趋势下，应该积极转变思路。过去的产业地产商以运营土地等不动产为重点和核心，这种重资产的运营思路基于房地产业10年的黄金期，但是下一阶段，我们预测产业地产将成为一个主流物业形态，根本原因不是因为物业持有过程中的不动产增值收益，而是因为中国在进一步市场化后，产业将出现一个高速转型和发展期，作为产业载体的各类园区无疑将同步实现扩张，然而，同业竞争，讲究的终归是创新，是与众不同，因此，类似于海泰发展对新技术、新产业的培育与重视的发展模式，未来会为其带来意想不到的市场附加值。

（二）经营现状方面——沉重中露出的一线生机

从五大企业的财务数据分析中，基本可得出一个普遍性规律：产业地产运营的盈利能力堪忧，同时资金链压力较大，普遍负债率较高，偿债压力大。这种现状既与产业地产的本身特点相关，也与2013年、2014年房地产业发展速度减缓有关。财务数据反映出的是企业当前的经营问题，但对其做一延伸不难看到，中国产业地产惯有的经营土地、物业等不动产的模式实际上已经难以为继，单纯的以园区扩张的模式推进企业发展速度受到了宏观经济环境的影响。比如这五个企业中，重视高新技术产业培育、重视自身业务互哺的海泰发展和外高桥，表现在财务上的情况就要相对良性。

从当前房地产市场的宏观环境来看，产业地产作为大体量，重资产的物业运营模式，重心必须从"地产"转向"产业"，特别是对于形成一定规模的产业地产商，要在运营产业园区的同时积极寻找产业发展的新趋势、新方向，通过战略合作关系，培养自己的产业运营团队，以物业产权入股等方式获取园区内产业的部分股权，将产业园区从单纯的物业租赁、管理转变为包含产业载体、产业培育、产业扶植等一体化服务站，最终产业园区的盈利点从租金收益变为租金收益、股权分红收益，将房地产业减速期土地等不动产无法有效实现的增值收益转变为股权投资，该种模式本质上可以更加凸现产业地产商的优势，也是在房地产企业面临转型时，作为产业地产商应该抓住的机遇。

第四节　中国产业地产发展的核心要素与前景展望

产业地产是近年来兴起的新的业态形式，与养老地产、商业地产不同，产业地产讲究的是各业态的组合。如果用过去 10 年和当前转型时期对比，产业地产过去重点在"地产"，当前重点在"产业"，从市场实操性来看，这是目前各产业地产商应首先具备的思维。转型期的产业地产发展面临着新的机遇和挑战，特别是在当前整体宏观经济处于下行期，对于产业地产运营，既是一个机遇期，又是一个瓶颈期。

一、产业地产发展的三大核心要素

从行业要素来看，当前背景下的产业地产发展核心在"产业"，因此涉及该领域的发展要素必然是围绕产业铺开的。

（一）持续现金流是永恒的第一要务

不同于出售型的住宅物业，产业地产是典型的经营性持有物业，特别是在当前土地产权不可分割的制度背景下，如何使持有型物业产生持续、稳定的现金流，是产业地产开发商及运营商关心的第一要务。同时，由于持有型物业需要巨大的资金量，因此建立良好的资金融通渠道决定了新形势下产业地产商实现良性发展的核心要素。

（二）"接地气"的专业运营与战略规划将成为产业地产商的重要"软实力"

中国房地产业实际还处于粗放发展期，城镇化过程中简单粗暴的开发模式直接忽视了战略规划、专业运营的作用。这种现状也是当前房地产业二次转型必须直面的一个问题。以经营产生现金流的产业地产，必须重视该产业链的前端——合理的战略定位，与定位相匹配的运营模式。这也就使产业地产市场专业性的深度分析成为一个新的热点问题。未来必将出现一批以产业地产战略运营模式为市场切入口的智库、研究平台，我国产业地产真正的良性发展阶段也将伴随该过程诞生。

（三）重要的是产业而非地产

面对房地产业细分化、金融化的发展趋势，产业地产将逐渐脱离原来以圈地、融资为根本目的的发展模式，注重产业协调度和产业培育将成为该地产细分领域能否得以良性发展的关键。中国的产业形势饱受诟病，产业周期短，产业更新速度快，产业发展政策支持力度不够，特别是在当前金融政策紧缩的环境下，产业生存与发展将更为困难。产业地产的重点逐渐从前端开发向后端运营转移，需要做的正是从战略层面上对园区发展的精准定位，以及迎合节能环保、上下游产业契合等长期发展要求的产业引入。即使无法有效引入优良产业基础，如果能在符合区域发展定位的情况下，对本地区优势产业形成良好的培育，也能为项目本身带来持续的发展动力。可以说产业地产商的产业招商及产业培育能力决定了其在该领域走多远、走多快的核心要素。

二、产业地产商："开发商"转为全方位的"产业服务商"

下一阶段，产业地产的发展必将严格区别于原有的工业园区等传统模式，以圈地为目的的发展思路将难以为继。产业地产商只有将目光锁定于产业，将自身功能定位为"产业的有机承载体"与全方位的"产业服务商"，才能在房地产业细分化与金融化的大形势下获取成功。

（一）产业地产商应承担产业供给者角色

过去的工业园区更多的是以圈地为目的，本身缺少明确的产业培育计划。随着房地产业细分趋势的加强，未来进军产业地产的开发商将增多，有无充分的产业资源与招商能力将成为该细分领域的准入门槛。宏观层面上，产业地产的开发需要精准的区域产业发展定位，微观上，园区内产业入驻的合理布局也是该房地产业细分领域的核心竞争力体现。从这个角度来看，产业地产商将逐渐从地产商向产业供给者角色转换，在这个过程中，如何培育成熟的产业招商团队，包括自身有无储备的产业资源决定了产业地产项目资金的回流效率，也是区别于其他产业地产商的关键。

（二）产业地产商应承担产业培育角色

除了对现有产业的招商以外，现阶段的产业地产商本身要有对国内外产业发展趋势的研判能力，特别是城市内的产业服务更多的是面向新兴的高科技产业，如电商、网络科技、移动互联医疗，包括与新产业发展匹配的现代金融业等，这些附加值高的产业具备几个特点：产业培育期短，对市场入口的要求高，相关产业之间关联度高等，这也为产地地产商提出了要求。可以说，迎合城市产业布局的产业地产商本身要具体对城市新兴产业的培育功能，对于当前的热点行业及未来一个阶段可能的产业发展方向，要有预判，从而将项目本身作为有机载体迎合可能兴起的产业发展方向。

（三）产业地产商应承担产业整合角色

当前不同产业的并购现象都比较突出，关联行业间的行业整合现象突出，这种趋势也为产业地产商发展提出了要求：除进行产业导入与产业培育外，产业地产商需要具备另一个作用——产业整合。如现代物流园区需要进行商业中心、总部基地、物流仓储中心以及其他办公设施的合理布局，从而实现不同板块的互哺，实现核心功能定位的良性发展，但除了这些线下功能外，物流地产商还需要从"云平台"概念着手进行线上布局，随着移动互联时代的到来，线下线上的纵向布局将成为"头部"与"身体"的概念，如果物流产业商忽视了线上平台的搭建，没有将传统物流园区概念与虚拟的移动互联背景下的云平台结合，最终会被强势的云服务提供商占领高地，从而失去发展先机。这种多行业互动的产业环境，要求现代产业地产商必须具备产业整合能力，这是保证产业地产项目持续发展的前提。

三、移动互联与智慧产业时代下地产运营的创新与突破

移动互联与智慧产业的持续发展正在逐渐改变传统行业的运营模式与呈现在市场

层面的形式。移动互联，正在从一个产业形式逐渐成长为几乎所有传统产业升级的市场入口；智慧产业，依托信息化的发展，正在逐渐贴近每个人的日常生活，远程医疗服务、可穿戴设备、衣食住行的个性化供给使智慧产业在中国具备了基本的雏形。地产业，中国经济赖以发展的支柱产业，转型的需求越发强烈，然而，移动互联和智慧产业时代背景下，地产业运营的具体定位如何？似乎并无定论，每一位地产经营者都在试图寻找入口，笔者力图摆脱思维定式为市场实操者提供思想上的借鉴。

（一）移动互联——市场入口的形成

人类目前为止经历了三次大的技术革命，每一次技术革命都成为整个人类社会进步基石。移动互联，似乎还不足以称之为"革命"，但它确实在逐步改变人们的生活方式。尤其在当前，移动互联逐渐从产业概念发展成为一个完整的产业，对于市场主体，意味着庞大市场空间的形成：如果单纯地看移动互联产业本身体量有限，但如果将其置于整个市场环境下，不容忽视的是依托于这种新的信息传播交流渠道的市场入口的形成，未来移动互联改变的将是所有传统产业的市场交易方式。远的不说，"嘀嘀打车"的成功即是明证，将庞大的潜在需求群体通过移动互联网和手机终端绑定到一个平台上，从供需两个角度出发，点对点地实现了供需间低成本的匹配，并且在后期导入金融平台，最终以移动互联为市场入口，将打车这一传统行业与金融业实现了对接，极大地缩短了传统产业与新兴产业的市场距离。见微知著，移动互联对传统产业市场入口及经营模式更新将在未来的市场行为中更加普遍地出现，移动互联时代的全面到来将成为必然。

（二）智慧产业——传统产业真正的"升级"

宏观的智慧产业发端于英国，发展于欧洲，到目前为止已经成为英国的第二大支柱产业。这里要讲的智慧产业立足于微观，即通过高科技附加及智力创新，对传统产业进行改造，提升起服务社会需求的便捷度，通过智慧产业的形成，拉平传统产业的上下游结构，实现产业组合扁平化发展。

智慧产业在中国正在逐渐由产业概念形成具体的产业形式。以近年来逐渐热起来的智慧医疗为例，在中国老龄化背景以及独生子女家庭比重逐渐增加的背景下，医疗业将成为中国经济巨大的增长点，近年来养老产业的发展印证了这一观点。伴随着移动互联时代的到来，以智慧产业为导向的移动医疗进入人们视野，远程医疗、慢性病远程监测、可穿戴医疗设备正在为一个个的创业团队提供丰富的市场想象空间。美国针对糖尿病患者的案例研究表明，移动医疗可使整体医疗费用降低40%。这个实证数据将成为智慧医疗行业深度市场化的一个佐证。

（三）传统地产业如何迎合新的产业模式

中国房地产业经过十多年的发展，随着供需关系的逐步平衡以及当前中国经济社会的整体趋势，也在面临着分化和转型。其细分化及金融化趋势，正在对地产业经营者形成一次大考。这也是近年来，养老地产、商业地产、产业地产种种新老概念在地产业交汇的重要原因。那么，面对移动互联和智慧产业这种全新的高新技术产业，地产业能否合理转型使之能迎合这一庞大市场，将成为下一轮地产行业的重新洗牌的一个重要参考依据。

1. 如何充分发挥房地产对新兴产业的载体功能

从基本功能上看，对于产业来说，房地产业的基本功能就是作为产业的载体，工业园区、物流园区等出现迎合了一个时期某些传统行业的发展。但那种旧模式更多的是在地价、房价攀升的市场环境下实现的，地产商打着产业园区的概念实现地价增值。但在当前地产业细分化趋势下，这种模式难以为继。因此，作为产业载体，行业细分后，地产商需要真正的与产业融合起来进行统一的发展，这个载体应逐渐发展成"有机载体"，要具备为产业提供一系列配套服务的综合能力。

2. 如何从地产业延伸出产业整合、培育功能

未来的地产业，就持有型物业来看，应该不只是单纯的地产功能，而应该逐渐具备产业整合、培育能力。在移动互联和智慧产业发展的背景下，产业间的整合、产业升级非常快，这就要求持有型地产物业本身能迎合产业更新的速度。特别是城市综合体、城市产业地产的出现，多定位于智慧产业、高科技产业等新兴产业，该类地产项目运营的盈利持续性很大程度上在于运营商能否从核心产业着眼，逐步建立起对园区内主要产业资源的整合、培育功能。

3. 如何借力产业做大做强地产业务的资金链条

养老地产、商业地产、产业地产这类持有型物业除了考验地产商的专业运营能力外，更重要的是考验地产商的资金链条是否健康、完善。实践证明单纯的物业运营收入很难保证这类重资产物业的持续盈利。这就对定位于产业的地产物业商的资金链提出了更高要求，因此，借力产业，特别是借助当前金融业创新的整体趋势，从物业综合体本身与移动互联、智慧产业等新兴产业建立起投融资关系，逐渐在入驻企业间形成不同层级的商业合作关系。一方面以深入的合作关系，保持入驻品牌、产业的稳定性；另一方面，通过产业培育、运营，形成对智慧产业等城市新兴产业的实时跟踪，既从自身的物业形态上契合产业需求，又真正的逐步从物业运营商转变为产业运营商。从而，实现自身市场竞争力的提升，真正把握住房地产"白银十年"的深义。

总之，在移动互联、智慧产业发展的趋势下，房地产业的持续发展要实现的是也是单一功能向综合功能的转化，品牌运营、产业运营对地产业行业内的细分转型将成为不可逾越的门槛，而连接地产商和产业商的除了物理意义上物业形态的契合外，更重要的是金融产品在二者间形成的纽带作用，抓住该机遇者，必将在未来十年迎得几何倍数的增长！

第七章

新时代的房地产市场改革路径抉择

第一节　新供给主义经济理论与中国实践

新供给主义经济学理论是由万博新经济研究院院长滕泰在 2013 年发表的《新供给主义宣言》中首先提出，随后在《更新供给结构、放松供给约束、解除供给抑制——新供给主义经济学的理论创新》一文中进行了完整系统的阐述。贾康、姚余栋等学者也围绕新供给进行了大量的政策研究。新供给主义经济学是以中国 1980 年以来改革开放的实践经验为出发点，同时吸收和借鉴了欧美传统供给学派与中国社会主义改革开放和现代化建设总设计师邓小平关于"解放生产力"的改革理论，针对中国经济运行机制、长期增长潜力、国民收入分配以及房价物价等问题而提出的一整套经济管理理论和改革思想。

新供给主义经济学的理论指出，经济周期性波动主要是由于技术和产业的演进、供给和需求结构的变化和供给与需求循环往复的交互作用所造成的。从供给端和供给结构的变化来看，一个完整的经济周期是由新供给形成、供给扩张、供给成熟和供给老化四个阶段构成的。新供给主义经济学认为，供给老化是造成经济衰退的主要原因，只有实行"刺激新供给、创造新需求"的结构调整措施才能战胜周期性的经济衰退（图 7-1）。

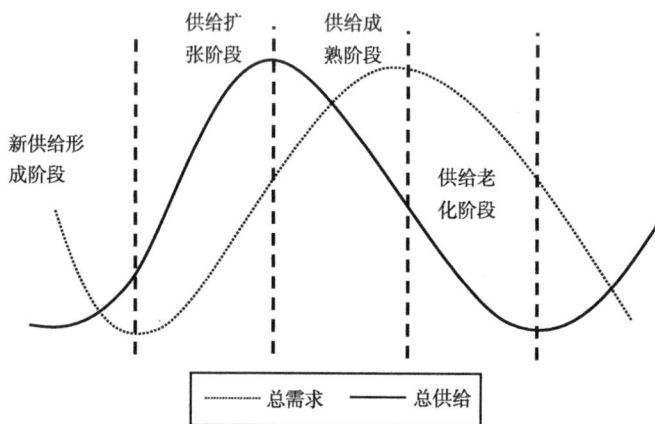

图 7-1　新供给经济周期

新供给主义经济学认为，除了周期性和结构型的"供给老化"，让供给不能自动创造需求的原因还有各种"供给约束"（Supply-side Constraint），包括管制、垄断等直接供给约束以及高税负成本、融资成本等间接供给约束。在长期，各种财富的源泉还可能因为受到供给抑制（Supply-side Restriction）而不能转化为现实的有效供给，主要体现在土地与资源、人口与劳动、技术与创新、制度与管理、资本与金融等方面。

新供给主义认为，古典供给学派"供给自动创造需求"的机制只是个理想状态，并不能自发实现。新供给主义针对供给老化、供给约束、供给抑制的问题，不仅提出"新供给创造新需求"的理论，还提出一系列"放松供给约束""解除供给抑制"为核心的经济改革措施，这正是基于中国改革实践的经济学理论的创新。

第二节　我国房地产业已经进入供给老化阶段

一、城镇化处于减速提质的战略转型期

根据美国城市地理学家纳瑟姆（1979）所提炼出的"S"形曲线（即"纳瑟姆曲线"），当城镇化率处于 30% ~ 70% 时是城镇化的加速发展阶段。其中，城镇化率 50% 是一个重要的转折点。2011 年，我国的城镇化率首次超过 50%，"这是中国社会结构的一个历史性变化"（温家宝，2012），也标志着我国城镇化进入了减速推进的新阶段。而从国际经验来看，当城镇化率达到 50% 左右的时期，往往既是城镇化的持续发展期，又是城市建设矛盾凸显期和城市病集中爆发阶段。尽管我国的城镇化建设已经取得了举世瞩目的成就，但行政力量主导下的"速成模式"却产生了诸多的后遗症，其中突出的表现就是土地城镇化与人口城镇化发展失衡，并由此导致了城市土地利用效率低下、经济发展模式粗放、耕地保护和粮食安全受威胁等一系列问题。鄂尔多斯康巴什、昆明呈贡、鹤壁新区等"鬼城"的出现就是地方政府盲目追求城镇化速度而产生的后果。根据统计数据显示，2013 年，中国城镇人均建设用地面积为 139.44 平方米，远高于发达国家人均 82.4 平方米和发展中国家人均 83.3 平方米的水平。而从 2005 ~ 2013 年 10 年间，中国城市用地规模弹性系数的平均值为 1.56，也远高于 1.12 的合理水平（表 7-1）。

2005 ~ 2013 年中国城镇化发展与用地情况　　　　　表 7-1

指标 ＼ 年份	2005	2006	2007	2008	2009	2010	2011	2012	2013
城镇化率（%）	42.99	44.34	45.89	46.99	48.34	49.95	51.27	52.57	53.73
人均建设用地面积（m^2/人）	116.90	131.11	131.05	135.95	132.86	131.32	132.99	140.95	139.44
城市用地规模弹性系数	1.96	0.95	1.34	0.80	1.48	1.34	2.82	1.48	1.85

注：①由于我国统计年鉴中缺乏城镇建设用地面积指标，故本书利用《中国城乡建设统计年鉴 2013》中城市建设用地面积、县城建设用地面积、建制镇建成区面积进行了加总，近似得到城镇建设用地面积。
②城市用地规模弹性系数 = 城市用地增长率 / 城市人口增长率。

当前，中国已经进入了城镇化的战略转型期。《中共中央关于制定国民经济和社会发展第十三个五年规划的建议》也明确提出要"强化约束性指标管理，实行能源和水资源消耗、建设用地等总量和强度双控行动。"同时，"坚持最严格的节约用地制度，调整建设用地结构，降低工业用地比例，推进城镇低效用地再开发和工矿废弃地复垦，严格控制农村集体建设用地规模。"中国城镇化在新的发展阶段必须要实现从重"数量增长和规模扩张"向重"质量提高、效益提升和功能完善"转变，才能解决过去城镇化进程中所积累的诸多"不平衡、不协调和不可持续"的深层次问题。

二、房地产市场由增量交易转向存量交易

从住房制度改革启动至今，房地产市场的快速发展已经基本解决了城镇居民的住房问题。2012 年的《政府工作报告》指出，到 2012 年底，中国城镇人均住房面积达到 32.9 平方米。与此相应的国际平均水平是：中高收入国家为 29.3 平方米，高收入国家约 46 平方米。由此可见，中国城镇居民的住房已经达到小康水平。根据西南财经大学中国家庭金融调查与研究中心发布的《城镇住房空置率及住房市场发展趋势报告》显示，近年来，中国家庭自有住房拥有率迅速上升，截至 2014 年 3 月底，城镇家庭自有住房拥有率已达到 89%，农村地区家庭住房拥有率 96.7%。其中，21% 的城镇家庭拥有多套房。与此同时，城镇居民自有住房空置率却迅速上升。2013 年中国城镇地区住房空置率达 22.4%，比 2011 年上升 1.8 个百分点，高于国际惯例中 5% ～ 10% 的合理区间（图 7-2）。

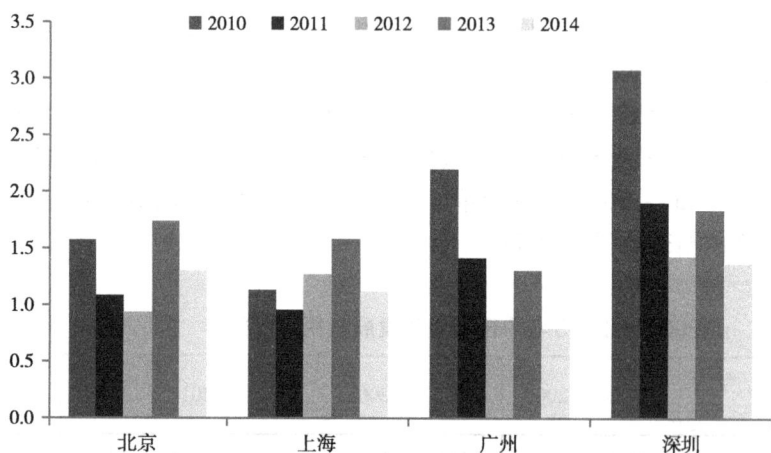

图 7-2　2010 ～ 2014 年一线城市二手住房和新建住房交易套数比 ❶

在中国的住房供给严重过剩的情况下，住房市场交易也逐渐由增量转为存量。一般来说，存量房和新房交易量之比大于 1，即存量房交易量占比超过 50%，表明住房市场开始步入存量房时代，即进入以存量房交易为主的阶段。从北京、上海、广州、

---

❶　数据来源：中指数据库

深圳 4 个一线城市存量住房与新房交易量之比的情况来看，2014 年，除广州为 0.8 外，其他 3 个城市均超过了 1。从 2010 ~ 2014 年 5 年的平均水平来看，4 个一线城市均超过了 1，深圳高达 1.92，接近 2。可以说，一线城市已经率先进入了存量交易为主的阶段。而根据 2013 年住房城乡建设部政策研究中心与高和资本联合发布的报告《存量房时代的房地产市场研究》显示，南京的存量房与新房交易套数之比已经达到 1 的水平，天津、杭州等重点城市也接近 1，而苏州、武汉和成都等其他二线城市也大体呈现波动上升趋势。预计二线城市在未来 5 ~ 10 年也将陆续进入存量房交易为主导的时期。三四线城市尽管有大量的新增建设用地可供开发，但考虑到人口外流、住房供应过剩和空置待消化的问题，当城镇化达到稳定阶段时，三四线城市也将进入存量时代。

三、"全面二孩"政策短期内难以提振住房需求

人不仅是房地产的建设者，也是最终消费者。人口规模和结构的变化会对房地产市场的发展产生显著的影响。受长期实行的计划生育政策的影响，我国的人口规模虽然世界第一，但人口结构却出现了严重扭曲，深度老龄化和严重少子化共存，房地产市场持续增长的原动力正在日趋枯竭。在这种严峻的形势下，2013 年 11 月，十八届三中全会宣布在全国范围内启动实施"单独二孩"政策。但由于经济压力和生育观念改变等原因，2014 年仅增加出生人口 47 万，远低于预期水平，该政策未能见效。2015 年 10 月，十八届五中全会公报明确提出"全面实施一对夫妇可生育两个孩子政策，积极开展应对人口老龄化行动。"从长远来看，生育政策的全面放开将有利于延长人口红利期、刺激国内消费需求和促进经济增长。但从短期来看，一方面，在经济能力上能够满足生二孩的人群主要是 70 后，但这部分人群的生育能力却已经大幅下降，甚至部分人已经没有生育能力；另一方面，随着社会变迁，"多生孩子多栽树"的理念在大城市中基本被淘汰，国家卫生健康委主任李斌也指出"现在少生优生已经成为社会生育观念的主流"。因此，全面放开二孩后，新增人口数量将有所增加，但并不会出现爆发式的新生婴儿潮。从房地产的视角来看，现在一二线城市住房库存高企，三四线城市的住房已丧失投资价值，而在新生儿成长的需求链上，房地产也是处于末端。因此，全面放开二孩的政策在短期内并不会改变房地产市场总体供过于求的局面，更不可能推高房价。

第三节　放松房地产供给约束：建设城乡统一建设用地市场

一、城乡土地二元制同时损害效率与公平

城乡土地二元分割是我国现行土地制度的核心症结。城市土地属于国家所有，地

方政府享有城市建设用地的处置权、出让权和收益权；农村土地属于集体所有，但农民仅享有对集体土地的占有和使用权，而没有收益权和转让权。农地转为非农用时受到所有权的管制，必须要经过政府征收才能转为城市建设用地。在这种由于土地所有权和产权制度二元分离所造成的土地市场分割情况下，政府可以通过"征收—出让"的行政配置方式使得土地这一沉淀资产在变现过程中的资本增值并迅速地投入城市化的建设中。但与此同时，这种行政权力决定土地资源配置的方式，一方面，扭曲了市场机制，使得土地价格并不能正常反映土地资产的价值，并由此导致城市扩张过快、土地利用效率低下、闲置和浪费现象严重等问题。另一方面，被征地农民在获得原用途的倍数补偿后就丧失了土地未来增值收益的分享权，而政府不仅截取了土地用途转换的第一道增值收益，而且通过税收的形式获取了城镇化发展过程中土地的增值收益，从而造成了巨大的土地利益分配不公平。我国城乡二元分割的土地制度使得效率和公平两个发展目标同时受损。

二、政府应退出垄断经营土地一级市场

国家（政府）作为唯一可以合法使用暴力的组织，以提供"保护"（包括人身、财产和产权保护等）和"公正"（包括法律、产权的界定、市场交易等）的服务以收取报酬（税收）（诺思，1981）。但由于历史的原因，我国的政府完全垄断了土地一级市场的经营和管理，集"裁判员"和"运动员"于一身。这种制度模式尽管可以提升土地价值、增加财政收入、推动"城市经营"，但同时也会导致建设用地始终处于供不应求的状态，进而拉高地价和房价。不仅加重了人民的生活负担，损害了农民的利益，加剧了社会福利的损失，而且造成了政府行为的扭曲和失控，土地财政和土地金融酝酿着政府信用危机和金融风险，透支未来的发展潜力。当前，中国处于在经济增长换挡期、结构调整阵痛期和前期刺激政策消化期"三期叠加"的关键阶段，继续实行以前的土地制度不仅不会助力经济转型，反而会使得征地拆迁矛盾、地方债务风险、环境污染等负面效应加剧。未来，政府应完全退出土地一级市场的经营，让市场机制充分发挥作用，使土地资源的供给与城市经济的转型相匹配，提高土地配置效率，降低土地交易成本，保障土地增值收益的合理分配。政府在土地市场上的职能应定位在科学制定城市土地利用发展规划、保持市场的公平交易和信息对称、监管市场主体和治理外部性上。

三、加快集体建设用地入市步伐，建设城乡统一建设用地市场

农村集体建设用地直接入市是土地制度改革的大势所趋。十八届三中全会明确"允许农村集体经营性建设用地出让、租赁、入股，实行与国有土地同等入市、同权同价。"2015年11月12日，中共中央办公厅、国务院办公厅印发《深化农村改革综合性实施方案》也提出"开展农村土地征收、集体经营性建设用地入市、宅基地制度改革试点。及时总结经验、不断完善，形成可复制、可推广的改革成果。"而在此之前，

浙江德清县和贵州湄潭县均已举办了农村集体经营性建设用地入市拍卖会并成功交易。农村集体建设用地是国有建设用地的有益补充，也是整个土地市场的有机组成部分。农村集体建设用地的入市一方面可以有效地盘活农村存量建设用地，缓解城市建设用地供应紧张的局面，促进农村土地资源的集约高效和可持续利用；另一方面农民可以直接运用股份占有等方式进行集体建设用地入市的运作，有利于维护农民利益并提高农民财产性收入，促进城乡统筹发展和新农村建设。构建城乡统一的建设用地市场的关键在于集体建设用地使用权配置的市场化。首先必须从法律上明确农民集体应拥有与城市国有土地一致的土地财产权利（包括所有权、使用权、发展权、收益权以及转让权、抵押权、租赁权等处置权）；其次，要加大力度建设城乡统一的土地交易平台和相应的服务配套机构，完善土地租赁、转让、抵押二级市场，优化农村集体经营性建设用地的价格形成机制；第三，根据初次分配基于产权、二次分配基于税制的原则，从制度上严格界定集体经济组织和农民在土地流转收益上的分配，确保集体建设用地入市的收益主要归农民所有，而集体部分的收益能最大限度地用于农民失地后的社会保障。同时，政府可以通过营业税、增值税、所得税等法定的方式，对土地流转的收益进行合理适度的调整。

第四节　解除房地产供给抑制：加快收入分配制度和户籍制度改革

根据"新供给主义"经济学的理论框架，人口、土地、资本、技术和制度是经济长期潜在增长的五大财富源泉。当前，要破解房地产业目前高库存和低增长的难题，核心是要加快推进收入分配制度和户籍制度的改革，解除人口流动和居民收入增长的长期抑制，进而充分激发内需的释放。

居民的收入水平的高低直接决定了住房的消费能力。建立公平公正、公开透明的收入分配秩序，提高人民的收入水平和生活水平，是住房市场持续稳定增长的基础支撑。从收入分配制度看，我国实行的"按劳分配为主体，多种分配方式并存"的制度不完善，生产要素按贡献参与分配的制度和再分配调节机制又不健全，由此导致了收入差距不断扩大、收入分配不公平日益加剧等问题。在房地产市场上，尽管现在处于下行周期，但过高的房价依然超出了普通居民收入的可承受范围。从发达国家的情况来看，房价收入比在 3 ~ 6 是合理范围。但根据易居研究院所发布数据显示，2014 年，全国 35 个大中城市中，31 个城市的房价收入比都在 6 以上。排名前三的深圳、厦门和北京分别高达 20.2、15.5 和 14.5。未来，在初次分配上要着力提高劳动报酬的比重，完善按生产要素进行分配的机制，充分保障劳动所得；再次分配上注重运用税收、财政转移支付等方式调节收入差距、保障社会公平。

中国城乡分割管理的户籍制度是计划经济的产物，严重阻碍了农民城市化的进程，减少了城镇房地产的需求，影响了房地产业的进一步发展。户籍制度改革势在必行。2014 年 7 月，《国务院关于进一步推进户籍制度改革的意见》（国家〔2014〕25 号）正式发布；2015 年 11 月公布的《中共中央关于制定国民经济和社会发展第十三个五年规划的建议》提出要"深化户籍制度改革，促进有能力在城镇稳定就业和生活的农业转移人口举家进城落户，并与城镇居民有同等权利和义务。"推进户籍制度改革，可以促使劳动力加速从低效的农业部门向城镇高效率的二三产业转移，从而增加农民收入，促进现代农业发展。同时农业转移人口市民化后，对住宅和工业用品的需求大幅提升，从而拉动基础设施和房地产的投资增长，为经济发展提供强大动力。下一步户籍制度改革的任务是：首先应建立城乡统一的户口登记管理制度，同时剥离与户籍相关的各种福利，促进基本公共服务和社会福利均等化；其次，尽快出台《居住证管理办法》，并在条件成熟时实现全国由居住证向统一户籍的并轨；第三，要加快推进就业、医疗、教育等配套制度的改革，尽快实现城乡之间社会保障的对接；第四，农民市民化需要巨额的改革成本支撑，必须要构建一个由政府、企业、社会、农民等共同参与的多元化成本分担机制。

第五节　优化房地产供给结构、提升房地产供给效率

一、重点支持新产业新业态用地供给、盘活存量用地

2015 年两会上，李克强总理在政府工作报告中提出要把"大众创业、万众创新"打造成推动中国经济继续前行的"双引擎"之一。2015 年 6 月，国务院印发了《关于大力推进大众创业万众创新若干政策措施的意见》（国发〔2015〕32 号）。同年 9 月，国土资源部联合五部委响应中央决策也发布了《关于支持新产业新业态发展促进大众创业万众创新用地的意见》（国土规划〔2015〕5 号）。对于引领经济发展新趋势和推动经济结构转型的新产业和新业态用地，应从土地政策上予以倾斜，在建设用地的指标上优先安排，对于发展较快、用地集约且需求大的项目可以适度增加建设用地指标供应；在出让方式上可以采取租赁、先租后让、租让结合等多种方式灵活供应，降低其土地取得成本，保障新产业新业态项目在初期的顺利发展。同时，加大对批而未供土地和闲置土地的督察和清理力度，严厉打击企业的"囤地"行为，促进城市开发和用地模式的转变，建立倒逼机制，充分调动市场主体和用地主体的积极性，鼓励土地的复合利用，盘活存量土地，提高土地利用效率。

二、大力发展住房租赁市场、促进住房民生属性的回归

由于我国住房制度改革的政策重心是"住房自有化"，商品房开发和销售一枝独秀，住房租赁市场却被严重边缘化，再加上对住房租赁市场管理制度和机构的缺失，导致

我国住房的销售和租赁市场发展严重不平衡。根据第六次全国人口普查的数据，我国住房租赁（不含廉租房）的家庭户数为 412 万户，仅占全部家庭住户的 10%。从国际角度来看，购买商品房只是解决居住问题的一条途径，而租赁住房却是解决中低收入人群居住问题的主要方式。以美国为例，2014 年，美国的住房自有率为 64%，有 36%的家庭是租房。纽约、芝加哥、休斯敦等大都市区的租房比率甚至超过城市人口的一半以上。住房租赁市场是多层次住房供应体系的有机组成部分，对于满足居民多样化的住房需求、完善住房保障体系、促进人口有序流动具有重要作用。政府应大力引导住房梯度消费的观念，运用财政、税收等手段鼓励市场主体积极供应租赁住房，多渠道扩大租赁房源，同时加强住房租赁市场的法律和制度建设，规范租赁市场的运行，充分保障住房租赁双方的权益。

三、加大中端住房市场支持，优化住房供应结构

"住有所居"绝不仅仅指"大庇天下寒士俱欢颜"，更准确的含义应该是不同层次的住房供应与不同收入阶层的实际支付能力相匹配。我国的住房结构可以分为高端商业住宅、普通商品住宅和保障性住房三个层次。当前，应坚持"高端归市场、中端有支持、低端靠保障"的住房分层供应体系。政府干预高端住房市场只会促使高收入人群挤占中端住房资源，所以应完全放开高端住房的购买，交由市场机制进行调节。中端住房市场支持是优化住房供给结构的核心。政府应通过土地供应、税收优惠等政策手段，引导市场加大普通中小户型商品房的供应规模，同时中等及以下收入家庭给予购房贴息、税费减免等政策扶植，提高他们的住房消费能力。对于供应低收入群体的保障性住房应逐渐由买卖模式向租赁模式转变，构建以公共租赁房为主导的住房保障供应体系，并适时将住房保障的覆盖面进行延伸，使享受住房保障的低收入群体在收入增长后能有效地过渡到商品房消费市场，确保商品房市场与保障性住房市场的合理有序衔接。

四、以住房公积金为基础建立国家住房银行

虽然我国已经形成了由住房公积金和商业金融机构组成的住房金融体系，但商业性住房金融是住房消费的主要资金来源，在中低收入人群的融资支持上仍十分滞后。住房公积金制度是在我国住房货币化改革过程中为解决城镇职工的住房资金问题而推出的，为我国住房体制转轨、提高居民住房消费能力、推动房地产市场发展起了重要作用。但在当下经济下行压力加大的背景下，公积金分散管理、不能跨世融通、监管漏洞频出和无法解决保值增值等问题使其很难为房地产去库存和转型发展提供有力支撑。以住房公积金为基础建立国家住房银行，一方面，可以为中低收入人群提供低息住房贷款，可以有效地解决需求端"贷款难"和"贷款贵"的约束，从而促进住房消费，加快去库存。另一方面，国家住房银行可以通过市场化的运作和专业化的管理激活巨额的"沉睡"资金，提高住房公积金的管理和使用效率。但为防范金融风险，应将国家住房银行纳入统一的银行业监管体系，制定标准的住房银行运作准则，对其政

策目标的实现程度和商业化的运作程序进行监督,保持国家住房银行与商业银行的"异质性",维护宏观金融市场的稳定。

五、推动房地产业与其他产业融合发展

随着中国经济进入新常态，房地产业也将逐步由支柱性产业过渡为基础性产业。推动房地产业与其他产业的融合发展，不仅是其他产业的发展需要，也是房地产业进一步发展的必然趋势。商业地产、养老地产、旅游地产、文化地产、物流地产等都是房地产与其他产业相结合的产物，在经济转型的时期，尽管住宅增长遇到了天花板，但这些跨界融合的产品反而迎来巨大的市场机遇。未来，应在产业规划的引领和管控下，充分发挥房地产对其他产业的重要载体作用，形成房地产与其他产业良性互动的局面，促进房地产业的顺利转型和经济的持续增长。

主要参考文献

[1] 巴曙松.房地产大周期的金融视角 [M].厦门:厦门大学出版社,2018.

[2] 辜胜阻.新型城镇化与经济转型 [M].北京:科学出版社,2014.

[3] 高翔,张会明.产业地产定位解码 [M].北京:北京联合出版公司,2017.

[4] 刘洪玉,张红.房地产业与社会经济 [M].北京:清华出版社,2006.

[5] 刘守英.土地制度与中国发展 [M].北京:中国人民大学出版社,2018.

[6] 孟晓苏.中国房地产业发展的理论与政策研究 [M].北京:经济管理出版社,2002.

[7] 王健林.商业地产运营管理 [M].北京:清华大学出版社,2013.

[8] 余源鹏.养老地产开发与运营模式解析——国内外典型养老地产项目开发与运营模式研究借鉴宝典 [M].北京:化学工业出版社,2016.

[9] 白佳飞,杨继瑞.中国土地制度改革市场化路径选择 [J].西北农林科技大学学报(社会科学版),2016(2):14-20.

[10] 陈明星,隋昱文,郭莎莎.中国新型城镇化在"十九大"后发展的新态势 [J].地理研究,2019(1):181-192.

[11] 成立.让全体人民住有所居——从十九大报告看房地产市场发展方向 [N].中国国土资源报,2017-10-25(5).

[12] 成立.中央经济工作会议为何不提房地产调控 [J].中国房地产,2015(1):12.

[13] 成立.长效机制渐成,房地产市场走向何处 [N].中国国土资源报,2017-5-19(5).

[14] 成立.把握改革新动向、透视地产新机遇 [N].中国国土资源报,2018-3-12(5).

[15] 成立."房住不炒"落点在优化供给体系——从中央经济工作会议看房地产政策信号 [N].中国自然资源报,2018-12-26(5).

[16] 成立."房住不炒"仍然是主基调——从《政府工作报告》看房地产调控方向[N].中国自然资源报,2019-3-15(6).

[17] 成立.武汉:市场总体稳定可控 [N].中国国土资源报,2016-9-2(5).

[18] 成立,魏凌.增加租赁供给 发展长租公寓 [N].中国国土资源报,2017-12-11(5).

[19] 成立.深圳"二次房改"重构供给格局 [N].中国自然资源报,2018-7-27(5).

[20] 成立,魏凌."深四条"限住了谁? [N].中国自然资源报,2018-8-17(5).

[21] 成立,魏凌.《土地管理法》修订的背景、问题与方向 [J].中国房地产,2019(1):41-43.

[22] 成立,魏凌.以宅基地制度改革为抓手推动乡村振兴 [J].中国房地产,2019(4):37-39.

[23] 成立,何鹏.房地产市场转型与经济稳增长 [J].城乡建设,2016(5):80-82.

[24] 成立,袁开红.透视金隅·万科广场的"亮点"与"问题"[J].中国房地产,2014(5):64-67.

[25] 德勤,中国连锁经营协会.2014中国购物中心与连锁品牌合作发展报告 [R].中国互联网数据

中心，2015：1-39.

[26] 辜胜阻，曹冬梅，韩龙艳."十三五"中国城镇化六大转型与健康发展[J].中国人口·资源与环境，2017（4）：6-15.

[27] 国务院发展研究中心和世界银行联合课题组.中国：推进高效、包容、可持续的城镇化[J].管理世界，2014（4）：5-41.

[28] 辜胜阻，杨嵋，郑超.房地产基础性制度和长效机制的战略思考[J].江淮论坛，2018（2）：28-34.

[29] 高波，赵奉军.中国商业地产业发展的实证分析[J].产业经济研究.2009（4）：44-52.

[30] 郭险峰.房地产泡沫论下的商业地产发展——一个理论分析框架[J].求索.2006（8）：20-22.

[31] 郭馨梅，金克琴.北京购物中心区位选择的实证分析——以八城区代表性的购物中心为例[J].北京工商大学学报（社会科学版）.2009（6）：6-10.

[32] 辜胜阻，吴永斌，曹誉波.新常态下楼市分化与调控方式转型[J].学习与实践.2015（3）：42-46.

[33] 国务院发展研究中心课题组.着手建立房地产市场平稳健康运行的长效机制[J].中国发展观察，2013（9）：15-17.

[34] 韩云，陈迪宇等.改革开放40年城镇化的历程、经验与展望[J].宏观经济管理，2019（2）：29-34.

[35] 黄艳芬，张超."十二五"规划以来我国房地产调控的政策分析——兼论未来房地产调控应妥善处理的四大关系[J].价格理论与实践，2017（4）：25-28.

[36] 黄小虎.土地制度改革的现状与前景[J].中州学刊，2016（6）：33-36.

[37] 贺雪峰.三项土地制度改革试点中的土地利用问题[J].中南大学学报（社会科学版），2018（5）：1-9.

[38] 黄艳芬，张超.深化供给侧结构性改革：基本内涵、重点任务、核心对策[J].价格理论与实践.2017（2）：26-29.

[39] 贾康.中国新型城镇化进程中土地制度改革的新思路[J].经济纵横，2015（5）：1-10.

[40] 姜大明.建立城乡统一的建设用地市场[J].南方国土资源，2013（12）：14-17.

[41] 康琪雪.我国商业地产运行模式及发展对策[J].价格理论与实践.2010（3）：43-44.

[42] 吕德文.走好城乡融合发展之路[N].人民日报，2019-5-10（5）.

[43] 刘中显，荣晨.房地产市场调控长效机制的建立与完善[J].宏观经济研究，2017（12）：92-105.

[44] 刘守英.中国土地制度改革：上半程及下半程[J].国际经济评论，2017（9）：29-56.

[45] 刘守英.中国城乡二元土地制度的特征、问题与改革[J].国际经济评论.2014（3）：9-25.

[46] 卢为民.我国土地二级市场存在的问题及其规范路径[J].城市问题，2015（3）：31-36.

[47] 罗尔夫·蒙海姆.分离或是结合？关于购物中心融入城市中心争论的经验主义研究成果[J].国际城市规划.2010（4）：13-18.

[48] 吕红军，李孟刚，万立军.城镇居民的养老地产开发模式研究[J].学习与探索，2013（4）：86-88.

[49] 刘秀艳，王林秀.基于多主体协同创新的养老地产跨界联盟开发模式[J].现代城市研究,2017(2)：

33-40.

[50] 刘丽巍.探讨以住房公积金为基础成立政策性住房银行[J].中国房地产.2015（27）：68-73.

[51] 林永民、吕萍.基于住房属性视角下的住房供给侧改革路径研究[J].现代管理科学.2017（8）：97-99.

[52] 厉以宁.收入分配制度改革应以初次分配改革为重点[J].经济研究.2013（3）：4-6.

[53] 彭后生，张建坤，李灵芝.老龄化背景下房企发展养老地产的对策研究[J].现代城市研究，2014（12）：7-11.

[54] 曲福田，田光明.城乡统筹与农村集体土地产权制度改革[J].管理世界，2011（6）：34-46.

[55] 宋迎昌.城乡融合发展的基本方略[J].国家治理，2018（14）：22-25.

[56] 石七林，汪文生，董檬.产业地产的发展方式及策略[J].现代城市研究，2015（1）：74-76.

[57] 唐钧.中国老年服务的现状、问题和发展前景[J].国家行政学院学报，2015（3）：75-81.

[58] 滕泰.新供给主义宣言[J].中国经济报告.2013（1）：88-92.

[59] 滕泰.更新供给结构、放松供给约束、解除供给抑制——新供给主义经济学的理论创新[J].世界经济研究，2013（12）：3-8.

[60] 王培才.市场细分理论的新发展[J].中国流通经济.2004（4）：31-35.

[61] 汪利娜.中国住房市场的三大制度缺失[J].财经科学，2010（8）：32-39.

[62] 魏凌，宋家宁，成立.完善我国土地二级市场的制度建议[J].中国土地，2018（1）：18-20.

[63] 王晨，成立.我国城市开发边界设定与管理的思考[J].中国房地产，2014（13）：33-37.

[64] 沃尔夫刚·克里斯特.城市购物中心——在城市中心应对城郊的繁荣[J].国际城市规划.2010（4）：19-25.

[65] 王振坡，单贺明.基于价值链的产业地产开发模式探讨[J].商业时代，2014（32）：127-128.

[66] 魏后凯，盛广耀.我国户籍制度改革的进展、障碍与推进思路[J].经济研究参考，2015（3）：6-17.

[67] 叶剑平.对城镇化过程中土地管理制度改革的建议[J].中国土地，2015（6）：10-12.

[68] 易宪容."房地产化"经济的转型与房地产长效机制的确立[J].探索与争鸣，2017（8）：108-114.

[69] 叶剑平，成立.对土地使用权续期问题的思考[J].中国土地，2016（5）：30-34.

[70] 杨继瑞，薛晓.我国商业化养老地产的转型发展研究[J].经济纵横，2014（12）：120-124.

[71] 岳彩轩，胡挺.基于产业价值链整合的养老地产商业模式创新[J].经济问题探索，2014（12）：36-42.

[72] 叶剑平.中国房地产市场改革新维度[J].探索与争鸣.2014（4）：63-66.

[73] 叶剑平.完善租赁市场：住房市场结构优化的必然选择[J].贵州社会科学.2015（3）：116-122.

[74] 赵茜宇，张占录.新型城镇化视角下的户籍制度和土地制度联动改革路径研究[J].求实.2014（8）：56-58.

[75] 中国行政管理学会课题组.房地产市场短期政策与长效机制政策研究[J].中国行政管理，2014（5）：34-38.

[76] 张合林，郝寿义.城乡统一土地市场制度创新及政策建议[J].中国软科学，2007（2）：28-40.

[77] 总理不让"任性"房地产该去哪？[EB/OL].https://house.ifeng.com/news/2015_03_06-50290415_0.shtml.

[78] 中国商业地产联盟研究中心 .2004 中国商业地产年度报告 [R] .商业时代 .2005（2）：16-21.

[79] 赵德海，刘威 . 商地产开发中的错位及对策研究 [J] . 财贸经济 .2005（10）：88-91.

[80] 中国新供给经济学研究小组 . 以新供给经济学理论创新促进可持续发展——在改革中加快实现"中国梦"进程的政策建议 [J] . 经济研究参考，2014（1）：57-74.

[81] 张仁枫，杨继瑞 . 我国房地产业转型的战略与对策 [J] . 经济纵横 .2013（3）：77-81.

[82] 中国社科院财贸所城市与房地产经济研究室课题组 . 建立多层次的中国住房公共政策体系 [J] . 财贸经济 .2008（1）：17-26.

[83] Alan Gilbert. Rental housing：The international experience. Habitat International. May2016 Part 3, Vol. 54, p173-181. 9p.

[84] Alessandro Gentile. Rental subsidy and the emancipation of young adults in Spain. International Journal of Housing Policy. Jun2016, Vol. 16 Issue 2, p243-254. 12p.

[85] Boris Stavrovski. Designing a new e-business model for a commercial real estate enterprise：a case study [J] .Online Information Review. 2004.28（2）：p110-119.

[86] Cozmei, C. and M. Onofrei.Impact of Property Taxes on Commercial Real Estate Competition in Romania [J] .Procedia Economics and Finance. 2012（3）：p. 604-610.

[87] Chang Zheng. Non-local Students，Housing Demand and Rental Impact：Evidence from Mainland Students in Hong Kong. International Real Estate Review. Winter2017，Vol. 20 Issue 4, p525-548. 24p.

[88] Christophe Schalcke. Rental housing for a French taxpayer：are there tax arbitrage opportunities in the USA？ Applied Economics Letters. Sep2016, Vol. 23 Issue 13, p921-925. 5p.

[89] Desiree Fields.The financialisation of rental housing：A comparative analysis of New York City and Berlin. Urban Studies（Sage Publications, Ltd.）. May2016, Vol. 53 Issue 7, p1486-1502. 17p.

[90] Emil, M.E., Forecastingdemand for commercial real estate based on the economic fundamentals ofUS metro markets [J] . Journal of Real Estate Research, 1991.6（3）：p.251-265.

[91] Francoi s Perroux. Economic Space：Theory and Applications [J] . Quarterly Journal of Economics, 1950.64（1）：p.24-26.

[92] F .Perroux.Note on the Concept of Growth Poles [J] .Regional Economics：Theory and Practice, 1970（3）：p.93-104.

[93] Graff, T.O.Thelocations of Wal-Mart and Kmart supercenters：Contrastingcorporate strategies [J] . The Professional Geographer, 1998（1）：p.46-57.

[94] Garner, C. Alan. Is Commercial Real Estate Reliving the 1980s and Early 1990s？ [J] . Economic Review .2008. 93（3）：p89-115.

[95] Hal Pawson, Kath Hulse, Alan Morris.Interpreting the rise of long-term private renting in a liberal welfare regime context. Housing Studies. Nov2017, Vol. 32 Issue 8, p1062-1084. 23p.

[96] Hal Pawson, Vivienne Milligan.New dawn or chimera？ Can institutional financing transform rental housing？ . International Journal of Housing Policy. Dec2013, Vol. 13 Issue 4, p335-357. 23p.

[97] Hanna Kettunen, Hanna Ruonavaara.Discoursing deregulation：the case of the Finnish rental housing market. International Journal of Housing Policy. Jun2015, Vol. 15 Issue 2, p187-204. 18p.

[98] Hughes，Alan. Commercial Real Estate and Equity Market Bubbles：Are They Contagious to REITs？ ［J］．Urban Studies（Sage Publications，Ltd.），2013.50（12）：p2496-2516.

[99] Hal Pawson, Vivienne Milligan.New dawn or chimera？ Can institutional financing transform rental housing？．International Journal of Housing Policy. Dec2013, Vol. 13 Issue 4, p335-357. 23p.

[100] Hanna Kettunen, Hanna Ruonavaara.Discoursing deregulation：the case of the Finnish rental housing market. International Journal of Housing Policy. Jun2015，Vol. 15 Issue 2, p187-204. 18p.

[101] Iain Begg.Cities and Competitiveness ［J］.Urban Studies，1999，（36）：p5-6.

[102] Jani-Petri Laamanen.Home-ownership and the Labour Market：Evidence from Rental Housing Market Deregulation. Labour Economics. Oct2017, Vol. 48, p157-167. 11p.

[103] Julie Bennett, Philippa Howden-Chapman, Elinor Chisholm, Michael Keall, Michael G Baker. Towards an agreed quality standard for rental housing：field testing of a New Zealand housing WOF tool. Australian & New Zealand Journal of Public Health. Oct2016, Vol. 40 Issue 5, p405-411.7p.

[104] Krainer，John. Commercial Real Estate and Low Interest Rates ［J］．FRBSF Economic Letter, 2013. （12）：p1-5.

[105] Sofie R Waltl.Estimating quantile-specific rental yields for residential housing in Sydney. Regional Science & Urban Economics. Jan2018，Vol. 68, p204-225. 22p.

[106] Usinger，Eric. Using New Markets Tax Credits to Finance Commercial Real Estate Development[J]. Journal of Affordable Housing & Community Development Law. 2011. 20 （3/4）：p269-293.

[107] Yi,H.,et al.On Demand：Cross-Country Evidence From Commercial Real Estate Asset Markets ［J］. International Real Estate Review，2008，11 （1）：p1-37.

致　谢

本书集中展现了我们五年来在房地产政策与经济领域的研究和思考，试图理清房地产宏观调控与市场发展之间的关系，把脉新时代的房地产业发展现状，探讨房地产业未来可能的发展趋势，为房地产业的创新和转型升级探明方向。

回顾流金岁月，本书不仅记录着我们在科研道路上的研究足迹和成果，也凝聚了老师、家人和朋友的真挚情谊！

衷心感谢导师林增杰教授和叶剑平教授的悉心指导和培养！《论语》云："仰之弥高，钻之弥坚。"林老师是中国土地管理学界的一代宗师，虽已驾鹤归去，但其学识、风骨和境界让学生受益终生！叶老师知识渊博、造诣深厚、治学严谨、宽厚豁达，在学术道路上以谆谆之教与精心指导答疑解惑，使学生知学问之途、做人之道！

衷心感谢家人一直以来无私的关怀和支持！父爱如山、母爱似水！父母殷切的目光和无尽的爱使我们在外地求学工作中那漂泊的心灵有了虔诚的皈依！两位贤内助——胡玉笛（成立女朋友）和冯迪（彭燚夫人）的美丽温柔了时光，善良芬芳了年华，你们虽肩膀柔弱，却勇挑重担，用默默的坚守和奉献为我们汇聚科研道路上奋勇前行的"她力量"！

衷心感谢在本书研究过程中各位老师、同门、朋友给予的帮助和支持！感谢吕萍教授、丰雷教授、张占录教授等老师对研究内容的意见和建议！感谢宋家宁师兄、田晨光师兄、张毅师兄、袁开红师姐和魏凌师妹在研究过程中给予图书、资料等方面的帮助和支持！感谢在中国人民大学学习和研究生涯中陪伴着我们的同学和朋友们，愿你们历尽千帆，抵达梦想彼岸！同时也要感谢中国建筑工业出版社，特别是周方圆编辑在本书编辑出版中的出色工作！

梁思成先生曾说："既有所专而又多能，能精于一而又博学，这是我们每个人在求学上应有的修养。"在本书的最后，谨以此名言勉励自己在未来的研究工作中更加务实穷理、博学审问、慎思笃行，力争在探索真理的征程中书写属于自己的新篇章！

成立　彭燚

2019 年 7 月 22 日于人大求是楼